D1377049

CALLAS
L'OPÉRA DU DISQUE

RÉAL LA ROCHELLE

CALLAS
L'OPÉRA DU DISQUE

Collection « Musiques »
dirigée par Jean-Jacques NATTIEZ

CHRISTIAN BOURGOIS ÉDITEUR

© Christian Bourgois éditeur, 1997
ISBN 2-267-0148-9

FRAGMENTS ARCHÉLOGIQUES
DE L'INDUSTRIE PHONOGRAPHIQUE

Comme les traits dans les camées
J'ai voulu que les voix aimées
Soient un bien, qu'on garde à jamais,
Et puissent répéter le rêve
Musical de l'heure trop brève ;
Le temps veut fuir, je le soumets.

Charles Cros,
Inscription dans *le Collier de griffes*

Les usages du phonographe sont illimités :
— Pour la dictée, il remplacera les sténographes.
— Pour la lecture.
— Il chantera... chaque famille pourra se faire jouer un opéra.
— Il peut servir aux compositeurs d'œuvres musicales.
— Il peut faire la lecture aux aveugles.
— Il peut servir à l'enseignement des langues.
— Il servira à faire parler les jouets.
— Les acteurs s'en serviront pour apprendre leurs rôles.

Thomas A. Edison

Introduction

Quel est le plus grand opéra de Maria Callas ?

On pense spontanément à ses rôles emblématiques au théâtre : Norma, la Traviata, Médée, Lucia di Lammermoor, qui ont conduit cette cantatrice au faîte de l'art lyrique du XXᵉ siècle.

D'autres ont cru que le meilleur opéra de cette *diva assoluta* était sa vie même : féerique comme le conte d'une Cendrillon honorée dans les châteaux des princes, mélodramatique quant aux pôles contrastés de son existence, tragique par ses sommets inégalés bientôt suivis de la chute autodestructrice... L'existence de la Callas a épousé les contours et la structure d'un opéra baroque ; ainsi la présente encore, vingt ans après sa mort, un article du *New York Times Magazine* consacré aux *drama queens* que sont les Monroe, Garland et Callas[1]...

Toutefois, ces formes scéniques et biographiques peuvent difficilement se maintenir au-delà de la fragilité de leur inscription dans l'histoire. Elles doivent être sculptées et gravées dans des matériaux plus solides pour continuer de séduire et de produire du sens. De tous les objets audiovisuels d'enregistrement et de gravure, c'est la phonographie (et non pas le cinéma et la vidéo) qui a offert à Maria Callas le lieu et le témoin le plus durable de son art.

Par la quantité des enregistrements, l'amplitude des ouvrages et des rôles, sa première place tant du côté du studio commercial que dans l'*underground* de la piraterie, sa carrière phonographique apparaît comme un monument historique. Maria Callas a créé un véritable *opéra du disque*, immense et contradictoire, sublime et terre à terre :

tiraillé entre les objectifs industriels et commerciaux de la culture et la création esthétique, le légitime et l'illégal. Comme à l'opéra, une phonographie qui se sert des machineries pour la production d'une ineffable musique.

Tel est l'objet de cet essai : description de la rencontre et de la symbiose entre une musicienne exceptionnelle et l'industrie moderne de l'enregistrement sonore, qui a pu offrir à Callas un champ de travail et d'expression qu'en retour elle a contribué à magnifier et à enrichir (tant aux niveaux financiers qu'artistiques et symboliques). Une trajectoire qui, grâce à l'outil technologique et à d'autres moyens de production, aboutit à la construction d'un grand ouvrage lyrique. Sans le disque, Callas ne ferait peut-être plus partie des mythologies de cette fin de siècle. Cet essai trace l'évolution historique de la présence de Callas dans la phonographie. La courbe de ce dessin diachronique s'étend de 1949 à 1972 pour ce qui concerne le travail en studio, mais elle va bien au-delà pour les enregistrements *live*, faits en direct depuis les scènes d'opéra ou de concert.

La première partie s'attache à situer la place emblématique de cette cantatrice dans l'industrie du disque. Le premier chapitre établit une radiographie du phénomène Callas au moment du vingtième anniversaire de sa mort en 1997, qui coïncide avec le centième de la firme phonographique Electric and Musical Industries (EMI), sa maison mère. Le deuxième fait état de la place de Callas en rapport avec les grandes crises de l'industrie phonographique des années 70 et 90. Retour en arrière ensuite, salle Wagram à Paris, en décembre 1964, quand j'eus la chance d'assister à deux matinées d'enregistrement de *Tosca*, événement qui marqua le déclenchement d'une enquête sur les disques de Callas.

La deuxième partie trace l'histoire d'une carrière phonographique singulière et prestigieuse, de 1949 à 1965. D'abord de 1949 à 1952, période italienne des enregistrements Cetra, au moment où l'art de Callas est encore contesté et instable. Ensuite de 1953 à 1957, années du vaste programme EMI/La Scala, du pont magique entre Milan et l'Amérique, entre la production intensive et le marketing triomphant. Enfin, de 1958 à 1965, zone contradictoire d'intense travail en studio et de déclin. Ces séquences décrivent les conditions de production et de diffusion des disques de la cantatrice et mettent l'accent sur les éléments clés et les principaux agents de réalisation et de commercialisation : firmes productrices, contrats, producteurs exécutifs des disques, responsables de marketing. Période essentiellement consacrée au studio, mais qui voit pointer la « piraterie » des *live*. Cette deuxième partie se clôt sur la mise en scène sonore d'opéra, synthèse des principaux éléments de technologie et d'esthétique de la phonographie lyrique relative à Callas.

Troisième partie : après 1965, la présence (ou l'absence) de la musicienne dans la phonographie appartient au domaine des repentirs ou des trésors jusque-là oubliés. Ainsi, la petite histoire révélatrice de l'échec de l'enregistrement de *la Traviata* pour le catalogue EMI, échec qui dénote les contradictions du travail de la cantatrice dans cette firme. Les derniers chapitres reprennent le fil de l'histoire de Callas dans le disque, d'abord jusqu'à sa mort en 1977, puis de façon posthume avec la grande explosion des rééditions et de l'exhumation d'archives de studio, la découverte de nouveaux *live* et l'intense activité des éditeurs « pirates ». La somme de ces très nombreux enregistrements dévoile la construction, pierre par pierre, du musée phonographique Callas. La conclusion fait le point sur son mythe, alimenté et reproduit par ce gigantesque corpus sonore.

Rideau

Décrire la carrière phonographique de Maria Callas et la place qu'elle occupe dans l'industrie du disque oblige à lever un lourd rideau sur les pratiques de l'enregistrement d'opéra. Ce type de production, parmi les plus coûteux de toutes les musiques, ne représente toutefois que de petits pourcentages – de 10 à 20 % – dans ce qui constitue le classique au sein de la grande usine phonographique. Malgré cette modestie en chiffres, l'enregistrement d'intégrales d'opéra est onéreux (orchestre, chœurs, rôles secondaires et effets sonores spéciaux) ; l'organisation des séances d'enregistrement exige des acrobaties indescriptibles de distribution artistique et d'horaires, car les stars d'opéra placent souvent leur travail de studio entre des séries prestigieuses de représentations théâtrales, augmentées maintenant du *must* de radiodiffusions ou de télédiffusions simultanées.

Or, comme la musique classique, l'opéra est une catégorie qui a longtemps échappé à la clameur industrielle et marchande. Ces diamants luxueux ont l'air de ne pas coûter plus cher que d'autres, et d'échapper à la vente. L'art veut y resplendir dans une sorte de pureté intemporelle, autosuffisante. Pourtant, comme le répétait Maria Callas dans son entretien avec Kenneth Harris, en 1969, « l'opéra est une forme très artificielle d'art... et très coûteuse[2] ».

Depuis la Seconde Guerre mondiale, le secteur classique de l'enregistrement sonore a beaucoup évolué, ne serait-ce qu'à cause de la place grandissante qu'a prise le rock-pop dans l'industrie du disque. Non seulement le classique en a-t-il épousé les habitudes industrielles et commerciales à toutes les étapes du processus de fabrication, mais il a souvent précédé le mouvement du rock-pop, lui a tracé un chemin dans la technologie, les types de contrats de stars, la planification des programmes et des répertoires, les méthodes d'enregistrement, les principes de marketing et de diffusion.

Analyser, même empiriquement, la production et le marketing de l'opéra phonographique consiste d'abord à débusquer un discours culturel angélique, presque honteux, voilant un gagne-pain fourni par le commerce ou la technique. Ce discours témoigne d'une sorte de retard historique. En revanche, depuis plusieurs années, on ne compte plus les études, les œuvres de fiction, les films qui scrutent à la loupe les industries culturelles dans toutes leurs contradictions : cinéma, télé, radio, presse industrielle, édition, rock-pop[3]...

Dans le secteur classique du disque, certains facteurs continuent d'entretenir le secret sur les véritables activités des artistes et des techniciens : l'ancien fonds des interprétations légendaires d'un répertoire-musée (à l'inverse des créations incessantes du rock-pop) ; le propos général sur la pratique artistique, au théâtre ou en concert, où le disque n'apparaît souvent que comme un à-côté, un prolongement secondaire ; le peu d'attention publique accordée par les producteurs, les techniciens et les artistes aux divers aspects industriels et commerciaux de cette production ; enfin, le ton généralement « littéraire » qu'adopte la critique musicale sur ces produits phonographiques.

Malgré ce masque, une étude attentive des phénomènes du classique et de l'opéra – à la lumière des paramètres établis par l'étude du rock[4] – montre que producteurs et artistes, depuis les années 50, se sont engagés à fond, en dépit de leur discours et parfois même de leur volonté manifeste, dans des transformations radicales de production et de diffusion du produit musical.

Comme dans le rock-pop, se constitue rapidement pour l'opéra, pendant les années 50 et au début des années 60, un axe anglo-américain qui combine les énergies industrielles et commerciales de deux pôles, tant au niveau culturel qu'économique. D'un côté, relativement plus épargnée que le reste de l'Europe par la Seconde Guerre mondiale, l'Angleterre détient deux puissantes compagnies phonographiques, EMI et Decca, concurrentes pour l'établissement de larges catalogues d'opéra ; de l'autre, les États-Unis s'affirment comme le premier marché en volume et en importance de ces productions.

Callas a accompli sa carrière phonographique presque en exclusivité pour EMI ; elle a aussi servi de fer de lance au démarrage, aux États-Unis, de sa puissante filiale Angel Records. Cette carrière a été lancée au moment propice où la bande magnétique et la haute fidélité se propageaient, durant les années 50, et elle a été un des pivots de la stucturation économique et artistique du phonographe dans sa période de grande industrie culturelle.

Par ailleurs, Callas est l'enjeu d'une autre confrontation entre le commerce licite (légal) et la piraterie des enregistrements. Par la quantité de titres, les *live* de Callas – légaux ou illicites, selon les pays de production – ont dépassé le patrimoine des firmes commerciales. On peut compter, d'une part, dans les enregistrements officiels, 27 intégrales de 22 ouvrages lyriques ainsi que 13 récitals (arias ou scènes). Du côté des disques *live* ou pirates, près de 70 intégrales différentes et des dizaines de coffrets de concerts (théâtres, radio, télé), de scènes ou fragments d'opéras, ainsi que des disques d'entretiens radio ou télé, des *Master Classes...*

Pour étudier la « popularisation[5] » de l'opéra par Callas dans les conditions de production et de diffusion de l'industrie phonographique, il faut pénétrer au cœur même de l'organisation et des pratiques de cette industrie. En raison du retard culturel déjà évoqué, la documentation relative à l'industrie phonographique classique et opératique est rare ou difficile d'accès[6], à l'exception de la trouée magnifique faite en 1967 par le *Ring Resounding* de John Culshaw (alors producteur chez Decca), qui levait enfin le voile sur le saint des saints[7]. Exception qui confirme la règle. Cet ouvrage, équivalent du *Picture* de Lilljan Ross pour le cinéma[8], retrace une aventure époustouflante : l'enregistrement de la première intégrale de la *Tétralogie* de Wagner par Decca Records, réalisation qui a marqué une rupture dans le conformisme des répertoires et des méthodes d'enregistrement lyrique, et qui a fait de la production sonore une authentique création.

Pendant les années 70, le dégel est un peu plus marqué : de temps en temps, émergent des reportages sur certains enregistrements ou sur l'industrie, et même un roman à clé, *Aria*[9]. Pendant la décennie suivante, grâce au recul historique et au renouveau de l'opéra dans et par les industries culturelles, le travail d'enquête direct est relativement plus aisé. Il y a eu un changement important des mentalités vis-à-vis du patrimoine culturel historique, y compris celui des archives de grandes firmes privées. Par ailleurs, de nouveaux administrateurs sont arrivés dans l'industrie phonographique classique ; formés à la culture musicale tout autant qu'aux études spécialisées en administration et en marketing, ils peuvent à leur tour, à l'instar de leurs collègues du rock-pop, collectionner avec éclat les trophées des audaces de production et de scores de ventes en lyrique et en classique. Ces dirigeants ont enterré la mentalité d'une époque où le puritanisme de l'industrie d'art triomphait dans le silence ou dans le seul discours esthétique. Et puis l'industrie phonographique contemporaine est entrée à son tour dans l'histoire.

Dans ce contexte plus favorable, j'ai pu obtenir l'appui et la collaboration professionnelle de quelques analystes et critiques : Bernard Miège, David Hamilton, Pierre Flinois, John W. N. Francis et C.-P. Gerald Parker, de même qu'Alain Bergala ; recueillir aussi une inestimable interview et des documents inédits de Dorle Jarmel Soria sur l'histoire américaine de Cetra-Soria Records et de Angel Records ; également, un entretien avec Michel Glotz, le second producteur de Callas après Walter Legge, sans compter les témoignages rares de deux ingénieurs du son chez EMI, Robert Gooch et Francis Dillnutt.

Du côté des producteurs phonographiques indépendants américains, la collaboration de Bill Collins, Charles Johnson et Santiago Rodriguez s'est révélée déterminante. Par ailleurs, Jacques Bertrand et Ina del Campo ont participé à des interviews sur l'édition des *live* de Callas en Italie.

Les firmes commerciales ont aussi prêté leur concours, lors de rencontres chez Fonit-Cetra, de même que chez EMI, à Londres ou dans les succursales de Paris et de Milan. Dans le cas de EMI, les démarches et l'enquête furent plus complexes. Walter Legge et Dario Soria, en qualité d'ex-collaborateurs de EMI et de Angel Records, refusèrent, pendant les années 1970, de parler du sujet, de même que John Coveney à titre de directeur de Angel Records[10]. Plus tard, toutefois, la collaboration d'Alain Lanceron et de son équipe de Pathé-Marconi, à Paris, a été fructueuse, comme l'a été aussi celle de EMI Italiana, de même que la correspondance avec les directeurs respectifs de Angel Records à Los Angeles, EMI Electrola à Cologne, EMI Toshiba à Tokyo.

Enfin, *the last but not the least*, Michael W. Allen, de EMI Londres, a donné des précisions sur le statut de Callas dans la firme ; le directeur administratif de la International Classical Division de EMI Music a ainsi contribué à briser le tabou du silence en aidant à résoudre le problème d'une information qui reste certes toujours privée, mais dont la valeur historique peut servir à la réflexion et acquérir ainsi un statut de bien public. Michael Allen s'est révélé indispensable pour éclaircir certains problèmes et rompre enfin avec la plupart des légendes et des rumeurs fantaisistes sur les mystérieuses et fantomatiques archives Callas chez EMI. Ce faisant, il aura permis d'offrir à cette recherche une plus juste et plus réaliste compréhension du travail de Callas, des techniciens et des producteurs dans les conditions de la « rigueur gestionnaire » de EMI. Pour cette collaboration, Michael Allen s'est entouré de Ruth Edge et Tony Locantro.

Du côté des artistes témoins de l'époque d'après-guerre dans la grande aventure de l'opéra phonographique, j'ai eu la chance d'obtenir les commentaires de Giuseppe Di Stefano et de Victoria de los Angeles. Pour sa part, le chanteur québécois Joseph Rouleau a relaté ses souvenirs de l'enregistrement avec Callas d'extraits d'*Anna Bolena*, à Londres, en 1958.

L'apport de tous ces professionnels s'est révélé à ce point indispensable que je ne peux trouver de meilleure forme de reconnaissance que d'intégrer parfois leur collaboration directement à cet essai.

Comme dans le cinéma direct, ces personnes ont souvent aidé à structurer et à développer la trame du sujet, lui ont donné de temps à autre l'éclairage indispensable et le rythme d'appoint, le moment de lumière ou la pulsation sonore qui mettent de l'ordre dans les archives dispersées ou les documents indéchiffrables.

La présente édition a reçu le soutien de Jean-Jacques Nattiez. Je l'en remercie vivement.

Maria Callas a raté de peu le cinéma et la télévision ; en revanche, elle a habité immensément la phonographie, cette *machine fantasmagorique* décrite en 1892 par Jules Verne dans *le Château des Carpathes*, capable de capter « cette voix, du cœur qui seule au cœur arrive [11] », de la reproduire et de la diffuser *ad usum infinitum*. Avec Callas et grâce à elle, le disque contemporain, machine envoûtante, a composé un opéra inattendu et surprenant.

Rappel biographique

Née le 2 décembre 1923 à New York, de parents grecs frais émigrés quelques mois plus tôt, Maria Kalogeropoulos (dite Callas) fut une enfant prodige, tôt poussée sur scène, graine de vedette à son corps défendant : « ...Il devrait y avoir des lois contre », dira-t-elle plus tard. Elle est la seconde fille d'Evangelia et George Callas ; sa sœur aînée, Jackie (Mme Yacinthy Stathopoulos-Kalogeropoulos), est aujourd'hui la seule héritière de sang du patrimoine de la diva. Pendant ses études élémentaires dans diverses écoles de Manhattan, Callas révèle une voix naturelle assez remarquable pour que sa mère lui fasse chanter *la Paloma*, *Carmen* ou *Madama Butterfly* dans des concours radiophoniques.

Pendant les années de grande crise économique, son mari pharmacien ayant subi des revers financiers, leur ménage brisé, Evangelia Callas retourne en Grèce avec ses deux filles, peu avant la Seconde Guerre mondiale. Adolescente, Callas fait des études musicales approfondies à Athènes avec Elvira de Hidalgo. Elle y vit aussi l'occupation nazie, la grande famine d'Athènes, la guerre civile. Sa première carrière nationale a démarré : quelques concerts en Grèce, ainsi que ses premiers rôles à l'opéra. Débuts interrompus après la guerre par son expulsion de l'Opéra d'Athènes, pour le motif politique d'avoir chanté devant les occupants nazis. Callas rentre aux États-Unis en 1945. Elle tente de chanter en Amérique, auditionne au Metropolitan de New York : c'est le fiasco. Sa véritable carrière internationale commence en 1947, en Italie, aux Arènes de Vérone dans *la Gioconda*, mais elle se construit lentement et tortueusement.

A l'occasion de ses débuts italiens, Callas fait la connaissance de deux hommes qui se révèlent essentiels pour la formation de sa personnalité musicale et sa carrière. Ils sont les deux côtés d'une médaille très contemporaine, l'industrie culturelle. L'un est chef d'orchestre, l'autre homme d'affaires. Le premier, maestro Tullio Serafin, devient son mentor musical et lui fait travailler les grands rôles de Wagner, Bellini, Rossini et Verdi. Le second, Gian Battista Meneghini, se transforme en manager et en mari. Il déclare lui-même, sans ambages, dans ses souvenirs publiés en 1981 :

> Dès que je connus Maria, je compris que je tenais entre les mains un produit artistique exceptionnel. J'étais un homme d'affaires et, une fois devenu son manager, je décidai d'appliquer à cette activité toutes les règles du monde des affaires. Maria chanteuse était pour moi un produit. Plutôt que de vendre des briques, comme je l'avais fait avec succès pendant des années, je me mis à vendre une voix. L'essentiel était que le produit fût de première qualité. Or, la voix de Maria était superbe, et même unique au monde. Je n'hésitais donc pas à imposer le prix fort. J'étais convaincu que les cachets de Maria devaient augmenter sans cesse pour accroître son prestige et créer le mythe de la grandeur absolue, inaccessible [1].

Après de grands succès, entre autres au Mai musical de Florence, partout en Italie et à Mexico, Callas fait son entrée à la Scala en 1951. Elle va dominer les années 50 par les succès artistiques, tant à Milan qu'à Londres, aux États-Unis et en Europe, mais aussi par la controverse et les querelles esthétiques. Elle fait cependant l'unanimité autour de ses capacités de comédienne lyrique. En 1952-1953, elle entreprend une fabuleuse carrière pour le disque, d'abord chez Cetra, mais surtout pour la multinationale EMI, qui devient sa maison mère.

Choquée et humiliée par les remarques sur son obésité, elle réussit en 1954 une célèbre cure d'amaigrissement. Cette transformation, combinée à des succès de scène retentissants ou à des scandales personnels, fera bientôt de Callas une star du *jet-set* international. La carrière de vedette, plus que de musicienne, ira alors en s'accentuant. Des problèmes vocaux et affectifs entraîneront un ralentissement de ses activités après les années 1958-1959. Plusieurs bouleversements traversent alors sa pratique musicale et sa vie personnelle. Scandales à Édimbourg, Rome, New York et à la Scala provoqués par des annulations ou des ruptures de contrat ; séparation avec Meneghini, son mari, à cause d'une « amitié » nouvelle pour Onassis, celui dont Ève Ruggieri, de la télévision française, dira avec panache qu'il est un « Ulysse avec des allures de pirate des temps modernes ». Ces amours tournent mal, Onassis épouse Jackie Kennedy en 1968. Dorle Soria, cofondatrice de Angel Records, aux États-Unis, expliquait que cet amour pour l'armateur grec avait été une tragédie ; Callas lui avait confié qu'elle le considérait tout juste comme un bourgeois millionnaire qui s'était payé une danseuse de ballet.

Pendant les années 60 et 70, les brefs retours de Callas sur scène et en concert sont des événements mondains plus que musicaux, sauf pour une brève période d'activités phonographiques dans la première moitié des années 60. Pendant cette retraite officieuse, Callas s'initie à diverses activités : cinéma (*Médée* de Pasolini), *Master Classes* à l'école Juilliard de New York, mise en scène d'un opéra de Verdi à Turin. Après 1974 et sa désastreuse tournée de concerts avec Giuseppe Di Stefano, elle vit en recluse dans son appartement parisien.

Sa mort subite à Paris, le 16 septembre 1977, crée un remue-ménage spectaculaire dans les médias et l'industrie phonographique. Dans ce tohu-bohu alimenté et soutenu par les querelles testamentaires sur ses biens, les droits sur ses enregistrements, jusques et y compris sa dépouille mortelle et ses cendres, s'élève une voix différente, celle de Catherine Clément. Dans *l'Opéra ou la défaite des femmes*, elle reprend la question, déjà posée par Pasolini dans *Médée*. Callas : exploitée, utilisée en tant que femme ? Sa carrière : une lutte, une affirmation contre cet état ?

La question reste encore aujourd'hui ouverte, pendant que se perpétue le souvenir de cette vie et de cette carrière mythiques à travers ces industries culturelles qui nous rappellent périodiquement, pour leur seul profit, que « les divas comme Callas ne meurent pas ».

PREMIÈRE PARTIE

CALLAS ET LA MACHINE FANTASMAGORIQUE DU DISQUE

1

La voix, la tragédie et la phonothèque

Qu'y a-t-il de commun entre le film *Philadelphia*, le téléroman à succès de Radio-Canada *Jamais deux sans toi*, le clip de Patrick Bruel *Casser la voix* et la pièce *Master Class* de Terrence McNally ? « C'est la voix », chante Bruel. La voix de Maria Callas, c'est-à-dire les disques de *la Divina* foudroyée. Bruel est plus explicite :

> *C'est la voix*
> *Casser la voix...*

Quand le rockeur crache ces vers, chantés, hurlés, apparaît en surimpression l'image de Callas sur vieux kinescope noir et blanc des années 50. La cantatrice salue, sourit aux applaudissements, envoie un baiser de la main. Puis le visage se referme, triste. L'image s'envole pour ne plus revenir dans le clip, cédant la place à des inserts de boxeurs, de ruelles miteuses, de guerres et de bombardements.

La voix de Callas s'est toujours bien harmonisée au rock, comme l'avait montré au début des années 80 Klaus Nomi, mort du sida tel le personnage de Tom Hanks dans *Philadelphia*. Ce film étonnant, où Callas côtoie Bruce Springsteen, Peter Gabriel et Neil Young, montre que la voix de *la Mamma morta* n'est pas étrangère à celle de *Streets of Philadelphia*. Des voix cassées ou tendues jusqu'à la limite de la rupture. Dans la même veine, c'est en souvenir d'une tentative de suicide que le *Casta diva* de Callas prête ses larmes dans *Jamais deux sans toi*, quand le comédien Jean Besré se remémore la tragédie de sa fille cantatrice.

C'est aussi sur des disques de Callas que s'appuie McNally pour structurer sa pièce *Master Class*. Dramaturge américain bien connu à

Broadway et en zone *off* pour sa fascination à l'égard du mythe sonore de Callas, McNally, avant *Master Class*, a écrit une autre pièce, *The Lisbon Traviata*, dans laquelle il donnait libre cours à ses fantasmes sur un hypothétique enregistrement de l'opéra de Verdi que Callas chanta au printemps de 1958, dans la capitale portugaise (une bande a été trouvée après coup – représentation du 27 mars – et publiée, d'abord en « pirate » puis par EMI). McNally sera ensuite invité par le spécialiste américain, John Ardoin, à préfacer son livre *The Callas Legacy*. L'auteur de *Master Class* n'hésite pas à déclarer, d'entrée de jeu : « J'ai d'abord entendu la voix de Maria Callas sur disque. » Et d'ajouter : « Sans ses enregistrements phonographiques, je me demande si Maria Callas, aujourd'hui, existerait aussi profondément dans nos cœurs et dans notre imaginaire[1]. »

McNally a construit sa pièce à partir de deux disques emblématiques : au premier acte, *la Sonnambula* de Bellini ; au second, le *Macbeth* de Verdi, enregistrements *live* de retransmissions par la radio italienne (RAI) de la Scala de Milan. Le premier souvenir tragique de Callas se rattache à ce grand triomphe de *la Sonnambula*, dans l'enregistrement historique du 5 mars 1955. Direction musicale : Leonard Bernstein (autre New-Yorkais mythique), mise en scène : Luchino Visconti. A cette époque, Callas est d'une minceur hollywoodienne – son *look* est celui d'Audrey Hepburn ou d'Ava Gardner. McNally a choisi, pour ce premier délire de Callas plongeant dans sa gloire passée, la scène finale de l'opéra. La jolie Amina, sorte de fermière évoquant les pastorales de Marie-Antoinette, apparaît en somnambule au moment où son amoureux Elvino, se croyant trahi, va épouser une autre fille. Amina se réveille, tout le village comprend qu'elle n'est plus un fantôme et célèbre joyeusement ses noces. Visconti avait imaginé pour sa régie une Amina ressemblant à une ballerine du XIXᵉ siècle portant satin, bijoux et fleurs. Dans la *cabaletta* finale, Callas s'avançait au bord du proscenium et toute la noce était éclairée progressivement par les jolies lampes vieux rose et le grand lustre du théâtre de la Scala. Dans le même esprit, Bernstein avait autorisé Callas à ajouter des ornements vocaux à son interprétation (la partition de ces fioritures se trouve dans la biographie musicale de Michael Scott). Ce fut un des plus grands triomphes de la Scala, le public applaudit *avant* la fin de l'opéra, ce qui est théoriquement un crime de lèse-musique dans ce temple !

A l'acte II de la pièce de McNally, le cauchemar de Callas la fait reculer dans le temps. Le 7 décembre, jour de la Saint-Ambroise, marque toujours l'ouverture de la Scala. En 1952, pour la deuxième fois, Callas est la *prima donna* invitée dans le difficile *Macbeth* de Verdi, défendu par le chef Victor De Sabata. C'est « l'ancienne » Callas, ici, encore obèse mais déjà cantatrice et comédienne remarquable, qui se joue de toutes les difficultés de la partition, passant du lyrique au dramatique et à la colorature. Michael Scott y voit le sommet absolu de l'art de Callas, le seul enregistrement qu'il emporterait sur une île déserte.

Au moment de ses *Master Classes* de Juilliard, à New York, Callas n'a plus de voix. Ses derniers délires s'achèvent *decrescendo* jusqu'au silence total, définitif. D'où l'importance, pour McNally, de la phonothèque Callas. Les hallucinations de sa Callas fictive s'appuient sur une information documentaire maintes fois répétée, sinon attestée. A cette époque et pendant ses dernières années de réclusion dans son appartement parisien, Callas écoutait sans arrêt ses disques, et disait, dans une sorte de tiraillement schizophrénique entre l'émerveillement et le doute : « J'ai eu cette voix ! »

La tragédie de Callas est fondamentalement celle de la voix cassée, dont le disque ressuscite à chaque seconde le fantôme réel, la hantise concrète. Nul besoin de monstres imaginaires avec les disques. Les phonogrammes sont à la fois présence et absence, désir satisfait et repoussé, renouvelable et éteint. Le disque est un mort-vivant, qui a terrorisé lors de son invention, quand il captait et rejouait, comme le voulait Edison, les dernières paroles des mourants. Même quand il enregistre la vie dans sa plénitude, il séquestre dans l'instant l'image sonore d'un mort en sursis.

La voix de Callas est une tragédie pour une tout autre raison. Quand la cantatrice avait l'âge de son plein éclat, cette voix était sans cesse poussée à ses limites : projection volumineuse (*troppo forte*, disaient certains collègues) ; chant à plein régime aux répétitions comme pendant les représentations ; passages violents dans les répertoires entre le classicisme et la modernité (de Gluck à *Turandot*). Callas fut sans fléchir un casse-cou (un *casse-cordes vocales*), comme tant de rockeurs suicidaires. Voix acrobatique et voix cassée qui pouvait tout chanter, et qui soudain ne chanta plus – ou si mal. Voix flirtant avec la mort.

La phonothèque Callas, à notre ère fin de siècle, s'est déployée dans le multimédia : pas étonnant qu'on la retrouve dans le théâtre et la danse modernes comme dans les objets audiovisuels. Pas plus que le progrès technologique on ne peut arrêter les mythes, en particulier ceux qui sont gravés au stylet de la tragédie. Le « chérubin graveur » de Angel Records est sans doute un ange de la mort. Dans *Philadelphia,* de Jonathan Demme, un disque de Callas veut conjurer le mauvais sort, convaincre par-delà le macho-racisme. Alain Lanceron, directeur des services artistiques et créatifs classiques chez EMI France, en est encore ébranlé. Il en parle aussi en *lyricomane* averti :

– Pas étonnant que l'aria *la Mamma morta* d'*Andrea Chénier* soit devenue un tel tube. *Philadelphia* l'a remarquablement représentée. C'est presque un spot télé pour la publicité du disque. La séquence dit : « Vous connaissez Maria Callas ? Dans *Andrea Chénier* de Giordano, quand l'héroïne Madeleine de Coigny chante *la Mamma morta,* elle pleure sa mère disparue dans un incendie... » On ne peut rêver mieux. Le film utilise cet air en particulier dans son intégralité pratiquement, puis il fait une reprise quand l'avocat rentre chez lui et commence à comprendre. C'est parfaitement intégré. C'est la quintessence de l'opéra. Le réalisateur a tout compris et en dit plus qu'un long discours d'exégète sur l'opéra, le public d'opéra, la folie de l'opéra, sa fantasmagorie. De plus, le personnage montre le disque, le fait écouter. C'est presque une pub télé, presque du téléachat.
– *Alain Lanceron, quel bilan faites-vous des vingt dernières années dans le domaine de l'opéra phonographique ?*
– A l'approche de l'an 2 000, vingt ans après la mort de Callas, le fonds de catalogue EMI se casse la figure, comme chez presque toutes les maisons de disques. Les ventes du classique baissent, tous genres confondus. Cela n'a pas empêché un grand *boom* dans le lyrique depuis vingt, vingt-cinq ans. L'opéra occupe une grande proportion du classique, le lyrique « couvre » assez large.
– *La place de Callas, dans cet ensemble ?*
– Quand je suis entré chez Pathé-Marconi, Callas vivait encore. Les gens du classique disaient : « Elle ne chante plus. Ses ventes de disques se sont arrêtées. » Le *revival* est venu après la mort, ce qui n'a pas eu lieu pour d'autres grands artistes comme Karajan

ou Böhm. Les extraordinaires ventes de Callas se sont situées dans la mouvance du renouveau de l'opéra en France, après l'arrivée de Lieberman au Palais-Garnier, au milieu des années 70. À un moment donné, 50 % des ventes internationales de Callas avaient lieu en France. EMI France était devenu le spécialiste des commémorations : Callas, Menuhin, Schwarzkopf, sans compter la collection *Références*. Nous avons sorti des inédits de Callas, conçu des anthologies comme *D'Art et d'amour, la Voix du siècle, l'Art de Callas*, qui ont essaimé sur le marché international. Après le quinzième anniversaire de sa mort, la folie Callas s'est un petit peu tassée. La maison mère de Londres a pris le relais avec le coffret *la Divina*.

– *En ajoutant à son propre catalogue la distribution de la* Medea *de Ricordi, plus un certain nombre d'intégrales* live, *EMI ne semble-t-elle pas renforcer l'idée qu'elle est la seule maison mère de Callas, l'unique dépositaire de son témoignage phonographique ? Que faites-vous de Cetra, de Ricordi, de Philips, qui ont produit aussi des disques de Callas ?*

– Cetra, c'était au début de sa carrière. La *Medea* de Ricordi, nous l'avons en distribution dans notre catalogue. Quant aux duos avec Di Stefano chez Philips, c'est inachevé et ça n'a jamais été édité. Il est important de montrer que EMI est la seule maison d'édition de Callas. Elle n'a eu qu'un seul éditeur phonographique pendant toute sa vie...

– *Le passage du disque noir au CD, en ce qui concerne les récitals de Callas, a presque complètement fait disparaître la composition des programmes de ces enregistrements tels qu'ils furent conçus. Aurait-on pu songer à respecter la structure initiale de ces programmes ?*

– Au début du CD, EMI était historiquement en retard sur l'envol du numérique. J'ai recommandé à Londres de ressortir les onze récitals de Callas dans leur forme originale.

– *Quel avenir pour les enregistrements Callas après le vingtième anniversaire ?*

– Callas envahit tout l'audiovisuel pour que le mythe continue à croître. Ce phénomène ne peut avoir que des répercussions positives, en retour, sur la vente des disques. Je trouve ça extraordinaire. Ça permet de démocratiser et de faire découvrir l'art de Callas à un public qui la connaît à peine[2].

En France, les « fêtes » des commémorations de la mort de Callas ont suivi un cycle quinquennal, du cinquième anniversaire (1982) au vingtième (1997). Pour toute industrie culturelle, pareils événements, comme autrefois une représentation ou une production d'un disque de Callas, sont une épreuve forcenée, ambiguë : célébrer et renforcer le mythe en le métamorphosant en « diarrhée d'or », comme disait Dali. C'est la loi, l'équilibre dynamique des vases communicants. Une Garbo qui ne rapporte pas gros n'est plus divine et, à ce compte, ni Marilyn ni James Dean ne seraient des Américains emblématiques. Un Caruso qui ne contribue pas à la structure financière d'origine de RCA ne peut devenir le plus grand ténor de tous les temps. Ni le plus populaire : après sa mort, une chanson pop américaine fredonnait : *They needed a songbird in heaven, so God took Caruso away* (*On avait besoin d'un oiseau chanteur au ciel, alors Dieu est venu chercher Caruso*).

Maria Callas est-elle plus grande que ses illustres sœurs du XIXᵉ siècle, Malibran, Pasta, Viardot ? On ne le saura jamais : elles n'ont jamais été enregistrées. Grâce à ses disques, Callas est assurée d'une relative et élastique éternité et peut participer aux jeux Olympiques des scores avec ses collègues et rivales du XXᵉ siècle, celles qui ont laissé des phonogrammes. Jusqu'à preuve du contraire, Callas est championne d'opéra toute catégorie. Elle l'est surtout, depuis un demi-siècle, pour l'ensemble de la phonographie, remodelable en de multiples produits audiovisuels, dans un art industriel et commercial dont l'énergie première est sa reproductibilité.

La mort à vingt ans

« L'amour à vingt ans », disait ce vieux film à sketches de 1962, modulé par Renzo Rossellini, Truffaut, Ishimara, Wajda et Marcel Ophüls. Pour Callas, la mort est bonne au même âge, car elle régénère tout à la fois la mémoire et l'argent de la mémoire. Autour de cet ambivalent vingtième anniversaire, j'ai voulu m'entretenir avec deux personnes qui ont traversé cet espace de fin de siècle en l'alimentant, leaders-supporters passionnés des commémorations musicales en France. Alain Lanceron, gestionnaire au cœur chaud, et le critique Pierre Flinois, auteur du bel essai sur *le Festival de Bayreuth* où la passion wagnérienne ne le cède en rien au regard distancié qu'il porte sur le clan féodalo-héréditaire de Wahnfried.

Après avoir rencontré Alain Lanceron dans ses bureaux de EMI France à Issy-les-Moulineaux, je me suis entretenu avec Pierre Flinois dans mon coin préféré de Paris, le jardin de l'*Hôtel des Grandes Écoles*, à deux pas de la place de la Contrescarpe. Sorte d'enclave dans l'espace et le temps, cette bulle verte et fleurie est engoncée entre quelques bâtiments au fond d'une cour pour anciennes calèches, qui nous éloigne de la rue du Cardinal-Lemoine et de la pollution sonore. L'espace jardin est embrassé par la structure XVIIIᵉ siècle de l'hôtel et ses dépendances. Quelque part sous les pavés, dit-on, le tombeau du Sieur de Maisonneuve, fondateur de Ville-Marie (Montréal). Pendant les petits déjeuners sous les platanes, une école maternelle voisine offre sans supplément les cours de chant des bambins, « petite flûte enchantée » qui s'entremêle aux gloussements mélancoliques des palombes voletant entre les arbres de l'hôtel et les arènes de Lutèce. Et puis, le café de Mme Lefloch est excellent.

– Pierre Flinois, comment voyez-vous l'état de l'édition phonographique d'opéra depuis vingt ans ?
– Ces années ont vu une extraordinaire explosion et un élargissement du répertoire lyrique sur disque. Un mouvement qui suit le travail musicologique des scènes. Les théâtres sont souvent plus courageux que les maisons de disques, généralement suivistes. Ce travail se fait souvent en direction du passé (baroque, classique), parce que la création lyrique contemporaine ne satisfait pas le public dans sa recherche de la nouveauté.
– A vue d'œil, l'industrie phonographique paraît plus prompte à éditer ses fonds d'archives.
– Oui, en même temps que les nouveautés et de façon contradictoire. En général, pour le répertoire traditionnel, ces archives sont meilleures que les interprétations actuelles, à de rares exceptions près.
– Les firmes font aussi beaucoup d'enregistrements scéniques, on semble moins créatif dans la production de studio.
– Il y a longtemps, HMV produisait des *live* à Covent Garden et à Bayreuth. Mais on préférait alors le studio. Aujourd'hui, il en coûte moins de faire des enregistrements scéniques, car ils reproduisent l'ambiance d'une grande représentation. Quoi qu'il en soit, le disque n'est pas un leader dans la création ou la recréation d'opé-

ras. Pour arriver à une connaissance générale du lyrique, le mélomane ou l'amateur doivent combiner la scène et le disque.
– *La place de Callas, dans cet ensemble ?*
– Callas fait partie de ces références incontournables dont on ne peut se passer aujourd'hui. Un jalon historique. On fera différemment, aussi bien, mais pas mieux. Telle est la raison pour laquelle son fonds d'archives phonographiques doit être disponible en permanence. Les enregistrements qu'elle n'avait pas approuvés de son vivant ont accédé à une diffusion courante dans le système industriel du disque, sous prétexte d'honorer la mémoire d'une artiste sous toutes ses facettes – même ses erreurs. Mais après tout, nous sommes au moment et au niveau d'une connaissance encyclopédique, on a besoin des esquisses de Michel-Ange ou de Leonardo pour comprendre leurs œuvres. Et parfois, un enregistrement, une prise rejetée pour une note par Callas elle-même nous cachent une *cabaletta* extraordinaire. Ce type d'édition est donc justifié à condition de bien indiquer qu'il s'agit de documents secondaires par rapport à la production de studio approuvée.
– *Et les enregistrements* live *que réédite EMI maintenant en abondance, qu'on a désormais légitimés ?*
– Les *live* sont d'abord une demande du public. EMI, après avoir repoussé l'ennemi au loin de ses produits de studio, a intégré les *live* à son catalogue. Ce qui prouve bien que EMI a compris qu'il n'existe pas qu'un seul pan phonographique de Callas, qu'il est en fait double : réalité de la scène, réalité du studio. EMI a alors relayé les anciens pirates. Il ne faut jamais dire : « Fontaine, je ne boirai pas de ton eau. » EMI, qui avait loupé le coche et laissé passer une véritable manne pendant plus de dix ans, a réfléchi et compris que l'héritage intégral de Callas devait et pouvait être mieux exploité.
– *N'est-il pas un peu prétentieux que EMI veuille être la seule maison mère de Callas ?*
– Ce n'est pas prétentieux pour EMI, c'est tout simplement de bonne guerre sur le plan commercial... Les maisons de disques, il ne faut pas l'oublier, sont là pour faire de l'argent à partir de données culturelles ; ce ne sont pas des organismes culturels à 100 %. EMI laisse croire que tout était au beau fixe entre la firme et Callas. Idem pour Schwarzkopf, qui est allée faire son dernier disque chez Decca London ! Aujourd'hui, cette petite entorse est oubliée chez EMI : alors, que je te fête les quatre-vingts ans de la dame, que je te ressorte une anthologie, des vidéos, et le reste !...
– *Pour la réédition en CD des récitals de studio de Callas, pourquoi avoir laissé tomber et détruit la composition et la structure des*

programmes du temps du vinyle : Coloratura/Lyric, Callas by Request, *par exemple, tels qu'ils avaient été conçus par la firme et par Callas ? Là, il s'agit bien du vrai et réel patrimoine phonographique de EMI, pourquoi ne pas le valoriser ?*

– C'est le signe qu'une firme protège moins la culture de ses programmes phonographiques que son envie de reproduire. Il y a, c'est certain, la donne commerciale : on considérait, tout au début de l'ère du CD, comme une tromperie de vendre un CD comportant seulement quarante-cinq minutes de musique. Mais on voit maintenant apparaître des rééditions d'anciens programmes avec le graphisme original des couvertures, chez Decca, chez Deutsche Grammophon (DGG). C'est aussi une mode commerciale, qui joue de l'acquis culturel comme argument de vente. Dans certains cas, peu importe que les anthologies soient rééditées pêle-mêle. Dans d'autres oui, si le programme avait une logique, et surtout si l'on devait y perdre des documents. Bien que cela n'intéresse que quelques collectionneurs, c'est un mouvement maintenant inscrit dans l'ordre des choses.

– *A présent, les disques de Callas sont vendus pour des films et apparaissent dans l'audiovisuel tous azimuts.*

– C'est faire sortir du ghetto culturel un héritage qui peut s'ouvrir à un tout autre public, et l'amener à s'intéresser au patrimoine original. L'audiovisuel est en ébullition, il se cherche. Le disque en soi, c'est presque fini. Nous sommes entrés dans le multimédia. EMI est encore une tortue et devrait déjà posséder toutes les intégrales vidéo de Callas à son catalogue, et des CD-ROM. Mais ce n'est pas une firme très rapide pour ce genre de projets. Au-delà, il serait intéressant d'avoir une nouvelle Callas ; que son phénomène, donc, ne soit pas une raison pour rester assis, sous prétexte de vénération ou de culte, et empêcher ainsi les choses nouvelles de progresser. Vingt ou trente ans après Callas (depuis sa mort ou la fin de sa carrière), cette voix nous parle encore. Callas a renouvelé le sujet de l'opéra et continue, à ce propos, de déranger. Cela se répétera pendant quelques générations, tant que ce sera excitant, tant qu'il y aura un « esprit du temps » dans ces disques. Après, tout ira aux archives, pour les chercheurs. Le recul est encore insuffisant. Mais le corpus est vidé – sauf découverte peu probable d'une archive exceptionnelle –, et il ne peut que se répéter, se reproduire inlassablement.

– *En quoi ce phénomène influence-t-il la dynamique moderne de l'opéra ?*

– Il fait partie des mythes de l'opéra, comme Bayreuth, Caruso, les « trois ténors » ou Monteverdi, ou Mozart. Callas y participe de

façon générique, plutôt que de manière dynamique. Cette voix phonogénique peut faire naître le goût de l'opéra. Mais c'est un phénomène mort...
– *Une sorte de muséologie à l'âge moderne...*
– Le frigo ! Même le disque donne une image déformée de Callas, une solarisation de ce qu'elle était vraiment. Quelque part, Callas c'est de la morbidité qui, malgré tout, nous parle toujours [3]...

Sur ce point d'orgue, je remarque que le chant des enfants s'est arrêté. Les *babbini cari* doivent être maintenant plongés dans le silence d'une lecture ou d'une sieste. Seules les palombes continuent leurs cris, inlassablement rejoués comme les sillons d'un disque, en une sorte de mélancolie sombre.

Cent ans d'amour pour l'industrie du disque

Le vingtième anniversaire de la mort de Maria Callas est un grand événement pour l'industrie phonographique, en particulier pour EMI. Il n'est donc pas étonnant que le rhabillage intégral de la collection Callas, à cette occasion, devienne la locomotive des célébrations du centenaire de EMI.

L'année 1897 marque les débuts de la grande usine Pathé à Chatou, en banlieue de Paris, et la fondation à Londres de The Gramophone Company. Cet ancêtre de EMI fut fondé par un agent d'Emil Berliner, William Barry Owen [4]. Quant à la célèbre firme française, elle s'appellera ensuite Pathé-Marconi, sera acquise par EMI au début des années 30, pour se fondre à partir des années 90 dans la gigantesque standardisation du groupe britannique et être rebaptisée EMI France.

Callas fait ainsi partie d'une mouvance phonographique qui commence avec Sarah Bernhardt et Francesco Tamagno (ténor créateur de l'*Otello* de Verdi), puis passe par le dernier castrat vieillissant au Vatican, Alessandro Moreschi, le jeune Caruso à Milan et une Adelina Patti sexagénaire. Ainsi le XIXᵉ siècle *opératique* au crépuscule et le XXᵉ naissant sont célébrés simultanément dans et par le gramophone. Une jeune Callas, tout au début des années 50, vivra un autre passage, celui du 78 tours italien de Cetra au microsillon de longue durée, avant de participer à la construction et à l'enrichissement d'une moderne EMI.

Les années 70 illustreront la consécration de Callas dans cet empire culturel. Pour mieux comprendre, une comparaison est nécesssaire, issue du sein même de EMI. En 1971, un des grands patrons de la firme, le producteur David Bicknell, prend sa retraite. Une fête en son honneur rassemble ses collègues : L. G. Wood, Peter Andry, Peter de Jongh, John Coveney ; les artistes Victoria de los Angeles et Gerald Moore ajoutent à l'événement leur présence de stars. En 1973, EMI fête le soixante-quinzième anniversaire de sa fondation en éditant un album double de sa filiale allemande EMI Electrola. A Londres, une cérémonie solennelle regroupe le président de la firme, Joseph Lockwood, le Premier ministre britannique Edward Heath et... Maria Callas !

Une photo des archives EMI immortalise ce trio peu banal, métaphore de l'industrie culturelle : un grand patron formé dans l'administration de la haute technologie, un chef de gouvernement, une artiste emblématique. Pour Callas, l'anniversaire de EMI en 1973 ressemble fort à une sorte de répétition générale pour les commémorations du centenaire de EMI.

Ce centenaire de 1997 transgresse le caractère *post mortem* de la prestation de Callas. L'industrie culturelle survit à toutes les morts et se revivifie à partir des enregistrements. En 1985, Michael Allen, directeur financier et administratif de la section classique internationale de EMI à Londres, me le faisait remarquer de façon polie et glacée :

> Contrairement aux artistes et à leurs héritiers ou légataires, qui ont droit de bénéficier pendant quelques années du fruit du travail de la création artistique, une firme est toujours active après cinquante ans, elle continue d'investir argent et travail pour reproduire et rééditer des enregistrements, tout en continuant de prendre des risques avec de nouveaux produits.

Voilà une bonne raison, toujours valide, d'atteler le patrimoine phonographique Callas comme une locomotive au train du centenaire EMI. Ici, l'amour a cent ans et il s'assure que le convoi arrivera à bon port. Ainsi raisonne François Truffaut pour l'industrie du cinéma, dans *la Nuit américaine*, à propos des films « qui sont plus harmonieux que la vie, qui sont comme des trains dans la nuit », comme le rappelle Jean-Louis Richard dans *le Roman de François Truffaut.* Les disques sont eux aussi plus harmonieux que la vie et la mort des stars, des techniciens, des producteurs, des administrateurs et des firmes. La phonographie est un somptueux train, rutilant, qui file dans la nuit.

2

Le krach de *la Gioconda*

A la fin de l'été 1979, raconte Allan Kozinn dans *High Fidelity* d'avril 1980, la compagnie RCA Red Seal annule, à la dernière minute, un enregistrement de *la Gioconda* de Ponchielli qui devait être fait à Londres.

Cette production avait été planifiée en tenant compte de la publicité gratuite qu'offrait en septembre la télédiffusion mondiale du même ouvrage à l'opéra de San Francisco, avec les mêmes vedettes. Toutefois, au lieu des 195 000 dollars prévus, la facture avait grimpé à plus de 300 000 dollars et les administrateurs décident alors d'annuler le projet. Ce krach de *la Gioconda* chez RCA déclenche toute une série d'analyses pessimistes sur la plus « grave crise à ce jour » de l'industrie du disque classique. Allan Kozinn, dans son reportage, cite le représentant d'une grande firme qui soutient (anonymement) que les compagnies tiennent à garder leur secteur classique pour le prestige :

> Prestige, disons, est un joli mot. Tout le monde sait que les grandes firmes de disques sont des putains ; mais, avec le secteur classique, nous ressemblons un peu moins à des putes. Après tout, c'est du *big business*, et nous y sommes pour le fric, pas pour l'art !

Ensuite, il y eut d'autres secousses. Philips interrompit peu après son programme d'enregistrements des opéras de jeunesse de Verdi – des œuvres rares comme *I Lombardi, I Due Foscari, Il Corsaro, Attila* –, qui était devenu trop coûteux.

Faut-il se suicider pour le disque d'opéra ?

Ainsi, une fois de plus, l'enregistrement d'opéra, à cause de ses coûts prohibitifs, dévoile les plus larges fissures dans l'industrie phonographique et sert de signal d'alarme à la viabilité du secteur classique dans son ensemble. Martin Mayer, dans son reportage *The Economics of Recording* (*Opera News*, 9 décembre 1972), notait déjà qu'une intégrale de *Lohengrin* faite en 1964 à Boston par RCA pour 170 000 dollars (au lieu d'une moyenne de 60 000 dollars en Europe) avait pratiquement convaincu la direction de la firme de se retirer de l'industrie phonographique classique. Cette situation justifiait donc de ne plus enregistrer aux États-Unis les opéras standard du répertoire, mais plutôt en Europe (Angleterre, Italie, Allemagne de l'Ouest, France). De plus, pendant les années 70, certains distributeurs se plaignent d'une baisse générale de la demande de phonogrammes d'opéra et, progressivement, l'augmentation rapide des coûts de production en Europe aboutit à son tour, à la fin de la décennie, aux échecs que nous venons de signaler [1].

Mais si l'avenir paraît aussi sombre, en 1979-1980, par quels détours, quelques brèves années après, DGG présente-t-elle son nouveau chef vedette, Sinopoli, dans une intégrale de *Nabucco* de Verdi ? La firme ouest-allemande Orfeo reprend l'ancien programme de Philips avec une *Alzira* de Verdi ; EMI, avec Riccardo Muti, ressuscite à la Scala la technologie de l'enregistrement *live* d'opéra et publie un *Ernani* (Verdi encore gagnant), ou annonce un contrat de longue durée avec Jessye Norman pour réaliser *l'Africaine* de Meyerbeer (dont la popularité n'est pas évidente), *les Contes d'Hoffmann* d'Offenbach et *l'Heure espagnole* de Ravel ; de son côté, Philips annonce, toujours avec Jessye Norman, le *Dido and Aeneas* de Purcell, des airs d'opéras français, etc. En parodiant le shérif du *Psychose* de Hitchcock, nous pouvons nous aussi poser la question : « Si l'opéra phonographique est aujourd'hui encore vivant, qui était dans le cercueil que nous avons mis en terre il y a quelques années ? »

Et Callas, dans cette « catastrophe » de la décennie 1980 ? Les firmes commerciales multiplient les rééditions, les *live* sortent en abondance. Pour le cinquième anniversaire de sa mort, en 1982, EMI Pathé-Marconi, avec un audacieux programme de marketing d'Alain Lanceron, lance le coffret de tous ses récitals EMI : onze microsillons, dont une aria inédite, un portrait en couleurs de Callas en prime, ainsi qu'une livraison spéciale de *l'Avant-Scène Opéra*. En un an et demi, près de 40 000 coffrets sont vendus, alors que 5 000 auraient signifié une bonne vente ! *Les Nouvelles Littéraires* se font dithyrambiques : « 40 000 exemplaires vendus ! Soit bientôt l'équivalent d'un disque d'or pour les variétés (500 000 exemplaires). Du jamais vu. Mais, il est vrai, pour du jamais entendu. » Sous cette poussée, EMI renchérit avec *les Introuvables* de Schwarzkopf, raffine sa stratégie de lancement ; ce nouveau coffret, que des disquaires annoncent parfois tout bonnement comme « les Introuvables d'Elisabeth », va battre en quelques mois le record mondial du coffret Callas. Si on ajoute à ces leaders toute la collection de rééditions EMI *Références*, on conclut avec Pierre Flinois que tous ces disques « marchent du feu de dieu » !

Rien ne peut mieux valoriser l'intérêt de rééditions que de les assortir de la rareté d'un inédit. A cet égard, le coffret EMI Pathé-Marconi des récitals de Callas (à l'instar de rééditions similaires – quoique plus réduites – par d'autres succursales EMI à travers le monde) a enrichi les collectionneurs et le nouveau public de Callas de l'aria *Mon cœur s'ouvre à ta voix,* de Saint-Saëns (*Samson et Dalila*), bien que la cantatrice, de son vivant, en ait catégoriquement et toujours interdit la publication. « Callas, souligne Flinois, tout le monde s'en rend compte aujourd'hui, n'a jamais si bien chanté que depuis qu'elle est morte[2] ! » Si bien, et... en quelle quantité !

La crise est « le feu de dieu » de l'industrie phonographique

Ce qu'on appelle les crises du secteur classique de l'industrie discographique, tout au long des années 70 – après l'opulence des deux décennies précédentes –, relève en fait de certaines difficultés économiques : d'une part, l'expansion spectaculaire du rock-pop a réduit progressivement le pourcentage de productions du secteur classique ; d'autre part, le succès et la *starisation* des vedettes, de même que l'accroissement des profits des compagnies, ont provoqué une inflation des coûts de production pour le travail créateur et technique, à laquelle s'ajoutent les frais sans cesse grandissants des perfectionnements technologiques. Ainsi, le passage rapide, en quelques années, de la haute-fidélité monophonique à la stéréophonie, puis aux essais de la quadriphonie, a forcé les firmes à des frais de recherche et d'expérimentation ainsi qu'au renouvellement incessant des mêmes catalogues.

En outre, certains facteurs externes ont joué sur le développement des programmes. La crise du pétrole, par exemple, a fait grimper le coût des sous-produits pour la fabrication des supports, comme le vinyle. Par ailleurs, la croissance de la piraterie a perturbé la trésorerie des compagnies. Enfin, les facteurs culturels ne sont pas négligeables. Les années 50 et 60 furent une sorte d'âge d'or de l'opéra, que favorisa la bonne santé économique engendrée par la reconstruction d'après-guerre, et que soutint également la consolidation internationale de l'industrie phonographique et radiophonique.

Ce phénomène a plafonné pendant les années 70, en partie parce que la masse des jeunes consommateurs s'est cantonnée dans le rock-pop, mais aussi parce que le classique, l'opéra surtout, toujours fragile par sa cherté même, ne se sont pas rapidement renouvelés et adaptés aux nouvelles demandes culturelles des jeunes. La sclérose du musée s'installe rapidement, le renouvellement des stocks créateurs est moins rapide, les vedettes vieillissent, l'Europe a un sérieux problème de relève.

C'est aussi l'époque où de puissants producteurs d'opéras comme Walter Legge et John Culshaw tombent en disgrâce et quittent leur poste dans l'industrie. Éclate alors la « crise ». Bien que réelle par certains aspects – ainsi, Decca Records ne survivra plus comme compagnie autonome et sera rachetée par Polygram en 1980, tout comme EMI par Thorn –, il est intéressant de voir comment ce phénomène se médiatise en « cri d'alarme » ; il s'agit surtout d'un appel public, voire politique au soutien économique de l'industrie culturelle.

Cette alerte socioculturelle, bien orchestrée (consciemment ou non), sert très souvent à faire pression pour la révision des politiques étatiques de soutien à l'industrie : allègements fiscaux, libéralisation des tarifs douaniers, assouplissement des règlements antitrust. En même temps, la « plainte insoutenable » du soi-disant moribond prépare subtilement la conscience du public à se sensibiliser aux renouvellements des stocks, à l'apparition de nouveaux produits (technologies ou programmes), ou à d'anciens produits remodelés dans leur apparence. Bref, il s'agit de rallumer la demande. Ainsi, la crise chauffe à blanc les opérations commerciales... et les consciences, permet les réalignements structurels, rachats ou fusions de compagnies, pousse à la vente de nouvelles technologies et régénère son aréopage de vedettes. La crise est une nouvelle naissance et une relance du marchandisage des phonogrammes. On objectera qu'il y a, dans ces phénix de l'industrie culturelle, des morts et des victimes, des victoires et des défaites. Les renaissances pourraient se passer autrement certes, mais pour l'instant, nous ne faisons que demander aux généraux d'armée ce qu'ils pensent des morts après l'armistice.

Après les tocsins et les cloches de 1979-1980, qu'est devenue l'industrie phonographique ? EMI, après avoir flirté avec Gulf & Western, s'est transformée en Thorn EMI (fusion qui prend fin en 1996) ; la firme complète son avancée dans la technologie de pointe et consolide sa précédente expansion dans l'audiovisuel : phonogrammes, cinéma, télévision, loisirs. Polygram, le conglomérat germano-néerlandais de Philips et de Siemens, achète en 1980 la compagnie britannique Decca, au grand dam de John Culshaw, et l'ajoute à ses labels Deutsche Grammophon, Philips, Mercury et Polydor. Sur le plan technologique, l'enregistrement numérique et le disque compact font leur apparition. Mais surtout, la vidéo opère un nouveau syncrétisme avec la musique et installe cette sorte de nouveau concept à la fois culturel et commercial qui s'appelle, aux États-Unis, MTV (Music TV) et prend la forme de clips, de vidéocassettes musicales, de vidéodisques.

A un niveau plus large de la demande culturelle, l'enregistrement de concerts en direct est de nouveau à l'honneur, mais il se révèle moins rentable en vidéocassette : il trouvera sa force optimale dans le disque ou la musicassette, grâce à des prix moins élevés et parce que les fonds stockés des radios et des compagnies de disques semblent inépuisables. Ainsi triomphe sur le marché le matériau culturel qui fut longtemps celui de la piraterie, la production des *live* qu'envisagent maintenant les grandes firmes. Ce type d'enregistrement trouve vite ses chantres, Riccardo Muti et le producteur John Mordler chez EMI, le pianiste Alfred Brendel, Eve Queler... Ces nouvelles productions sonores, qu'on accouple à l'enregistrement vidéo simultané, deviennent des événements vendables sur les multiples marchés de la radio, du phonogramme, de la télévision et de la vidéocassette. Samedi 7 avril 1984, à 14 heures, une des dernières représentations de *la Forza del Destino*, avec Leontyne Price au Metropolitan Opera de New York, était à la fois radiodiffusée en direct à travers toute l'Amérique du Nord, enregistrée sur bande magnétique et en vidéo pour retransmission ultérieure à la télévision éducative. Tous les pirates sont à leur poste pour enregistrer cet événement, mais ce sont les grandes firmes qui tireront le plus gros des profits de la vente de ces objets audiovisuels.

Quoi qu'il en soit de la crise de l'industrie phonographique, l'opéra vit une renaissance phénoménale au tournant des années 80. Mode ou besoin, selon les opinions, il apparaît évident que le cinéma et la vidéo jouent un rôle clé dans cette revitalisation. Le cinéma surtout, qui en s'éloignant librement de toute référence à la scène, arrive déjà à produire en audiovisuel une interprétation des partitions dont aucune scène ne sera jamais capable d'égaler la liberté, le rythme, le souffle lyrique. *La Flûte enchantée* de Bergman, *Don Giovanni* de Losey, *Parsifal* de Syberberg, *Moïse et Aaron* de Straub et Huillet, *la Tragédie de Carmen* de Peter Brook, le *flash-back* au début de *la Traviata* de Zeffirelli, le finale d'*Un Ballo in maschera* de Verdi dans *Luna* de Bertolucci, *la Bohème* de Comencini, *Madame Butterfly* de Frédéric Mitterrand, ces quelques exemples suffisent à donner raison aux prémonitions de Boris Vian, en 1957 :

> Seule la musique peut avoir le même pouvoir de transfert que l'image cinématographique... seul l'opéra peut lutter avec le cinéma en ce qui concerne l'efficacité[3].

Avant cet avènement du film-opéra, et maintenant avec lui, le disque a possédé un tel pouvoir, même s'il était privé du langage visuel, puisque l'enregistrement a su imposer son propre langage sonore, détaché de toute référence à la scène. Pour Callas, l'essentiel de ce pouvoir est concentré dans ses phonogrammes, de studio ou *live*, comme nous l'indique le recul historique. A côté de ses disques, les archives iconographiques de Callas ne conservent, de toute évidence, qu'une valeur secondaire ou complémentaire.

Il n'est donc pas étonnant que non seulement la crise des années 70 et 80 n'ait pas amoindri « l'héritage sonore » de Callas, mais qu'elle l'ait considérablement servi. A la conjoncture globale de régénération de l'industrie phonographique s'est ajoutée la mort soudaine de la cantatrice. Tous ces éléments confondus ont donné lieu à un recyclage considérable de la production sonore de la diva : *live* (légaux ou non), rééditions, inédits, tout voit le jour à un rythme régulier et soutenu.

On a également réussi à faire entrer Callas dans les réseaux de la vidéo. Les rares bandes magnétoscopiques en noir et blanc des années 50 et 60, naguère considérées comme de vagues références documentaires, acquièrent tout à coup une valeur marchande inédite. En Europe, le mouvement est lancé par la mise au jour du concert télé (qu'on croyait perdu) du 15 mai 1969 à Hambourg, diffusé sur plusieurs chaînes, dont la trame sonore devient aussitôt la matière d'un disque de Rodolphe Productions, *Maria Callas à la télévision* ! En décembre 1983, pour souligner le soixantième anniversaire de la naissance de la cantatrice, la Fondation Maria-Callas organise, avec les soins de Peter Gelb, de Columbia Artists Management, une commémoration internationale de Callas, à laquelle collaborent quatre maisons d'opéra (la Scala, Covent Garden, Paris et Chicago), des centaines de vedettes, d'artistes et de techniciens et plusieurs chaînes de télévision. Aux yeux des promoteurs, le résultat en sera, comme le souligne Tim Page dans le *New York Times* du 11 décembre, « la bénédiction sacrée d'un extraordinaire mariage de musique et de technologie ». Coût de production total : un million de dollars, à récupérer sur la vente des droits de diffusion télé. Quelques jours avant l'événement (diffusé en direct le 12 décembre), la chaîne éducative américaine PBS (Public Broadcasting System) montre une bande-annonce avec Placido Domingo ; en encadré, un fragment de *la Vestale* par Callas, extrait de la vidéo de Hambourg. Toutefois, lors de la diffusion, aucun extrait de cette vidéo ne sera entendu, excepté quelques fragments d'un autre concert de Hambourg (celui de mars 1962), ainsi qu'un extrait d'une vidéo de Londres, de 1964 : le deuxième acte de *Tosca*, filmé en direct sur scène. Ces extraits n'occupent d'ailleurs que quelques minutes dans un événement qui dure plus de trois heures. Peter Gelb confie à Tim Page que les films et les vidéos de Callas paraîtront sans doute bientôt sur le marché de la vidéocassette. Dans ce contexte, les courts extraits de la « commémoration internationale » de Callas n'auront été qu'une publicité. De plus, Gelb espère que cet événement pourra être répété, par exemple tous les cinq ans.

Il est évident qu'il n'est pas dans l'intérêt de l'industrie de sortir le matériel audiovisuel de Callas d'un seul coup, pas plus que les inédits sonores, publiés au compte-gouttes. Parmi les interprètes lyriques, Callas conserve sans fléchir sa première place dans les ventes de produits sonores. Ce phénomène dure depuis plus de quarante ans, comme le souligne William Lerner, de la boutique Music Masters de New York :

> – Callas est de loin la meilleure vente comme artiste lyrique dans nos inventaires. Personne d'autre n'approche ses chiffres de vente[4].

Alain Lanceron : le marketing « inquiétant »

Lanceron est entré en 1978 à la direction des services artistiques et créatifs classiques de EMI Pathé-Marconi. « C'est lui, déclare son collègue américain Brown Meggs, président de Angel Records, le grand maître des rééditions des phonogrammes de Callas. » Alain Lanceron est chez Pathé-Marconi (EMI France) ce que fut chez Gaumont et chez Erato un Daniel Toscan du Plantier, pour qui l'industrie culturelle est un lieu, un travail qui doit « être culturel et populaire, rentable et créatif, (où) la réflexion et l'action doivent se conforter[5] ».

Licencié en sciences économiques, diplômé de l'École supérieure de commerce de Paris, critique musical, Lanceron commence son travail dans le classique par un coup d'audace en réédition : le surprenant coffret *Callas/Bellini*. Trois intégrales : *Norma, la Sonnambula, I Puritani*, plus un disque d'interviews à la mémoire de la diva. Dix microsillons ! Il écrit lui-même les notes de présentation :

> Elle a réinventé l'opéra. Elle a rendu tout son prestige à un art qui, sans elle, ne serait pas ce qu'il est aujourd'hui... foudroyant

les mauvaises traditions qui en avaient amorcé le déclin. Elle a ouvert la voie à l'interprétation moderne du chant.

Sa voix magique si singulière, lumineuse et morbide, un timbre magnétique, érotique, désarmant, au vibrato inquiétant – au sens gidien de tirer de sa quiétude.

Le disque, éternel écho, sera demain l'unique témoin de l'art insensé de la plus grande cantatrice du XXe siècle.

Il est rarissime, dans l'industrie culturelle phonographique, de trouver pareille osmose entre d'efficaces techniques de marketing et une écriture osant évoquer Gide dans la description d'une vedette de son catalogue !

> – *Contrairement aux années 50 et 60, où les producteurs et distributeurs de l'industrie phonographique ne voulaient pas parler de leur métier, vous en discourez abondamment, du point de vue du marketing surtout, avec enthousiasme même. Qu'est-ce qui a changé ?*
> – Ce qui a changé surtout, c'est que l'âge d'or du disque – *grosso modo* entre 1950 et 1970 – est maintenant fini. Les hommes aussi ont changé. Les nouveaux responsables artistiques sont aussi des hommes de marketing. J'ai fait une école supérieure de commerce, outre mes goûts et mon bagage artistiques, musicaux. Il faut les deux...
> – *On avait de la réticence à en parler et cela semblait avoir moins d'importance aussi...*
> – L'aspect industriel et commercial de la culture a de plus en plus d'importance. La concurrence est beaucoup plus rude, il y a toujours davantage de disques, les techniques évoluent, les collections sont de plus en plus importantes. En France, en particulier, les nouveautés ont un mal croissant à percer le marché. Il faut donc employer des armes analogues à celles des autres secteurs d'activité en matière de marketing.
> – *Dans une interview à* Libération, *vous affirmez qu'il n'y a aucune raison pour qu'un artiste classique ne soit pas « promotionné par des moyens identiques à ceux des variétés, ce jeu de funambule qui [vous] passionne entre le commerce et l'art... »*
> – Exactement.
> – *Y a-t-il, depuis quelques années, une plus grande rareté de chanteurs, de vedettes pour la production phonographique d'opéras ?*
> – Des cantatrices de la stature de Callas, il n'y en a plus, et il n'y

en aura plus jamais, puisque Callas est unique. Disons qu'il y a autre chose. Ce n'est plus tout à fait la même affiche, cependant on voit apparaître dans les années 80 des chanteurs très intéressants sur le marché international, mais pas forcément dans tous les répertoires. Dans le répertoire wagnérien, par exemple, il existe une crise...

– *Pas de crise dans l'opéra, alors ?*

– On ne peut pas dire qu'il y ait crise dans l'opéra. L'opéra est à la mode, le public s'est élargi de manière considérable, le nombre de représentations aussi. Les ventes de coffrets phonographiques d'opéra ont décuplé.

– *Quel est le degré d'autonomie pour la production et la distribution, chez EMI France, par rapport aux décisions de EMI Londres ?*

– De toutes les filiales des grands groupes internationaux, EMI France est la société qui a le plus d'autonomie par rapport à la société mère. C'est nous qui avons le système le plus « fédéraliste », si vous voulez. Nous possédons une relative indépendance, à l'intérieur de notre budget d'enregistrements, pour produire nos propres choix ; de plus, une importante marge d'indépendance au niveau du marketing. Nous détenons nos collections (*Cadre rouge, Cadre noir, Références*), contrairement à d'autres sociétés qui sont plus centralisées, qui ont une production européenne. EMI France assure vraiment une production sur mesure pour le marché français. Par exemple, l'édition du coffret de tous les récitals de Callas, c'est une décision locale, réalisée avec des moyens locaux. D'un autre côté, nous avons toujours conservé une autonomie pour le marketing. Activité importante également à l'exportation pour la vente de nos produits, soit à des compagnies sœurs, soit à des tiers, le plus souvent des distributeurs indépendants. Cette activité représente entre 13 et 15 % de nos ventes totales.

– *Comment avez-vous organisé le marketing des phonogrammes Callas pendant les années 80 ?*

– Pour le coffret Bellini, je n'étais pas encore directeur du classique, mais c'est moi qui l'ai conçu et réalisé. Le directeur général de l'époque voulait, pour accompagner le coffret, un disque d'interviews de personnalités ayant bien connu Maria Callas. J'ai recueilli ces témoignages à chaud, après sa mort. Les filiales italienne et espagnole avaient fait d'autres coffrets de leur côté, mais elles ont repris certaines de nos interviews pour leurs éditions locales.

– *Pour le coffret Bellini, vous avez rompu avec une certaine tradition – celle de ne rééditer que des enregistrements plus récents en stéréo – : vous avez choisi la première* Norma, *celle de 1954 en mono, en donnant ainsi un impact d'archive plus grand à tout le coffret...*

– Pour moi, ce choix s'imposait, parce que c'est la meilleure *Norma* des deux. Par ailleurs, pour ce qui est du design des coffrets blancs vinyle, réédition des intégrales de Callas, cette idée d'avoir un *look* spécifique aux phonogrammes de Callas est venue un peu par hasard. On avait pensé à modifier le coffret de *Madama Butterfly*. Le maquettiste a suggéré, entre autres projets, le motif blanc avec papillons de couleurs. A partir de cette esquisse, l'idée est venue d'utiliser ce motif pour tous les coffrets mono des intégrales, en reprenant *Maria Callas* dans le même logo, et les mêmes présentations pour toute la collection. Dans cet ensemble, ne varie que le titre de chaque ouvrage, mais toujours dans un style identique.

– *Pour moi, c'est l'équivalent nouvelle vague, si je peux dire, de l'historique et célèbre design* La Scala *pour tous les enregistrements EMI Columbia des années 50 et 60... Ce choix a-t-il été déterminant pour la vente de ces rééditions ?*

– Oui. Cela a surtout permis de remettre sur le marché français tous les enregistrements Callas en pressages français, là où il n'y avait que des importations depuis quelques années. Et, bien sûr, de donner à l'ensemble de la discographie Callas une indispensable unité. Pour chaque couverture du livret, Callas en costume dans son rôle (sauf les rôles non interprétés à la scène). Par ailleurs, nous avons aussi tous les récitals, en albums mono ou stéréo, dans la série *Cadre rouge*, ou hors collection, avec chaque fois une photo en couleurs de Callas en couverture. Pour le cinquième anniversaire de la mort de Callas, une fois ce chemin fait, nous avons publié le coffret de tous ses récitals, avec un inédit *Mon cœur s'ouvre à ta voix*, coffret qui comprenait le numéro de l'*Avant-Scène Opéra*. Ce fut le premier du genre. En quelques mois, 40 000 coffrets ont été vendus !

– *Pouvez-vous indiquer une moyenne des chiffres de vente de ces diverses rééditions de Callas ?*

– Pour les coffrets blancs : 2 000 à 3 000 par an pour chacun. Ce qui est bien... C'est très bien ! Les disques simples, c'est entre 2 000 et 6 000 par an, disons 5 000 en moyenne. Les ventes de Callas sont exceptionnelles en France pour toute sa discographie. Je crois même – il faudrait le confirmer –, je crois que pour toutes les ventes de Callas du groupe EMI, celles de EMI France représentent 50 % de l'ensemble, et ce sur le seul marché français. Les ventes des enregistrements de Callas atteignent des chiffres incroyables. Et, ce qui est très important, toutes ces ventes se font en *full price*, pas en séries économiques, comme c'est le cas dans la plupart des autres compagnies du groupe EMI.

– Avez-vous des stratégies particulières de lancement pour les disques Callas ?

– Nous avons surtout fait une grosse opération de promotion pour le cinquième anniversaire de sa mort, à l'occasion de la sortie du coffret des récitals. Par ailleurs, sauf pour les coffrets blancs, je crois qu'il est très important de voir le visage de Callas, même si malheureusement nous ne sommes pas très riches en photos couleurs de Callas, à l'exception des deux reportages de Steiner.

– Dans le domaine lyrique, il se confirme donc que Callas est en tête des ventes ?

– Exactement. Depuis sa mort, il y a une reprise fulgurante. Tous les phonogrammes de Callas sont parmi les meilleures ventes ; d'ailleurs, si nous avons fait en 1984 une opération de vente de tous nos coffrets lyriques, en prenant comme emblème Callas dans *Norma*, il y a une raison... En France – ailleurs, je ne sais pas – il y a toujours un événement Callas, à la télé ou à la radio. Oui, les ventes de Callas ne se comparent pas. Elle est de loin en avance, sur tous les artistes, même célèbres [6].

Ces données françaises sont confirmées par presque toutes les principales filiales de EMI. Chez EMI Toshiba Limited de Tokyo, le directeur I. Tama certifie que plus de la moitié des titres Callas « ont été réédités plusieurs fois et sont toujours très populaires chez les fans d'opéras, en particulier *Carmen*, le plus populaire, suivi de *Tosca*, *Rigoletto*, *Norma* et *Lucia di Lammermoor*, ainsi qu'une édition limitée du coffret de tous les récitals Callas/EMI [7] ». En Italie, Jurg Grand, directeur de EMI Italiana, explique qu'à cause de la situation économique assez médiocre dans le classique, il ne garde à son catalogue que des extraits des intégrales Callas, mais de presque toutes les intégrales. Cependant, la place privilégiée de Callas dans ce catalogue est telle qu'elle aura permis la réédition, en 1984, de six volumes doubles de Callas, dont la plupart de ses récitals EMI, et un album de duos avec Di Stefano. Collection : *Studio*. Titre : *Callas l'Incomparabile*.

EMI Electrola, écrit pour sa part Herfried Kier, a publié depuis longtemps tous les enregistrements EMI faits par la maison mère en Angleterre, ou notre firme sœur en Italie, incluant la bande radiophonique de *la Traviata* de Lisbonne. Durant les dix ou vingt dernières années, nous avons eu recours à un marketing agressif, mais nous ne croyons pas avoir fait mieux que nos collègues des États-Unis, d'Italie ou de France. La France, en particulier, a fait un effort gigantesque, parce que son catalogue Callas n'avait pas été largement exploité durant les années 70 [8].

De son côté, Brown Meggs précise, pour Angel Records à Los Angeles :

> La santé financière et culturelle de Mme Callas chez Angel est actuellement excellente. Ses nombreux enregistrements continuent à bien se vendre, et je ne note aucun déclin dans l'intérêt pour son art. Nous effectuons plusieurs transferts audionumériques des plus vieux enregistrements. De façon générale, nos projets américains coïncident avec ceux planifiés en Europe. Naturellement, plus le temps passe, et moins les acheteurs de disques classiques sont conscients du rôle de Callas dans l'histoire phonographique. Je crois qu'il est de notre responsabilité de faire connaître l'art de Callas à ces nouveaux consommateurs. Aussi allons-nous organiser périodiquement des campagnes de marketing pour faire revivre le catalogue Callas. Je suis convaincu que nous allons garder les enregistrements de Callas sur le marché aussi longtemps que l'enregistrement sonore continuera d'exister comme outil, médium de loisirs [9]...

Cette première position indiscutée de Callas, dans son domaine, nous conduit à un autre phénomène qui a surgi dès l'après-guerre dans les industries culturelles en général, dans le produit phonographique en particulier, et qui paraît à ce jour irréversible : la concentration. Concentration, à un premier niveau, des industries culturelles elles-mêmes, aujourd'hui toutes réunies économiquement par la direction des gestions et qui renvoient dans les limbes l'époque pas si lointaine où cohabitaient, en des fiefs spécifiques, les monopoles de cinéma, de radio, de télévision, de disques. Concentration aussi — sous cette poussée financière et technologique des fusions audiovisuelles —, des phénomènes de vedettariat culturel, au point que des produits comme *Star Wars, E.T.*, Michael Jackson, Madonna et les

« trois ténors » deviennent chacun, comme le soulignent avec déférence les pages économiques du *New York Times* ou le *Wall Street Journal*, de véritables industries culturelles !

C'est dans le sillage de ce phénomène accéléré des concentrations audiovisuelles qu'il faut situer les nouvelles stratégies de l'industrie phonographique. Kurt Blaukopf, directeur de Mediacult à Vienne, décrit ainsi quelques-unes de ces stratégies, dans les études de politiques culturelles du Conseil de l'Europe[10]. D'abord, il semble de plus en plus évident que les grandes firmes phonographiques internationales considèrent que la production de catalogues et de répertoires constitue autant une mission culturelle qu'une problématique économique ; ensuite, l'industrie phonographique vise même à populariser les programmes spécialisés. Pour ce faire, on misera sur le vedettariat, bien sûr, qui peut inclure le vedettariat des producteurs et des ingénieurs du son, dont l'importance s'est accrue, mais aussi privilégier les répertoires de séries prestigieuses, les éditions intégrales, car effectivement certaines œuvres spécialisées passent mieux lorsqu'elles sont incorporées à un ensemble plus populaire. Pensons aux célèbres éditions *centenaires*, dont celle de Beethoven il y a quelques années a tracé le modèle, et dans lesquelles se retrouvent Bach et Haendel, par exemple. Enfin, les grandes firmes vont élaborer des stratégies spécifiques de marketing, pour tel produit, tel disque, tel coffret ou telle série, plutôt que de promouvoir de larges catalogues qui manquent d'impact.

Par ailleurs, la télévision est de plus en plus utilisée comme un terrain de publicité pour les phonogrammes, et comme un véhicule d'utilisation du produit sonore, en même temps qu'elle complète la radio, laquelle continue de jouer le rôle de promoteur et de diffuseur qu'elle entretient depuis longtemps pour l'industrie phonographique. J'ajouterai qu'à cette utilisation nouvelle de la télévision pour la musique et les sons enregistrés s'intègre aussi le cinéma.

Dans ce contexte, le produit le plus significatif est l'*Amadeus* de Milos Forman, distribué par Thorn EMI Screen Entertainment. A lui seul, outre son immense succès international, ce film a provoqué dans les industries culturelles des effets considérables. La coproduction – par des capitaux occidentaux et tchécoslovaques (pour le tournage) – a permis une réduction de plus de la moitié des coûts de production. Aux États-Unis, dit Forman, tourner ce film aurait coûté bien davantage et on aurait frisé les 40 millions de dollars – il aurait été impossible à produire[11]. Suivant de près le démarrage réussi du film dans les cinémas, puis la publicité de ses onze nominations pour les Oscars d'Hollywood, le coffret de deux disques de musique, extraite de la bande sonore du film, a frappé à son tour dans le mille. Aux États-Unis, la revue *Billboard*, à la fin janvier 1985, place dans son tableau *Top Pop Album Chart* le coffret d'*Amadeus* en 71ᵉ position, juste un peu au-dessous de Corey Hart, un peu au-dessus de Iron Maiden. Neville Marriner, le chef de l'Academy of St. Martin-in-the-Fields, en est estomaqué :

> C'est curieux, déclare-t-il à une journaliste de *The Gazette* de Montréal, je n'ai auparavant jamais atteint ce tableau des *Top 100* populaires avec un de mes disques, et j'en ai fait près de 400.

Depuis 1946, depuis que cette classification de *Billboard* existe, fait remarquer la journaliste, seulement quatre ou cinq disques classiques se sont hissés dans les *Top 100*.

> Évidemment, conclut Marriner, je suis enchanté. Et si, comme on me le confirme, ces disques d'*Amadeus* ont réussi à augmenter la vente de tous les disques de Mozart, eh bien, je suis enchanté pour Mozart aussi[12] !

Des Jessye Norman, Placido Domingo et Luciano Pavarotti sont promus et se vendent, dit Gene Lees, « comme des petits pains ». Ethan Mordden, dans *Demented. The World of the Opera Diva*, fait là-dessus quelques commentaires acides. Sur Domingo : « Ce sont les forges de l'art, la chaîne de montage de l'opéra. C'est dominant, cela a du succès, et c'est putride. » Et encore : « Ce que les disques ont fait pour Caruso et Galli-Curci, une publicité d'American Express l'a fait pour Luciano Pavarotti[13] » ! Et si, au Québec, Charles Dutoit fait de la publicité pour la Toyota Cressida (Édition Symphonie – une berline classique en édition limitée), en France, c'est toute l'industrie de la pub qui cherche frénétiquement les mélodies opératiques et classiques pour aider au remodelage des produits. Callas se vend encore mieux, même si bien sûr sa place est dans le musée sonore de l'industrie plutôt que dans la production active. Les années 90 accélèrent cette dynamique, qui se nomme dorénavant « l'industrie Pavarotti » ou celle des « trois ténors », battant même les rockeurs vieillissants sur leur propre terrain et les forçant à se métisser en programmes *Pavarotti & Friends*. Elle touche aussi plusieurs vedettes d'opéra qui font des disques plus commerciaux, puisant dans les répertoires du *musical* de Broadway et dans les partitions de l'usine Disney[14].

Cette flambée n'empêche toutefois pas une nouvelle crise de l'industrie phonographique, au milieu de la décennie, de se manifester. Un journaliste parle du « krach de 1996[15] ». Le même Allan Kozinn, qui avait annoncé le « krach de *la Gioconda* » quinze ans plus tôt, revient à la charge dans le *New York Times*[16], avec de grands accents wagnériens, en clamant qu'une industrie jadis fière et triomphante est au bord de l'étranglement. Ces propos prolongent en écho ceux d'Alain Lanceron : « Le fonds de catalogue EMI se casse la figure, comme chez presque toutes les maisons de disques. Les ventes du classique baissent, tous genres confondus[17]. »

Cette crise ne touche pas que le classique, elle gangrène aussi la production de musique populaire. Paradoxalement, cette turbulence ne semble pas, encore une fois, ébranler la production d'enregistrements d'opéra[18]. En ce qui concerne Callas, le mouvement va plutôt dans la direction contraire. A l'occasion du vingtième anniversaire de la mort de la cantatrice, en 1997, EMI non seulement annonce avec superbe la réédition de l'ensemble de son catalogue Callas, mais y ajoute trois intégrales *live* : *I Vespri Siciliani*, *Iphigénie en Tauride* et *Poliuto*. Le dossier de presse de la firme précise que ce catalogue exceptionnel représente 7 % de toutes les ventes internationales de EMI Classics, ainsi que 10 % des ventes du fonds ancien du catalogue classique. Cette Callas phonographique aura traversé, intacte et gagnante, deux grands cycles de crise.

3

Salle Wagram

Paris. Début décembre 1964. Les murs de la ville sont placardés de gigantesques panneaux réclames : *CALLAS est CARMEN*.

> – Pour accéder à la salle Wagram, m'explique Thérèse Darras, ne pas se présenter à l'entrée principale de l'avenue Wagram. Il faut passer par la rue de Montenotte, au numéro 5 bis. C'est l'entrée des artistes, à l'arrière de la salle.

Mme Darras est la secrétaire de Michel Glotz, directeur adjoint des services artistiques des Industries musicales et électriques Pathé-Marconi (EMI France). A titre de producteur, Michel Glotz a réalisé en juillet dernier l'enregistrement de *Carmen* avec Callas. Il prépare maintenant, en stéréophonie, la seconde intégrale de *Tosca*. Une première version mono avait été faite par Callas à la Scala de Milan, en août 1953. Dans les bureaux de la compagnie, situés dans le VIIIᵉ arrondissement, au 19, rue Lord-Byron, Thérèse Darras me montre l'horaire des enregistrements qu'elle a établi :

> – Les passages d'orchestre sont enregistrés durant les premiers jours... Puis Bergonzi. Le 8 décembre, mardi, Callas fera les duos avec Gobbi, à partir de 14 heures 30, ainsi que le lendemain. Elle enregistrera son *Vissi d'arte* vendredi le 11 au soir, à 20 heures.

En examinant ce découpage technique, je me dis que la soirée du *Vissi d'arte* pourrait être intéressante, mais pas autant qu'une séance avec deux ou trois chanteurs. Je suis autorisé à assister à une seule séance. Une seconde, peut-être ? C'est peu probable, tout dépendra de la progression du travail. Éventuellement, si c'est calme. Il faudra décider plus tard, sur place. Nous convenons de l'après-midi du 8 décembre, à 14 heures 30. Puis Thérèse Darras décrit en détail la procédure et les codes qu'il faudra employer pour pénétrer dans cette salle Wagram devenue château fort et bunker de la diva.

En sortant de chez Pathé-Marconi, je suis encore abasourdi. Je pourrai donc vraiment assister à une séance d'enregistrement de Maria Callas. Une heure auparavant, cette chance ne me paraissait même pas imaginable. Toute cette aventure remontait au printemps précédent ; à la fin mai, j'avais reçu une lettre de Michel Glotz :

> Mme Callas nous a transmis votre lettre et nous avons le plaisir de vous proposer d'assister à l'une des séances d'enregistrement de *Carmen* que Mme Callas enregistrera au début du mois de juillet prochain à Paris.

Absent de Paris à ce moment-là, j'avais dû faire mon deuil de cette chance inouïe. De retour à la fin novembre, il me vient pourtant à l'idée de vérifier chez Pathé-Marconi si un autre enregistrement était envisagé. Je ne savais alors rien du projet de *Tosca*. Thérèse Darras, avec un regard incrédule, me répond :

– Oui. Nous commençons *Tosca* dans quelques jours...
– Alors, la même invitation est encore valable ?
– Mais oui...

A l'entrée des artistes de la salle Wagram, rue de Montenotte, il y a effectivement un barrage. Je fais demander Thérèse Darras. Même avec son aide, cela ne va pas comme une lettre à la poste. Un homme l'arrête, s'adresse à elle en aparté et, l'œil inquisiteur tourné vers moi, je l'entends lui demander : « Qui est-ce ? » « C'est un ami de Mme Callas. Elle l'a autorisé à assister... » Sésame magique ! Nous traversons alors le porche couvert du 5 bis, qui débouche directement sur l'enceinte de la salle Wagram. Tout l'orchestre de la Société des Concerts du Conservatoire y est largement installé sur le plancher de bois. Trois ou quatre perches et microphones sont suspendus au-dessus des divers groupes d'instruments. A gauche, derrière l'orchestre, un petit proscenium surélevé d'environ un mètre, fermé sur ses côtés par d'immenses tentures, du plafond au plancher.

Suivant en équerre le pourtour qui encadre l'orchestre – placé en fait sur le plancher de danse de ce bal populaire qu'est la salle Wagram –, Thérèse Darras me conduit jusqu'à un petit escalier.

> – Je vais vous installer sur la mezzanine. Il ne faut pas bouger, ni faire de bruit. Rester le plus invisible possible...
> – Croyez-vous pouvoir me présenter à Mme Callas pour que je la remercie personnellement ?
> – Non. Tout à fait exclu. Impossible ! Je vous laisse, je dois retourner travailler à la régie.

Près de l'escalier, la seule porte donnant sur la mezzanine conduit au centre nerveux de cette régie. Les journalistes racontent que ce petit studio n'est relié à la salle que par un circuit fermé de télévision, des haut-parleurs, le téléphone. Je comprends alors, dans toutes ses dimensions, les deux facettes de l'enregistrement phonographique : d'un côté, la salle de prise de son, spectaculaire, flamboyante, où le ruissellement des sons, surtout pour un opéra, est tel que par moments voix et instruments s'y confondent. De l'autre côté, invisible et impénétrable, cette régie si justement appelée en anglais *control room* où les « dieux », comme aime à le dire avec affection Michel Glotz, écoutent les *play-back*, discutent, jugent et décident. Ainsi, cet après-midi-là, je verrai défiler, pendant les longues pauses entre les prises, les quelques stars qui ont accès à la régie : Maria Callas, le ténor Carlo Bergonzi, le chef d'orchestre Georges Prêtre, le baryton Tito Gobbi. Sans oublier Michel Glotz, le directeur artistique, Paul Vavasseur, l'ingénieur du son, Fred Kiriloff, chargé des effets spéciaux sonores et Thérèse Darras, responsable du découpage technique et scripte. Les chanteurs des rôles secondaires n'y ont pas accès et, de temps en temps, ils font la pause sur la mezzanine, pendant que d'en bas montent le murmure des musiciens de l'orchestre et les essais de cloches d'un percussionniste.

En attendant le début de la séance de cet après-midi, je me remémore les notes de Jacques Bourgeois dans l'édition Pathé-Marconi de *Carmen* :

> Détail pittoresque, la salle Wagram, qui sert principalement aux matches de boxe, aux rencontres de catch et aussi aux bals populaires du samedi soir, doit au privilège d'une acoustique exceptionnelle d'avoir été utilisée pour les enregistrements de musique les plus prestigieux réalisés en France ces dernières années. Là ont été rassemblées, dans le plus grand secret, au cours de séances historiques, des distributions d'opéras rassemblant plus de vedettes qu'aucun théâtre ne peut s'en offrir[1].

Au milieu de l'après-midi, les musiciens sont tous à leur pupitre, Georges Prêtre au sien. Sur scène circule déjà Tito Gobbi, marchant sur les rubans blancs qui indiquent les divers espaces codés pour les déplacements de la prise de son stéréophonique. Cette scène est aménagée curieusement : les micros des chanteurs sont assez éloignés du devant du proscenium. D'immenses tentures descendent du plafond et s'arrêtent pratiquement au niveau de la tête des solistes, de sorte que le son des voix frappe ces rideaux. Ainsi peut-on, depuis la console de la régie, faire des prises de voix entièrement séparées de celles de l'orchestre.

A un moment donné, il y a une sorte d'agitation à l'endroit de l'arcade qui donne sur la rue de Montenotte. Callas arrive, assez lentement, puis s'immobilise au seuil du studio. Elle est entourée de beaucoup de monde, dont une secrétaire à qui elle donne manteau et sac, avant de se diriger vers la scène et d'y monter. Elle est prête à travailler. Tout cela est assez bref, un peu cérémonieux et dégage un effet spectaculaire de style *come Tosca in teatro*. Rapidement toutefois, cet arrêt sur image se dissout, l'enregistrement reprend.

L'orchestre dégage une sonorité à faire frémir, tellement dense et riche qu'on croirait n'avoir jamais été au concert, ni à l'opéra, et n'avoir entendu aucun disque. Ici, salle Wagram, on baigne littéralement dans un aquarium sonore. Depuis la mezzanine, en tout cas, en plongée vers l'orchestre, c'est inouï au sens propre du terme ! Quand les chanteurs s'exécutent, on les entend à peine, ou pas du tout, à moins que l'accompagnement orchestral ne soit très réduit.

On dirait que même le chef d'orchestre perd les chanteurs, à l'écart, loin derrière les tentures.

Les premières impressions d'un tel enregistrement, exaltantes avec l'orchestre, sont décevantes quant aux chanteurs. Comme dans un tournage de film, où il est difficile de percevoir l'effet que produira un plan à partir de la complexité qui entoure la prise de vues, le studio phonographique fait apparaître comme confus des éléments qui ne peuvent être clairs qu'à l'intérieur de la régie et, ultérieurement, au montage. Sans découpage technique sous les yeux, ni rapport de la scripte, il n'est pas facile de mesurer la progression d'un enregistrement et de connaître précisément à quelle étape est parvenue l'équipe.

Callas et Gobbi travaillent quelques fragments de leur duo du premier acte, par bribes et phrases courtes. Callas répète et enregistre, à quatre ou cinq reprises, la phrase *Dio mi perdona. Egli vedo ch'io piango !* [« Dieu me pardonne. Il me voit pleurer ! »] Mains croisées sur la taille, penchée un peu sur sa gauche, la tête légèrement du même côté, les yeux fermés, elle porte et soutient, avec son long souffle remarquable, la phrase en *crescendo*.

Cette Callas sérieuse, dramatique et intérieure évoque, dans ce studio d'enregistrement, la musicienne inspirée que tant de photos ont popularisée et qui, le printemps dernier encore à l'Opéra Garnier, a incarné l'image stylisée de Norma. Salle Wagram, ces instants sont brisés par les ordres et les discussions de la régie, mais aussi par les plaisanteries des chanteurs, qui s'amusent tout en interprétant le lourd mélo dramatique de Puccini. Ainsi, Callas et Gobbi, qui mettront Bergonzi dans le coup (plus tard en enregistrant des extraits de l'acte II), sourient jusqu'aux oreilles, se chatouillent le menton, ou miment des clowns pendant que s'enregistrent les phrases déchirantes du deuxième acte. *Assassino !* crie en souriant Callas à Gobbi, qui ferme les yeux de contentement.

Les chanteurs jouent le jeu de l'enregistrement, qui permet la plus grande justesse de la musique en contrepoint à la bouffonnerie des attitudes. Sur le coup, ce jeu paraît iconoclaste, puéril, déplacé et non professionnel. Mais il se peut au contraire que Gobbi et Callas prennent plaisir ici à ridiculiser l'effet théâtral de l'illusion. De cette façon, ils réussissent à être meilleurs qu'au théâtre dans leurs « vraies » interprétations de Scarpia et de Tosca. Plus tard, à la fin d'une longue pause, Bergonzi revient sur scène, et je crois comprendre que Michel Glotz lui demande de refaire, sans interruption, une nouvelle prise de l'aria *E lucevan le stelle*. Lumière rouge. Le ténor s'exécute sérieusement, avec son perfectionnisme vocal et musical. A la fin de la prestation, les musiciens de l'orchestre applaudissent. Cette fois-ci, l'enregistrement ne s'est pas départi du rituel théâtral.

Au terme de cette séance du mardi après-midi, je négocie avec Thérèse Darras la possibilité d'assister, le lendemain 9 décembre, à une deuxième matinée, consacrée pour une bonne part aux duos soprano/baryton du deuxième acte. C'est d'accord !

Un des passages entre Tosca et Scarpia est particulièrement difficile et brutal. L'amant de Tosca, Cavaradossi, est torturé en coulisses par les hommes de main du dictateur romain, qui veut arracher des aveux à cette femme, et démasquer ainsi une trahison politique.

SCARPIA – *Orsù, Tosca, parlate.* [« Allons, parle, Tosca. »]
TOSCA – *Non so nulla !* [« Je ne sais rien ! »]

A partir de ces mots, l'orchestre déploie le maximum de sa puissance, le rôle de Tosca exige plusieurs aigus *forte*. Georges Prêtre interrompt tout à coup les répétitions et les prises :

– Maria, je ne t'entends pas, et je ne sais pas si le passage est au point. Veux-tu venir ici, à côté de moi, pour la mise en place. Nous répétons encore.

Callas quitte alors la scène et vient se placer à côté du chef, dos à l'orchestre. On répète plusieurs fois. Callas reprend le tout, chaque fois avec le maximum de puissance vocale. Ses aigus sont rauques, parfois stridents. Elle les fait tous sans broncher, très concentrée. Puis elle retourne sur scène. On réenregistre l'ensemble deux à trois fois. Après quoi, une longue pause s'installe.

Ce milieu d'après-midi est devenu curieusement très calme. Tito Gobbi, par-dessus la rampe de la mezzanine, jette un instant un œil fatigué sur l'orchestre. Georges Prêtre, lui, est déjà dans la régie, où des conciliabules se tiennent, qui font longuement patienter le studio. Depuis la scène, Callas a parlé au téléphone avec Michel Glotz, puis elle est descendue lentement. En contournant l'orchestre, elle s'arrête près d'un percussionniste et entame la conversation avec lui.

De légers murmures continuent de monter de la salle Wagram, et d'étirer cette longue pause inhabituelle, interminable point d'orgue. J'en profite pour faire les cent pas sur la mezzanine. Je feuillette quelques livres, dont l'exemplaire *Callas* des « Grands Interprètes » d'Eugenio Gara[2], dans lequel est reproduit un texte manuscrit de la cantatrice, qui s'appelait alors, en 1957, Meneghini-Callas : *Dove cessa la lingua comincia la musica, ha detto il fantastico Hoffmann...* [« Où cesse la parole, commence la musique, a dit le grand Hoffmann... »]

Soudain, Callas est là, en haut de l'escalier. Nous sommes face à face. Légères salutations. Malgré les interdits de Pathé-Marconi, je décide en une fraction de seconde de lui adresser la parole, en m'excusant de le faire sans avoir été présenté formellement et en mentionnant les lettres.

> – Ah ! oui, je me souviens, dit-elle en tendant la main.
> – Je vous remercie beaucoup, beaucoup de m'avoir autorisé à assister à ces séances de travail. Votre santé est bonne ?
> – Oui, oui...
> – Le travail se déroule à votre satisfaction ?
> – Ça va... Vous êtes venu hier, j'espère ? Hier, ça allait bien. Aujourd'hui... (elle porte la main à sa gorge), aujourd'hui, la voix... Mais ne deviez-vous pas venir pour *Carmen* ?
> – Oui... (j'explique l'empêchement, puis le fait que je souhaitais surtout la voir au travail en studio, pas particulièrement dans tel ou tel ouvrage). J'en profite pour vous remercier pour tout ce que vous avez fait, tous ces disques...

Je voudrais lui dire combien m'apparaissent importants, essentiels, tous ces enregistrements, comme pour ces milliers et ces millions de personnes qui ne la verront jamais au théâtre. Mais, passablement surexcité, et encouragé par Maria Callas à discuter si gentiment pendant quelques moments avec moi, je commets une sorte de gaffe, je m'enhardis :

– J'aimerais beaucoup pouvoir discuter plus en détail avec vous de vos enregistrements, de votre travail de studio...
– Je regrette, ce n'est vraiment pas possible. Je ne veux pas faire la précieuse, mais c'est impossible.

Je n'avais pas complètement improvisé ce bout de conversation avec Callas : j'en avais rêvé. Malgré le refus de Pathé-Marconi, et croyant l'affaire impossible en dernier ressort, je n'en avais pas moins espéré que le dialogue se produisît, et envisagé de m'adresser directement à elle. Les images de la « diva inaccessible » m'étaient familières et paralysantes, mais j'avais une espèce de conviction, vague et naïve, qu'il n'était pas incongru d'essayer. J'étais convaincu que Callas, étant américaine, n'y verrait pas un crime de lèse-majesté. La tradition américaine – plus ou moins mythique, certes – autorise chacun à s'adresser personnellement au président des États-Unis et à espérer une réponse. Et puis, j'avais toujours été frappé, dans les récits biographiques évoquant Maria Callas, par ce détail sur son enfance à New York, lorsqu'elle était rivée à la radio, les samedis après-midi, à écouter les diffusions en direct du Metropolitan Opera. Ce phénomène culturel nord-américain, vieux de plus d'un demi-siècle, constitue le plus large et le plus démocratique des théâtres sonores d'opéra du monde. Américains et Canadiens, enfants et adultes, tous les amateurs d'opéra en Amérique du Nord doivent autant aux diffusions du Met qu'à l'industrie du disque, double technologie qui forme pour l'essentiel l'Opéra du Nouveau Monde.

M'appuyant sur ce point commun d'américanité, je me crus donc autorisé à parler à Callas et à la remercier. J'ai seulement regretté de n'avoir pu mieux lui expliquer l'importance de ses disques, à mes yeux plus large et plus profonde que ses interprétations sur scène. J'ai été toujours frappé par le fait que si l'opéra et les chanteurs touchaient au fond relativement peu de monde, dès qu'il s'agissait d'un disque de Callas l'auditoire s'élargissait, même parmi ceux qui étaient indifférents à l'opéra en général. Les disques de Callas envoûtaient. Cette conviction, j'étais néanmoins incapable de l'exprimer d'une façon précise. A Paris plus qu'ailleurs, en 1964 et 1965, tout le monde est entraîné par le tourbillon du retour de Callas à la scène, dans *Norma* et *Tosca* au Palais-Garnier – et bientôt, peut-on lire, dans *la Traviata*. Et puis, même si j'écrivais à ce moment-là des pages sur les disques de Callas, je n'y voyais rien d'autre que des véhicules porteurs de mythologies crépusculaires, néo-romantiques. Je ne comprenais encore rien aux conditions de production et de diffusion de ces enregistrements. Il me suffisait que ces objets reflètent de nobles et tragiques figures musicales. Callas me semblait phénoménale et unique dans ses capacités à meubler ce temple abstrait, et rien que cela. J'avais tout simplement oublié qu'avant d'être un mythe, ou seulement un bon produit musical, la seconde intégrale de cette *Tosca* de Callas avait d'abord été un plan de travail de studio, des feuilles de route, un découpage technique.

Je me suis longtemps demandé pourquoi j'avais eu la chance d'assister à cet enregistrement de *Tosca*. Je pense avoir tardivement trouvé un élément de réponse. J'ai pris connaissance, pendant les années 80, d'une interview de Callas réalisée par la radio française et diffusée en février 1965. Dans ces *Trois jours avec Maria Callas*, je trouve cette piste :

> J'ai un côté qui est très poète, évidemment, que je cache à tout le monde... Le public, qui ne te connaît pas, rien de tout ça, il comprend ce que tu penses, c'est drôle. Il est là pour t'aider, même s'il ne te voit pas... Il t'aide, il t'écrit, il achète des disques, il vient te voir, fait des fêtes. Ça, j'avais pas donné attention à ça avant. Ça, c'est à mettre au crédit de la vie...

Vingt ans après la seconde intégrale de *Tosca*, le public fait encore fête à Callas. PBS, le réseau américain de la télévision éducative, présente une reprise de *Callas : An International Tribute*. Dans la foulée, le commerce des vidéocassettes annonce la mise sur le marché des concerts de Hambourg, télévisés en 1959 et 1962, de même que de l'acte II de *Tosca* de Londres, enregistré le 9 février 1964 au Covent Garden Royal Opera House.

Dans l'industrie phonographique, Angel Records réédite des Callas dans sa série *Angel Voices*, nouveaux CD d'anciennes bandes stéréophoniques. Pathé-Marconi, sous la direction d'Alain Lanceron, publie un nouveau coffret : *Callas : cinq héroïnes*. Le marché français s'initie ainsi à la tradition américaine et italienne des extraits d'intégrales. Du côté des disques *live* (appelés familièrement « pirates »), l'année 1984 marque aussi l'apparition d'un inédit de Callas, un album d'extraits de sa première *Medea* au Mai musical de Florence, le 7 mai 1953, que la firme américaine Voce a eu l'initiative de publier, suivie en France par Rodolphe Productions. L'intégrale de cette *Medea* paraît ensuite à l'automne en Italie, chez Fonit-Cetra, dans un coffret sur le Mai musical de Florence. Le produit d'archive, une fois de plus, s'est transformé grâce à la logique gestionnaire et commerciale.

Mon passage à la salle Wagram m'avait aidé à formuler certaines questions. A quel projet se rattachaient ces séances d'enregistrement de Callas ? A quelle activité commerciale et culturelle, à quels intérêts artistiques et industriels ? Le choc culturel qui fut le mien, salle Wagram, grâce à Pathé-Marconi, me semble après coup avoir provoqué cette soif de recherches.

A la fin des années 60, j'ai ouvert puis refermé un dossier protégé par de larges écrans de silence. Je fis ensuite un long détour par l'industrie du rock-pop, qui fut soudain abondamment décortiquée et commentée[3]. En réalité, ce n'était pas un détour, mais plutôt la grande porte d'entrée de l'industrie du disque, une première découverte. Au même moment, les publications de John Culshaw offraient une mine de renseignements. Cette manne se révéla toutefois incomplète pour mon projet. Je devais tenter d'entrer à la firme Cetra et au Walhalla de EMI, peuplé de dieux souriants et glacés, d'une politesse diplomatique, mais imperturbables. Cette enquête devait me permettre de découvrir une histoire passionnante. Un conte phonographique inédit.

Il était une fois, en novembre 1949, à Turin...

DEUXIÈME PARTIE

HISTOIRE D'UNE CARRIÈRE PHONOGRAPHIQUE

1

A Star is (not) Born

1949-1952

Les disques allaient s'enrichir d'un nouveau pro-
fil, d'une ligne moderne aérodynamique. Tout
comme ce qui arriva à Callas : ils perdirent du
poids, et furent habillés à la mode glamour [1].

Dorle Soria

Alors que la mythologie et l'art de Callas se sont imposés de façon
incontestable dans les industries de l'information, du spectacle et du
disque, il est difficile de croire qu'une carrière théâtrale et phonographique aussi prestigieuse ait commencé dans l'ombre et les difficultés.
Quelque temps après ses débuts en 1947, à Vérone, non seulement
Callas n'est pas une vedette, mais elle n'est pas, à l'échelle internationale, une cantatrice très reconnue ni vraiment appréciée. En paraphrasant Verdi, ce sont ses « années de galère ».

Ses phonogrammes étant maintenant en tête des ventes d'opéra, il
est paradoxal de constater que le travail phonographique de Callas a
commencé très en retard par rapport à celui de ses collègues de la
même génération, les Renata Tebaldi, Elisabeth Schwarzkopf, Victoria
de los Angeles, pour ne nommer que quelques sopranos vedettes qui,
à la fin des années 1940, ont abordé des répertoires similaires dans
le disque, et dont le travail de studio était déjà bien amorcé au début
des années 50.

La première intégrale de Callas, *la Gioconda*, n'est enregistrée qu'à l'automne 1952. Son lancement aux États-Unis, au début de 1953, obtient un succès commercial modeste, et le disque est reçu dans la controverse par la critique et les consommateurs. En France, ce n'est qu'en 1954 que paraissent des comptes rendus des enregistrements de Callas dans l'importante revue *Disques*. Le n° 57 du 1ᵉʳ juin 1953 offre un long essai de Jacques Bourgeois, *Esquisse d'une histoire de l'opéra par le disque 33 tours*, dans lequel on ne trouve encore aucun enregistrement de Callas, alors « reine incontestée » de la Scala depuis 1951 !

Préhistoire des disques de Callas

Il y avait bien eu la production de quelques phonogrammes, à Turin, à l'automne de 1949. Trois 78 tours de Cetra, trois airs contrastés dans leur programmation, deux de Bellini, un de Wagner : *O rendetemi la speme* d'*I Puritani*, *Casta Diva* de *Norma* et *la Morte d'Isotta*, le *Liebestod* de *Tristan und Isolde* chanté en italien.

Ce couplage Bellini-Wagner suivait de peu le retentissant exploit de Callas à la Fenice de Venise où, engagée pour la Brünnhilde de *Die Walküre*, chanté en italien *(la Walkiria)*, elle alterna ces représentations avec celles d'*I Puritani*, pour remplacer Margherita Carosio, malade. Après cette prestation dont le caractère inhabituel fit connaître le « cas Callas » en Italie, la RAI (Radio Italiana) de Turin invita la cantatrice à donner un récital radiophonique, qui comprenait, outre les trois airs conservés sur disque, celui d'*O Patria mia* d'*Aïda*, de Verdi.

Ces premiers disques de Callas en Italie appellent quelques remarques. D'abord, ils ont été produits dans la foulée de l'exploit retentissant de la Fenice, qui a fait les manchettes de la presse musicale, et même au-delà. Ces trois disques conservent l'esprit de l'exploit, sinon la lettre. Il n'était pas facile en effet de trouver un extrait de *Die Walküre* pour un 78 tours ; le *Liebestod* de *Tristan und Isolde* s'adaptait à cette contrainte matérielle, tout en faisant d'ailleurs partie du répertoire dramatique régulier de Callas à l'époque. Ce répertoire, faut-il le souligner, composé d'ouvrages « lourds » comme *Tristan und*

Isolde, Turandot, Aïda, n'est pas encore le répertoire typique de Callas, celui qui portera sa marque dans le bel canto pendant les années 50. Ces opéras dramatiques, la cantatrice admettra plus tard qu'elle avait dû les accepter pour décrocher des contrats, et qu'elle avait eu de la difficulté à s'en départir. Néanmoins, à côté de l'air wagnérien dans cette première édition phonographique, ceux d'*I Puritani* et de *Norma* établissent les premiers jalons des rôles emblématiques de Callas dans la suite de sa carrière. En ce qui concerne *O Patria mia*, on n'a jamais su pourquoi cet air n'était pas devenu aussi un disque 78 tours dans cette collection, puisqu'il était au programme du concert et que vraisemblablement, comme le faisaient couramment à l'époque la RAI et Cetra, l'enregistrement *live* de ces concerts servait de matériel à la fabrication des disques. Il est toutefois vraisemblable que les trois 78 tours aient été enregistrés à la suite du concert de la RAI-Turin.

Quoi qu'il en soit, la seule explication plausible pour le choix et la publication de ces disques est le couplage inattendu Bellini-Wagner, témoignage clé de cette jeune et nouvelle cantatrice capable d'interpréter deux compositions si dissemblables, exploit, dit-on, jamais réussi depuis Lili Lehmann. Tel quel, ce mini-récital pouvait donc entraîner d'honnêtes ventes, en Italie du moins. Ailleurs en Europe, ou aux États-Unis, ces 78 tours ont bien circulé mais, assez mal distribués, ils n'ont pas suscité d'enthousiasme délirant. En témoigne en tout cas William Lerner pour la vente à New York et aux États-Unis, qui contredit l'affirmation de Roland Mancini selon laquelle ces disques « firent le tour du monde dès mai 1950 et lui conquirent d'avance les publics anglais et américain[2] ». Cette « conquête » paraît bien apocryphe pour les États-Unis ; du côté de la Grande-Bretagne, Walter Legge mentionne qu'il a entendu « enfin une soprano italienne très intéressante[3] », sans plus, et sans donner le moindre signe d'un succès populaire de ces disques, fût-il modeste pour une cantatrice inconnue. Un détail : en Grande-Bretagne, une entente de distribution de ces disques entre Cetra et EMI les fit paraître sous le label classique Parlophone, filiale de EMI. Ironie du sort, les rapports entre Cetra et EMI pour Callas commençaient fraternellement, avant de prendre une tournure concurrentielle aigre-douce quelques années plus tard. Ces disques (Cetra ou Parlophone) sont devenus une rareté, une sorte de trésor que même des collectionneurs chevronnés n'ont jamais vus. Claude Fihmann, de Da Capo à Paris, se souvient d'en avoir vu la trace une seule fois : un de ces 78 tours, qui était annoncé dans un catalogue britannique, au prix fort de 100 livres sterling !

Production phonographique conjoncturelle, gravures d'une prouesse vocale de type olympique, inhabituelle, les premiers disques de Callas apparaissent à l'époque comme une curiosité sans plus, quelque document d'actualité. Ils n'ont pas eu de suite, n'ont pas signifié pour Callas le début d'une carrière phonographique continue, bien assise. Cetra n'a pas donné suite à cette première expérience par d'autres contrats d'enregistrement, et on devra attendre encore trois ans (fin 1952) avant que cette firme signe avec l'artiste – il y faudra de plus l'intervention directe du distributeur américain Dario Soria, qui fut à l'origine des éditions en microsillons du catalogue d'opéra Cetra, aussi bien aux États-Unis qu'en Europe, et qui avait joué un rôle clé dans la distribution internationale d'intégrales lyriques, enregistrées en Italie, en coffrets de 33 tours. Dario Soria et sa femme Dorle Jarmel ont à eux seuls jeté les bases de l'industrie phonographique moderne en opéra et en classique ; ils furent les premiers protagonistes actifs de la carrière phonographique de Callas. Nous y reviendrons.

Il y a fort à parier que les liens entre Cetra et les Meneghini-Callas n'étaient pas très solides, car dès la signature de leur premier contrat en 1952, *manager* et soprano tourneront brusquement le dos à la firme italienne d'État pour rejoindre EMI. C'est que tout à coup, en 1951, il était devenu impératif de faire signer un contrat d'exclusivité à Callas pour l'enregistrement de disques, après ses grands succès en Amérique latine (surtout à Mexico), au Mai musical de Florence et à la Scala. La ronde des négociations démarrait brusquement. Les coups, les manœuvres, la diplomatie et les méthodes liées à la concurrence se ruèrent dans l'arène.

En 1949, les premiers disques de Maria Meneghini-Callas sont déjà un anachronisme, eu égard au niveau général de l'évolution de l'industrie phonographique. La haute fidélité, issue de la technologie militaire de la Seconde Guerre mondiale, a commencé à circuler commercialement aux États-Unis d'abord, puis en Angleterre (ainsi que le microsillon 33 tours 1/3 longue durée). Depuis 1948, aux États-Unis, Dario Soria réalise et distribue des intégrales d'opéras, sous le label Cetra-Soria Records, à partir des productions et enregistrements italiens de la RAI.

Callas a donc connu le sort de tous ces artistes qui ont débuté pendant ou après la guerre. Leurs premiers essais phonographiques en 78 tours sont de faux débuts. Malgré l'excitation que devait provoquer l'apparition de ces premiers produits (témoins concrets de leur présence sur scène, à défaut d'être d'originales réalisations de studio), ces disques n'étaient déjà plus que l'épiphénomène des fulgurantes carrières phonographiques qui allaient débuter au tournant des années 50.

On oublie parfois que les artistes de cette génération – contrairement aux suivantes qui voient confirmer leur fraîche popularité par un récital sur disque, voire par leur participation à une intégrale – avaient vécu, étudié, aimé la musique à travers le pesant 78 tours et la radio, et qu'ils devaient trouver assez émouvant de voir leurs premiers enregistrements sous cette forme. Malgré cela, ces artistes-là seront très vite catapultés dans une intense activité phonographique, dont ils n'avaient pu deviner ni le poids ni l'importance. S'ils allaient participer pleinement à la période la plus déterminante de l'industrie moderne de l'enregistrement sonore, le « paysage sonore » de l'époque était d'une tout autre nature, surtout à l'opéra.

L'industrie phonographique avait, *grosso modo*, réduit l'opéra à ses arias – et les plus brèves de surcroît – tout en les figeant dans la célébrité des répertoires-musées. Cette industrie avait dû réduire l'opéra à ses extraits les plus emblématiques à cause de la durée des cylindres et des 78 tours. Quand je feuillette mon vieil exemplaire du *Victor Book of Operas* de Charles O'Connell, *la Bohème*, c'est trois arias, trois duos, un quatuor ; *Aïda*, quatre arias, trois duos, la Grande Marche et le ballet. L'album des 78 tours de *Carmen* (avec Raoul Jobin et Rïse Stevens), avec lequel un professeur de l'école primaire nous fit découvrir l'opéra, au début des années 50, porte l'indication américaine péremptoire de *concise version* (réduite), non de *highlights* (extraits). Nuance stylistique qui ne réussit pas à camoufler la réduction.

Évidemment, il y eut des intégrales en 78 tours, audacieuses productions pour l'époque, mais de temps en temps privées des récitatifs, avec des coupures importantes, et qui ressemblent beaucoup plus aux extraits de l'ère du microsillon qu'à de véritables intégrales. Dans tous ces cas, les grandes prouesses de fabrication ne pouvaient dépasser les limites matérielles du médium, et il est toujours savoureux de voir comment John Culshaw raconte les premières tentatives de soi-disant « intégrales » de la *Tétralogie*, ou plutôt de certaines de ses parties, dans lesquelles les coupes se faisaient toujours au hasard, évoquant les niveaux sonores inégaux d'un groupe de 78 tours à l'autre, puisqu'on changeait allégrement de studios et de techniciens... et qu'on remplaçait aussi à l'occasion les vedettes, les orchestres et les chefs pendant le même acte d'un opéra ! Ainsi l'opéra, avant l'ère du microsillon, fut-il généralisé pour le public sous la forme d'une sorte de *reader's digest* pour l'oreille.

En 1949, Callas pouvait être heureuse, sinon se vanter, de voir naître trois disques de son cru. Hélas, ces 78 tours anachroniques ne seront pas même suffisants pour que, par repiquage, Cetra en tire la matière satisfaisante d'un seul récital en microsillon, alors même que circulent déjà des intégrales d'opéras. Callas n'est ni encore entrée dans l'industrie phonographique, ni encore « montée dans cet autocar », comme le disait Walter Legge[4].

Callas et Tebaldi chez Decca Records ?

Après la mort de Maria Callas, John Culshaw a révélé que la firme britannique avait en effet songé à faire signer un contrat à la cantatrice, et que Decca aurait très bien pu arriver à concrétiser l'entente. Les pourparlers étaient très avancés, avait certifié Maurice Rosengarten à Culshaw[5]. Cependant la firme y renonça, parce qu'elle avait déjà Tebaldi à son service et que l'entrée de Callas aurait mis à mal le statut de vedette exclusive de la protégée de Toscanini... sans compter les éventuels conflits de répertoire qui auraient pu surgir entre les deux sopranos. Comment ne pas rêver à ce qu'aurait pu être la présence des deux cantatrices dans la même firme, étouffant dans l'œuf toute rivalité Callas-Tebaldi : la querelle du siècle des divas n'aurait pas eu lieu.

Decca était en avance sur son concurrent britannique EMI quant à la commercialisation du microsillon et à la production en studio d'intégrales d'opéras. La firme était très active en Italie, alors que EMI Columbia l'était plutôt en Europe centrale, tout en hésitant à se lancer dans le 33 tours longue durée. Le programme de travail de Decca avec Tebaldi était intense et soutenu. Dès 1951, paraît une *Bohème*, suivie rapidement de *Tosca*, *Aïda*, *Madama Butterfly* ainsi que de récitals.

Si Decca n'a pas considéré la signature d'un contrat avec Callas, c'est parce que, vraisemblablement, la direction de la firme jugeait que pour le travail phonographique, Callas ferait double emploi avec Tebaldi. La compagnie ne pouvait risquer de faire enregistrer à Callas des œuvres comme *I Puritani* et autres Bellini (sauf peut-être *Norma*), des Verdi rarement joués, des Donizetti ou une *Armida* de Rossini.

Au début des années 50, peu d'opéras complets étaient enregistrés, comme le rappelle David Hamilton, et la consolidation des firmes dans le microsillon se faisait à partir d'un catalogue sans facteurs de risque, nouveau catalogue d'œuvres standard du répertoire italien capable de remplacer les premiers coffrets d'alors, repiquages d'anciens 78 tours, ou intégrales de type *live*, comme celles produites par la RAI. En témoigne le premier programme des enregistrements de Tebaldi à l'époque, avant Decca. Dans ce contexte, effectivement, Tebaldi et Callas auraient été en conflit direct de répertoire dans le catalogue Decca. C'est une chose que *Medea* soit monté au Mai musical de Florence et avec grand succès, ou encore *I Vespri Siciliani*, c'en est une autre que ces ouvrages et leur illustre interprète soient inscrits au programme d'une firme phonographique.

La production de disques correspond d'abord à un marché et à une demande. Or, au début des années 50, en dehors de l'Italie et de quelques maisons d'opéra en Amérique latine, qui connaît Maria Callas ? Peu de monde en Europe, pratiquement personne aux États-Unis. Et la réalisation d'intégrales d'opéras, pour être rentable, exige ces deux marchés, surtout celui de l'Amérique du Nord, qui représente un potentiel extraordinaire.

C'est ce qu'avait compris, très tôt après la Seconde Guerre mondiale à New York, Dario Soria, qui bénéficiait à la fois de l'avance technologique américaine dans la commercialisation du 78 tours, du microsillon 33 tours haute fidélité ainsi que de liens étroits avec le producteur d'un large stock d'enregistrements d'opéras italiens, la RAI.

A qui doit-on l'entrée de Callas dans l'industrie phonographique ?

Walter Legge demeure le principal producteur des disques de Callas, et on lui doit la signature de son contrat d'exclusivité avec EMI. Elisabeth Schwarzkopf soutient même qu'il menaça de démissionner si EMI n'engageait pas Callas ! Pieux mensonge ? C'est plutôt à Dario Soria que revient le mérite d'avoir organisé l'entrée de Callas dans l'industrie internationale phonographique au début des années 50.

Dario Soria avait reçu en Italie une formation en sciences juridiques, économiques et commerciales. Il écrit, en 1957 :

> Je crois que c'est Bernard Shaw qui a dit : « Heureux l'homme dont la profession est le violon d'Ingres. » Pour moi, mon « hobby » est devenu ma profession. La musique, l'opéra en particulier, est mon plaisir et mon travail. Depuis mon enfance, notes musicales et notes bancaires sont entremêlées. Je suis né à Rome où l'opéra faisait partie du quotidien, dans les rues, à l'école, à la maison... Dans ma famille, se succédaient les discussions sur l'opéra et les chanteurs. Mon père et mon oncle étaient des banquiers indépendants, plusieurs de leurs amis et clients étaient compositeurs ou artistes [6].

Émigré en 1939 aux États-Unis à cause des lois antisémites mussoliniennes, Dario Soria travaille à l'Office of War Information (section radio) du gouvernement américain durant la guerre, de même qu'à CBS comme directeur des programmes. En 1945, à la fin des hostilités, il participe, pour l'État américain, à une mission en Italie de l'Italo-American Trade Mission. Pendant ce voyage, il s'intéresse au catalogue de disques d'opéra de Cetra et en commence peu après l'importation aux États-Unis, en 1946. En 1948, sous l'étiquette

Cetra-Soria Records, il assure le pressage et la distribution, en Amérique du Nord, des intégrales d'opéras de la firme italienne. En France, ces coffrets seront distribués un peu plus tard par Pathé-Marconi.

Ainsi, Dario Soria met sur pied le premier et le plus grand catalogue d'intégrales d'opéras de l'industrie phonographique moderne, avec une première structure de distribution internationale et, surtout, une solide expérience en marketing sur le marché nord-américain.

– De fait, raconte Dorle Jarmel Soria, son épouse et collaboratrice, nous sommes entrés dans l'industrie phonographique par un coup de chance. Dario disait « par accident ». A l'automne 1945, alors qu'il travaillait à la radio CBS, Dario prit un congé de deux mois pour participer à une mission commerciale américaine semi-officielle en Italie, la première du genre après la guerre.
– *Pourquoi semi-officielle ?*
– Parce que c'était plutôt un de ses cousins, Guido Soria, qui devait y participer. Ce cousin lui dit : « Quelle différence cela fait-il que ce soit toi ? Tu pourras en profiter, à Rome, pour voir tante Lelia et oncle Giorgio ! » Ainsi, Dario partit à la place de son cousin comme chef de mission. Mais avant son départ, il rencontra Remy Farkas, qui allait s'affirmer plus tard chez London Records, filiale américaine de la Decca britannique, et qui dirigeait alors la section étrangère des catalogues de disques pour les boutiques Liberty Music. Remy dit à Dario : « Il existe un jeune ténor en Italie, du nom de Ferrucio Tagliavini. Les G.I. qui reviennent de là-bas sont fous de lui. Pendant ton voyage, essaie de trouver quelques-uns de ses disques. Tu me les feras expédier. Je les vendrai. » Dario promit : « Je vais essayer d'en dénicher. » Pendant son séjour en Italie, Dario enquêtait pour trouver de nouvelles idées de programmes radio, et du matériel phonographique. A Rome, il visita la compagnie phonographique Cetra (mot qui signifie « lyre ») ; il en rapporta un assez gros stock de solos de Tagliavini, des arias comme *Povero Federico*. Ces disques se sont vendus aux États-Unis comme des petits pains. Nous sommes devenus de la sorte des importateurs de disques Cetra 78 tours. Le premier coffret fit sensation. Quatre disques, huit plages d'arias d'opéras par Tagliavini, dont la réputation grandissait. A ce moment-là, nous ne pensions même pas à la présentation de ces disques. Le produit était la chose elle-même, ces enregistrements captivants de toute une nouvelle moisson de chanteurs d'après-guerre, encore inconnus en Amérique : Tagliavini, Pia Tassinari, Lina Pagliughi, Ebe Stignani, Cloe Elmo, Cesare Siepi, Italo Tajo, etc. Nous avions aussi dans

ce catalogue quelques intégrales d'opéras, ainsi que le *Requiem* de Mozart dirigé par Victor De Sabata. Le bureau de Cetra à New York, c'était notre *living-room*. Notre horaire commercial : les soirs et les dimanches, parce que Dario travaillait toujours à la CBS, et moi de mon côté comme directrice du bureau de presse et de publicité pour le New York Philharmonic, pour les concerts Columbia et Stadium.

– *Ainsi, c'est par le biais de la distribution que vous êtes devenus éditeurs phonographiques ?*

– Nous sommes devenus éditeurs en 1948. Dario a fondé alors Cetra-Soria Records. Ce nouveau label signifiait que les matrices de Cetra étaient importées de Turin et pressées à New York. Avec ce label Cetra-Soria nous avons réalisé notre première expérience en présentation et en habillage de disques, en emballage. Nous voulions que ces enregistrements soient aussi beaux à voir que leur contenu était beau à entendre. Nous avons fait des essais pour les caractères et le style des lettrages, pour les esquisses et les papiers en couleurs, en mettant l'accent sur de vieux motifs italiens s'accordant au caractère d'une musique ancienne. Une des trouvailles de cet « âge de l'innocence » : un papier peint pour la décoration murale, qui avait comme motif deux cerises rouge vif. Nous avons travaillé ce motif pour en faire le thème visuel d'un coffret de duos Tagliavini-Tassinari, des duos d'opéras qui comprenaient, bien sûr, le « duo des cerises » de *l'Amico Fritz* de Mascagni !

– *Ce n'était pas encore le microsillon ?*

– Non. Cetra-Soria n'avait pas un an d'existence dans les affaires quand éclata l'explosion de ce format, en avance ici sur l'Europe. Dario a tout de suite compris l'importance capitale de cette technique, surtout pour l'opéra.

– *Comme c'est Columbia Records qui mit au point le procédé, Dario Soria, travaillant à la radio CBS, était très proche des débats sur l'utilisation de cette invention, à la fois pour l'édition phonographique et pour la radio...*

– Dario rencontra Edward Wallerstein, alors à la direction de Columbia Records, qu'il menait avec vigueur et clairvoyance. Naturellement, Wallerstein bataillait ferme pour que d'autres adoptent le procédé Columbia. Dario fut convaincu. Cetra-Soria devint ainsi le premier label indépendant à s'embarquer dans l'aventure du microsillon de longue durée. En mars 1949, *la Forza del Destino* de Verdi, auparavant en 18 disques *poids-lourds*, sortit en deux jolis microsillons incassables. Nous avions dû couper quelques scènes, qui posèrent des problèmes techniques alors non encore résolus.

– Vous avez alors systématiquement élargi les techniques de design et de marketing ?
– Oui. Une très large part du catalogue Cetra-Soria était de l'opéra, et nous croyions que le grand opéra devait paraître « grandiose ». Nous pensions que l'atmosphère de festival, qui faisait partie du plaisir et de la tradition de l'opéra pour ses habitués, devait se retrouver dans l'écoute domestique. Nous avons alors décidé d'« habiller » (comme pour une sortie) ces enregistrements opératiques, et ainsi aider à apporter dans les salons privés la sensation vive des grands théâtres d'opéra. Évidemment, tout cela ne s'est pas fait en un jour... Jusqu'alors, les disques Cetra-Soria étaient publiés dans la traditionnelle et typique enveloppe ordinaire de toutes les firmes. Même les intégrales. Nous avons plutôt décidé d'emballer nos microsillons dans des boîtes, agréables à l'œil, et capables d'empêcher la poussière d'imprégner les disques. C'est alors qu'Edward Wallerstein fit venir Dario. En désignant avec indignation un des coffrets Cetra-Soria, il lui dit : « Jeune homme, vous ne pouvez pas faire ça ! Vous allez conduire toute l'industrie à la banqueroute. Nous y sommes pour faire de l'argent, et non pour en offrir aux manufacturiers de boîtes... » M. Wallerstein et Dario se sont un jour souvenus de l'incident, et s'en sont amusés. Que mettre dans les boîtes, en plus des disques ? Réponse : le livret. Au départ, nous avions de temps en temps importé quelques livrets italiens imprimé par Cetra. Plus tard, nous avons pris l'habitude d'imprimer nos propres cahiers, en résumant le synopsis en anglais, puis en donnant l'intégrale du livret en italien. Nous avons finalement décidé de faire rédiger, par de jeunes écrivains et poètes, des traductions littérales des livrets. Ainsi, nos cahiers « dernier cri » comprirent des notes sur l'opéra, le synopsis de son sujet, livret italien et traduction parallèle. Nous avons traduit parfois nous-mêmes, par exemple le livret d'*Il Campanello* de Donizetti. Ainsi, finis les jours où le dragon, dans le *Siegfried* de Wagner, était appelé un « ver de terre » ! Finies aussi ces traductions farfelues qui suivaient la ligne mélodique du chant... Nouveaux emballages, donc, mais aussi départ pour de nouvelles méthodes de publicité et de marketing. Une des campagnes réussies fut celle qui consistait à associer des mots italiens avec les disques Cetra-Soria. Et puis, à la fin de 1951, nous avons commencé à illustrer les cahiers de présentation. *La Bohème, Don Carlo, la Gioconda* (la première intégrale de Callas), *I Quattro Rusteghi, l'Elisir d'amore* et *la Sonnambula* eurent donc des livrets embellis de photos de documents historiques et de portraits d'artistes. A ce stade, Dario consacrait tout son temps à Cetra-Soria. Il

avait quitté CBS en 1948 pour rejoindre l'agence de publicité D'Arcy et y travailler pour le compte de Spike Jones, et aussi pour le show *Edgar Bergen-Charlie McCarthy Coca-Cola*, un monde assez éloigné de Bellini, de Puccini et de Verdi ! C'est à contre-cœur qu'il donna sa démission de chez D'Arcy afin de s'occuper pleinement de l'édition phonographique. Toutefois, il ne le regretta pas.

L'ampleur et la richesse de ce catalogue Cetra-Soria sont le résultat, le produit de facteurs complexes et assez particuliers. Le premier correspond à l'existence de la firme d'État RAI-Cetra, qui consacre des budgets énormes à la production, en musique classique, de concerts et d'opéras radiophoniques, et qui permet d'utiliser l'enregistrement de ces diffusions pour la fabrication de disques. Ensuite, condition plus déterminante encore dans la conjoncture d'après-guerre de l'Italie, la présence de cette sorte de Plan Marshall culturel qui permet à Dario Soria, lors de sa mission commerciale italo-américaine, de concevoir un plan particulier pour des activités dans l'industrie phonographique.

L'Italie d'après-guerre, en effet, est en ruine, comme nous le rappellent les films *Rome, ville ouverte* et *le Voleur de bicyclette*. Et, à l'image des studios Cinecittà, reconstruits avec des capitaux américains, les grands stocks d'enregistrements de la RAI-Cetra ne pourront se frayer une voie dans l'industrie phonographique que grâce à un potentiel technologique et financier venu des États-Unis.

Non seulement l'industrie phonographique italienne d'alors n'a plus un sou, mais elle est en partie détruite, incapable de reconstruire toute l'infrastructure technique pour la fabrication de 33 tours. Les conséquences de cette situation m'ont été expliquées, en mai 1974, par le directeur technique de Fonit-Cetra, M. Bruno Villa. Les enregistrements de la RAI-Cetra (qui assumait les frais de production) étaient alors envoyés aux États-Unis, où on fabriquait des matrices qui, de retour en Italie, étaient pressées à l'usine de Milan. Les mêmes matrices servaient aux pressages américains et, vraisemblablement aussi, aux pressages français...

Ainsi s'est établie, dans le sillage du Plan Marshall pour l'Italie, la base du premier catalogue d'intégrales lyriques de l'industrie phonographique contemporaine. La réunion de ces facteurs révèle ce qui deviendra, en quelque sorte, une loi de l'enregistrement d'opéra moderne : d'un côté, des ressources humaines et musicales italiennes abondantes, des capitaux externes de production (anglo-américains, puis allemands) ; de l'autre, un vaste marché international de distribution, dont l'Amérique du Nord est le plus grand bassin, le cœur. Cette situation se reflète dans le catalogue Cetra-Soria Records (moins les capitaux externes de production), la plus audacieuse combinaison d'intérêts privés et de soutien d'État qui soit jamais née dans l'industrie phonographique. Que cette combinaison ait été indirecte n'enlève rien à sa force d'impact. Dernière caractéristique de ce catalogue : il est constitué presque exclusivement d'enregistrements de type *live*, à cause du rôle de radiodiffuseur de la RAI. Ainsi, le premier catalogue contemporain d'opéras complets s'édifie, non sur la méthodologie du studio, mais sur l'enregistrement de performances produites en continuité. Cette façon de faire sera durement et radicalement rejetée pendant les trois décennies suivantes. De nos jours, suprême ironie, on y discerne à nouveau des vertus financières et artistiques que l'on avait pendant longtemps méprisées.

On peut redécouvrir maintenant, avec étonnement, que les Soria et la RAI-Cetra avaient, après la guerre, établi la majeure partie des éléments qui de nos jours servent à composer la « louange du *live* », sa « supériorité » sur le studio, tant économique qu'esthétique.

Les contrats de Callas en 1952

Pour comprendre la petite histoire, assez complexe, de l'arrivée de Maria Callas dans l'industrie phonographique, deux sources directes publiées existent. Le témoignage de Walter Legge dans ses *Mémoires*, ainsi que celui de Dorle Soria dans ses articles sur Callas et sur *l'Histoire de Angel Records*.

Legge, dans son article « *La Divina*. Souvenir de Callas », énumère les faits suivants. Il monte tardivement dans l'« autobus » Callas ; après avoir entendu la cantatrice en 1951, à Rome, dans *Norma*, Legge offre un contrat d'exclusivité aux Meneghini avec EMI Columbia ; les négociations traînent en longueur pendant plus d'un an parce que Meneghini exige une offre financière avec des « conditions meilleures » ; finalement, le 21 juillet 1952, le contrat est signé. Legge comprend alors que personne ne l'a encore mis au courant de l'existence d'un « vieux » contrat de Callas avec Cetra, pour la production de deux ou trois opéras. Ce qui n'empêche pas le représentant de EMI de noter, pour la ronde de ces négociations :

> J'avais pour allié Dario Soria qui savait déjà – par son passé de directeur de Cetra-Soria – ce que Callas représentait pour Angel Records, sigle que nous nous préparions à lancer aux États-Unis sous sa direction.

Quelques confusions émaillent ce récit. La première concerne la date de la rencontre de Legge avec Callas. Celle-ci ne chante pas *Norma,* à Rome, en 1951. Pourrait-il s'agir plutôt du même ouvrage qu'elle a donné au Teatro dell'Opera, en février-mars 1950 ? C'est peu probable, parce qu'alors les négociations se seraient étendues sur plus de deux ans. En 1951, Callas chante *Norma* d'abord en février à Palerme (Teatro Massimo), puis à Catania, au Massimo Bellini. C'est peut-être là que la rencontre a eu lieu, sinon à Rome, mais à l'occasion d'un autre opéra. David Hamilton, pour sa part, croit deviner que Legge a vraisemblablement entendu Callas dans *Norma,* en janvier ou février 1952, à la Scala, ce qui écourte évidemment son implication dans les négociations avec les Meneghini. Quoi qu'il en soit, il semble que l'année 1951 soit la bonne. Effectivement, le 7 décembre, Callas fait ses débuts à la Scala dans *I Vespri Siciliani* pour l'ouverture de la saison, qui marqueront sa consécration et inciteront EMI à se saisir de la circonstance pour agir.

Autre confusion, non moins importante : Legge dit ignorer tout du « vieux » contrat entre Callas et Cetra. On sait par Dorle Soria que cette entente date de l'automne 1951. Donc ce n'est pas un vieux contrat, puisque Legge affirme négocier avec les Meneghini depuis l'été 1951. Comme par ailleurs il est secondé dans ces pourparlers par son allié Dario Soria, comment peut-il ignorer un contrat dont ce dernier est le récent maître d'œuvre ? Selon le récit de Dorle Soria, Dario Soria alla entendre Callas à Mexico pendant l'été 1951 ; le directeur de l'Opera Nacionàl, Antonio Caraza Campos, lui recommanda de signer un contrat avec la cantatrice. Quelque temps après, Soria va en Italie, rencontre les Meneghini : « Une entente fut conclue, et *la Gioconda*, en septembre 1952, devint la première intégrale de Callas. »

Ainsi, au moment même où Legge dit être en pourparlers avec les Meneghini, Callas négocie une entente avec Cetra. (Je rappelle que l'intervention de Soria doit être alors déterminante, puisque Cetra, qui a publié trois disques 78 tours de Callas en 1949, ne semble pas depuis ce temps avoir pris l'initiative, dans ses bureaux italiens, de lui faire signer un autre contrat, malgré l'ascension rapide et significative de l'artiste en Italie en 1950 et 1951.) A partir de là, comment Soria devient-il l'allié de Legge pour le contrat Callas avec EMI ? En 1952, John Macleod, représentant de EMI, vient à New York dans le but de trouver un nouveau distributeur aux États-Unis pour le catalogue EMI Columbia. Il rencontre, entre autres, Dario Soria, qui suggère la création d'une filiale EMI aux États-Unis, plutôt que la reconduction d'un contrat de service de distribution avec une firme américaine existante. A l'automne 1952, EMI prend alors la décision de fonder une filiale américaine, et demande à Soria d'accepter la présidence de la nouvelle compagnie. En février 1953, Soria vend Cetra-Soria à Capitol Records, pour s'occuper de la création de Angel Records.

Ainsi on se rend compte que, pendant cette même année 1952, Dario Soria exécute trois opérations importantes : 1) il conçoit pour EMI l'idée d'une filiale américaine pour la distribution en Amérique du Nord des disques classiques de la firme britannique, puis en accepte la présidence de fondation ; 2) il aide Legge dans les pourparlers pour le contrat de Callas avec EMI – et ce, avant juillet, avant même que Callas n'ait réalisé son premier disque pour Cetra en septembre ; 3) il prépare le lancement du premier opéra de Callas, *la Gioconda*, chez Cetra-Soria Records. Dario Soria devient ainsi le principal artisan non seulement du premier contrat de Callas avec l'industrie phonographique, mais aussi du second, de loin le plus important. Il y a donc fort à parier que Soria fut la seule personne capable de démêler les clauses de ces contrats, et d'éviter ainsi des recoupements qui auraient gêné l'une ou l'autre des ententes. De plus, il convainquit la nouvelle vedette de cette firme d'aller chez un concurrent, tout en tournant lui-même en quelque sorte le dos à Cetra, bien que, comme le fait remarquer David Hamilton, Dario Soria ne travaillât pas pour le compte de Cetra, mais pour sa propre firme. Dans ce contexte, il est peu vraisemblable que Legge ait ignoré le contrat de Callas avec Cetra. Quand j'en discute avec Dorle Soria, elle tranche dans le vif : « Il ne l'ignorait certainement pas ! Legge connaissait tout ce qui se passait dans l'industrie phonographique. » En même temps, il est amusant de constater que Dorle Soria écrit que son mari, au moment où il fit à Macleod, de EMI, sa suggestion d'ouvrir une filiale américaine (donc durant les premiers mois de 1952), « n'avait aucun intérêt personnel » dans cette affaire. C'était vrai à ce moment-là, mais pas ensuite, puisque quelque temps après Soria travailla avec Legge au contrat de Callas et au projet de Angel Records.

Jacques Bertrand est producteur phonographique, chargé en France de la distribution des disques Cetra, et directeur des enregistrements *live* de Rodolphe Productions, firme éditrice de plusieurs Callas.

> – J'ai vu le contrat de Callas chez Cetra. C'est un énorme document, dans le genre conventionnel comme on en faisait à l'époque. Très général, il ne spécifie pas le nombre d'opéras à enregistrer. A l'époque, pour des raisons financières, Cetra ne pouvait offrir à Callas tous les enregistrements qu'elle voulait faire. Vraisemblablement, EMI avait une contre-proposition pour réaliser cette volonté. Est-ce que Cetra s'est désisté, ou a demandé un avenant pour se désister de ce contrat avec Callas ? Je ne sais pas. Je crois que Cetra a eu tort de laisser partir Callas, mais selon toute apparence, ils n'ont pas voulu aller au-delà de ce qu'ils avaient signé avec elle, alors que EMI offrait davantage[7].

D'après Michael Allen, de EMI Music, les choses sont à la fois plus simples et plus complexes. Il reconnaît que, techniquement, la première entente d'exclusivité de la firme avec Callas, en 1952, et le contrat Cetra se chevauchent.

> – *Comment Jacques Bertrand, par exemple, peut-il prétendre que le premier contrat EMI de 1952 avec Callas n'était pas exclusif, puisqu'il existait en même temps que celui de Cetra, et qu'en*

conséquence, le premier contrat d'exclusivité de Callas chez EMI date de 1954 ?
– J'admets qu'il y a une sorte de chevauchement technique et juridique entre les contrats Cetra et EMI de 1952. De fait, Callas n'avait à Cetra que des contrats d'enregistrement titre par titre, et non un contrat à long terme. Nos administrateurs alors en poste à Milan, pour notre filiale La Voce del Padrone, avec l'aide du bureau de Londres, avaient réussi à convaincre Callas de ne pas signer avec Cetra de contrat à long terme. Ainsi, EMI fut la première firme à signer un contrat d'exclusivité avec Callas pour trois ans. La clause d'exclusivité de ce contrat autorisait cette artiste à enregistrer quelques titres pour Cetra, ce qui ne contrevient pas à nos politiques d'exclusivité, puisqu'elles prévoient de telles exceptions, si les parties sont d'accord, et si la firme ne se prévaut pas de son droit d'enregistrer elle-même tel ou tel ouvrage, qui peut alors être autorisé pour une firme concurrente. Nous avons permis à Callas d'aller enregistrer chez Cetra en 1952 et 1953 [8].

Si ces faits valent la peine d'être relatés, c'est bien pour donner une idée de la rapidité avec laquelle se débat, au début des années 50, l'intense concurrence dans le marché de l'opéra sur disque microsillon. Decca Records avait déjà une longueur d'avance grâce à ses enregistrements d'opéras italiens, avec Tebaldi surtout, et il est clair maintenant, d'après le témoignage de John Culshaw, que Decca aurait alors pu signer un contrat avec Callas. C'est donc dire que les Meneghini avaient en main cet atout supplémentaire de négociation, joint à celui du premier contrat Cetra.

Decca ayant renoncé, et EMI entrant dans la ronde, il y avait pour Soria un choix à faire. Ce choix, John Ardoin en a ainsi exprimé l'enjeu :

... Faire passer Callas du label provincial Cetra à la firme internationale EMI. Il est significatif que Callas ait fait ce choix à un moment clé de l'industrie phonographique – qui entrait à pleine vapeur dans l'ère du microsillon et prenait une nouvelle dimension grâce à la publicité et aux nouvelles pochettes [9].

Il n'est pas juste d'appeler Cetra une firme « provinciale » : c'est une compagnie nationale, firme d'État unique en son genre dans l'industrie phonographique, d'autant plus puissante qu'elle est une filiale qui bénéficie des grandes ressources de production de la RAI, d'une ampleur peu commune à l'époque. Par ailleurs, il est évident que le marché américain de distribution de Cetra, spécialisé en opéra par les soins de Cetra-Soria Records, était devenu rapidement une entreprise au chiffre d'affaires de quelques millions de dollars. Ainsi, Cetra avait construit un début d'assise internationale.

En revanche, Cetra n'était pas aussi puissante que EMI ou Decca. C'est donc dans une perspective de « concurrence internationale » que Soria fit son choix, y entraînant Callas et Meneghini. Soria avait beaucoup d'expérience et encore plus de flair pour le commerce culturel. Joignant ses efforts à ceux de Legge, il allait consolider le catalogue EMI d'opéras italiens en misant sur Callas comme son principal fleuron. Dorle Soria confirme, en effet, que son mari a rencontré Legge en Italie, quelque temps avant le contrat EMI avec Callas, et que c'est Dario Soria qui a convaincu Callas de passer chez EMI. Dans ce contexte, Dario Soria a dû tenter de débroussailler le chevauchement contractuel Cetra/EMI, mais sans trop de succès. Les Meneghini s'étaient engagés assez loin avec Cetra et, de toute évidence, cette firme ne voulait pas tout perdre. De sorte que Callas fut la première à faire inscrire dans son contrat, par exemple, *la Traviata*, affaire qui rebondira en 1955 chez EMI. « De toute façon, affirme Dorle Soria, Callas n'était pas très méticuleuse en affaires ! » Mais Dario Soria et Walter Legge l'étaient-ils davantage sur ce titre glorieux de Verdi ?

L'engagement avec Cetra devait être à ce point profond que le dernier catalogue Cetra-Soria Records, imprimé par les Soria à la fin de 1952, annonce pour 1953 huit opéras à paraître, notamment *la Gioconda*, *Manon Lescaut*, *Mefistofele*, *I Puritani* et *la Traviata*. Bien qu'aucun nom d'artiste ne soit mentionné dans cette liste, ces titres correspondent bien au programme prévu par Cetra pour Callas.

Il existe une autre raison pour que nous insistions sur la petite histoire des contrats d'origine de Callas. La rivalité Cetra/EMI ne s'est pas éteinte en 1952 ; elle allait ressurgir en 1955, quand EMI voulut enregistrer une *Traviata*. Bien plus, elle refit surface après la mort de Callas et donna lieu à une formidable concurrence entre les enregistrements *live* de Callas, publiés en grand nombre par Cetra, et la discographie officielle de studio de EMI. Comment soutenir alors, trente ans après les deux premiers contrats de Callas, que toute concurrence était exclue ?

L'axe anglo-américain

Lorsque EMI confirme à Dario Soria son intention de créer une filiale américaine et de lui en confier la présidence, sous le nom juridique de Electric and Musical Industries U.S. Ltd., une des initiatives les plus brillantes des Soria consistera à demander pour EMI un contrat avec la Scala. De cette façon, ses disques peuvent concurrencer fortement ceux de Decca avec Tebaldi et d'autres théâtres italiens, sans toutefois compromettre ceux réalisés dans le cadre du catalogue EMI HMV, par exemple les ouvrages italiens avec Victoria de los Angeles, qui se font surtout à Rome.

Cette tactique met en lumière, par-dessus tout, la confirmation d'une première suprématie de l'axe anglo-américain dans les disques d'opéra ; le même axe qui se consolidera, autant sur le plan économique que culturel, quelques années plus tard dans l'industrie du rock. En toile de fond de cette suprématie anglo-américaine, il faut lire les suites de la victoire des Alliés en Europe, le Plan Marshall de reconstruction d'après-guerre, qui inclut la reconstruction des industries culturelles. Un tel conglomérat international fait ainsi reculer une grande maison comme Cetra et lui enlève d'un coup une part importante de l'énorme marché américain qu'allaient se disputer Angel Records et London Records (filiale de Decca). La confirmation de cette emprise n'allait pas empêcher ces holdings internationaux de puiser abondamment dans les ressources italiennes pour la production de disques, à Milan, à Rome, à Florence, à Naples, puisqu'il a toujours été clair que les coûts de production étaient, dans la péninsule, inférieurs à ceux des États-Unis et de la Grande-Bretagne.

EMI ne pouvait trouver agent plus avisé que Dario Soria pour obtenir à la fois le meilleur bassin de production en Italie et un des plus grands marchés de distribution de disques classiques au monde, l'Amérique du Nord. Que cet homme d'affaires du domaine culturel ait réussi, en quelques mois, à faire signer deux contrats à Callas, dont un avec la plus grande compagnie phonographique qui fût ; à demander et à obtenir l'exclusivité du nom de la Scala et de ses ressources ; puis à fonder une des plus importantes filiales de EMI, voilà autant de raisons qui font de Dario Soria beaucoup plus qu'un simple « allié » de Walter Legge. Ce que Dario Soria versait à l'actif de EMI Angel, c'était l'immense expérience de Cetra-Soria Records, qui comprenait la présentation des disques et les stratégies de marketing, le conseil en matière de répertoire opératique, de même que l'utilisation judicieuse de la radio comme promoteur et diffuseur spécialisé pour l'opéra.

Par ailleurs, le souci de la qualité technique est constant chez Dario Soria ; il dénote une fois encore, s'il en est besoin, que c'est avec les opérations du secteur classique et grâce à elles que l'industrie phonographique a perfectionné sa technologie sonore, pavant ainsi la voie au rock-pop. Je suis pour ma part convaincu qu'une des raisons fondamentales pour lesquelles Dario Soria a vendu Cetra-Soria Records – et s'est lancé dans l'aventure EMI Angel – tient à ce qu'il avait pressenti que la technologie de la RAI-Cetra, ainsi que les processus de production limités des enregistrements, ne l'emporteraient pas sur la supériorité du studio.

Dans un document rare (je le dois à la sagacité de David Hamilton), publié par le *Saturday Review* du 26 mai 1951, Dario Soria, dans le courrier des lecteurs, fait le point sur les enregistrements Cetra : il y explique clairement que ce ne sont pas d'ordinaires reproductions radiophoniques, mais des enregistrements résultant d'un processus de production technologiquement supérieur (deux enregistrements, en répétition sans public, puis devant public, plus possibilité d'ajouter des raccords). Soria fait alors cette description en réponse au rédacteur en chef de la chronique de disques qui, le mois précédent, s'était élevé contre « la reproduction des enregistrements radiophoniques », et affirmait catégoriquement que « la façon de produire un bon opéra est d'amener une troupe en studio et d'y enregistrer les artistes suivant le seul objectif de l'écoute privée, et aucun autre ». Pareil argument a dû ébranler Soria, qui connaissait bien les limites de la technologie Cetra, sans compter que le catalogue américain de ces enregistrements comprenait plusieurs artistes italiens de la vieille génération. L'argument technologique reste puissant, voire déterminant au début des années 50, avec l'arrivée de la haute fidélité.

D'autre part, la recherche quant aux pochettes des disques et dans le marketing est un des points forts des Soria : le succès du catalogue Cetra-Soria en témoigne. Dans la dernière publication que les Soria font de ce catalogue, en 1952, Dario écrit que ce marketing est à l'image de la valeur technique du produit :

> CETRA-SORIA Records fit un rêve en 1948, quand le microsillon se développa. Le rêve d'apporter à l'amateur de musique une bibliothèque sonore d'opéras italiens, auparavant inaccessible au grand public. Maintenant, avec 44 opéras au catalogue, dont 33 n'avaient jamais été enregistrés intégralement, ce rêve est pratiquement devenu réalité. Les disques Cetra-Soria sont un produit fini combinant la vigueur mélodique italienne avec le savoir-faire technique américain. Les opéras sont enregistrés en Italie, le pays de l'opéra, par des chanteurs formés dans la grande tradition du théâtre lyrique italien. Les disques sont fabriqués aux États-Unis, le pays du *know-how*, bénéficiant des méthodes de pointe de l'enregistrement sonore.

Dans les éléments de créativité que Soria véhiculait, un autre était de taille. Une filiale, fût-elle la « parente » d'une multinationale comme EMI, devait posséder une grande autonomie de mouvement, non seulement au niveau du contrôle financier et du marketing, mais quant au contenu des programmes d'enregistrement. Côté affaires, Dario Soria concrétise cette autonomie en devenant actionnaire majoritaire de Electric and Musical Industries U.S. Ltd, mais aussi en la consolidant culturellement avec trois exigences précises :
 – obtenir un contrat d'exclusivité avec la Scala pour l'opéra italien ;
 – obtenir pour les États-Unis le catalogue classique de EMI Pathé-Marconi ;
 – faire enregistrer par EMI l'orchestre philharmonique d'Israël.
 A ces demandes, s'ajoutera par la suite un programme plus national de musique américaine, classique et semi-classique. Enfin, le fondateur de Angel utilisera son expérience radiophonique. Au poste WOR de New York, à l'émission *Festival of Opera*, Dario Soria est, chaque

dimanche, pendant cinq ans, *your companion at the Opera.* Il y diffuse, commente et explique les disques d'opéra Cetra-Soria et Angel, entre autres. Après les radiodiffusions *live* du Metropolitan Opera le samedi après-midi, celles du dimanche comblent les amateurs.

Toute cette créativité, les Soria l'offraient à EMI, au catalogue Columbia, à Callas. Un des derniers coffrets Cetra-Soria édités par les Soria fut *la Gioconda,* la première intégrale de Callas. Avec cet opéra, la fin de Cetra-Soria Records marque la naissance phonographique internationale de Maria Callas.

Au commencement de la carrière de Callas, le « trou » phonographique commercial est donc bien réel, entre 1949 et 1951-1952, lorsque s'amorce la ronde des offres de contrat. Les trois 78 tours de 1949 ne sont qu'un phénomène passager, dans ce vide qui apparaît maintenant d'autant plus grand que ces années sont remplies à la scène, malgré le décollage difficile de 1947-1948, par une très intense activité. Plusieurs de ces représentations faisaient déjà l'objet de radiodiffusions, partout en Italie, en Amérique latine (Mexico, Brésil, Argentine), à Londres.

La majorité des enregistrements de ces représentations deviendra plus tard un matériau privilégié de la piraterie sonore (en bandes magnétiques ou disques « privés »), qui comblera de façon substantielle le vide phonographique commercial de ces années. Ainsi verra-t-on arriver, en contrebande ou sur le marché libre, des curiosités comme une intégrale de *Nabucco* de Verdi (20 décembre 1949 au San Carlo de Naples), qui fut héroïquement enregistrée par la maison sur fil métallique ; le *Parsifal* de la RAI de Rome (novembre 1950), une *Norma* de Mexico (mai 1950), une plus ancienne de 1949 à Buenos Aires... La chasse au trésor de l'archéologie sonore Callas de cette période a encore permis l'exhumation d'une partie, puis de l'intégrale de la première *Medea,* à Florence en 1953, ou encore de fragments d'une *Turandot* de Buenos Aires (20 mai 1949), qu'on croirait enregistrée sur des cylindres de Mapleson !

A Paris, le vendredi 25 mai 1984, je fais une interview avec Jacques Bertrand. J'avais été prévenu d'une surprise, un inédit de Callas, que Bertrand venait de publier :

– Vous êtes le premier à l'entendre ! Un authentique inédit. Du jamais entendu de Callas en trente-cinq ans !

Dans la voiture qui nous conduit à son bureau, Jacques Bertrand fait jouer la musicassette de ce deuxième acte de *Turandot*, avec Del Monaco et Serafin, que sa compagnie a déniché et acheté. Le disque et la musicassette de cet inédit sortent tout juste de chez le fabricant. C'est tout chaud : *hot stuff* ! Bertrand doit en ramasser des boîtes à l'usine, puis en déposer une copie à la télévision, pour une émission d'Ève Ruggieri, qui présentera cette édition en première mondiale le dimanche suivant. Il s'excuse du détour à faire, en le meublant de l'audition de ce trésor, à la fois vieux et flambant neuf.

Une fois de plus vient de sortir de l'ombre un enregistrement de Callas, qui sera chez tous les disquaires dans quelques jours, en première diffusion internationale. J'écoute ce fragment d'une des dernières *Turandot* de Callas à la scène, cette « voix d'outre-tombe » de 1949, où Callas et Del Monaco sont en pleine exubérance vocale, jeunes, sûrs, brillants. On recule ainsi dans le temps, une fois de plus, puisque voilà le plus ancien *live* de Callas mis au jour, et le meilleur jusqu'ici pour la qualité sonore d'un enregistrement à la fois aussi lointain et proche de l'après-guerre et des débuts de Callas, en Italie, aux Arènes de Vérone.

Voix d'outre-tombe... Au hasard de cette course dans Paris, nous passons non loin de la salle Wagram, où Callas fit ses derniers enregistrements des années 60, puis roulons dans l'avenue Georges-Mandel où elle mourut, enfin près de la rue Bizet, où se dresse l'église de ses funérailles...

La Scala et l'Amérique

MARIA CALLAS : J'ai fait des disques, qui ont été vendus en Amérique...

L'EXPRESS : La consécration, pour une chanteuse, c'est l'Amérique ou l'Italie ?

CALLAS : Le couronnement, c'est la Scala et l'Amérique [1].

New York, janvier 1953.

Un communiqué de presse de Dorle Jarmel Soria, pour Cetra-Soria Records, accompagne le lancement du coffret de *la Gioconda*, et sert à présenter à l'Amérique, en première, « une cantatrice américaine » : Maria Meneghini-Callas. Cette intégrale, enregistrée à Turin au mois de septembre 1952 et publiée aux États-Unis tout au début de 1953, en même temps qu'en Europe, marque donc le début phonographique international de Callas.

Comment et dans quelles conditions s'est effectué cet enregistrement ? Dans sa lettre au *Saturday Review,* du 26 mai 1951, Dario Soria explique comment Cetra organisait jusqu'alors sa production phonographique en Italie :

> J'aimerais souligner que nous ne faisons pas que *capter* des transmissions radiophoniques. La firme Cetra en Italie et la RAI (la radiodiffusion italienne) sont des compagnies sœurs, une situation assez semblable à celle de CBS et de Columbia Records, ou encore

de NBC et de RCA Victor. Pour leur planification annuelle, Cetra et la RAI se consultent et établissent un programme de production qui vise un double objectif : donner au public italien une série d'opéras radiophoniques de grand intérêt et, en même temps, inclure dans cette série un certain nombre d'ouvrages lyriques qui seront simultanément enregistrés et publiés, le cas échéant, sous le label Cetra-Soria. Il y a une grande différence entre ce que vous désignez comme « des disques reproduits à partir de radiodiffusions » et, en fait, ce que nous produisons. C'est la vieille histoire de la poule et de l'œuf : qui vient le premier, la radiodiffusion ou l'enregistrement ? Dans notre cas, diffusons-nous des séances d'enregistrement ou enregistrons-nous une radiodiffusion ? Il me semble que la différence entre notre méthode d'enregistrement et celle utilisée aux seules fins de l'enregistrement se traduit sur un seul point : la présence d'un auditoire. Toutes les interprétations radiophoniques de la RAI ne sont pas données devant un auditoire, mais nous en avons un pour les disques que nous publions, parce que nous en voulons un. Par expérience, nous avons conclu qu'un artiste ne peut donner une interprétation chaleureuse et inspirée que devant un auditoire. Cetra-Soria ne dépend pas que d'une seule représentation : nous enregistrons la représentation, mais aussi la générale. Cela nous donne le choix de retenir les meilleurs passages de ces deux « prises » pour une publication. Enfin, une fois les sessions d'enregistrement et la radiodiffusion terminées, nous pouvons toujours refaire – comme c'est parfois le cas – certaines parties d'un opéra qui n'apparaissent pas comme tout à fait satisfaisantes.

Ces conditions sont encore loin de celles des firmes phonographiques qui privilégient le studio (ou un théâtre aménagé en studio), à l'abri du public, et qui fabriquent les enregistrements d'après la discontinuité des découpages techniques. On pourrait penser que *la Gioconda*, avec Callas, fut enregistrée dans des conditions similaires à celles décrites par Dario Soria. Cela n'est cependant pas certain, puisqu'il n'existe pas de trace, dans les registres de la RAI, d'une radiodiffusion de cet opéra à l'automne de 1952 ; par ailleurs, il est fort possible qu'à partir de ce moment-là, par exemple sous la poussée de la concurrence internationale, Cetra ait procédé à des enregistrements avec la méthode du studio. A défaut de documents précis, nous ne saurons probablement jamais comment fut produit cet ouvrage, pas plus que *la Traviata* de l'année suivante[2].

Aux États-Unis, Callas est une Américaine inconnue, bien que Dorle Soria souligne aux journalistes et aux critiques musicaux qu'elle est la « soprano vedette de la Scala, considérée à l'étranger comme une des grandes chanteuses actuelles ». Callas suit par conséquent les autres vedettes lyriques italiennes déjà présentes au catalogue des disques Cetra-Soria : Tagliavini, Tassinari, Tajo, Elmo, Prandelli, Siepi, Rossi-Lemeni... L'essentiel du communiqué vise donc à fournir un portrait *in extenso* de la protagoniste de l'opéra de Ponchielli.

« Introducing an American Singer to America »

MARIA MENEGHINI-CALLAS est née à New York le 4 [*sic*] décembre 1923, de parents grecs. Ces derniers la ramenèrent en Grèce à l'âge de treize ans, et c'est à Athènes qu'elle reçut une bourse pour le Conservatoire. Elle commença, en 1937, à étudier avec la célèbre soprano Elvira de Hidalgo. L'année suivante, en 1938, elle fit ses débuts sur scène au Théâtre royal d'Athènes. Retenue avec ses parents en Grèce à cause de la guerre, elle y demeura pendant l'Occupation. Elle revint aux États-Unis pour sa première et seule visite en septembre 1945. C'est ici que le chanteur Giovanni Zenatello l'entendit et lui suggéra d'aller en Italie. *Ses débuts italiens eurent lieu aux Arènes de Vérone, le 3 août 1947, dans le rôle de Gioconda.* Au cours du même été, elle rencontra et épousa un prospère homme d'affaires véronais, Giovanni Battista Meneghini, et l'Italie devint son foyer. En 1947-1948, elle eut la chance de chanter Isolde et Turandot au Teatro La Fenice à Venise. Pour ces opéras, le chef était Tullio Serafin ; grâce à son tutorat, dans une large mesure, ainsi qu'à son aide, Callas obtint ses premiers succès. Au cours de la première partie de sa carrière, rien ne fut entrepris hors de sa direction. Fin 1948, début 1949, elle chanta à Venise Brünnhilde dans *Die Walküre* en langue italienne. L'autre opéra prévu était *I Puritani*. La soprano vedette de cette production tomba malade, et la direction invita sur-le-champ Callas à la remplacer. Ainsi, une semaine après Brünnhilde, Callas se produisit pour la première fois comme soprano coloratura dans le rôle d'Elvira, étalant ainsi sa technique vocale et sa versatilité musicale. La réputation de Callas se répandit. Été 1949, elle fit ses débuts au Teatro Colón de Buenos Aires, dans les rôles de Norma (maintenant un de ses plus célèbres emplois), Turandot et Aïda. Actuellement, tous les grands théâtres d'opéra s'arrachent ses services. 1949-1950... Voici encore Abigaille dans le *Nabucco* pour l'ouverture du San Carlo de Naples ; Aïda au même endroit et à la Scala, Norma et Isolde à Rome, Norma de nouveau à Venise et Tosca à Bologne. Au printemps 1950, Callas traverse à nouveau l'Atlantique, cette fois pour la saison d'opéra à Mexico, où elle se fait entendre dans Norma, Aïda et Tosca, et où elle ajoute à son répertoire le rôle de Leonore du *Trovatore*, élargissant ainsi rapidement la liste de ses rôles. A l'automne de la même année, elle chante Donna Fiorilla dans *Il Turco in Italia* de Rossini. 1950-1951... Ce fut l'année des célébrations Verdi, et la participation de Callas comprit Leonora, Violetta, Aïda, ainsi que le rôle d'Elena dans *I Vespri Siciliani* au Mai musical de Florence, sous la direction d'Erich Kleiber. De plus, elle chanta à Florence dans la première mondiale d'*Orfeo ed Euridice* de Haydn, créant le rôle d'Euridice... A l'été 1951, elle se trouve à Rio de Janeiro, au Brésil, pour Norma. 1951-1952... *Time Magazine* signale, le 21 avril 1952 : « A l'ouverture de la Scala en décembre dernier, le soprano Callas a remporté un succès fracassant dans *I Vespri Siciliani* de Verdi. La critique milanaise s'est montrée enchantée de sa précision, de ses « cordes vocales miraculeuses » et de la « beauté lumineuse » de son registre médium. Sa prestation dans *Norma* (huit représentations) a enthousiasmé la salle. La semaine dernière, elle a obtenu un plus grand triomphe encore dans un rôle difficile, pour lequel même ses admirateurs étaient craintifs, celui de Constance dans *l'Enlèvement au sérail* de Mozart, une véritable acrobatie vocale... » A Catania, Callas participa aux fêtes en l'honneur de Bellini. Au Mai musical de 1952, à Florence, elle a créé le rôle éponyme de l'*Armida* de Rossini. Puis, de retour à Mexico, elle fit Tosca, Elvira d'*I Puritani*, Violetta, Gilda et Lucia (ces deux derniers rôles en première pour elle). 1952-1953... L'automne dernier, Maria Callas se produisit en Angleterre pour la première fois, galvanisant Londres, le 8 novembre, en chantant Norma à Covent Garden... Puis, à l'ouverture de la Scala la même saison, le 7 décembre, Maria Meneghini-Callas était à nouveau la vedette, dans Lady Macbeth du *Macbeth* de Verdi.

Comme en témoigne ce communiqué, la carrière scénique de Callas est très active, bien que la cantatrice soit méconnue en Amérique. Cette première phonographique chez Cetra-Soria est déjà aussi une sorte d'anachronisme, puisque le programme des enregistrements EMI en Italie est en pleine phase d'organisation. Tout en assurant le lancement de *la Gioconda* aux États-Unis, au début de 1953, les Soria s'apprêtent à créer Angel Records. Cette opération sert de générale au prochain catalogue EMI Angel de Callas.

– Oui, commente Dorle Soria, il est évidemment très compliqué aujourd'hui de s'imaginer que Callas, durant les années 50, était si difficile à « vendre ». Elle n'avait pas une belle voix naturelle. Pour notre part, nous avions le sentiment et la conviction qu'elle allait devenir une grande vedette. Mais si nombreux étaient ceux qui ne l'appréciaient pas, et beaucoup de critiques l'évitaient complètement... Imposer Callas fut une véritable bataille !

L'année 1953 est donc décisive dans l'industrie phonographique de la musique classique, de l'opéra, et de l'« autobus » Callas. Qu'en est-il alors des obligations contractuelles de Callas avec Cetra ? Finalement un projet du *Mefistofele* de Boïto ne se matérialise pas pour des raisons brumeuses mais apparemment moins liées à Callas qu'à la participation de l'interprète du rôle principal, Nicola Rossi-Lemeni. Il est à noter que ce dernier enregistre aussi, en 1953, pour le programme EMI Columbia. Autre défection de Cetra ? La firme italienne fera son *Mefistofele* en 1954, avec Giulio Neri.

A l'automne de 1953, Callas enregistre à Turin son intégrale de *la Traviata*. Il ne pouvait alors être question de faire *I Puritani*, puisque l'ouvrage de Bellini était déjà enregistré pour EMI depuis mars. Avec cette seconde intégrale, est clos le programme Callas chez Cetra, qui procède sans elle pour sa *Manon Lescaut* de 1953, et sa *Madama Butterfly* de 1954, chantées dans les deux cas par Clara Petrella. En l'absence de toute confirmation probante, on peut présumer aussi qu'il y ait eu entente à l'amiable pour que Cetra se contente d'un *best-seller* comme *la Traviata* en lieu et place du solde du contrat.

Comment comprendre autrement que la firme n'ait rien dit ou fait, devant l'incapacité de Callas à lui fournir d'autres intégrales ?

« *Diletta America*[3] »

Un des facteurs clés de ce boom de l'industrie phonographique – pour la musique classique d'abord, puis bientôt pour le rock-pop – sera la conquête du marché nord-américain (englobant le Canada et l'Amérique centrale). L'Amérique du Nord apparaît comme un vaste espace lucratif surtout pour la distribution, car, au début des années 50, les coûts de production de disques sont beaucoup moins élevés en Europe qu'aux États-Unis et que quelques pays européens, dont la France, l'Italie et l'Allemagne de l'Ouest, disposent de ressources musicales abondantes et de haute qualité. Combinaison gagnante, donc, pour l'opéra phonographique.

En 1959, à l'occasion du spectacle télévisé américain de Murrow, avec Thomas Beecham, Callas reconnaissait ce fait : « Oui, il s'est vendu beaucoup de mes disques dans le monde, mais surtout aux États-Unis. » Mais cette Callas inconnue aux États-Unis, autant à la scène que sur disques, puis ensuite reconnue, appréciée de façon ambiguë, il a bien fallu l'imposer, lui gagner petit à petit un public. D'où l'énorme travail de marketing auprès des critiques, des médias et du public, conduit pour l'essentiel par Dorle Jarmel Soria. Dorle Soria, écrit Legge, qui « avait un génie de la publicité aussi efficace qu'artistique, fut chargée des relations extérieures et de la publicité » chez Angel Records[4]. Dario Soria explique :

> Dorle avait une formation littéraire, une habileté d'écriture et des connaissances musicales. De mon côté, j'apportais davantage l'aspect *business* à l'entreprise. Pour ne pas être en reste, je crois que je possède de plus le « coup d'œil ». Dans notre conception des pochettes, je tenais à ajouter quelque chose au plaisir auditif. C'est un penchant naturel chez moi, et ce fut ma contribution. Mais pour ce qui est des textes et des notes, cela appartient à Dorle[5].

Dorle Jarmel Soria – énergique et dynamique au cœur du Manhattan où elle est née et où elle a toujours travaillé et vécu – est la personne la plus fascinante qui soit pour œuvrer à la diffusion commerciale de la musique classique, tant dans le domaine du concert que dans celui du disque. Son activité professionnelle (plus de quarante ans dans l'industrie phonographique) a fait d'elle la plus inventive et la plus expérimentée des stratèges américains en techniques de marketing grand public. « Pour notre part, commente le producteur indépendant Charles Johnson, du label BJR, toutes nos bonnes idées pour la présentation des enregistrements viennent directement d'elle [6] ! » Son apport capital à ce chapitre est méconnu, en partie parce que Dorle Jarmel est restée dans l'ombre des entreprises de Dario Soria, et parce que ses propres performances de chroniqueuse, de critique musicale ont porté sur les musiciens et leurs rôles d'interprètes plutôt que sur l'art phonographique.

Lors du vingtième anniversaire de Angel Records, en 1973, elle fut invitée par Capitol Records à écrire pour l'album double commémoratif, *The Angel Album*, la première histoire officielle du célèbre label américain. En 1983, pour le trentième anniversaire, qui fête les quelque 1 400 titres du catalogue, les notes de l'album spécial *Happy Birthday, Angel Records,* ne peuvent non plus passer sous silence la contribution décisive des Soria pour cette collection. Et pourtant, les Soria n'ont été chez Angel que pendant les cinq premières années, de 1953 à 1957. Les trente ans de Angel Records reposent donc encore sur ces bases solides.

Dorle Soria est un des rares témoins à conserver et à divulguer la mémoire de ces années d'avant et d'après-guerre. Habile journaliste, diplômée de l'École de journalisme de l'université Columbia à New York, Dorle Soria est issue de cette tradition américaine de l'apprentissage journalistique qui a donné une Lillian Ross – d'où ses techniques incomparables d'écriture comme critique de la scène musicale américaine et internationale, rédactrice de notes pour les éditions phonographiques, de communiqués de presse, de textes publicitaires, de catalogues, ou encore d'esquisses historiques sur l'industrie phonographique.

Elle habite à Manhattan, à quelques rues du Lincoln Center, son milieu musical et professionnel. Son appartement est à la fois un musée et un centre d'archives, et le visiter en sa compagnie est un plaisir émouvant. En journaliste disciplinée, Dorle Soria a tout conservé de ses années d'avant-guerre comme chef de la publicité à la New York Philharmonic Symphony Society, aux Stadium Concerts et aux Columbia Concerts (le futur Columbia Artists Management) ; puis, après la guerre, de son travail à la Cetra-Soria Records (1946-1953), ensuite à Angel Records (1953-1957), où elle fut responsable des artistes, du répertoire et de la presse ; enfin, de 1958 à 1974, de son époque chez RCA Victor pour la « Série Soria », une prestigieuse et luxueuse collection d'intégrales d'opéras et de musique classique.

Ses classeurs regorgent d'originaux et de copies de manuscrits, d'épreuves d'imprimerie, d'échantillons de catalogues, de traductions de livrets, de notes phonographiques, de photos ainsi que de dossiers exhaustifs des revues de presse, pour tous les disques dont elle a assuré l'édition et le marketing. Patrimoine musical, certes, mais en même temps, et surtout, traces rares et inestimables du travail et des procédés de marketing. Ainsi, elle conserve un corpus documentaire, par exemple, sur Toscanini, à l'occasion de son passage au New York Philharmonic avant qu'il ne dirige l'orchestre de la NBC. A ce propos, David Hamilton est convaincu que Dorle Soria est la principale responsable de la création de cette image médiatique de Toscanini, qui en a fait la vedette américaine et internationale que l'on sait.

A partir des années 70, en plus de son travail régulier à la revue *Musical America*, Dorle Soria a été directrice des archives Toscanini au centre des archives sonores Rodgers and Hammerstein du Lincoln Center ; elle a participé au conseil consultatif du Metropolitan Opera, pour lequel elle a écrit en 1982 un guide officiel. Pour le Met toujours, elle a dirigé le département des archives sonores, puis est devenue coproductrice des éditions phonographiques du théâtre (*One Hundred Years of Great Artists at the Met*), une collection de huit volumes doubles.

Dans le labyrinthe de son musée musical et phonographique, Dorle Soria montre de temps à autre un objet, telle cette réplique sculptée, peinte or, du motif modernisé du « chérubin graveur » de EMI Angel ; ou encore des photos dédicacées par Maria Callas, prises au bal « Angel » de ses débuts américains à Chicago, en 1954, ou lors d'une fête semblable pour ses débuts au Met en 1956 – manifestations organisées par Angel Records, et qui furent d'adroites idées de marketing pour associer, dans l'esprit des reporters, des critiques et du public, les spectaculaires saisons scéniques américaines de Callas au patrimoine commercial et culturel de sa collection phonographique.

La conjoncture économique de l'après-guerre est particulièrement favorable à l'axe anglo-américain. Le plus épargné de la Seconde Guerre mondiale, il a su composer avec ce conflit pour faire progresser le développement technologique sonore (profitant, en partie, du butin laissé par la défaite allemande), et en est sorti vainqueur faute d'adversaires en Allemagne, en France et en Italie, auparavant solides pays producteurs.

D'autres facteurs sont aussi à l'œuvre. Les années 50 marquent la consolidation de l'enregistrement en studio. La technologie du studio devient incontournable, dictatoriale. Le *live*, et jusqu'à l'idée d'en faire, est irrémédiablement écarté. C'est la grande époque « hollywoodienne » qui démarre pour l'industrie phonographique et qui imprimera son monopole sur l'enregistrement sonore pour presque trois décennies. Ce pouvoir du studio sera d'autant plus fort que les nouvelles technologies se prêteront à la mise en œuvre de vastes productions planifiées, plus rigoureusement contrôlées dans leur processus de réalisation, et qui aboutiront à la nouvelle ère des intégrales. La production des 78 tours découpait en petites tranches les œuvres du répertoire classique ; le microsillon imposera une sorte de terme (relatif, mais significatif) à cette pratique, et donnera enfin toute sa place à l'intégralité des ouvrages.

Autre facteur déterminant pour l'opéra, la revitalisation des ressources humaines et matérielles lyriques en Europe, d'abord en Italie. La Scala, bombardée pendant la guerre, est reconstruite et rouverte en 1946 ; tous les théâtres d'opéra reprennent leurs activités, des festivals se créent ou se consolident. Certains événements, comme le cinquantième anniversaire de la mort de Verdi, en 1951, font resurgir des œuvres oubliées ou méconnues. Les reprises abondent. La RAI fonctionne à plein régime, avec un assez gros budget radiophonique pour la musique classique. Les années 50 seront les plus opulentes d'après-guerre dans le domaine de l'opéra. En Italie, la carrière scénique de Callas, dans sa diversité et sa prodigieuse « productivité », s'explique, au-delà des qualités personnelles de la cantatrice, par ce contexte très favorable.

Dès 1950, s'ouvre l'ère du microsillon haute fidélité, qui renouvelle de fond en comble l'enregistrement de l'opéra. Cette année-là, note John Culshaw, à la fois sous l'influence de la nouvelle technologie et du rôle marquant du *producer* (directeur artistique), sont produites les intégrales de *Porgy and Bess* de Gershwin aux États-Unis, chez Columbia Records Inc. (production de Goddard Lieberson), et, en Europe, *Die Fledermaus* de Johann Strauss (dirigée par Clemens Krauss), ainsi que *la Bohème* de Puccini avec Renata Tebaldi chez Decca Records Company[7]. Tels sont les trois jalons de l'enregistrement moderne des intégrales d'opéra, œuvres « travaillées pour s'adapter à un autre médium de communication[8] », donc radicalement différentes de la scène. De façon non équivoque, Culshaw liait le rôle clé de l'enregistrement sonore, pour cette renaissance du lyrique, au rôle similaire que jouaient certaines grandes transformations effectuées par les théâtres au niveau de la mise en scène et de l'interprétation :

> L'avenir de l'opéra réside dans notre capacité à rompre avec les conventions, les obstacles et les modes qui freinent le caractère direct de la communication. Wieland Wagner travaillait dans ce sens ; Maria Callas aussi, pendant ses grandes années ; c'est l'objectif le plus difficile à atteindre[9].

En ce début de décennie, CBS Columbia et Decca produisent de nouvelles intégrales d'opéra en 33 tours. Pour sa part, EMI traîne la patte et reste fidèle à ses 78 tours. Culshaw rappelle avec humour que les équipes de Decca et EMI se croisèrent en 1951, à Bayreuth, pour divers enregistrements de Wagner. EMI, qui s'entêtait dans le vieux procédé, y faisait alors un *Meistersinger von Nürnberg*, publié en soixante disques 78 tours, ce qui n'empêchait pas Legge de traiter les techniciens de Decca de « parvenus[10] » !

Le soleil se couchait-il sur l'empire britannique EMI ?

Si Decca Records pouvait toujours reprocher à sa rivale EMI d'être en retard sur les développements technologiques ainsi que dans le marketing, il est au moins un terrain sur lequel EMI aura devancé sa concurrente : la fusion financière ! En effet, Thorn Electrical Industries achète en 1979 EMI, précédant de quelques semaines (janvier 1980) l'acquisition de Decca par Polygram. Ainsi, l'empire EMI, sur lequel auparavant le soleil ne se couchait jamais (suivant l'expression d'un historien enthousiaste, Roland Gelatt), venait presque de perdre son nom, ou du moins, avait dû l'associer en un mariage économique pour s'appeler dorénavant, jusqu'en 1996, Thorn EMI.

Le vieux lion britannique de l'empire phonographique s'était d'ailleurs déjà transformé considérablement au cours de la seconde moitié du siècle. Tout en conservant le gros de ses activités dans l'industrie musicale, EMI avait diversifié ses affaires : électronique militaire et médicale, télévision, cinéma, discothèques. Thorn EMI est le dernier aboutissement de cette diversification industrielle. Les activités de la nouvelle compagnie préserveront le secteur de l'industrie phonographique grâce à EMI Music (en 1996, EMI Group) ; ainsi, EMI assurera sa présence sur tous les produits de toutes ses succursales à travers le monde.

Au début des années 50, le plus vaste ensemble industriel phonographique du monde reste néanmoins attaché au 78 tours. Ce n'est pas par nostalgie : des facteurs économiques conseillent avant tout la prudence. Roland Gelatt rapporte ce propos d'un officiel de EMI, à l'usine de Hayes :

> Vous devez vous rappeler que sur plusieurs de nos marchés très actifs – en Afrique occidentale, par exemple –, la majorité des acheteurs n'a même pas d'appareils électriques. Là où le gramophone acoustique à ressort est encore largement utilisé, il est hors de question de faire circuler des microsillons [11].

Cela n'empêche pas toutefois EMI d'annoncer, en mai 1952, ses projets de 33 tours pour le mois d'octobre suivant. A ce moment-là,

Decca a une avance de deux ans pour ce type de production, avec 360 microsillons ; de son côté, la production américaine (CBS et RCA surtout) a le même âge technologique et sensiblement le même volume de titres ; Philips Industries de Hollande est aussi dans la course.

Dans ce champ de rivalités, EMI avance lentement, prudemment, mais pas timidement. Bien au contraire, EMI s'apprête à faire un certain nombre de coups d'éclat aux États-Unis, qui bouleverseront, en l'espace de deux à trois ans seulement, l'échiquier de l'industrie phonographique en Amérique du Nord et, inévitablement, sur la scène internationale...

1. **Fin 1951.** EMI, qui refuse toujours de se lancer dans la production de microsillons, laisse tomber son entente de distribution réciproque avec CBS Columbia.

2. **Printemps 1952.** EMI, en annonçant pour l'automne le début de sa production de microsillons, cherche aux États-Unis un nouveau distributeur pour sa production classique sous label Columbia, le catalogue HMV (His Master's Voice) prolongeant l'entente avec RCA.

3. **1953.** Au lieu d'une nouvelle entente de réciprocité avec un distributeur américain pour le label Columbia, EMI lance son nouveau label Angel par le biais de la création de Electric and Musical Industries U.S. Ltd.

4. **Janvier 1955.** EMI achète Capitol Records.

5. **Mars 1956.** EMI ne renouvelle pas son contrat de distribution réciproque avec RCA et fait distribuer aux États-Unis tous ses titres et labels par Angel Capitol.

Ainsi, le géant qui, en 1950, était la risée de ses concurrents européens et américains, a-t-il réussi rapidement à autonomiser sa propre distribution nord-américaine de musique classique, puis à devenir l'actionnaire majoritaire d'une des *majors* américaines de la production et de la distribution de musique pop, Capitol, qui avait aussi un catalogue classique. Belle infrastructure solide, dans laquelle pourront se loger dorénavant des noms comme Édith Piaf, Karajan, Callas, les Beatles, Pink Floyd... Qui a dit que EMI avait le « conservatisme délicat [12] » ?

Compagnie visiblement pas toujours audacieuse, mais généralement adroite, EMI était le résultat, en 1931, de la fusion de la très vieille Gramophone Company (au célèbre label HMV) avec ses anciens concurrents Columbia (britannique) et Parlophone. En unissant ainsi, par le biais de Parlophone, la musique populaire aux stocks classiques déjà montés par Columbia et Gramophone, EMI formait une puissante compagnie qui, profitant du réseau de l'Empire britannique et du Commonwealth, allait établir des ramifications dans l'Ouest africain, en Asie, en Australie et en Nouvelle-Zélande, tout en consolidant ses positions sur le continent européen et en Irlande, de même qu'en Amérique du Sud, avant de prendre racine en Amérique du Nord.

A l'usine EMI de Hayes, en banlieue de Londres (EMI Records – Production & Engineering Division), une plaque commémorative indique :

THIS STONE WAS LAID BY

MADAME MELBA

MAY 13th 1907

La compagnie Gramophone avait fondé au début du siècle ses assises financières et mythologiques sur de solides références à l'opéra, dont les vedettes Nellie Melba, Adelina Patti et Tamagno (le créateur de l'*Otello* de Verdi) étaient les chefs de file. Et même si Gramophone perdit Caruso au profit de sa rivale américaine RCA Victor, aujourd'hui encore EMI s'enorgueillit de posséder dans ses coffres les matrices des premiers enregistrements acoustiques que Gramophone avait fait exécuter par Caruso dans sa chambre d'hôtel de Milan, en 1902. Ces disques avaient été enregistrés par Fred Gaisberg, qui fut un des premiers producteurs de disques – si on peut employer un tel terme pour la préhistoire de cette industrie –, un visionnaire qui pouvait se vanter d'avoir été le premier, quelque temps auparavant aux États-Unis, à faire des disques d'opéra pour le phonographe. « De bons airs populaires [13] », écrit-il.

Walter Legge, prima donna *du disque classique*

Fred Gaisberg ne devait pas trouver un dauphin chez HMV en Walter Legge, quand ce dernier rallie la firme en 1931, l'année même de la création de EMI. Legge devait plus tard rejeter les méthodes de réalisation de disques de Gaisberg et se proclamer « le premier producteur », un terme qu'il détestait néanmoins employer pour décrire sa profession.

Legge s'est révélé remarquable pour ses trouvailles en marketing. Pendant les années 30, alors qu'il n'existait pas encore un large public d'acheteurs de disques, il créa la vente par abonnement, qui fut un grand succès et qui permit d'enregistrer des œuvres classiques jugées trop risquées pour les programmes habituels de la compagnie ; plus tard, pendant les années 50, quand EMI se lança enfin dans le microsillon, Legge fit un malheur avec des disques de grande qualité, scellés en usine, disponibles partout ; mais il n'aurait pas apprécié d'être célébré pour ses qualités en marketing. Il voulait surtout passer pour l'égal des musiciens, « un accoucheur de musique[14] ». Il fit tant pour sculpter son image qu'il n'arriva pas à achever ses mémoires, pourtant longuement travaillés. Des nombreuses heures qu'il passait en studio, ce perfectionniste n'évoqua surtout que les répétitions musicales qu'il y faisait exécuter. C'est pourquoi cet homme, qui imposa sa marque à presque quarante années de l'industrie phonographique classique (sa discographie exhaustive, publiée par Alan Sanders, est titanesque), s'embrouilla lui-même à tenter de camoufler les pistes de son travail de producteur et de diffuseur phonographique.

Le seul portrait qui subsiste de lui, le livre d'Elisabeth Schwarzkopf, est un hybride étrange, très mal composé. Textes de Legge, mais aussi textes sur lui ; anciennes critiques musicales de concerts ou de théâtre, mêlées à des portraits de musiciens avec qui Legge travailla comme directeur artistique. Au milieu de tout ça quelques bribes, notes, lettres, mémos de son travail dans l'industrie n'arrivent pas à donner de Legge une description de ce qu'il fut vraiment, c'est-à-dire, pour reprendre le jugement de John Culshaw, une puissance artistique incomparable dans l'histoire de l'industrie phonographique, bien que la plupart des descriptions faites de Legge soient authentiques. Il était vaniteux, arrogant, intolérant et extrêmement brillant [15].

L'énorme discographie de Legge forme encore aujourd'hui, écrit Dorle Soria, la moitié du catalogue classique EMI. C'est le travail d'un producteur, certes, mais d'un homme qui fut aussi, comme on disait dans les années 50, un *Artist & Repertoire Man* (A&R), c'est-à-dire un directeur artistique, mais selon une division du travail rigoureuse et propre à l'industrie – pas nécessairement celui qui produit des disques en studio, mais un homme dont la fonction est de voir aux relations et aux contrats avec les artistes. A ce double titre, Legge ajouta celui dont il est le plus fier : répétiteur musical. Il découvrit des artistes comme Karajan, De Sabata, Guido Cantelli, Schwarzkopf, Ginette Neveu, Dinu Lipatti, Dennis Brain, Ljuba Welitsch, Imgard Seefried, Nicolai Gedda... Pour ce qui est de Maria Callas, comme pour d'autres chanteurs en Italie (Christoff, Gobbi, Di Stefano), John Culshaw pèse ses mots et introduit une nuance de taille : Legge les « aida beaucoup », mais il ne les découvrit pas, ni ne fut à l'origine de leur carrière phonographique.

En ces premières années 50, le rôle clé de Walter Legge fut de produire la part du lion du nouveau catalogue classique EMI en microsillons. Il raconte :

> EMI ne commença à produire des disques de longue durée qu'après ses concurrents. Beaucoup de 78 tours pouvaient être repressés en longue durée, mais il fallait dresser un nouveau catalogue, tâche difficile qui me convenait tout à fait. Je m'y attelai avec énergie et enthousiasme [16].

De fait, les choses n'étaient pas simples chez EMI pour le catalogue classique. Au début des années 50, subsistent encore dans la firme plusieurs bureaux de planification pour les enregistrements classiques, un ersatz des anciennes compagnies qui, malgré leur réunion, gardent encore des fiefs autonomes qui n'ont pas été alors complètement centralisés. Nous devons à George Martin (le producteur des Beatles, chez EMI), par ses mémoires *All you Need is Ears*, de savoir que, lorsqu'il entra dans la firme à cette époque, il fut témoin de cette rivalité interne qui existait encore entre le classique de Parlophone, celui de HMV et celui de Columbia. Rivalité de « gentilshommes », certes, mais qui rendait Oscar Preuss très méfiant à l'égard de Walter Legge, qui lui disputait les titres à enregistrer pour Columbia plutôt que pour Parlophone[17].

> A cette époque, raconte Culshaw, il y avait même des distinctions de « classes » à l'intérieur des labels : les grands artistes internationaux apparaissaient dans les séries luxueuses DB et D de HMV, label rouge et lettres or. Les autres artistes apparaissaient dans la série C, plus ordinaire, avec un label magenta. Columbia faisait aussi une distinction similaire entre ses labels bleu clair et bleu foncé[18].

Legge, écrit George Martin, « était la *prima donna* de l'univers classique à cette époque ». Il ajoute : « C'était un individualiste indiscipliné ; je l'ai toujours admiré parce qu'il apportait de l'air frais dans cette firme EMI, qui était assez hétéroclite à l'époque[19]. »

Il fallait donc, pour Legge, construire un catalogue classique en tenant compte de ce qui revenait par tradition à la section classique de Parlophone, mais aussi à l'intouchable *dog*, au « petit chien », comme on disait familièrement dans la maison, à HMV. Autrement dit, tenir compte d'une certaine répartition des œuvres et des artistes. En ce qui concerne l'opéra, par exemple, Victoria de los Angeles, engagée par David Bicknell, était déjà une artiste HMV et pouvait être utilisée dans le répertoire italien et français. Legge ne pouvait pas ne pas en tenir compte dans la branche Columbia, dont il avait alors la direction, afin de répartir « ses » artistes dans le répertoire italien d'une part, mais aussi dans le répertoire allemand, pour lequel il avait fait signer des contrats à plusieurs artistes, à Vienne, dès après la capitulation allemande et l'arrivée de l'armée soviétique.

Par ailleurs, comme EMI avait encore un contrat de distribution réciproque de son label HMV avec RCA Victor aux États-Unis, jusqu'en 1956, cela signifiait que les opéras et autres titres HMV ne pouvaient pas être inscrits au catalogue du nouveau label Angel. Il y avait donc nécessité, pour Angel, en 1953, d'avoir un catalogue standard d'opéras italiens et français. Le catalogue italien sera donc celui de la Scala, avec Callas comme principale vedette, et Legge le construira du tout au tout, comme si HMV n'existait pas.

Toutefois, s'il est une chose que Legge pouvait très bien contrôler, à l'intérieur de Columbia cette fois, c'était la répartition des répertoires entre Schwarzkopf et Callas. En public, les deux cantatrices ont toujours semblé amies ; cependant Legge et Schwarzkopf étant mari et femme, il s'agissait pour Legge d'un problème d'utilisation des ressources et de planification assez délicat, mais surmontable.

Quand Callas entre dans l'écurie EMI Columbia en 1952, Schwarzkopf a une bonne longueur d'avance, puisqu'elle y enregistre depuis 1946. Sa discographie de 78 tours, qui présente déjà des compositeurs qui deviendront le fonds de répertoire de la cantatrice (Humperdinck, Mozart, Beethoven, Bach, Hugo Wolf), n'en contient pas moins une quantité non négligeable d'arias qui recoupent celles de Callas : *la Traviata* de Verdi, des Puccini (*Madama Butterfly, la Bohème, Gianni Schicchi, Turandot* – rôle de Liù), et même le *Tristan und Isolde* de Wagner...

Schwarzkopf a raconté comment, après avoir entendu Callas dans *la Traviata*, elle avait décidé d'abandonner un rôle qu'une collègue faisait si bien. Anecdote révélatrice de la nécessité, pour réussir une carrière sur scène, de se spécialiser et d'éviter ainsi la concurrence ; à plus forte raison ce critère devient-il impératif à l'intérieur d'une même firme phonographique. Il y faut littéralement une division du travail, un partage des rôles.

En comparant les discographies de Schwarzkopf et de Callas, il est manifeste que Legge a rigoureusement appliqué ce principe de rentabilité économique, en assignant aux deux vedettes des répertoires phonographiques très distincts, auxquels il a de surcroît apporté un effort élaboré de mise en valeur musicale et culturelle. Il y fut d'ailleurs largement « conseillé » par les Soria, qui considéraient cette opération nécessaire à l'équilibre du catalogue : opéras et artistes italiens pour contrebalancer le poids très « Europe centrale » du répertoire et des têtes d'affiche trouvées par Legge après la guerre. Dans cet effort pour la musique d'Europe latine, se grefferont au répertoire lyrique italien des œuvres françaises et espagnoles. Pour ce savant dosage, le poids des coffrets « La Scala » sera toujours dominant.

Le bon moment pour ressusciter le « chérubin graveur »

Pendant que se termine la première saison d'enregistrements EMI Columbia d'opéras italiens, à la fin de l'été 1953, les préparatifs de publication et de lancement vont bon train. Cette nouvelle série lyrique possède déjà deux marchés sûrs : l'Italie, mais aussi l'Angleterre, car Callas y fait énormément parler d'elle depuis sa prestation de *Norma*, à Covent Garden (1952). Le grand défi reste donc l'Amérique du Nord. Même chez EMI, on considère comme une erreur grave de n'avoir pas renouvelé le contrat de distribution et d'échange avec CBS Columbia, comme en témoigne le producteur George Martin dans ses mémoires. De plus, le concurrent Decca est déjà installé aux États-Unis depuis deux ans avec son label London Records, sans compter que les firmes américaines CBSb et RCA sont dans la course.

Tout est donc à faire, pour Angel Records, le « nouveau label de vieille tradition depuis 1898 », autant pour l'ensemble de son catalogue que pour Callas.

– En février 1953, raconte Dorle Soria, tout de suite après le lancement de *la Gioconda* de Callas, nous avons publié *la Sonnambula*, notre dernier titre au catalogue Cetra-Soria. Au mois d'avril suivant, par le biais de certains arrangements avec la Cetra de Turin, Dario a vendu Cetra-Soria à Capitol Records où, pour quelques années, le catalogue a continué d'être publié sous le label Cetra. Le pas, le bond suivant fut celui de Angel, très, très enthousiasmant ! C'est John N. Macleod, qui était à l'époque le brillant et perspicace directeur des opérations internationales de EMI, qui nous demanda de lancer en Amérique un label indépendant pour la firme Electric and Musical Industries. Objectif : distribuer le catalogue EMI auparavant détenu, pour le marché nord-américain, par la Columbia américaine. J'ai alors moi-même démissionné de mes fonctions à la Philharmonic Society et dans l'industrie des concerts pour m'associer à Dario dans cette nouvelle aventure de EMI. Première chose à décider : le nom du label !

– Le nom « Angel » venait de EMI ?

– Non, pas du tout. La direction de Londres avait plutôt décidé du nom EMITONE... Ouais ! Mais sur l'avion qui l'amenait à Londres pour finaliser les contrats, Dario lut un numéro spécial de *Variety*, qui contenait un long article sur l'histoire de RCA Victor et de son célèbre petit chien Nipper, qui écoute « la voix de son maître ». L'article mentionnait un label plus ancien que celui du fox-terrier, un nom enregistré commercialement, un « Ange » gravant un disque avec un stylet. Ce label de la Gramophone Company remontait à 1898 ; au tournant du siècle, il avait enjolivé plusieurs disques d'artistes célèbres en Europe. En 1909, toutefois, il avait été remplacé par *Nipper, the Dog* ! Le nom « Angel » fut ainsi relégué aux oubliettes ; Dario et moi eûmes l'idée de le ressusciter. Pendant la rencontre de planification à Londres, Dario proposa de nommer le label « Angel Records ». A première vue, la direction de EMI trouva quelque peu « sacrilège » de nommer un produit de la sorte. Mais John Macleod et EMI nous donnèrent carte blanche, et nous nous sommes mis au travail. Nous nous sommes dit : *La publicité avant tout* ! D'abord, il fallait donner un nouveau *look* à cet « Angel » ! Ce triste angelot à l'allure victorienne, nous l'avons refait à la manière d'un joyeux chérubin du Florentin Verrocchio – et c'est ainsi que ce nouveau modèle est devenu la marque de commerce de Angel Records. En vue du lancement de la firme et du nom, il fallait attiser la curiosité des marchands de disques. Pour ce faire, nous avons décidé de publier une petite annonce dans les journaux : *Cherchons disques ANGEL, pressés entre 1898 et 1906. Vieux disques avec label de l'« Ange graveur », un chérubin assis sur un disque, gravant le son avec un stylet...* Alors les collectionneurs nous inondèrent avec leurs anciens disques. La curiosité aidant, le nom Angel et les nouvelles à propos de Angel se répandirent comme une traînée de poudre... Nous avions réussi à retenir l'attention pour le nom Angel, juste à la veille du lancement du label. Par ailleurs, nous avons décidé que Angel, tout comme EMI, devait avoir un caractère véritablement international. Les disques seraient pressés en Angleterre. A Paris, nous avons organisé un département de conception et de production graphiques. Tous ces matériaux étaient montés et emballés à New York. A l'époque, les clients avaient encore l'habitude de faire jouer les disques dans les boutiques avant de les acheter. A cause de cela, un futur client se retrouvait souvent avec une sorte de disque usagé. Pour résoudre ce problème, il fallait promouvoir les ventes : les *Angel* seraient plutôt vendus dans un emballage de « gala, scellés avec attention par des experts à l'usine ». Cet emballage de cellophane fit sensation. Il garantissait un produit « frais », tout en protégeant les reproductions artistiques venant de Paris, dont la plupart étaient imprimées sur papier mat, de même que les cahiers de notes et les livrets. Pour les coffrets de plusieurs disques, toujours la belle boîte. Pour les disques uniques, Dario conçut une pochette avec une sorte de goujon, ce qui se révéla pratique et eut beaucoup de succès. Toutefois, comme les disquaires voulaient encore des disques pour la démonstration, nous avons publié aussi une série économique, pochettes non scellées, sans notes. Bientôt, cette idée deviendra l'emballage standard pour le mélomane à *budget modique*!

Dario Soria détaille cette stratégie :

J'ai fait cette opération pour combattre RCA qui, un an après le démarrage d'Angel, voulut s'accaparer une plus large part du marché en réduisant le prix de ses Red Seal de 4,98 dollars à 3,98 dollars. Nos disques coûtaient 1 dollar de plus et restèrent à ce prix. Plutôt que de soutenir la concurrence sur ce terrain, nous avons créé l'emballage économique à cinquante cents de moins, 3,48 dollars[20].

Et Dorle Soria de conclure :

– John Macleod nous écrivit de Paris, le 23 octobre 1953 : « Vos échantillons Angel "pour le perfectionniste" sont arrivés aujourd'hui. Je crois qu'ils sont si beaux que les clients vont les acheter et ne pas les déballer, ce qui va nous épargner bien des problèmes. »

La première publicité de Angel est significative à cet égard, comme en témoigne la page publiée en novembre-décembre 1953, dans *High Fidelity*. L'accent est d'abord mis sur les bénéfices que le consommateur perfectionniste peut tirer des nouveaux emballages des disques Angel. Chaque disque est vérifié deux fois, enveloppé de cellophane et scellé à l'usine. L'acheteur est le premier à le faire jouer.

Puis vient la liste des caractéristiques artistiques et techniques des disques : éventail international d'artistes célèbres ; ingénieurs du son qualifiés pour les enregistrements ; pressages exécutés en Angleterre par des techniciens expérimentés depuis des générations ; les pochettes sont conçues par des artistes italiens et français ; des critiques musicaux connus sont mis à contribution pour écrire les notes d'accompagnement ; en outre, seconde vérification chez Angel même, à New York, par des professionnels de l'industrie phonographique ; enfin, en très petits caractères, suit un échantillon du premier catalogue Angel, avec en tête l'enregistrement officiel de la Scala d'*I Puritani* de Bellini, avec Maria Callas et Di Stefano.

Dans ce contexte graphique publicitaire, il n'existe aucun doute : la firme elle-même est la première vedette, caractérisée par des valeurs techniques et culturelles qui deviendront rapidement les paramètres de toute l'industrie phonographique lyrique et classique. Le vedettariat des Callas, Schwarzkopf, Karajan, Gieseking et Malcuzynski, entre autres, n'y apparaît encore que de façon discrète. Leur première valeur semble avant tout procéder de la qualité générale de cette vaste opération musicale internationale, industrielle et commerciale, pour laquelle il n'est sans doute même pas nécessaire que le nom de EMI figure.

– Nous avons eu beaucoup de chance, explique Dorle Soria, avec les artistes du département d'art du bureau international de Paris. Ils étaient très enthousiasmés par l'aventure Angel. Ce département était alors dirigé par Jean Bérard, et le grand peintre Cassandre y travaillait comme consultant. Les premières pochettes des disques devinrent des pièces de collection souvent montrées dans des expositions de posters. Je me souviens d'une nature morte de Picasso pour le concerto de Bartók ; du David de Michel-Ange pour les enregistrements du Philharmonique d'Israël ; d'un Matisse (la boîte de violon dans une chambre vide) pour le disque d'hommage à Ginette Neveu ; la vieille gravure de Rochambeau (Washington à Yorktown) pour le disque de la Garde républicaine... Pour un hommage à Diaghilev, à l'occasion du vingt-cinquième anniversaire de sa mort, nous avons préparé un cahier de luxe afin de mettre en lumière toute la carrière du grand chorégraphe. Pour un disque consacré au Groupe des Six, nous avons publié un cahier style « d'époque » en complément de la musique. De tels essais, qui faisaient l'effort de lier l'impact visuel à la spécificité sonore, étaient alors une nouveauté. Aujourd'hui, c'est devenu une pratique courante, presque systématiquement utilisée par la plupart des firmes. Dans l'enthousiasme, guidés par nos propres goûts et aidés par des professionnels, nous avons produit des disques salués par la critique comme étant aussi beaux à regarder qu'à entendre. Mais cette lune de miel ne pouvait toujours durer, et quelques années après, nous avons commencé à avoir des problèmes. Pas vraiment graves, mais des problèmes tout de même. Le travail graphique fait à Paris devint de plus en plus austère, plus élégant dans les lettrages et le design, mais moins frappant pour le public. Notre représentant des ventes nous en fit la remarque, et nous avons promis de nous pencher sur la difficulté. A Paris, j'expliquai la chose à M. Cassandre, un brillant artiste, mais très cynique et quelque peu terrifiant. Je trouvais les esquisses trop sombres, pas assez lumineuses. Trop de bruns, de « taupe », trop de couleur moutarde ! En me fixant de son œil jaune (jaune moutarde ?), M. Cassandre me dit : « Madame n'aime pas la moutarde ? Moi, j'aime la moutarde... » Je laissai vite tomber cette histoire de moutarde, et soulignai que les *pochettes* qui n'étaient pas brunes avaient tendance à tourner au gris, à toutes les nuances de gris. Cette fois, je fus écrasée : M. Cassandre m'assura qu'après quinze ans de métier, il n'avait appris qu'une chose : « Il n'y a qu'une couleur, une seule belle couleur, le gris.» Je pris mon courage à deux mains, quelques instants plus tard, et expliquai à nouveau le problème. J'argumentai que chaque ville a sa propre qualité de lumière. Celle de Paris est douce, et donne à chaque chose une légère coloration rosée. Celle de New York, en revanche, est brillante, froide et crue. Des couvertures de disques avec des couleurs douces sont très attrayantes dans les vitrines de Paris, mais à New York elles ont l'air de fondre... Finalement, nous arrivâmes à un compromis, qui tenait compte de nos demandes commerciales et du goût, impeccable, de M. Cassandre. On a souvent raconté que les fabricants de savon consacrent plus de recherches à l'emballage qu'au produit. Le nom du produit a de l'importance, le type de contenant, et cette recherche se fait de façon professionnelle, dans le plus grand secret. Pour notre part, à Angel, nous n'avons pas procédé à des expertises professionnelles. Nous avancions par expérimentation, en improvisant, en opérant des trouvailles, secondés en cela par le département d'art graphique de la rue Lincoln, à Paris, et par le jugement de John Macleod chez EMI [21].

Angel : un incomparable théâtre privé d'opéra

Le produit Angel a comme première star le Teatro Alla Scala, comme en fait preuve une publicité de mars 1955, dans *High Fidelity*.

Cette page publicitaire annonce les six premiers opéras faits avec Callas, ainsi que trois autres titres où toutefois elle ne paraît pas : le *Requiem* de Verdi, *l'Italiana in Algeri* de Rossini, et *Amelia al ballo* de Menotti.

Sans négliger les références à Callas, l'accent est mis tout entier sur le nom du prestigieux théâtre milanais, ainsi que sur les coffrets comme réalisations phonographiques d'ensemble (« coffret indispensable », « le meilleur enregistrement », « reproduction éclatante », citations critiques pour *I Puritani, Tosca, Cavalleria Rusticana*), et même sur les valeurs commerciales déjà confirmées de *Tosca*, « la meilleure vente ».

– Callas, explique David Hamilton, n'était pas vraiment une grande vedette aux États-Unis avant sa venue au Met, en 1956. Même alors elle était très controversée : elle n'était pas tout à fait une vedette du disque. Les réactions vis-à-vis de ses enregistrements étaient ou très négatives, ou très positives. Dans son ensemble, la vente de ses disques fut une adroite opération de marketing. On doit mettre aussi à ce compte l'histoire du nom de la Scala sur les coffrets des intégrales. Les Soria avaient demandé ce nom principalement pour une affaire de marketing. De fait, ces disques n'étaient pas des productions de la Scala. Par exemple, Tullio Serafin ne dirigeait pas dans ce théâtre. Legge et Callas ont sans doute insisté pour que, par contrat, le maestro Serafin soit inclus dans ces enregistrements. De son côté, il est possible que la Scala ait fait inclure dans le contrat l'obligation d'une référence à la maison dans le design... En fin de compte, Angel Records a fait un remarquable travail de marketing pour des disques très controversés avec Callas[22]...

Ainsi fait-on exécuter le célèbre design de ces coffrets (cette fois, non pas à l'atelier de Paris, mais en Italie), ce graphisme délicat de traits gravés blancs – comme la gravure directe sur pellicule en cinéma d'animation – qui superpose sur deux moitiés l'intérieur du théâtre (en haut) et la façade extérieure (en bas), et qui devient dès lors le leitmotiv sur lequel, pour chaque coffret, vont pouvoir varier les couleurs, ouvertes à l'infini.

La Scala, c'est aussi les photos et les notes dans les coffrets, et jusqu'à cette monographie de huit pages, glissée par exemple dans le coffret de *Cavalleria Rusticana*. Ce texte, abondamment illustré, contient un historique du théâtre, une brochette de compositeurs italiens illustres, de Salieri à Menotti ; des mentions de chefs comme Toscanini et De Sabata, ainsi que des médaillons de chanteurs vedettes, Marchesi et Malibran, Tamagno, Patti, Caruso et... Callas. « Ces derniers temps, les grandes voix étonnent de nouveau le monde et, naturellement, se produisent à la Scala ; la dernière à ce jour, Maria Callas, américaine de naissance... »

Pour l'industrie du disque, la vedette Callas émerge lentement grâce à la réputation musicale et culturelle de la Scala. Pour cette politique de production et de marketing, EMI et Angel ne se laissaient donc pas aveugler par le vedettariat d'une seule cantatrice, fût-elle « destinée à devenir une légende ». Il faut rappeler que, dans ces années de consolidation du catalogue d'opéras italiens, Callas était encore et toujours très controversée, et qu'il n'était pas exclu que sa « luminosité » d'artiste pût être celle d'une étoile filante ! Insister ainsi sur le Teatro Alla Scala témoigne de la prudence et du flair de l'industrie, qui commandaient de tout miser sur une valeur sûre. Imposer Callas, dans et par le disque, la *stariser*, était une entreprise patiente et complexe qui passait par la Scala. Et d'y ajouter, comme le soulignait Legge dans une note aux Soria, publiée par Dorle Soria, le talent de « cultiver les critiques » et, par ce relais, d'atteindre les consommateurs. Consommateurs nord-américains, mais aussi européens, pour lesquels ces grandes stratégies de promotion et de vente provenaient du même centre directeur de New York.

Les revendications des Soria pour Angel avaient inclus, outre la Scala et le catalogue Pathé-Marconi[23], l'autorisation de faire enregistrer l'orchestre philharmonique d'Israël, pour contrebalancer, écrit Dorle Soria, le poids « Europe centrale » des multiples contrats que Legge avait fait signer pour Columbia dans une Vienne encore « occupée » (ou « délivrée ») par les Russes. Ainsi, l'équilibre du catalogue EMI Angel se négociait comme autour de tables diplomatiques – les compensations de guerre. Une forte majorité des artistes et professionnels d'alors, chez EMI Columbia et Angel Records, sont d'une génération sortie vivante du feu et du sang, certes, mais au prix de quels déchirements !

Nous étions troublés, raconte Dario Soria à Robert Jacobson, par le fait que, malgré leur indéniable qualité artistique, des artistes comme Schwarzkopf, Karajan et Gieseking avaient été politiquement liés à cette Allemagne que nous venions de combattre. Notre sentiment était que, sur le terrain musical, c'était l'excellence de l'interprétation qui comptait, et non pas l'origine nationale. Cependant, pour équilibrer l'éventail du répertoire et des interprètes, nous avons demandé le nom et les enregistrements des opéras de la Scala, et puis l'orchestre philharmonique d'Israël. Ceci nous permettait d'équilibrer les choses et d'apporter Angel ici comme un label ayant des racines internationales[24].

Derrière cette demande très ferme des Soria, derrière aussi leur souci de ne pas mélanger publiquement politique et art (« Ne pas mélanger ce qui ne doit pas l'être », commente Dario Soria à propos des débuts orageux à New York de Schwarzkopf), se profilent néanmoins l'horreur de l'Holocauste et le difficile problème de la collaboration et de la résistance, de la survie et de la mort. Ethan Mordden émet là-dessus une opinion radicale : « Toute diva qui se croit *au-dessus* de la politique est une personne traître, farfelue, ou folle.[25] » Schwarzkopf raconte à Edward Greenfield :

> Pendant la guerre à Vienne... j'ai donné des concerts pour les troupes allemandes avec mon merveilleux accompagnateur Michael Raucheisen ; plus tard, j'ai dû pour ce fait subir d'amers reproches de la part des Russes[26].

A son tour, et durant plusieurs années, Walter Legge se plaint de subir les tracasseries des administrateurs de EMI pour ses liens trop marqués avec des artistes réputés pour leurs sympathies nazies, comme en témoignent ses mémoires qui sont, faut-il le rappeler, un choix de ses textes fait par Elisabeth Schwarzkopf. Dans une lettre au directeur Mittell, Legge écrit :

> La raison d'être de notre société, c'est de vendre des disques. C'est du sabotage que de qualifier de nazi un artiste ou un membre du

personnel. Ces « best-sellers » n'ont pas eu le choix quant au côté
de la barricade où ils ont dû se trouver pour un temps.

Plus tard, il écrit au critique israélien Alfred Frankenstein :

> Je trouve injuste à l'égard d'Israël que les disques de ma femme et
> de Karajan soient à l'index de vos radios. Ils ont été à peu près
> aussi nazis que vous ou moi [27].

Remarque similaire à propos de l'interdiction de la musique de
Wagner et de Richard Strauss.

La venue de Maria Callas chez EMI ne pouvait qu'ajouter, même
indirectement, à ces déchirants souvenirs. Callas aussi était sortie
vivante de la guerre, mais brisée. A Athènes, elle avait atrocement
souffert de la faim, comme elle l'a maintes fois raconté. Il y avait eu
la grande famine. Sa première carrière nationale, celle de Maria Kalogeropoulos, fut faite sous l'occupation nazie en Grèce, et son interprétation de *Fidelio*, entre autres, à l'Odéon Hérode Atticus, en 1944,
était rapportée, en sus des journaux grecs, par le critique Friedrich
W. Herzog du *Deutsche Nachrichten in Griechenland*. Au terme de la
guerre civile en Grèce, Maria Kalogeropoulos avait été chassée de
l'Opéra royal d'Athènes pour collaboration avec l'ennemi, suivant la
version d'un parent de Callas, Steven Linakis, dans ses souvenirs *Diva.
The Life and Death of Maria Callas*. Et puis, il y a ces explications
tortueuses et pénibles de Tito Gobbi, dans ses mémoires, sur sa
carrière à l'Opéra de Rome durant le règne mussolinien.

L'équilibre du nouveau catalogue EMI Angel, exigé par les Soria,
était-il une façon de recueillir, de réunir dans la musique tous ces
survivants, au-delà des blessures et des cicatrices morales ? Les années
50 durent leur apparaître comme un baume, au fur et à mesure que
les fantômes s'estompaient. Ce terrible et cauchemardesque fond de
scène, qui se profile dans le plus célèbre catalogue d'opéras de ces
années-là, est d'une complexité à faire peur. En en relevant les traces,
je ne puis que constater le poids tragique de cette demande des
Soria à propos du Philharmonique d'Israël, ou contempler et écouter
ce disque Angel, qui fut au catalogue durant l'époque des Soria, trouvé
par hasard dans Greenwich Village en emballage économique : *Angel*

35295. Ceremonial Music of the Synagogue (avec la basse Emil Kaç-
mann, accompagné de l'orgue et d'un chœur). Ce disque contient
des chants traditionnels pour le Yom Kippur, la cérémonie du
mariage, celles du Sabbah et des jours saints. Le sens profond de cette
histoire, de l'Histoire ici évoquée, seule Dorle Soria pourrait l'écrire.
Tout le reste est silence... ou cri !

3

Cinq saisons
sur la chaîne de montage
1953-1957

MARIA CALLAS – J'ai un vaste répertoire...
HARRY FLEETWOOD – Combien d'opéras avez-
vous enregistrés ?
CALLAS – J'en ai fait seulement 22 ou 23...
FLEETWOOD – Grands dieux !
CALLAS – Vous trouvez que c'est beaucoup ?
FLEETWOOD – C'est toute une carrière en soi ![1]

« Imposer Callas fut une véritable bataille ! *It was a FIGHT* ! »
Dorle Soria prononce le mot d'un coup sec, comme le claquement
d'un fouet. Puis elle éclate de rire, satisfaite encore, trente ans après,
du succès de l'opération de marketing pour Maria Callas.
Bien avant ce difficile exploit, la bataille pour Callas avait commencé chez EMI. Walter Legge a raconté, de manière aigre-douce,
les difficultés de conclure un contrat ferme avec les Meneghini. « Le
mari de Callas, souligne-t-il, était très dur en affaires ! » Le contrat
enfin signé, le 21 juillet 1952, Legge raconte :

> Je décidai de faire avec Callas une série d'essais... afin de tâter
> psychologiquement le terrain et de voir comment elle réagissait
> aux remarques, d'une part, et d'autre part, pour repérer les empla-
> cements acoustiques les plus favorables[2].

« Callas, finalmente mia[3] ! »

Les enregistrements de Callas pour EMI ne débutent qu'en 1953.

Que s'est-il donc passé, pendant la fin de l'été 1952 et au cours de tout l'automne, pour qu'il ne se fasse aucune production avec la vedette que EMI et Legge souhaitaient faire travailler depuis si longtemps ?

L'écheveau des contrats simultanés entre Cetra et EMI a nui au démarrage du travail phonographique de Callas pour le label Columbia, sans compter le projet de la création d'une filiale américaine pour la distribution de ce catalogue. En outre les négociations avec la Scala se prolongent pendant quelques mois et n'aboutiront que vers le mois de mars 1953.

D'autre part, il y a des difficultés pour concilier l'emploi du temps de Callas : elle doit enregistrer *la Gioconda* pour Cetra en septembre à Turin. Son calendrier scénique est surchargé et contient, entre autres, ses débuts à Londres en novembre, puis en décembre sa seconde ouverture de la Scala. Pas d'enregistrements pour EMI en 1952 ! Cette décision des Meneghini en dit long sur leur appréciation du travail phonographique, sur la valeur très relative qu'ils y attachent alors.

Outre les tergiversations qui émanent de Callas, il faut rappeler la situation complexe de la double direction de EMI, à cette époque, sur les programmes d'enregistrement. David Bicknell n'est pas seulement l'âme artistique du label HMV, il est le manager du département « Artists » pour l'ensemble de EMI. Dans cette fonction, il est le supérieur de Legge pour la finalisation de tous les contrats pour le label Columbia. De par ses liens affectifs et bureaucratiques étroits avec HMV, il supervise les « artistes HMV », en particulier le catalogue d'opéras italiens dont la base d'opération est à Rome, et la soprano vedette Victoria de los Angeles.

David Bicknell avait étudié la musique à Londres et à Paris, puis il était entré au département international des artistes chez HMV, en 1927, comme assistant de Fred Gaisberg. Après la guerre, il devient manager de ce département HMV, puis du seul département

« Artists » pour tout EMI, contrôlant ainsi la gestion des enregistrements HMV et Columbia. Il se retire de EMI en 1971 pour prendre sa retraite. Parce que Bicknell est le responsable des contrats d'artistes et des programmes d'enregistrement, on peut mieux comprendre à quels types de frictions la légendaire concurrence entre HMV et Columbia pouvait le conduire – avec Walter Legge qui, de son côté, voulait garder un contrôle de plus en plus grand sur les « politiques culturelles » du label, à défaut d'avoir toujours la main haute sur ses « politiques économiques ».

A la mi-janvier 1953, Legge confirme à Callas qu'elle enregistrera *Lucia di Lammermoor* à la fin du mois, à Florence, avec Serafin, puis *I Puritani* un peu plus tard, à Milan ou à Rome. C'est vraisemblablement aussi à ce moment-là que Legge, sous la poussée des Soria, entreprend les pourparlers avec la Scala. Revenons aux tests sonores de Callas faits par Legge en janvier 1953, peu de temps avant le premier enregistrement de *Lucia di Lammermoor* de Donizetti à Florence. D'après Legge, ces tests furent satisfaisants :

> Il apparut tout de suite qu'elle acceptait les remarques sans murmurer. J'avais trouvé en elle une perfectionniste au niveau des plus grands artistes avec qui il m'ait été donné de travailler[4].

Bien. Mais ces essais se font avec... *Non mi dir* (Mozart, *Don Giovanni*, rôle de Donna Anna), plutôt qu'avec *Norma, la Traviata,* ou un Puccini. Il semble que ces tests ne soient pas innocents. Callas a déjà la réputation de pouvoir tout chanter – Beethoven, Wagner, les classiques et les romantiques italiens ; de plus, pendant la saison 1951-1952, à la Scala, elle a interprété avec succès *l'Enlèvement au sérail* de Mozart, outre *I Vespri Siciliani* et *Norma*. Il est probable que Legge ait voulu tester Callas sur ses possibilités de concurrencer Schwarzkopf dans le répertoire mozartien (à cette époque, Legge enregistre beaucoup Mozart avec sa femme), ou peut-être sur ses capacités, par exemple, à faire partie avec Schwarzkopf d'une hypothétique distribution de *Don Giovanni*, Callas en Donna Elvira, Schwarzkopf en Donna Anna. En poussant même le scénario au plus sombre, on pouvait imaginer un Legge craintif de subir les pressions de Callas pour un récital « à la Schwarzkopf ».

S'il est impossible d'affirmer que ce doute ait traversé l'esprit de Legge, en revanche, on sait que ce disque Callas « à la Schwarzkopf » s'est réalisé un jour (*Mozart, Beethoven, Weber*), mais que Walter Legge n'en fut pas le directeur artistique.

Les saisons du catalogue EMI/Callas

Puis vint l'enregistrement de *Lucia di Lammermoor*, qui eut lieu à Florence, à la suite d'une série de représentations retentissantes. Cette production réunit, pour la première fois, un train qui allait devenir célèbre : Callas/Gobbi/Di Stefano/Serafin. Ce n'est toutefois pas encore un enregistrement « officiel » de la Scala, puisque le contrat n'est pas alors signé. Par ailleurs, il est évident que EMI profite de ce qu'une partie de l'équipe déjà réunie pour les représentations de Florence peut fournir, outre les avantages matériels du regroupement, un excellent terrain de préparation musicale ; pratique qui sera élargie plus tard et presque généralisée dans l'industrie phonographique, épargnant aux firmes les lourds frais des répétitions et du marketing.

Cependant, si on compare l'enregistrement aux représentations, des différences significatives existent, qui relèvent des conditions gestionnaires de EMI : Serafin dirige l'enregistrement à la place de Ghione ; Gobbi devient le baryton-vedette EMI, alors qu'Ettore Bastianini, qui fut de toutes les représentations, ne peut chanter avec Callas et Di Stefano, car il est déjà sous contrat avec Decca Records. Comme le note pertinemment Roland Mancini, le célèbre trio de cet opéra et du catalogue EMI Columbia (Callas/Di Stefano/Gobbi) fut une pure création phonographique : les trois artistes ne chantèrent pratiquement jamais ensemble sur scène. Ajoutons à la fiche technique de cette *Lucia di Lammermoor*, au programme de la saison courante du Teatro Comunale, qu'elle devient pour le disque une très officielle production du Mai musical de Florence, tout en ne l'étant pas. Enfin, le producteur de Callas, Legge, ne réalise pas cet enregistrement. La direction en est confiée au maestro Olivieri, par les soins de la filiale de EMI, La Voce del Padrone.

Tullio Serafin, dont le nom est très fréquemment attaché aux disques de Callas, ne fut pas un chef exclusif à EMI et aux opéras de la

Scala. Indépendant, le maestro enregistra très souvent aussi pour la firme rivale Decca avec Tebaldi ; pour Philips avec Antonietta Stella, tout comme avec des vedettes EMI autres que Callas, par exemple Victoria de los Angeles. Il suivra aussi le label « La Scala » chez Deutsche Grammophon au début des années 60. Tito Gobbi, dans ses mémoires (*My Life*), indique qu'il avait commencé en 1942 à faire des 78 tours chez Cetra, « uniquement pour le marché domestique ». Avec EMI et cette *Lucia di Lammermoor*, il note : « J'ai commencé alors une carrière phonographique internationale, indispensable à n'importe quel artiste pour se bâtir une réputation mondiale[5]. » Quant au ténor Giuseppe Di Stefano, il avoue qu'il aurait par-dessus tout souhaité chanter avec Tebaldi dans le programme des disques Decca, mais il ne voulut pas accepter les 5 % de redevances que lui offrait cette firme pour quote-part de la vente des disques. Comme EMI consentait aux 10 % qu'il demandait, il signa donc un contrat avec le concurrent de Decca et se retrouva aux côtés de Callas et Gobbi. Di Stefano raconte ce détail dans les notes de présentation qu'il signe, en 1983, pour la sortie de deux disques *live* de Tebaldi, sous le label GDS, dans une collection intitulée *I Miei Colleghi*.

Ainsi commence à Florence, dans le feu de l'action et avec une certaine précipitation, la carrière phonographique de Callas chez EMI, carrière qui se révélera soudain fulgurante, explosive. Chez EMI, en à peine cinq ans, Callas enregistre dix-huit intégrales d'opéras et trois récitals. Quantité très élevée, à une époque où il ne se fait pas encore beaucoup d'enregistrements, comparativement aux années 60 et 70. Somme marquant aussi un rythme et une intensité de production peu ordinaires. Si on ajoute à ce catalogue EMI les intégrales que Callas enregistre pour Cetra et Ricordi, la cantatrice accumule un total de vingt et une intégrales et trois récitals, près de soixante disques.

Cette première période, qu'on pourrait désigner comme l'« ère mono » de la carrière phonographique de Callas, est effervescente et possède toutes les caractéristiques des renouveaux et des relances, des cristallisations intenses, où l'on s'étonne toujours de voir tant de conditions favorables réunies – culturelles, technologiques, industrielles et commerciales. Pour l'industrie phonographique, c'est le début de la période la plus créatrice et la plus productive de ses cent premières années (1877-1977). C'est l'époque aussi des quinze premières années de sa nouvelle modernité, *grosso modo* entre 1950 et 1965, où la vigueur de cette industrie se confond tout à coup avec le grand balayage social de la jeunesse, le cœur de la vraie révolution culturelle d'après-guerre.

La saison 1953

Le programme d'opéras italiens EMI est très chargé et passe rapidement à la vitesse supérieure. Après *Lucia di Lammermoor* à Florence, on enregistre dès le mois de mars *I Puritani* de Bellini, inaugurant ainsi à Milan les « enregistrements officiels » de la Scala. Du 24 au 30, l'œuvre est produite à la basilique Santa Euphemia, encore sous direction artistique italienne, Walter Legge étant absent comme producteur pour ce deuxième ouvrage de Callas. En juin (du 16 au 25), puis les 3 et 4 août, EMI produit *Cavalleria Rusticana*, dont il n'est pas certain que Legge ait supervisé l'enregistrement. Ensuite, cette fois sous la direction de Legge, du 10 au 21 août, *Tosca* est enregistré dans le théâtre même de la Scala aménagé en studio.

Pendant que s'achève cette première saison d'enregistrements, les préparatifs de publication et de lancement vont bon train – ils coïncideront avec le lancement même de Angel Records à l'automne 1953. Quand vient le temps de distribuer les opéras avec Callas, Legge est nerveux, comme on le constate dans des notes d'époque aux Soria. Il trouve les enregistrements de *Lucia di Lammermoor* et d'*I Puritani* moins bons que celui de *Tosca*, et souhaiterait que Angel commence avec cette dernière intégrale comme locomotive, que les Soria feraient suivre des deux autres. Il existe déjà en 1953 sept intégrales de *Tosca* en microsillon longue durée, mais le sens artistique de Legge se révèle ici doublé d'un prudent flair commercial. En effet, *I Puritani* est un premier enregistrement mondial (donc incertain), et les notes d'accompagnement ont beau faire état de la prouesse de Callas dans Bellini et Wagner, à la Fenice de Venise en 1949, ce haut fait d'armes est lointain pour le public américain.

Quant à *Lucia di Lammermoor* il existait une ancienne intégrale de 1942, en 78 tours, chez Cetra ; la même année (1953), CBS en fait enregistrer une aux États-Unis avec Lili Pons, Richard Tucker et les effectifs du Metropolitan Opera, sous la direction de Fausto Cleva. Un sérieux rival, puisque, aux États-Unis, Lili Pons a consolidé sa réputation dans ce rôle depuis déjà plusieurs années. Pour ajouter à ce véritable encombrement, un autre enregistrement est fait à Milan la même année avec Dorothy (Dolores) Wilson, sous label Urania. Et puis, il y a peut-être le handicap que *Lucia di Lammermoor* avec Callas ne soit pas un enregistrement officiel de la Scala.

Avec *Tosca*, malgré la concurrence élevée, Legge est sûr et satisfait du produit, et ce Puccini demeure aujourd'hui une bonne vente. Malgré les craintes et les conseils de Legge, les Soria font un compromis et sortent en même temps, en novembre 1953, *Tosca* et *I Puritani*, reportant ainsi à janvier 1954 l'intégrale de *Lucia di Lammermoor*. Démarche similaire en Angleterre pour commencer (*I Puritani* en novembre, *Tosca* en décembre), mais *Lucia di Lammermoor* en mars 1954 seulement. *Cavalleria Rusticana* suivra de peu, en avril aux États-Unis, puis en octobre en Grande-Bretagne.

De cette façon, le même modèle s'établit pour la publication et le marketing des disques Callas que pour la production : un ouvrage plus risqué, à côté d'un titre qui assure le « pain et le beurre ». Dario Soria précise :

> J'ai toujours cru à l'édition phonographique d'œuvres pour lesquelles il y a une bonne demande, et pas seulement donc pour des fins académiques. Il s'agit de savoir sur quoi porte cette demande[6].

La saison 1954

Deux intégrales plus commercialement difficiles, *Norma* et *Il Turco in Italia*, sont équilibrées par *la Forza del Destino*, et encore davantage par *I Pagliacci* (ce dernier opéra pourra soit être vendu séparément, soit joint à *Cavalleria Rusticana* pour former le lucratif tandem en un seul coffret, que les Américains appellent *Cav & Pag*).

Quand arrivent enfin, après ces intégrales du programme d'été, les deux premiers récitals Callas, ce choix de balancier est encore plus

TABLEAU 1

LE RÉPERTOIRE CALLAS CHEZ EMI (1953-1957)

Répartition entre les ouvrages standard et risqués

1953	*LUCIA DI LAMMERMOOR**
	I PURITANI*
	CAVALLERIA RUSTICANA
	TOSCA
1954	Récital Puccini
	Récital coloratura/lyrique*
	NORMA*
	I PAGLIACCI
	LA FORZA DEL DESTINO
	IL TURCO IN ITALIA*
1955	*Récital Medea...**
	MADAMA BUTTERFLY
	AÏDA
	RIGOLETTO*
1956	LA BOHÈME
	IL TROVATORE
	UN BALLO IN MASCHERA*
1957	IL BARBIERE DI SIVIGLIA
	LA SONNAMBULA*
	MANON LESCAUT
	TURANDOT*

* Ouvrages commercialement plus risqués.

marqué, et le marketing plus nettement dirigé vers un objectif de hauts scores de ventes. Ces enregistrements, produits à Londres en septembre 1954, réunissent un récital Puccini et un autre, plus typique de Callas, où voisinent « le coloratura et le lyrique ». Dans ce dernier cas, est reproduit dans une certaine mesure le modèle des concerts de Callas en Italie, une alternance de capacités et de techniques vocales qui généralement ne se retrouvent pas chez une même cantatrice. Il est toutefois intéressant de noter que la partie lyrique de ce récital va puiser directement au répertoire phonographique de Tebaldi, chez les véristes de la fin du XIXᵉ siècle.

Autrement dit, la production de ces récitals, tout en mettant l'accent sur la spécificité de Callas, ne pousse pas la singularité trop loin et n'en conserve que le nécessaire pour la compétition sur des terrains déjà connus des consommateurs de musique lyrique. Quand seront publiés plus tard les concerts *live* de Callas, on s'apercevra que bien peu de récitals phonographiques en studio ont su rendre un reflet fidèle de l'originalité de Callas comme concertiste. Le marketing de ces récitals achève d'éclairer l'esprit de prudence qui a marqué leur production. Le disque des arias de Puccini est d'abord mis en vente fin 1954 (en Angleterre), début 1955 aux États-Unis ; l'autre n'est publié qu'en septembre 1955 dans les deux pays. Ces récitals révèlent une autre spécificité du programme des enregistrements Callas chez EMI : ces deux disques ne sont lancés que deux ans après les premiers enregistrements d'intégrales. La production et le marketing ont plus accentué le produit collectif que le nom vedette de Callas, à l'inverse des enregistrements Tebaldi/Decca.

Les saisons 1955 et 1956

Le programme des enregistrements Callas devient plus standard que celui des deux années précédentes. Il débute toutefois, en 1955, par ce qui pourrait apparaître comme une audace : des extraits de *Medea*, *la Vestale* et *la Sonnambula*. Que ces ouvrages, dont les représentations à la Scala ont été retentissantes, soient enregistrés en extraits seulement, est significatif ; ce choix révèle que EMI et Legge n'osent pas se risquer aux intégrales de ces opéras, même si la réputation de

Callas y est très vive en Europe et qu'à l'automne de l'année précédente Callas avait fait ses débuts américains à Chicago – un triomphe dans *Norma, la Traviata* et *Lucia di Lammermoor.* Pour compliquer la situation de ces enregistrements rares, Callas refuse de publier le long extrait de *la Sonnambula,* de sorte que les autres bandes de ces sessions, insuffisantes pour faire un microsillon, sont provisoirement mises de côté et ne seront publiées que trois ans plus tard, en 1958. Il n'y aura donc aucun équivalent phonographique, pendant quelques années, de ces œuvres risquées. Il est visible que cette décision d'écarter du catalogue les intégrales de pareils ouvrages fut fondée, à l'époque, sur les résultats des ventes plus faibles de certains enregistrements comme *I Puritani, Il Turco in Italia* et peut-être même *Lucia di Lammermoor* et *Norma.*

Les nouvelles parutions phonographiques de Callas, en 1955 et 1956, sont donc encore centrées sur des ouvrages dont le choix creuse davantage le fossé entre les succès fastes de la cantatrice à la scène et le programme d'enregistrement EMI. *Madama Butterfly,* par exemple, Callas ne l'a jamais faite à la scène ; tout au plus fut-il prévu qu'elle en donnât quelques représentations pour sa rentrée d'automne à Chicago, en 1955. Comme par hasard, l'intégrale est publiée aux États-Unis le même mois !

Aïda, que Callas avait peu chantée depuis 1951, est un rôle abandonné depuis deux ans. Quant à *Rigoletto,* elle ne l'avait interprété que deux fois à Mexico, en 1952, et l'ouvrage n'était pas resté à son répertoire. Pour ce dernier enregistrement, Legge se contente d'évoquer une série de « crises » entre chanteurs pour des motifs extramusicaux. Richard Tucker, qui a participé à l'enregistrement d'*Aïda* comme il l'avait fait l'année précédente pour *la Forza del Destino* (en lieu et place de Di Stefano), est cité dans les souvenirs de Robert Merrill à propos d'une anecdote significative. Tucker aurait exigé et obtenu de ne pas enregistrer ces deux ouvrages sous la baguette de Karajan, refusant de travailler avec un chef qui avait la réputation d'avoir collaboré avec les nazis pendant la guerre. Et Tucker de commenter : Serafin était commercialement moins rentable, mais qu'importe[7] !

Si cette année 1955 est restée célèbre dans les annales phonographiques de EMI et de Callas, c'est bien plutôt pour une absence que pour une réalisation. Le programme d'été des enregistrements à la Scala comprend en effet *la Traviata*. Cet ouvrage, depuis les représentations sensationnelles de mai et juin 1955 à la Scala, dans la mise en scène de Visconti, est devenu pour Callas *le* rôle, son préféré avec *Norma* et, comme celui-ci, son plus accompli. Or, contre toute attente, Callas ne participe pas à cet enregistrement de *la Traviata*. EMI va de l'avant sans elle. Quelle crise de palais alors, dont celle de *Rigoletto* ne dut être qu'une pâle prémonition ! Ici ressurgit le vieux conflit contractuel de 1951-1952, entre Cetra et EMI ; en décidant de porter à leur catalogue une *Traviata* « sans » Callas, EMI et Legge engendrent une série de malentendus et de problèmes qui mettront plus de vingt ans à se résoudre dans la firme.

En 1956, *la Bohème* paraît n'être enregistrée que pour compléter le catalogue standard, concurrencer Decca et assurer « le pain et le beurre ». *Il Trovatore* est plus conforme au répertoire courant de Callas (grand succès à Chicago l'année précédente), et en outre concurrence celui de Tebaldi, enregistré la même année pour Decca. Pour ce qui est de la troisième intégrale de cette saison d'enregistrements à la Scala, *Un Ballo in maschera* est un nouveau rôle pour Callas ; elle ne le chantera qu'une fois sur scène, à la rentrée du 7 décembre 1957, à la Scala.

La cinquième saison

L'année phonographique 1957 est une curieuse saison pour le programme EMI/Callas. Elle commence par une intégrale d'*Il Barbiere di Siviglia*, enregistrée à Londres et, pour la première fois, en stéréophonie. Pour la première fois aussi depuis la *Lucia di Lammermoor* du Mai musical de Florence, ce *Barbiere di Siviglia* n'est pas un enregistrement officiel de la Scala, bien que Callas s'y soit produite en février et mars 1956. (Dans les notes laissées par Legge, il y a bien un fragment qui nous raconte les problèmes des douanes britanniques au sujet des caniches de Callas, problèmes de quarantaine qui semblent avoir un moment compromis la réalisation de cet enregistrement ; mais rien n'y est dit des raisons plus fondamentales pour lesquelles Legge a fait de ce Rossini un produit londonien plutôt que milanais [8].) Un facteur est pertinent pour clarifier cette situation : l'essai de la stéréophonie, qui pouvait mieux se réaliser à Londres qu'avec une unité mobile à Milan, puisque les autres enregistrements de la Scala pendant cet été-là se feront en mono. A Londres, les techniciens de EMI pouvaient tester, en toute sécurité, de façon discrète, les nouvelles techniques de la stéréo.

En mars 1957, *la Sonnambula* suit de près les représentations à succès de la Scala, encore une fois dans une mise en scène de Visconti. Ce travail fait d'une pierre deux coups : non seulement il permet de sortir l'intégrale (très rapidement en octobre 1957, aux États-Unis et en Europe), mais encore il remplace les extraits non retenus par Callas deux ans auparavant pour son récital d'œuvres rares. Ainsi, dès le début de 1958, EMI pourra-t-elle sortir un disque des grandes reprises de Callas à la Scala, avec les arias déjà enregistrées de *Medea* et de *la Vestale*, en complétant ce choix d'extraits de l'intégrale récente de *la Sonnambula* ; on arrondit le tout avec le grand air d'*I Puritani* (extrait de l'intégrale de 1953). Dans la carrière discographique de Callas, c'est le premier cas de réutilisation d'un matériel déjà enregistré pour EMI.

Une fois l'œuvre plus rare et plus risquée de *la Sonnambula* inscrite au catalogue, le programme d'été EMI pour Callas devient plus conservateur avec *Turandot* et *Manon Lescaut* de Puccini ; encore que *Turandot* soit un ouvrage complexe à produire, coûteux, et qu'il n'ait pas, dans l'industrie phonographique, la même aisance commerciale que *la Bohème*, *Tosca* et *Madama Butterfly*. Decca avait déjà ce titre à son catalogue depuis 1953 (Inge Borkh, Del Monaco, Tebaldi dans le rôle de Liù), ainsi que Remington et Cetra. Callas avait abandonné *Turandot* depuis sa prestation avec Del Monaco et Serafin à Buenos Aires en... 1949, après l'avoir abondamment chanté pendant deux ans. Pour ce qui est de *Manon Lescaut*, Decca avait son intégrale avec Tebaldi depuis 1954. C'est donc un nouveau rôle pour Callas, qu'elle n'interprète que sur disque. D'ailleurs, elle en fut à l'époque assez insatisfaite pour utiliser son droit de veto contre sa publication ; ce veto ne sera levé que plus tard, et l'intégrale attendra la fin de 1959 pour paraître en Europe, et février 1960 aux États-Unis.

En outre, tout en réalisant ces Puccini, EMI et Legge laissent de côté, toujours par prudence, l'*Anna Bolena* de Donizetti, dans lequel

Callas fit un grand succès à la Scala, ou encore des Gluck (*Alceste,* *Iphigénie en Tauride*), ou *Fedora* de Giordano. Un autre succès de Callas à la Scala, *Don Carlo* de Verdi, avait déjà fait l'objet en 1954 d'un enregistrement EMI sans Callas (label HMV). Ainsi se termine, pour Callas et EMI, non sans confusion, le programme phonographique de l'été 1957. Programme qui clôt cinq années intensives et régulières de travail.

La rivalité Callas/Tebaldi :
« Très profitable à nos carrières », déclare Tebaldi[9]

Ce duel des divas modernes – une prospère trouvaille journalistique – qui alimenta les mass media du début des années 1950 à 1968, est le dénominateur commun, l'orientation de fond qui traverse et explique le programme EMI des enregistrements Callas. La rivalité entre Callas et Tebaldi correspond à la concurrence entre Decca et EMI. Une joute qui ne pouvait trouver meilleur terrain que le marché d'un catalogue standard d'opéras italiens, systématiquement alimenté par les péripéties à rebondissements de cette bataille de *prima donna.*

Les premières traces de cet affrontement remontent à 1951, à Rio de Janeiro, et s'élèvent sur un fond de décor ressemblant au baroquisme décadent du *Fitzcarraldo* de Werner Herzog, à propos de visites en Amazonie de troupes d'opéra italiennes prestigieuses. Ces traces sont conservées en archives sonores dans les fragments et les extraits qui ont survécu à une représentation du 24 septembre 1951 de *Tosca,* au Teatro Municipal de Rio de Janeiro. La prestation de Callas s'y révèle un échec, le rejet du public entier et implacable. En toile de fond de ce désastre, les confuses allégations d'un complot du clan Tebaldi contre Callas, comme l'expliquent les notes de Bill Collins pour l'édition Voce de cette *Tosca.*

La rivalité des deux sopranos devait culminer, en 1957, dans leurs « mémoires » publiés par la revue italienne *Oggi,* où se profilent les contre-interrogatoires et les dépositions sur les présumés complots. Ainsi Callas faisait quelques interviews radiophoniques – publiées sur disques bien sûr – dans lesquelles une déclaration, entre autres, est particulièrement significative, non seulement pour décrire son travail scénique, mais surtout pour situer le programme de sa carrière phonographique :

> Je n'ai pas de rivales. Je fais plusieurs opéras qui ne sont pas dans le répertoire de mes collègues. Mais par ailleurs, tout ce qu'elles font, je le fais aussi. Je n'ai donc pas de rivales [10] !

Il n'y a pas de meilleure description du catalogue EMI/Callas entre 1953 et 1957. Comme diraient aujourd'hui des slogans publicitaires : « Callas = Tebaldi, PLUS ! » Pour traduire cela en termes de planification et de programmation discographiques, on aura donc chez EMI Columbia :

a) un répertoire standard de base, presque similaire à celui de la concurrence Decca/Tebaldi, qui forme le gros du catalogue ;

b) le répertoire plus typiquement « callassien » en quantité équilibrée, bien mesuré, puisqu'il se compose d'ouvrages plus risqués sur le plan financier.

Ce tableau n'indique pas, bien sûr, une ressemblance littérale, ni une similitude en tous points des répertoires Callas et Tebaldi qui forment, avec quelques titres, des catalogues concurrents. Il met néanmoins nettement en lumière la nécessité, pour une firme comme EMI, d'asseoir son catalogue de base d'opéras italiens sur un certain nombre de chefs de file commerciaux en concurrence directe avec les catalogues d'autres firmes. C'est le cas pour *Cavalleria Rusticana, Tosca, I Pagliacci, la Forza del Destino, Madama Butterfly, Aïda, la Bohème, Il Trovatore, Manon Lescaut,* ce qui représente une bonne moitié du programme des enregistrements de Callas.

On peut toujours avancer que EMI a fait enregistrer par Callas des opéras différents du catalogue Decca/Tebaldi, comme *Lucia di Lammermoor, I Puritani, Norma, Rigoletto, la Sonnambula...* Il faut néanmoins remarquer que lorsque ces enregistrements appuient la « différence » ou la particularité Callas, ils n'en reproduisent cependant que très modérément toute l'ampleur et la puissance. La comparaison des catalogues concurrents y est donc révélatrice, puisqu'elle signifie que les firmes s'en tiennent à des programmes assez conservateurs et commercialement sûrs.

David Hamilton l'avait déjà noté, en 1974, dans sa discographie

TABLEAU 2

LISTE COMPARATIVE DES ENREGISTREMENTS TEBALDI/CALLAS
1951-1957

(Enregistrements Decca pour Tebaldi et EMI pour Callas, sauf indication contraire)

	TEBALDI	CALLAS
1950-1951	*la Bohème*	
	Madama Butterfly	
1952	*Aïda*	*la Gioconda* [Cetra]
	Tosca	
1953	*Andrea Chénier* [Cetra]	*Lucia di Lammermoor*
	Turandot	*I Puritani*
		Cavalleria Rusticana
		Tosca
		la Traviata [Cetra]
1954	*Manon Lescaut*	*Norma*
	Otello	*I Pagliacci*
	la Traviata	*la Forza del Destino*
		Il Turco in Italia
1955	*la Forza del Destino*	*Madama Butterfly*
		Aïda
		Rigoletto
1956	*Il Trovatore*	*la Bohème*
		Il Trovatore
		Un Ballo in maschera
1957	*Andrea Chénier*	*Il Barbiere di Siviglia*
	Mefistofele	*la Sonnambula*
		Manon Lescaut
		Turandot

En 1958, Tebaldi enregistre *Cavalleria Rusticana* pour RCA, puis en 1960 *Turandot* pour la même firme. Plus tard, Tebaldi enregistrera aussi pour Decca *Un Ballo in maschera* et *la Gioconda*.

Callas de *High Fidelity* : « Ses enregistrements ne reflètent pas adéquatement le caractère historique de l'apport de Maria Callas. » Et Hamilton de citer, par exemple, *Macbeth* et *I Vespri Siciliani* de Verdi, *Orfeo ed Euridice* de Haydn, *Armida* de Rossini, *Alceste* et *Iphigénie en Tauride* de Gluck, *la Vestale* de Spontini, ou *Anna Bolena* et *Il Pirata* de Donizetti. Sans compter le *Nabucco* de Verdi et certains Wagner... Un bon nombre de ces œuvres, explique Hamilton, n'auront jamais été enregistrées, ou ne l'auront été que très partiellement. De plus, le catalogue EMI/Callas, pour ces années 53-57, contient des ouvrages qu'elle n'a jamais chantés sur scène (*I Pagliacci*, *la Bohème*, *Manon Lescaut*), ou peu souvent (*Cavalleria Rusticana*, *Madama Butterfly*, *Rigoletto*, *Il Barbiere di Siviglia*), ou encore qu'elle a abandonnés après son début de carrière (*Aïda*, *Turandot*, *Il Trovatore*). De plus, certains opéras ont été enregistrés par Callas avant même qu'elle ne les joue sur scène, comme *Madama Butterfly* ou *Un Ballo in maschera*.

Ces dissemblances révèlent, à un degré élevé, qu'une grande firme ne peut pas, pour les besoins de son catalogue, être le véhicule de toutes les capacités d'une artiste, fût-elle une star, ni même refléter ce que les scènes produisent dans un contexte financier et culturel différent. Par exemple, la Scala est un théâtre qui présente souvent, depuis l'après-guerre, des ouvrages lyriques modernes, des créations. Mis à part *Amelia al ballo* de Menotti, le catalogue EMI Columbia de l'époque ne reflète en rien ce patrimoine culturel du prestigieux théâtre. La firme utilise plutôt les capacités de ses vedettes (artistes, théâtres) aux fins de son propre programme, axé sur le commerce du standard et devant tenir compte, voire profiter, des éléments publicitaires commerciaux. En ce sens, le catalogue EMI/Callas des années 50 évoque plus une Callas rivale de Tebaldi que la cantatrice révolutionnant le répertoire opératique. Malgré cela, ce catalogue secoue déjà et fissure le conservatisme de la répartition des ouvrages, au point où la dialectique créativité/rationalisation, suivant le concept d'Antoine Hennion, s'y trouve manifeste.

Par ailleurs, deux autres aspects de ce catalogue témoignent plus fortement que d'autres de la rupture avec la standardisation : l'exclusivité de Callas dans l'opéra et le nombre élevé d'intégrales. Il est rarissime, en effet, que des cantatrices et des chanteurs d'opéra ne fassent pas, outre de l'opéra, plusieurs disques de chansons populaires ou des lieder, du *musical*, du folklore ou du jazz. Di Stefano rappelle, en toute franchise, que si ses disques de chansons napolitaines ne lui rapportaient pas régulièrement des millions de lires, les redevances qu'il perçoit sur les enregistrements d'opéras ne seraient pas très payantes ! Aussi bien culturellement que commercialement, c'est une tradition implantée dans l'industrie phonographique depuis Caruso. Chez Callas, rien de tel. On peut s'en étonner et se demander s'il pouvait s'agir d'un plan bien arrêté ou d'une simple coïncidence. En l'absence de tout témoignage à ce sujet pour la production des années 50, on ne peut que noter le caractère étrange et unique de cette discographie. Il est bien possible que personne, chez EMI, n'ait vraiment songé à en faire une marque distinctive pour Callas, ni qu'elle-même y ait pensé délibérément. Il s'agit néanmoins d'un cas exceptionnel, d'autant plus que cela n'a pas enrayé la montée de Callas dans l'estime populaire, ni freiné les scores de ventes de ses disques.

En outre, l'apport de Callas à l'intégrale d'opéras phonographiques est significatif. Il s'est remarquablement bien combiné aux facteurs technologiques et financiers de la production d'enregistrements de longue durée. Dans la majorité des œuvres du programme phonographique auxquelles elle a travaillé, la participation de Callas a rendu à maints ouvrages lyriques, non seulement la totalité, mais *l'unité musicale d'ensemble* qui fait souvent défaut à beaucoup d'enregistrements. Pour ce dernier aspect, sur lequel nous devrons revenir, il est évident que Callas, pour l'essentiel, a developpé un remarquable « sens du studio » capable de conserver, à travers le désordre des prises et des répétitions multiples, un équivalent sonore de ce qu'elle avait appris à maîtriser sur scène et qui avait établi sa réputation quelques années avant ses premiers enregistrements.

1957 : déjà la fin d'une époque

EMI a monté ce catalogue d'opéras à grands frais, en collaboration avec l'Ente autonomo dello Teatro Alla Scala et le Piccolo Teatro de la Scala. Pour l'essentiel, Walter Legge a réussi à mettre sur pied un catalogue standard capable de concurrencer autant celui de Decca que ceux de Cetra et de RCA. Il a aussi résolu le problème de la répartition des répertoires entre Schwarzkopf et Callas. La première a l'exclusivité du répertoire opératique mozartien, les opérettes et autres ouvrages lyriques allemands, sans compter les lieder ; la seconde est rattachée de façon exemplaire au romantisme et au vérisme italiens. Quand les deux sopranos se retrouvent dans le même enregistrement de *Turandot*, cas exceptionnel, la firme vante abondamment l'amitié et la collaboration entre les deux artistes. Mais on sait qu'il y eut des accrochages. En particulier, en 1954, pour le projet du *Requiem* de Verdi. D'après Schwarzkopf et Legge, Callas avait accepté d'y chanter le rôle de mezzo, celui de soprano ayant été attribué par Legge à Schwarzkopf. Au dernier moment, Callas se ravise et refuse de participer à l'enregistrement. Schwarzkopf conclut : ainsi, Callas n'acceptait plus de chanter les *seconda donna*[11] ! Cette explication à saveur psychologique, au demeurant pertinente, ne répond pas à la question essentielle : pourquoi Legge a-t-il tenu plus à Schwarzkopf qu'à Callas pour la partie de soprano, dans un répertoire pour lequel il spécialise dorénavant Callas ?

D'autre part, il faut noter d'autres absences de Callas, inexpliquées, dans ce catalogue. Le *Falstaff* de Verdi, par exemple (avec Karajan, Schwarzkopf, Anna Moffo, Fedora Barbieri, en 1956), ou encore *l'Italiana in Algeri* de Rossini, enregistrée la même année qu'*Il Turco in Italia* avec Giulietta Simionato. Quant au Menotti, *Amelia al ballo*, réalisé avec Margherita Carosio en 1954, s'il fut offert à Callas, elle l'a certainement refusé : elle a souvent expliqué qu'elle ne voulait pas toucher au répertoire contemporain post-puccinien.

Pour ce qui est du double emploi avec les rôles de Victoria de los Angeles chez EMI HMV, le problème sera abordé au prochain chapitre, dans le cadre de la réorganisation de EMI à la fin des années 50. L'année 1957 marque un tournant également dans ce dossier, puisque le contrat de distribution des disques HMV par RCA Victor, aux États-Unis, vient à terme. EMI décide alors d'ajouter au catalogue Angel celui de tous les HMV, constituant ainsi une expansion significative pour la filiale américaine. Encore que, là aussi, dans l'industrie et chez EMI, certains professionnels considèrent que ce changement est une erreur.

Fait plus important encore dans la consolidation de EMI aux États-Unis : en 1955, en effet, par un coup de force surprise, EMI acquiert Capitol Records et en devient actionnaire principal. L'industrie phonographique américaine réagit négativement à cette reprise, se lamente sur la perte d'un des géants nationaux de l'industrie, et considère d'un mauvais œil l'expansion de la firme internationale rivale. EMI vient de prendre possession d'une des plus grosses citadelles du secteur des variétés – Capitol Records possède, de plus, un département de disques classiques, pas aussi important que celui de Angel certes, mais qu'il faudra songer un jour à fondre avec celui-ci. Détail piquant de cette opération commerciale : le catalogue Cetra, déjà vendu en 1953 par Dario Soria à Capitol, se retrouve ainsi, pour la distribution américaine, entre les mains de EMI. Tous les disques de Callas, pour la distribution, sont dès lors réunis dans la même demeure.

A la fin de 1957, les Soria achevaient pour EMI un formidable travail d'implantation et de consolidation de Angel Records. En quelques brèves années, depuis le lancement de novembre 1953, ils avaient imposé une solide réputation de qualité, technique et culturelle, autour de l'image de marque du « chérubin graveur », dans le secteur de la musique classique et de l'opéra.

Pour Callas, le travail avait commencé quelques mois auparavant, la même année, par le lancement de *la Gioconda*. Comme le rappelle William Lerner, de la boutique Music Masters de New York :

> – Cette première publication chez Cetra-Soria fut une bonne vente. A l'époque, ou bien les gens aimaient passionnément l'intensité de sa voix, ou bien ils la trouvaient trop stridente, pas assez ronde. Ceux qui l'aimaient s'enquéraient des prochains enregistrements de Callas.

Le lancement et le marketing de Angel Records marquèrent immédiatement de bons points pour les enregistrements de Callas :

> – Ses premiers disques Angel se vendirent très bien, surtout la spectaculaire *Tosca*... *Lucia di Lammermoor* se vendit bien aussi, tout comme *I Puritani*... A partir du milieu des années 50 jusqu'aux années 60, ses disques furent de vrais succès. Chaque nouveau

disque était attendu avec fébrilité, et le nombre de ses fans grandissait... Durant les années 50, les disques de Callas se diffusaient en parallèle avec ceux de Tebaldi. La rivalité de ces deux artistes dans l'industrie phonographique fit naître les « Tebaldiens », ennemis des « Callassiens ». Cette rivalité fut assez amère. Chaque camp refusait d'aller entendre la rivale. Mais les disques de Callas se vendaient toujours plus que ceux de Tebaldi[12].

Malgré ces succès, les Soria ne devaient pas accepter la réorganisation de EMI, aux États-Unis, en 1957, qui visait à regrouper leurs services sous la direction administrative de Capitol Records. Dorle et Dario Soria donnent leur démission de Angel Records en décembre 1957. Les Soria avaient, pendant les premières années de création et de construction de Angel Records, joui d'une très large marge de manœuvre et d'une grande autorité, comme en témoignent leurs demandes – dont nous avons déjà parlé – pour l'élargissement du catalogue classique. Dario Soria eut toujours une grande autonomie pour conduire ses affaires, autant chez Cetra-Soria que chez Angel. Il devait difficilement supporter un frein à cette liberté de mouvement et de décision. Cette démission fut un dur coup pour Walter Legge, qui admit plus tard qu'elle fut parmi les premières raisons sérieuses qui l'incitèrent à quitter aussi EMI.

Tous ces changements bouleversaient l'échiquier EMI qui, malgré son retard à se lancer dans le microsillon longue durée, avait pourtant réussi à rattraper ses concurrents. La firme était devenue une concurrente de Decca (de sa filiale London, en Amérique du Nord), d'autant plus que la CBS Columbia américaine avait décidé de ne pas investir dans le répertoire standard d'opéras, et que RCA y avait renoncé en raison des coûts prohibitifs de l'enregistrement d'opéras aux États-Unis[13].

Malgré ses succès financiers et son expansion corporative, EMI traînait la patte une fois encore par rapport à la technologie stéréophonique. Walter Legge se moquait même publiquement des efforts de Decca en ce sens, de ceux de John Culshaw en particulier. Sur le terrain du lyrique et plus généralement du classique phonographique germait une des grandes querelles « des anciens et des modernes », qui allait faire la manchette des publications musicales spécialisées pendant toute la décennie suivante.

Dorénavant, plus rien ne serait pareil, ni pour EMI, ni pour Walter Legge, ni pour Callas. En cet été de 1957, bien que le programme des enregistrements semble reconduire, pour la cinquième fois, l'euphorie créatrice des saisons précédentes, apparaissent les premiers indices de rupture. D'abord, l'échec de *Manon Lescaut* et le gaspillage financier auquel il donne lieu ; ensuite, l'affaire de l'enregistrement de l'intégrale de *Medea* de Cherubini, du 14 au 20 septembre, autre enregistrement officiel de la Scala, dirigé par Serafin. Produit non pas par EMI, mais bien par la firme Ricordi, dans des termes contractuels définis avec les Meneghini dès juin et juillet... Callas était-elle en train de remettre en question son exclusivité avec EMI ?

Les derniers des Mohicans

Ces cinq saisons du programme d'opéras italiens de EMI Columbia, jointes à la première jeunesse de Angel Records, sont précisément celles où se dégage la plus forte flambée de créativité dans la carrière phonographique de Callas. La quantité même des opéras qu'elle enregistre est non seulement un exploit inhabituel, mais le fondement d'un catalogue qui devient, plus que « des » opéras superposés « de » Callas, une *série*, une collection, avec ses critères bien articulés. Les forces réunies de la Scala – au premier plan les admirables chœurs et orchestre, de même que le style artistique de cette maison, capable de fournir une interprétation collective très homogène – impriment à ce programme une originalité qui dépasse la simple addition d'ouvrages standard à un catalogue phonographique.

> – Ce fut une époque importante, déterminante, raconte Giuseppe Di Stefano, celle d'un style collectif unique, une façon de chanter l'opéra sous la direction absolue d'un chef qui était aussi directeur artistique. Ce qui se réalisait, par exemple, avec Victor De Sabata, ou encore Tullio Serafin. Chaque chanteur, de la première vedette au second rôle, aux choristes, s'intégrait dans un ensemble équilibré. De Sabata dirigeait cela avec maîtrise. En récompense du travail accompli, il avait l'habitude d'envoyer des baisers aux artistes qui faisaient de belles phrases musicales ! Nous avons donc

travaillé sous la direction absolue du chef comme directeur de chant, comme directeur de l'opéra tout entier. C'était une époque très particulière. Nous en parlions souvent entre nous. Nous étions alors très conscients que c'était la fin de toute une école. Nous nous disions : « Attention, nous sommes les derniers des Mohicans ! Après nous le déluge ! » Je ne le répéterai jamais assez. C'était déjà, pendant les années 50, la fin d'une époque, et nous avons alors enregistré des opéras comme jamais plus par la suite. Ce n'est pas pour rien que la *Tosca* de 1953 est l'Everest phonographique de l'opéra [14] !

Dans le même esprit, Dorle Soria fait remarquer :

– La grande chance de l'opéra, pendant les années 50, avec le microsillon de longue durée, fut la possibilité de produire surtout des intégrales. C'était fantastique ! Callas, sur ce terrain, était imbattable, avec sa technique et son art capables de rendre passionnante la totalité d'une œuvre lyrique.

Et ce, malgré le fait, comme l'ont souligné David Hamilton et Roland Mancini, que la Scala phonographique de EMI n'était pas une copie conforme de la réalité de la maison, tant pour certains chefs que dans la composition même de son vedettariat principal, ce « triumvirat triomphant » Callas/Di Stefano/Gobbi, comme l'appelait Dario Soria.

Autre fait intéressant dans cette homogénéité collective : le rôle même de Callas comme *superstar* de cette collection. « Cette Callas, commente Dario Soria, qui fait la une des mass media, fut à n'en pas douter l'agent catalyseur de la collection d'opéras Angel [15]. » Callas s'est en général toujours bien intégrée dans l'unité d'ensemble de ces intégrales, et Di Stefano y voit, pour elle comme pour ses collègues, la véritable originalité de ces produits, dans lesquels le *star system* n'écrase pas le reste. Bien au contraire, voilà une façon d'être une vedette qui ne sacrifie pas à la présence première de l'œuvre, à son unité musicale lyrique.

Dans ce contexte, de même que les Soria ne craignaient pas de regarder comme secondaires les vedettes EMI Angel pour valoriser l'empreinte propre de la Scala, de même Callas n'a pas senti le besoin d'échapper à l'homogénéité de ses interprétations pour accentuer sa position de vedette. De cette manière, ses capacités s'en sont trouvées agrandies. Sa voix si typique, son timbre, les multiples colorations de son chant, son sens aigu de la progression dramatique d'une œuvre, toutes ces particularités et ces techniques ont trouvé dans l'intégrale phonographique un terrain idéal d'expression.

Ainsi, Callas apporte au programme de production EMI un facteur de créativité capable de surmonter les handicaps matériels du montage en chaîne et des obligations contractuelles, de se fondre dans les impératifs commerciaux de ce catalogue. A ce titre, même les choix standard de cette collection sont par Callas traités phonographiquement de façon intéressante, comme ce coffret *Cav & Pag* ou ces multiples Puccini qui, malgré le « Je déteste Puccini » de la cantatrice, deviennent des produits sonores originaux et captivants. Et puis, ces fameuses « premières » de Callas pour le disque, qui ont toujours intrigué et embarrassé critiques et exégètes, incapables d'y retrouver les célèbres références scéniques. Vues sous ce prisme, *la Bohème* et *Madama Butterfly*, entre autres, qui annoncent *Carmen*, ne sont pas moins phonogéniques que des raretés sonores comme *I Puritani* ou *Il Turco in Italia*.

A côté de ce paramètre de la relation entre l'interprète et la grande firme, se place celui des rapports entre Walter Legge et EMI. A un niveau général de gestion artistique du label Columbia, il paraît clair que la méthode hautement individualiste, affectée, touche-à-tout de Legge chez EMI, en particulier pour le catalogue des opéras italiens, a été capable d'engendrer des audaces de production qui deviendront impensables dès la fin des années 50, quand les luttes acharnées de Legge contre les comités de planification et de gestion ne pourront triompher, parce que devenues donquichottesques. Profitant encore, jusqu'en 1957, du *statu quo* qui protège les méthodes individualistes d'avant-guerre et de l'immédiat après-guerre – un *statu quo* qu'il cultive d'ailleurs méticuleusement –, Legge, le plus souvent, met la direction du département artistique de EMI devant les faits accomplis. « A l'époque, souligne malicieusement l'ingénieur du son Francis Dillnutt, il y avait aussi beaucoup d'argent disponible pour multiplier les enregistrements [16] ! »

Quand Legge programme en quatrième vitesse, en 1953, des séries comme *Lucia di Lammermoor*, *I Puritani* et *Tosca*, puis *la Forza del Destino* et *Il Turco in Italia* ainsi que deux récitals, plus tard *Madama*

Butterfly et *Rigoletto*, *la Bohème* et *Un Ballo in maschera*, il déchaîne visiblement son énergie en même temps que celle des vedettes et des équipes techniques.

Il pousse surtout Callas à transposer – sans le secours des moyens de scène – quelques-uns de ses rôles emblématiques et lui fait créer, «pour le phonographe», quantité d'œuvres impensables au théâtre. Bien sûr, il rate au passage, dans la précipitation, une *Traviata*, un *Macbeth*... Cependant, pour l'époque, ce programme phonographique de la Scala est d'une audace à faire peur, même aux plus athlétiques équipes d'aujourd'hui.

Enfin, le travail des Soria en Amérique a par-dessus tout fouetté l'ardeur de Legge, et donné une confirmation commerciale marchande à ses audaces. Dario Soria rappelle que Legge et EMI étaient très insatisfaits de la distribution de leur catalogue Columbia par la Columbia américaine. Ils abandonnèrent l'entente en 1951. Quand les Soria entrent dans la danse, les perspectives d'enrichissement du catalogue Columbia s'élargissent et se concrétisent. Dario Soria montre avec fierté à Robert Jacobson, lors de son reportage d'*Opera News*, une note de Legge, en 1955, qui les félicite, Dorle et lui, pour leur idée du grand bal des débuts de Callas à Chicago, et qui signale à l'attention de toute l'Amérique, autant pour louer Callas et Angel que Chicago, qu'il y eut le «maximum de gloire et de succès». C'est peu dire, si l'on ne perd pas de vue, chiffres en main, que pour toutes les années 50 et 60, le marché nord-américain accumule les plus grosses ventes des phonogrammes Callas dans le monde.

J'aime bien les chiffres précis, en ordre, dit encore Dario Soria à Jacobson. Voyez des exemples de nos chiffres chez Angel, en date de décembre 1957, au moment de notre démission. *Tosca* : 42 750 coffrets vendus, un chiffre record dans l'histoire phonographique ; *Lucia di Lammermoor* : 28 000 coffrets ; *I Puritani* : 27 000. Des ventes extraordinaires pour l'époque. Le récital Puccini de Callas (1954) a grimpé à 49 000 exemplaires, au même niveau que les populaires Scots Guards, le chœur de l'Armée Rouge, et le chœur d'enfants d'Obernkirchen.

Pourquoi alors avoir démissionné, après avoir mis sur le marché près de trois cents titres sous le label Angel ?

Pour des facteurs dont je suis responsable. Nous nous étions spécialisés dans la distribution du disque classique. A un moment donné, EMI a eu besoin d'un catalogue américain en musique populaire... Je connaissais Capitol, je leur avais vendu Cetra-Soria. J'ai alors pensé que EMI pouvait laisser Angel à ses bonnes affaires de distribution, et acheter Capitol, bien tenue et prospère, pour la distribution du fonds populaire... Le conseil d'administration de EMI décida de fusionner les deux firmes. J'avais un contrat, des actions privilégiées chez Angel, et EMI une option d'achat de ce stock. Je suis devenu minoritaire, suite à la fusion. C'est pourquoi j'ai démissionné... J'ai cru que Angel serait diluée dans l'opération, quoique le label ait très bien survécu [17].

Dorle Soria ajoute :

– Avec Capitol, nous craignions que les opérations devinssent trop strictement commerciales !

Quand je lui demande ce qu'elle trouve de meilleur dans la collection Callas, elle répond sans hésiter :

– Le récital Puccini, très bon ; puis *Tosca*, pour Callas, mais aussi pour l'ensemble de l'interprétation. Très haut rendement musical dans ces disques, et très bonnes ventes !

Un des points forts des Soria fut d'avoir recherché et établi une corrélation homogène entre le visuel et le sonore pour l'édition des phonogrammes. Le visuel et le sonore doivent être en contrepoint. De la sorte, les Soria font entrer plus en profondeur le disque dans l'ensemble des industries de l'audiovisuel. Et si l'on veut bien s'étonner encore aujourd'hui de la soi-disant « révolution » du format vidéoclip en guise de soutien à l'industrie phonographique, il ne faut pas oublier qu'une des sources historiques de ce phénomène est la consolidation du visuel graphique comme support des phonogrammes.

Le travail et l'implication des Soria dans l'industrie phonographique ne sont cependant pas exempts de quelques limites. D'abord, s'ils ont su admirablement conjuguer production musicale et impératifs économiques de l'industrie, du moins jusqu'en 1957, à la fin de leur mission chez Angel Records, il semble qu'ils n'aient pas conçu ou développé l'aspect plus large d'une démocratisation de la musique par le produit sonore. Leur travail phonographique est encore teinté par un certain élitisme caractéristique de la fréquentation de la maison d'opéra et du concert. Cela se manifeste, par exemple, lorsque Dorle Soria considère l'apparence graphique des pochettes telle l'habitude de s'habiller pour aller à l'opéra, ou encore lorsque Dario Soria précise qu'il faut donner à l'industrie phonographique « un nouveau souffle et un style...en allant même jusqu'à provoquer chez le mélomane des goûts snobs [18] » !

Plus profondément, la suite de la carrière phonographique des Soria, après Angel Records, démontrerait mieux leur tendance à cette forme d'élitisme. De 1959 à 1970, les Soria publient chez RCA Victor la luxueuse *Soria Series* – opéras, ballets, musique symphonique –, de véritables pièces de collection superbement enregistrées, « habillées » et annotées, collection que Jacobson, dans son reportage, n'hésite pas à qualifier d'*extravagante*.

Après l'aventure RCA, où Dario Soria occupait aussi le poste de vice-président des relations internationales, et avait, entre autres, à superviser la distribution européenne des catalogues RCA, il acceptera la direction de la Metropolitan Opera Guild. Dans ce cadre, Dario Soria présidera à l'édition de certains coffrets des enregistrements *live* du Met, dans la collection *Met's Historic Recordings*. Cette heureuse initiative, néanmoins, ne trouve pas son chemin dans la large distribution publique, au moment où, aux États-Unis, les grandes chaînes de magasins phonographiques se renforcent et font s'évanouir l'ancien réseau des petites boutiques spécialisées. Soria maintient la vente de ces disques *live* à travers le seul partenariat de la Metropolitan Opera Guild, en même temps qu'il se heurte à l'avènement commercial de l'édition indépendante des *live*, les « pirates ». Quand il explique fermement sa position au sujet des « pirates », Soria raconte comment il avait procédé avec les enregistrements radiophoniques de la RAI-Cetra :

Nous sommes convenus avec la RAI de négocier avec les syndicats et les chanteurs. C'était le cinquantième anniversaire de la mort de Verdi, on produisait tous ses opéras. Je suis allé avec Mario Labroca, directeur des programmes classiques, rencontrer les syndicats et indiquer que, sans imposer de travail ou de répétitions supplémentaires, nous voulions être autorisés à enregistrer toutes leurs interprétations. Après examen de ces enregistrements, suivant le chef d'orchestre qui avait le dernier mot, nous publierions ce matériel s'il paraissait d'une bonne teneur artistique, une fois réalisées les retouches nécessaires. Nous proposions un contrat général, pour éviter des négociations à la pièce. En conséquence, la RAI put intéresser les meilleurs artistes à ses radiodiffusions et leur faire obtenir des redevances supplémentaires. C'était une idée simple, pleine de bon sens, et elle fut acceptée par tous. Au début des années 50, plusieurs disques furent publiés d'après des radiodiffusions, par de petites firmes éphémères, qui ne payèrent jamais les artistes. C'est pourquoi je suis tellement anti-pirate. Il n'est pas correct d'utiliser un produit pour lequel les artistes ne sont pas rémunérés [19].

Cette position, défendable du point de vue de l'industrie phonographique, empêche Dario Soria de comprendre l'importance historique et socioculturelle du phénomène de l'édition « archivistique » des *live*, de son ascension progressive dans la distribution et la vente grand public. Devant ce phénomène, qui deviendra bientôt la cause d'un ressourcement significatif de l'industrie phonographique lyrique et plus généralement classique, Soria ne pourra offrir que la légitimité défensive des firmes commerciales, ou encore une petite série comme celle du *Met's Historic Recordings*, dont la distribution se limitera aux seuls membres d'un groupe de soutien, et qui, de toute façon, laissera dans l'ombre la quasi-totalité des archives sonores très abondantes du Met.

Dans ce cas, Dario Soria semble oublier les avenues si prometteuses qu'il avait lui-même tracées et concrétisées pour le programme de Cetra-Soria Records, les audaces d'édition qui alors lui faisaient même envisager sérieusement de publier *tous les opéras de Verdi* en microsillons. Il semble aussi ne pas se souvenir combien le judicieux équilibre du catalogue des opéras Angel était la réponse adéquate, comme il l'a si clairement déclaré, à une demande précise du public. Dario Soria n'avait pas compris – ou les conditions ne s'y prêtaient pas –

que la résurgence du *live* que ce soit ou non sous la forme de pirates, correspondait, pendant les années 70, à une demande inédite de ce qui était alors l'embryon d'un nouveau public d'opéra.

4

Callas : un mito, una carriera[1]

Finale. 1958-1965

EMI a décidé qu'elle n'assumerait pas financièrement l'intégrale de la *Medea* de Cherubini ; cependant, elle consent que Callas l'enregistre pour la firme milanaise Ricordi. Le contrat pour ce travail, libellé entre Ricordi et Callas en octobre 1957, à Milan (mais négocié depuis l'été précédent), révèle certaines confusions par rapport aux liens contractuels entre Callas et EMI. Jacques Bertrand fait remarquer :

> – EMI soutient que Callas a toujours été une artiste sous contrat d'exclusivité avec la firme et ce, malgré l'enchevêtrement des contrats Cetra et EMI, en 1952. Si tel est le cas, comment se fait-il que le contrat Ricordi n'en fasse pas mention, comme c'est l'habitude dans l'industrie quand un artiste « exclusif » est autorisé à enregistrer pour une firme concurrente ? Cela n'apparaît-il pas, généralement, même sur les couvertures des disques et des coffrets[2] ?

Il est pourtant clair que EMI a bel et bien autorisé Callas pour cet enregistrement Ricordi, manifestant ainsi son intention de ne pas produire une intégrale de *Medea*. Cela n'enlevait rien à l'exclusivité des liens contractuels entre Callas et EMI, puisque les termes mêmes de cette exclusivité prévoyaient de tels cas, s'ils convenaient aux deux parties.

En 1957, Callas est devenue la superstar mondiale de l'opéra, après ses succès en Amérique latine, ses triomphes en Italie, à Londres, en Allemagne et en Autriche, ses apparitions aux États-Unis (Chicago et

New York) et la vaste couverture de ces événements par la presse américaine. Pour ce contrat avec Ricordi, Meneghini raconte dans ses souvenirs, *Maria Callas. Ma femme,* qu'il proposa « un chiffre que je pensais inabordable », suivant le principe que « les cachets de Maria devaient augmenter sans cesse pour accroître son prestige et créer le mythe de la grandeur absolue, de l'inaccessible[3] ».

Une copie de ce contrat fut publiée par *l'Avant-Scène Opéra* dans le dossier de Pierre Flinois sur la piraterie des Callas (numéro spécial sur *Callas*). Comme il est coutume de le faire, Callas s'engage, pour une période de cinq ans, à n'enregistrer pour nulle autre firme l'opéra *Medea* ou des extraits de cet opéra. Or, Callas a déjà enregistré des extraits pour EMI, encore inédits au moment de la signature de son contrat avec Ricordi. Ces extraits sont publiés durant les premiers mois de 1958. L'intégrale de Ricordi, pour sa part, sort aux États-Unis en juin 1958 et en Angleterre en février 1959. Ainsi, on peut penser que EMI n'a pas voulu manquer le coche en publiant ses propres enregistrements de *Medea* avant l'intégrale de Ricordi, et échapper ainsi à l'interdit contractuel de la firme italienne.

Deux types concurrents d'enregistrements de la *Medea* de Callas paraissent donc la même année. Point culminant de cet imbroglio, en France et en Angleterre, l'intégrale de Ricordi finira par être prise en charge respectivement par Pathé-Marconi et le label Columbia, après une offre de Ricordi pour que EMI en assume la distribution. Ce qui fut fait ! Aux États-Unis, après un premier lancement de cet opéra par Mercury (qui avait d'ailleurs d'autres ententes avec EMI), l'ouvrage sera diffusé par les soins de Everest-Cetra, un label de la firme Capitol alors contrôlée par EMI. Cet opéra niche maintenant dans le grand catalogue EMI. En fin de compte, EMI n'aura-t-il pas eu raison de laisser payer à Ricordi la note très élevée des frais d'enregistrement de cette *Medea,* pour ensuite en être le distributeur satisfait ? Au point même que certains analystes attribuent parfois par erreur la production de cet opéra à La Voix de son maître (EMI), lui reconnaissant ainsi une paternité qui n'est pas la sienne.

Après la saison phonographique de 1957, les carrières scénique et phonographique de Callas changent radicalement. *La Divina* fait bientôt partie du *jet-set* international. Déjà, à l'été 1957, un grand scandale éclate au Festival d'Édimbourg ; Callas n'accepte pas une représentation supplémentaire de *la Sonnambula* avec la troupe de la Scala. Les termes de son contrat lui donnent juridiquement raison, mais sa présence, le soir même, à une réception chic d'Elsa Maxwell, à Venise, défraie la chronique mondaine. En janvier 1958, l'incident de *Norma* à Rome (l'annulation de l'opéra après le premier acte), devant le président Gronchi, déclenche une tempête politique et culturelle. Au printemps, après les triomphes d'*Anna Bolena* et d'*Il Pirata* à la Scala, l'administrateur Ghiringhelli force Callas à quitter le théâtre. Pour terminer l'année, le Metropolitan de New York résilie son contrat à cause d'une mésentente sur le choix des ouvrages. La nouvelle année 1959 remettra le feu aux poudres, lorsque Callas et Meneghini se séparent et qu'elle déclare sa nouvelle amitié pour Aristote Onassis. La vie et la carrière de la *prima donna* n'appartiennent alors plus tout à fait au monde de la musique.

David Hamilton analyse ce phénomène de la façon suivante :

– Après sa séparation, Callas avait perdu la concentration et la discipline nécessaires pour le chant. Elle s'est plutôt consacrée à la satisfaction de ses goûts de luxe et à une vie sociale huppée. C'est un phénomène qui devait être ancré dans son enfance à New York, ou qui appartenait peut-être aux idées de ses parents. Quoi qu'il en soit, elle avait une ambition claire de richesse et de vie mondaine. La carrière de cantatrice a dû être pour elle un moyen d'y parvenir, un tremplin ; c'était d'ailleurs le seul véritable moyen. Quand le chant l'eut amenée à la richesse et à la vie mondaine, alors [4]...

La carrière phonographique de Callas, à partir de ce moment-là, est à l'image de ce repli face à la musique. L'été 1958, d'abord, est inhabituel : Callas ne fait aucun enregistrement pour EMI. Elle est devenue *persona non grata* à la Scala. Legge y enregistre toutefois *la Fanciulla del West* de Puccini en stéréophonie, avec Birgitt Nilsson, qui remplace Callas au pied levé, comme le laisse entendre Schwarzkopf[5]. EMI commence à réduire son programme d'opéra à la Scala.

Les enregistrements de Callas pour EMI ne reprennent qu'en septembre 1958, à Londres. Deux disques de récitals : *Héroïnes de Verdi* et *Scènes de la folie*. Récitals qui témoignent une fois de plus de l'intention de EMI de ne pas produire l'intégrale de certains opéras, de se limiter à des arias ou à des scènes. Tel est le cas pour *Nabucco*, *Macbeth*, *Anna Bolena*, *Il Pirata*. Pour ce qui est de *Don Carlo*, une intégrale déjà faite (en 1954) chez EMI HMV avec Stella, Christoff et Gobbi empêchait de renouveler avec Callas, pour le catalogue Columbia, cet ouvrage long et coûteux.

De plus, si EMI fait quelques dépenses additionnelles pour *Anna Bolena* et *Il Pirata*, en engageant des rôles secondaires et des chœurs, ce n'est pas le cas pour le microsillon de Verdi. Par exemple, la dernière scène de *Macbeth* est amputée des deux rôles de soutien, ce qui donne comme résultat un seul air plutôt qu'une *scena ed aria*, un contresens musical. Ce n'est pas la première fois que EMI fait ainsi l'économie de certains musiciens pour les récitals Callas ; il en était déjà ainsi pour des extraits d'*I Vespri Siciliani* et pour *Turandot*, ce qui confirme la remarque caustique de Culshaw : pour une firme, rien ne coûte aussi peu cher que de faire enregistrer des récitals à ses vedettes sous contrat d'exclusivité !

Le chanteur québécois Joseph Rouleau (basse), qui avait débuté à Covent Garden, en 1957, fut engagé par Legge pour participer à l'enregistrement de la scène d'*Anna Bolena* :

– C'était ma première offre pour un disque. Naturellement, très excitant. A ce moment-là, Callas était au sommet. Si mes souvenirs sont bons, je crois n'avoir fait qu'une séance de trois heures avec elle et les autres collègues. J'ai particulièrement été frappé par le professionnalisme de cette femme. J'étais jeune, je débutais, cela m'a ébloui. Elle a fait des reprises de la cadence à la fin de l'aria au moins quinze ou dix-sept fois. Après chaque prise, nous allions dans la régie. Elle n'était jamais satisfaite, ce n'était jamais assez bon pour elle. Sa voix alors commençait à avoir un vibrato marqué, elle en était consciente. Elle revenait au studio. Elle chantait de mémoire, agrippait ses deux mains au lutrin et donnait tout, continuellement. Ce n'était pas du caprice, mais du professionnalisme. Elle cherchait la perfection. Physiquement, c'est épuisant, parce que chanter, c'est physique. Mais elle était têtue. Moi, j'étais très impressionné par son attitude [6].

Ces récitals paraissent en 1959, l'année même où Callas reprend son travail phonographique en faisant de nouvelles versions intégrales d'opéras en stéréophonie, puisque c'est alors l'essentiel du programme de EMI pour son catalogue Columbia. La première est une nouvelle intégrale de *Lucia di Lammermoor*, faite à Londres en mars. Cette seconde *Lucia di Lammermoor* de Callas chez EMI ne peut être une production officielle de la Scala. La concurrence a joué, Ricordi a obtenu un contrat avec la Scala pour sa propre version enregistrée la même année avec Renata Scotto et Di Stefano. D'ailleurs, contre la faiblesse conjoncturelle de EMI, la concurrence joue. Philips continue une série d'opéras italiens « à la manière Callas », commencée en 1957 avec une *Bohème* et une *Tosca*. En 1959, la firme y ajoute un rare Donizetti, *Linda di Chamounix*. Les ingrédients de ce programme imitent ceux qui ont fait la fortune de EMI. Nom d'un théâtre prestigieux : ici le San Carlo de Naples. Soprano vedette : Antonietta Stella. Chef d'orchestre : Tullio Serafin. Ce premier programme, qui reproduit à l'évidence la pondération et l'équilibre établis par EMI pour Callas, entre le vérisme et le bel canto romantique inédit – mais aussi entre l'œuvre commerciale et la nouveauté plus risquée –, n'aura toutefois pas de suite.

La Gioconda, seconde intégrale de l'année 1959 pour Callas, reprend toutefois sous la tutelle de la Scala. Cet enregistrement forme la première production stéréo du théâtre avec Callas. Une nouvelle version de *Norma* suivra le même modèle l'année suivante. Ce programme stéréo des enregistrements « La Scala » est d'une extrême importance pour EMI, au premier chef pour Angel Records qui ne manque pas, dans sa publicité, de reconduire pour ce nouveau volet de son catalogue les mêmes critères d'excellence que ceux qui ont fait sa réputation depuis 1953. Voici un extrait de la campagne de promotion, inscrit sur les enveloppes des disques dans le nouveau coffret de *la Gioconda* :

> Ce large catalogue d'enregistrements Angel en stéréo fait partie d'une tradition qui remonte à 1898... Cette grande tradition artistique européenne, ces hauts standards d'excellence technique, Angel les a enrichis d'emballages raffinés et de notes d'accompagnement qui font autorité. Cette tradition de haute qualité, qui fut celle des enregistrements monophoniques Angel, adoptés par

les discophiles, s'en trouve améliorée par les techniques d'enregistrement stéréo Angel.

Toutefois, pour ce programme stéréo, contrairement au précédent en mono, les « fruits ne passeront pas la promesse des fleurs ». Les deux nouvelles intégrales de *la Gioconda* et de *Norma* paraissent à la fin de 1959 et au début de 1960. EMI Angel a aussi ajouté, dans ses parutions de 1959, en plus des deux récitals déjà mentionnés, un disque d'anthologie d'arias de Verdi à la Scala, en mono seulement, puisqu'il reprend des extraits d'intégrales de l'ancien programme. En cette fin de décennie, EMI alterne encore ses publications en stéréo et en mono ; en outre, quand un enregistrement est fait en stéréo, comme cela avait été le cas pour *Il Barbiere di Siviglia*, l'habitude est alors d'en éditer deux versions, une en stéréo et l'autre en mono. Il en est de même pour les autres nouveaux enregistrements de 1958, 1959 et 1960.

Il est intéressant de noter que l'anthologie de Verdi « à la Scala » marque, pour la seconde fois, la tentation et la volonté de EMI de puiser dans ses archives existantes pour de nouvelles parutions, le programme de production de Callas étant au ralenti. De même, en 1959-1960, EMI finit par convaincre Callas de laisser sortir l'intégrale de *Manon Lescaut*, sans doute pour éviter un trou financier trop grand dans la balance des comptes. Cet enregistrement est une prise mono anachronique.

Ainsi s'achève le bref programme des enregistrements Callas pour EMI en 1959-1960. En 1959, Legge a aussi incorporé à ce programme une autre production de la Scala, *l'Elisir d'amore*, dirigé par Serafin. Callas n'y participe pas, mais plutôt Rosanna Carteri. De même, il n'y a pas de trace documentaire d'une possible participation de Callas au *Don Giovanni* de Mozart que Legge produit la même année à Londres.

Une nouvelle EMI

A la même époque (en 1958-1959), Callas a refusé de participer à la *Carmen* de Bizet enregistrée à Paris sous la direction de Thomas

Beecham, pour EMI Pathé-Marconi. Ce fait est maintenant connu grâce à la publication des souvenirs de Walter Legge[7]. Le maestro avait insisté pour obtenir Callas dans le rôle, mais celle-ci, d'après Legge, refusa pour deux raisons : méconnaissance de la langue française et crainte que sa performance dans un rôle de mezzo laisse croire à la perte de sa voix de soprano.

Ce fut Victoria de los Angeles qui enregistra cette version de *Carmen*. Elle raconte à ce sujet :

– Oui, Callas avait refusé. EMI me proposa donc à Thomas Beecham, mais celui-ci ne croyait pas que je pouvais faire le rôle à cause de ma voix de soprano. Le maestro exigea donc des tests sonores, qui le laissèrent encore dans le doute, puisqu'il refusa que je participe à cet enregistrement. Mais il fallut bien qu'il se résigne à m'accepter, puisque de toute façon je faisais partie de la même firme que Callas. D'une certaine façon, il est regrettable que Callas n'ait pas accepté de faire cette *Carmen* avec Beecham[8]...

Ce refus de Callas dut indisposer quelques administrateurs de EMI qui pouvaient craindre qu'un jour elle changeât d'idée et insistât pour faire à son tour une *Carmen*. Il y avait d'ailleurs, dans l'ensemble du catalogue EMI (des catalogues, en fait : HMV, Columbia, Pathé-Marconi, Electrola), assez de recoupements et de double emploi pour que la haute direction décide de corriger la situation.

En 1959, Joseph Lockwood met sur pied dans la firme le comité International Classical Repertoire Conference (ICRC), une réunion de producteurs et de chefs de filiales de EMI regroupant l'équipe de la maison mère et les branches classiques de Grande-Bretagne, des États-Unis, de France, plus tard d'Allemagne de l'Ouest et du Japon. Ce comité avait pour objectif de se réunir une fois par an afin de tenter de rompre l'isolement des secteurs artistiques les plus anciens, à Londres, et de mettre un frein à des relents de politiques rivales à l'intérieur de la firme (à cause de cette concurrence, parfois deux enregistrements ou plus d'un même ouvrage paraissaient le même mois). Il s'agissait avant tout de centraliser les décisions relatives au catalogue et aux artistes, et de viser à ce que des profits nets globaux, dans les ventes internationales, sur tel ou tel enregistrement, fussent réutilisés pour publier des œuvres plus rares ; ainsi EMI pourrait assumer un meilleur équilibre du catalogue ou tout simplement augmenter sensiblement le taux de profit des opérations commerciales dans leur ensemble.

Joseph Flawith Lockwood était devenu directeur de EMI en 1954. Il avait participé auparavant à la gestion du National Research Development Corporation, section « cerveau électronique ». Son intérêt premier et ses compétences penchaient du côté de la recherche et du développement de la gestion financière d'entreprises. L'effort de centralisation de Lockwood chez EMI était loin de faire l'unanimité. Michel Glotz, qui travaillait alors chez Pathé-Marconi, commente :

– A l'époque, EMI était un grand holding. Maintenant, il a dégringolé beaucoup, beaucoup. Il y avait deux grands labels : HMV et Columbia. La maison était suffisamment grande pour avoir deux labels. L'un n'empêchait pas l'autre...

– Mais il y eut une réorganisation au début des années 60, une centralisation chez EMI des opérations internationales, pour faire en sorte que les mêmes ouvrages ne se retrouvent pas d'un label à l'autre ?

– C'est vrai. Mais ce n'était pas vrai dans le cas de Mme Callas. Oui, il y avait à ce moment-là un président chez EMI – lorsque Walter Legge est tombé en disgrâce – qui a eu la volonté d'aplanir de plus en plus les caractéristiques distinctives des deux labels. Ce stupide président a eu l'idée – au lieu de se servir de HMV et de Columbia – d'unifier les deux labels sous la marque « EMI », ce qui a d'ailleurs ruiné en quelque sorte leur prestige. Pendant quelques années, les compagnies de EMI ont eu l'ordre de faire de la publicité non pas sur les deux labels, mais sur le sigle EMI. Cette réorganisation n'était pas valable pour un cas aussi exceptionnel que celui de Maria Callas[9].

De son côté, Victoria de los Angeles fait remarquer :

– Joseph Lockwood était très centralisateur. Il en voulait surtout à Pathé-Marconi et à son directeur, Peter de Jongh. Pathé-Marconi avait beaucoup de projets phonographiques. On aurait certainement fait beaucoup plus de choses à Paris, mais Londres et Lockwood bloquaient les suggestions. Parfois, après de longues négociations, Londres cédait. Quant aux recoupements de catalogues entre HMV et Columbia...

– *Oui. Un tableau comparatif*[10] *de vos disques et de ceux de Callas montre, par exemple, qu'entre 1952 et 1957, vous avez fait chacune un* Barbiere di Siviglia, *puis la même année 1954, chacune un* Pagliacci *; en 1954-1955, chacune une* Madama Butterfly *; en 1956, chacune une* Bohème...

– Ah oui ? Tiens, je n'avais jamais noté ça ! Mais ces recoupements de catalogue n'ont jamais empêché nos disques de se vendre de part et d'autre. Ils étaient faits différemment, avec des sensibilités différentes. C'est Lockwood lui-même, à la fin de son mandat, au début des années 70 je crois, qui m'avait déclaré qu'il n'y avait que six artistes qui faisaient de bonnes ventes chez EMI : les trois *ladies*, Callas, Schwarzkopf et moi ; Menuhin, Karajan et Fischer-Dieskau. Moi, j'ai toujours été une artiste HMV, Callas une artiste Columbia. Il n'y avait aucune rivalité entre les artistes ; en revanche, il y en avait au niveau administratif. David Bicknell, depuis longtemps le gardien de HMV, était devenu, après la fusion des deux compagnies, le véritable patron de Walter Legge. Mais ce dernier voulait toujours avoir raison...

Le moins qu'on puisse dire, c'est que Walter Legge abhorrait ce comité Lockwood de planification internationale, ainsi que la tendance négative, à son avis, de la mode croissante de la « comitomanie » dans la firme. Ce sera là le deuxième facteur, après le départ des Soria, qui précipitera sa démission. Par ailleurs, Legge a toujours eu des remarques méprisantes sur toutes les formes de « démocratie en art » :

> Dans le domaine des arts, les comités sont inutiles, j'en suis convaincu. Ce qui est utile, ce sont des gens comme Karajan, Culshaw et moi. Nous ne savons pas seulement obtenir les meilleurs résultats artistiques, mais aussi plaire au public et nous entourer des collaborateurs les plus efficaces. La démocratie signifie l'arrêt de mort pour les arts. Elle mène au chaos ou à de nouveaux et plus petits dénominateurs communs de la qualité... Le terme même de démocratie, tel qu'il est abusivement employé de nos jours, est un euphémisme pour déchéance[11].

Pour les administrateurs, le programme phonographique de Legge comportait des bizarreries. Ainsi, en avril 1959, suite à l'annulation

TABLEAU 3

RÉPARTITION DES CATALOGUES D'OPÉRAS CHEZ EMI

Tableau comparatif HMV/Columbia/autres filiales

	HMV (V. de los Angeles)	COLUMBIA (Callas)	Autres filiales
1952	IL BARBIERE DI SIVIGLIA		
1953		CAVALLERIA RUSTICANA	
1954	I PAGLIACCI MADAMA BUTTERFLY	I PAGLIACCI	
1955		MADAMA BUTTERFLY	IL BARBIERE DI SIVIGLIA [Pathé-Marconi]
1956	LA BOHÈME	LA BOHÈME LA TRAVIATA (avec Stella au lieu de Callas)	MADAMA BUTTERFLY [Pathé-Marconi] LA BOHÈME [Pathé-Marconi]
1957	SIMON BOCCANEGRA	IL BARBIERE DI SIVIGLIA	
1958	SUOR ANGELICA		
1959	LA TRAVIATA MADAMA BUTTERFLY CARMEN		
1960			I PAGLIACCI [Electrola]
1961		I PAGLIACCI (avec Amara au lieu de Callas)	
1962	IL BARBIERE DI SIVIGLIA		
1963	CAVALLERIA RUSTICANA		I PAGLIACCI [Pathé-Marconi]
1964		CARMEN	

par Callas de séances de travail à Kingsway Hall, Legge fait enregistrer à Schwarzkopf des airs de Verdi (*Otello* et *la Traviata*) et de Puccini (*Gianni Schicchi, la Bohème*), ces deux derniers déjà au catalogue de Callas (en mono, il est vrai). Ce problème des dédoublements a traîné tout au long des années 1950. Pour ne s'en tenir qu'aux catalogues d'opéra, on peut noter, par exemple, que le *Don Carlo* de Verdi en 1954, sous le label HMV, dut empêcher Legge d'inclure au catalogue Columbia la même œuvre avec la Scala et Callas. Sous les labels HMV et Columbia, quelques recoupements existent aussi dans les catalogues respectifs de Victoria de los Angeles et de Callas.

Quand le *Barbiere di Siviglia* de Callas arrive, en 1957, après celui de Victoria de los Angeles (1952), on peut comprendre qu'on en ait fait une nouvelle version en stéréo, encore que soient moins claires les raisons pour lesquelles HMV en produit un autre en stéréo, en 1962, avec la cantatrice espagnole. Les autres cas sont plus significatifs : *I Pagliacci, Madama Butterfly, la Bohème*. Et puis, il y a ce curieux enregistrement de *la Traviata* à la fin des années 50, avec Serafin, à une époque où Callas voulait refaire ce qu'elle et EMI avaient manqué en 1955. Il y a chez EMI, à n'en pas douter, un problème de coordination des catalogues entre divers secteurs de production, problème plus sérieux que celui qui consiste seulement à analyser les pertinences de l'interprétation de chaque artiste pour les mêmes ouvrages, comme s'il y avait une valeur intrinsèque pour que telle artiste décidât de faire « sa » *Bohème*, « sa » *Traviata*.

Sur cette question de la planification centralisée se greffe un autre problème que EMI tente de régler ou de minimiser au début des années 60. Il s'agit de la pratique des contrats d'exclusivité avec certaines vedettes. L'administration de EMI veut en réduire le nombre et la portée, car les inconvénients dépassent souvent les avantages. La firme doit faire travailler ses vedettes dans certains rôles, malgré leurs difficultés ou leur inadéquation pour ceux-ci, ou encore leur accorder des rôles de leur choix quoique non pertinents au catalogue, alors que plus de souplesse dans les contrats permettrait des distributions et des catalogues plus équilibrés.

Si c'est aujourd'hui une pratique générale d'avoir, avec des vedettes, des exclusivités souples, pour des programmes de courte durée, en revanche, au début des années 60 certains « pros » comme Legge étaient réticents à se départir de l'habitude des vedettes maison à la loyauté indéfectible. Par exemple, il regrette le départ de Karajan pour DGG, et voit là un troisième motif de démission.

En 1969, quand on remet à Legge le Prix du disque du Festival de musique de Montreux, le producteur fait le point sur cette question ; il s'y montre encore attaché aux exclusivités, mais reconnaît que les firmes devraient mieux s'entendre entre elles pour échanger des interprètes et assurer de meilleures distributions de vedettes pour certains ouvrages.

Le chant du cygne à la Scala

Quand, en septembre 1960, Legge produit la nouvelle version de *Norma* avec Callas à la Scala, les tempêtes et les scandales des deux années précédentes se sont estompés. Callas va faire sa rentrée à l'ouverture de la Scala, le 7 décembre, dans *Poliuto* de Donizetti, ouvrage rarement joué et qui se révèle sans avenir, sauf pour la discographie « pirate » de Callas. Il est bien sûr hors de question que EMI fasse une intégrale de *Poliuto*. En 1960 d'ailleurs, le programme Callas/EMI est presque au moint mort. Chez EMI, les refontes administratives n'ont pas encore donné tous leurs résultats. Le rythme de croisière d'une production stéréo abondante et diversifiée n'a pas repris, du moins en ce qui concerne le catalogue d'opéras italiens.

> EMI, écrit Legge, avait décidé de réduire son programme d'enregistrement de musique classique. Les Beatles étaient plus rentables, à court terme, que Bach, Beethoven et Brahms... L'Angleterre musicale n'honore guère que les Beatles et les compositeurs qui atteignent leurs soixante ans ou plus [12].

Qui plus est, Callas n'est pas au meilleur de sa forme. Les problèmes vocaux commencent à être plus que sensibles. Depuis 1958-1959, la cantatrice a considérablement réduit ses rôles au théâtre et donne surtout des concerts. En juillet 1960, à Londres, Callas a commencé un nouveau récital d'arias de Rossini et de Verdi, resté inachevé. Les déboires de studio iront pour Callas en s'amplifiant pendant des années encore, et les disques non publiés deviendront aussi nombreux que les enregistrements achevés.

Cette situation est d'autant plus pénible que ces séances d'enregistrement avortées permettent à Callas d'aborder un répertoire dans lequel elle s'est illustrée si puissamment sur scène ou en concert, quelques années auparavant. Des arias de *Semiramide* et d'*Armida* de Rossini, par exemple, ou d'*I Vespri Siciliani*, ou encore d'un Donizetti comme *Lucrezia Borgia* ; des extraits autres que ceux déjà enregistrés d'*Il Pirata* et d'*Anna Bolena*. A cet échec s'ajouteront ceux de 1961-1962, puis de 1963-1964, où se retrouvent des arias des premiers opéras de Verdi, *Il Corsaro, Attila, I Lombardi*. Difficultés tellement profondes et répétées que l'année 1962, par exemple, est vide, pas même un récital. Ce qui n'empêche pas la concurrence de continuer à s'activer, des rumeurs voulant que DGG offre un contrat à la vedette de EMI.

Depuis qu'elle a achevé *Norma* à la Scala pour EMI, la carrière phonographique de Callas subit le creux de la vague, d'une part parce qu'elle s'est presque retirée de la vie artistique pour se consacrer à sa vie personnelle et d'autre part à cause de l'état déplorable de sa voix. L'année 1962 est mauvaise pour Callas à la scène et se termine dans de difficiles représentations de *Medea* à la Scala (mai et juin), qui suivaient la reprise de cet ouvrage amorcée au mois de décembre précédent. Après cette *Medea*, Callas abandonne la scène pour quelque temps.

Ce sont aussi ses adieux à Milan et à l'Italie. Car entre-temps s'est produit, en mars 1961, un événement qui allait changer le cours de sa carrière, sa carrière phonographique en particulier.

« *Parigi, o cara*[13] »

En mars 1961, à la salle Wagram à Paris, lieu habituel des enregistrements de EMI Pathé-Marconi, Callas a produit un récital d'airs d'opéras français. Un répertoire assez nouveau pour elle, sa première prestation d'envergure en langue française, puisqu'elle n'avait enregistré en français que l'aria de *Hamlet* en 1958 (dans les *Scènes de la folie*). En 1958 également, Callas avait débuté à l'Opéra de Paris (concert et deuxième acte de *Tosca* en costume), et y avait remporté un vif succès. Le récital d'airs français devait prolonger ce premier triomphe et inaugurer pour Callas une relation fructueuse avec Paris, où elle décide bientôt d'habiter. Elle retourne à la salle Wagram en mai 1963, pour un second récital d'airs français, qui devait retrouver le large succès commercial du premier, mais marquer la fin de sa collaboration en studio avec Walter Legge, puisque « l'autocrate » démissionne de EMI de façon sèche, en claquant la porte :

Le 27 juin 1963
R. Dawes, Esq.
Electric & Musical Industries Ltd
(...) Il est stipulé dans mon contrat qu'il peut y être mis fin avec un préavis de douze mois, notifié par écrit. Ce préavis, je vous le donne présentement. Je considère que dans douze mois, à compter de ce jour, mes obligations envers la société auront pris fin. Avec mes sentiments les meilleurs. Walter Legge[14].

Un dernier conflit devait envenimer les relations Callas-Legge, encore une fois à propos du *Requiem* de Verdi, dix ans après la mésentente autour de l'enregistrement mono de la même œuvre à la Scala. En 1963 et 1964, avant que sa démission ne prenne effet, Legge dirige une nouvelle version stéréo de ce *Requiem*, sous la direction de Giulini. Mais c'est de nouveau Schwarzkopf qui s'y retrouve, au grand dam de Callas. Dans ses souvenirs sur Callas, Legge écrit : « Elle se fâcha avec moi parce qu'elle prétendait que je démissionnais de EMI uniquement pour détruire sa carrière au disque[15]. » Cette histoire a un petit air apocryphe. Callas continue ses enregistrements de plus belle, en 1964, à la salle Wagram. Pourquoi alors Legge n'en produit-il pas quelques-uns, puisque sa démission de EMI ne prend effet qu'à l'été 1964 ? S'il ne les réalise pas, c'est qu'il a été remplacé au studio par Michel Glotz.

Quelque confusion règne encore sur la direction artistique des premiers enregistrements parisiens de Callas. EMI attribue à Walter Legge la production des deux récitals d'airs d'opéras français faits avant sa démission. De son côté, Michel Glotz, qui fut le producteur des derniers enregistrements de Callas, écrit dans ses souvenirs, *Révéler les dieux*, qu'il a dirigé tous ses enregistrements faits à Paris.

MICHEL GLOTZ – C'est exact pour Walter Legge. A la fois exact et inexact. C'est lui qui était responsable des séances d'enregistrement, c'est moi qui les ai arrangées. Donc, nous nous sommes réparti les responsabilités. Quelquefois, il y a deux producteurs, par exemple dans le *Troisième concerto* de Rachmaninov avec Alexis Weissenberg et Leonard Bernstein, vous verrez « *recording producer* : Michel Glotz », mais aussi un « *associated recording producer* ». La même chose pour *Der Rosenkavalier (le Chevalier à la rose)* de Karajan (disque mis en nomination pour le Grammy) : « *producer*, M. Brest ». En réalité c'est moi qui l'ai fait. Dans le cas de Callas, c'était effectivement Walter Legge qui était producteur ; il avait les partitions. J'étais avec lui. Il me demandait, parce que c'était de la musique française, si je trouvais ça bien ou mal, il me disait aussi ses impressions. On échangeait nos impressions et Maria en général me demandait, à moi, ce que je pensais. C'est moi qui ai préparé Maria au piano, avec ou sans Georges Prêtre, avant les séances. Voilà comment ça s'est produit. J'ai été chargé aussi de présenter les deux disques. Dans ces présentations, j'ai expliqué un tout petit peu comment on a travaillé. A ce moment-là, le producteur officiel de Maria Callas était Walter Legge, c'est lui qui a été nommé sur les disques ; mais c'était un travail commun, une collaboration. Après, j'ai été *producer full right*, c'est-à-dire le seul, avec les responsabilités complètes, sans les partager avec qui que ce soit.

Michel Glotz note dans son livre :

Certes, j'ai toujours été, du moins le dit-on, l'enfant terrible de ce métier, celui qui a fait des gaffes et a toujours dit tout haut ce que les autres pensaient tout bas... celui que les Anglais appellent le *trouble shooter*... On m'a souvent reproché de ne m'occuper que des stars, des gloires consacrées [16].

Si Legge se considérait comme « un accoucheur de musique », Glotz, plus lyrique, se qualifie de « révélateur des dieux », au double titre d'imprésario et de directeur artistique phonographique.

Glotz, écrit John Ardoin, était un ambitieux pour qui Callas était plus un moyen qu'une fin, mais qui ralluma son courage ; par son influence, elle fit à Paris toute une série de nouveaux disques, puis un retour à la scène... Ce n'est pas par hasard si, durant l'été 1965, quand Callas se brouilla avec Glotz, pour des motifs qu'elle ne veut pas encore discuter, elle apparut pour la dernière fois en public, et ne reviendra au concert que huit ans après [17]...

Sous la direction de Glotz, Callas produit, fin 1963 et en 1964-1965, trois nouveaux récitals, assez diversifiés, et qui témoignent d'une certaine singularité. Michel Glotz a d'ailleurs souligné, dans le disque d'interviews de Pathé-Marconi en hommage à Callas (dans le coffret *Callas/Bellini*), l'ampleur de ce répertoire :

– Maria avait un immense répertoire, dont certains aspects sont tout à fait méconnus, parce qu'elle n'a pas voulu (par une espèce de timidité que je n'ai jamais pu comprendre, si ce n'est en comprenant la timidité profonde de sa personnalité), elle n'a pas voulu se produire dans des œuvres qui lui étaient fort familières. Je donnerai comme exemple les mélodies de Fauré, et surtout les treize mélodies de Duparc qu'elle connaissait absolument par cœur.
Dans un sens beaucoup plus populaire, j'aurais beaucoup aimé, parce qu'elle les chantait d'une façon sublime, qu'elle laissât un disque de sirtakis. Vous me direz que ça n'aurait rien ajouté à sa gloire en tant que Maria Callas, mais ç'aurait été un témoignage infiniment insolite, et vous auriez vu, musicalement extraordinaire. C'était une leçon de musique... Elle laissera une trace qui ne pourra jamais être effacée, parce que tout ce qu'elle touchait était musique, tout ce qu'elle touchait était phrasé, tout ce qu'elle touchait était génial.
Je l'ai vue un soir au *Saint-Hilaire*. Il y avait un homme qui chantait ; nous étions à une table avec Onassis et des amis, et puis cet homme a commencé à faire des variations sur un thème de blues. A un certain moment, sans espoir d'ailleurs mais pour s'amuser, il s'est approché de la table et lui a tendu le micro comme pour une espèce de répétition, comme quand avec Gilbert Bécaud, lorsqu'il chante *Il est mort le poète*, le public se met à fredonner. Il espérait ça de Maria Callas. Et tout d'un coup, je ne sais pas ce qui s'est passé, elle qui était la timidité faite femme, elle a eu envie de chanter, et elle a chanté une très brève variation sur le thème du blues. Inutile de vous dire que ça n'avait pas été préparé, ni mis en scène. La salle a été subjuguée. C'était stupéfiant, parce

que c'était d'une telle beauté qu'on s'est demandé si elle n'avait pas répété ce passage pendant dix ans de sa vie.

Le premier de ces trois récitals, le groupe d'arias de Beethoven, Mozart et Weber, apparaît, pourrait-on dire, comme un disque « à la Schwarzkopf » et se révèle le plus surprenant de cette série. Il reprend en effet un répertoire propre à sa collègue, et recoupe une majorité d'enregistrements que Schwarzkopf a déjà faits. De plus, c'est un récital presque entièrement créé en studio, puisque Callas n'a interprété en concert que le seul air de Weber. Le récital d'arias de Verdi est aussi un produit typiquement phonographique, avec des airs jamais encore chantés d'*Otello* et d'*Aroldo* (plus deux airs familiers de *Don Carlo*), complétés par des morceaux plus commerciaux. Quant au dernier récital, il regroupe des pièces en bonne partie inédites de Rossini et de Donizetti, quelques-unes ayant déjà fait l'objet des enregistrements de Londres abandonnés en 1960-1961.

> – *Cette production, mis à part ce qu'on attendait le plus de Callas*
> – *Verdi, Rossini, Donizetti –, et si je pense aux autres albums :*
> *Beethoven, Mozart, Weber, et à Carmen, c'était quelque chose*
> *d'assez différent dans la carrière phonographique de Callas ?*
> – C'est vrai...
> – *Michel Glotz, est-ce que cela ouvrait la porte à du nouveau par*
> *rapport à sa carrière précédente ?*
> – Oui et non. N'oubliez pas qu'un des premiers opéras qu'elle a chantés à la Scala, un de ses premiers rôles était la Constance de *l'Enlèvement au sérail*... Donc elle chantait Mozart...
> – *Ce n'était pas généralement son répertoire chez EMI...*
> – Non, mais c'était assez proche, quand même.
> – *A cette époque, était-ce une rupture qui vous apparaissait importante à tous les deux ?*
> – Non pas une rupture, mais un ajout. Elle chantait à Paris *Norma* et *Tosca*... Pas du tout une rupture, mais un répertoire additionnel.

Malgré l'effort de production de ces trois récitals, il y a aussi des ratés dans cette série d'enregistrements parisiens. Plusieurs airs de Verdi sont insatisfaisants, et gardés aux archives pour travail ultérieur. Il en est de même d'un essai abandonné de duos avec Corelli, en diverses prises non montées, après le seul enregistrement du duo

Aïda-Radamès. Néanmoins, durant cette première moitié des années 60, jamais Callas n'est venue si près de ce qu'on peut appeler *une carrière spécifique de studio.* Les cinq récitals parisiens ont en effet une dominante de répertoire et de travail de studio, avec peu de références au travail antérieur à la scène et au concert. Cette caractéristique se renforce en 1964, quand Callas décide d'enregistrer une intégrale de *Carmen.*

– Était-il possible alors, Michel Glotz, d'envisager que cet ajout de répertoire ait pu se démultiplier en d'autres projets du même ordre, comme, par exemple, faire sur disque autre chose que de l'opéra ?

– Je vous le dis franchement, j'ai personnellement beaucoup insisté pour que Callas chante certaines choses, par exemple des chansons grecques populaires, des mélodies de Duparc, qu'elle n'a jamais voulu enregistrer. Ainsi beaucoup de trésors de son art n'ont pu être révélés, et c'est vraiment regrettable. Quand elle chantait dans la vie privée, pour ses amis, c'était formidable...

– Dans le disque de témoignages publié par Pathé-Marconi après sa mort, vous êtes le seul à avoir apporté ce témoignage sur ses capacités dans ce type de répertoire...

– Elle aurait été une fantastique récitaliste ! La seule difficulté : elle avait le trac dès qu'elle n'était pas sur scène. Mais en fait, musicalement, elle avait tout ce qu'il fallait pour être la plus grande récitaliste de son temps.

– Elle n'envisageait pas de se limiter au studio, de devenir récitaliste sur disque seulement ?

– Elle était certes tentée, mais elle avait peur aussi, elle avait une espèce d'appréhension et de scrupule à faire quelque chose de nouveau, dont elle n'était pas absolument sûre qu'elle le dominerait totalement. Une sorte d'excès de modestie.

– En 1974, la rumeur circulait d'un enregistrement inédit d'airs ou de mélodies populaires par Callas. Peter Alward de EMI me disait, si mes souvenirs sont bons, que ce disque existait. Newsweek répandit de son côté la nouvelle d'un projet de cette sorte.

– Je ne suis pas au courant. Je n'ai jamais entendu parler de ça. A mon avis, ce n'est pas vrai, c'est un boniment, parce que je n'ai jamais entendu parler d'un disque de Maria Callas dans lequel elle aurait fait des mélodies populaires. Non, je l'aurais su, je l'aurais produit. A ce moment-là, je ne la quittais pas un seul jour. Ça me paraît absolument extravagant... Je ne peux pas dire que ça n'existe pas, parce que je n'en ai pas connaissance. Mais ça m'étonne beaucoup. Je crois que c'est plutôt une rumeur ; je ne peux pas vous dire catégoriquement non parce que je ne le sais pas.

– Par rapport à Duparc, à l'Invitation au voyage – l'enregistrement fait à la télévision française, en 1965 –, on m'a dit chez Pathé-Marconi que c'était définitivement perdu, probablement lors du montage... – Je ne sais pas si elle l'a fait en réalité. Si mes souvenirs sont bons, elle a chanté quatre airs : *la Petite table* de *Manon* ; un air de *la Sonnambula* ; *O mio babbino caro...* et je n'ai pas souvenir qu'elle ait vraiment fait *l'Invitation au voyage...* Certes, je l'ai accompagnée moi-même au piano, mais il y a très longtemps... Je n'arrive pas à me souvenir si elle l'a jamais vraiment fait pour la télévision.

En écoutant Michel Glotz parler d'un projet de disque de chansons populaires grecques pour Callas, force est de constater une fois de plus ses divergences avec Walter Legge, qui notait : « J'ai une aversion instinctive – je dis bien non réfléchie – contre tout chant folklorique, quelle qu'en soit la nationalité ou la source [18].» C'est l'époque où Legge disparaît de la carrière phonographique de Callas. Ce n'est pas lui, de toute façon, qui lui aurait suggéré de concentrer ou de limiter sa carrière au studio d'enregistrement. Pour Callas comme pour Legge, la production phonographique demeurait en contradiction avec la vie musicale, était une sorte de reflet mécanique du lieu scénique idéal de la production lyrique. Ils ne comprirent certes pas, pour leur travail commun chez EMI pendant dix ans, cette réflexion de l'animateur radiophonique américain Harry Fleetwood, qui affirmait que cette remarquable production avait été « toute une carrière en soi ».

5

La mise en scène sonore d'opéra

Quand Joseph Rouleau se souvient de son travail de studio avec Callas, à Londres en 1958, à l'occasion de l'enregistrement de quelques scènes d'*Anna Bolena*, il dit avoir été très impressionné par le professionnalisme de la diva devant les microphones. Pour le jeune chanteur, cette première expérience de studio témoignait de la conscience et de la discipline que la plus célèbre cantatrice de l'époque accordait au travail de production phonographique. Cette leçon professionnelle, Rouleau ne pourra cependant pas l'utiliser souvent dans sa propre activité discographique, car les circonstances de sa carrière lui firent souvent refuser des projets d'enregistrement au profit de contrats scéniques. « Tout compte fait, admet Rouleau aujourd'hui, je crois que je regrette de ne pas avoir fait ces disques. Les représentations s'oublient. Les enregistrements demeurent. »

Maria Callas, de son côté, déplora bien de ne pas avoir fait en studio quelques ouvrages, mais ne pouvait pas manquer d'établir un bilan positif de sa gigantesque production phonographique. Harry Fleetwood avait raison de noter la caractéristique spécifique de cette carrière. Elle requiert non seulement une gestion financière et une planification de programmes très complexes, elle exige encore, pour sa réalisation, des conditions sophistiquées de travail en studio. La réalisation phonographique d'un opéra n'est pas moins organisée que celle d'un film ; elle suppose des conceptions et des technologies de la prise de son, des découpages techniques et des calendriers de travail, des méthodes et des techniques de montage sonore et de mixage. En outre, une telle réalisation fait subir à la partition et à l'interprétation musicale un traitement et un plan d'exécution qui n'ont plus rien à voir avec le travail scénique. La mise en scène sonore d'opéra, en studio, impose aux ouvrages lyriques et aux musiciens cette violence de l'interprétation dont parle Hannah Arendt[1], qui projette ainsi ces partitions muséologiques dans le présent. La technologie phonographique est génératrice d'idées nouvelles sur l'opéra.

Le « son » Callas : éléments d'esthétique et de technologie

On se souvient du précepte de Thomas Beecham sur les raisons de la popularité de certains opéras : des mélodies aisément mémorisables par le public, qui emportent l'adhésion d'un seul coup. Le succès de la mélodie est un des premiers paramètres que dégage Antoine Hennion pour caractériser la musique de variétés, du rock-pop : « Équilibre, malléabilité, simplicité[2] ». Le catalogue Callas/La Scala chez EMI repose d'abord sur ce fondement.

Cependant, le facteur déterminant dans l'illumination de ce lyrisme mélodique, c'est la *voix*, « indice de personnalité, une manière de s'exprimer qu'on écoute tout de suite », une voix dont la valeur première est le « pouvoir expressif[3] ». Or, dès les premiers enregistrements, cet élément s'impose, définit les composantes du « son » Callas. Dans un répertoire éminemment mélodique, principalement celui du romantisme italien du XIXᵉ siècle, la couleur de cette voix, son caractère hétérodoxe dans le bel canto italien – voix au timbre singulier et à l'expressivité dramatique inhabituelle – apportent à l'opéra une dimension nouvelle dans l'interprétation, semblable à celle que fournit la composition ou l'arrangement d'une mélodie dans la musique populaire.

Callas a souvent raconté que Tullio Serafin lui avait appris deux règles essentielles pour la définition et la conduite du chant lyrique et dramatique. D'abord, utiliser sa voix comme un « instrument » de musique, souple et docile ; ensuite apprendre à « parler » la musique, la mélodie, lui donner ainsi sa force et son accent, puiser la force dramatique dans ce *parlar cantando* particulier ; et, à la limite, aller chercher dans cette musique même le sens de la démarche dramatique, y compris la gestuelle scénique. Ces leçons du maestro assimilées par

Callas sont celles-là mêmes qui transparaissent au premier degré dans ses enregistrements, qui font de cette voix un instrument justement bien adapté à ce médium. Ce n'est pas, en effet, n'importe quelle voix qui « passe » bien au disque et qui peut capter et retenir l'attention, de façon aussi chaleureuse et vibrante.

Ces caractéristiques de la voix de Callas, les ingénieurs du son chez EMI les ont fait particulièrement bien ressortir. Il est généralement acquis, comme le note Joseph Rouleau, que pour l'opéra et le lyrique, le *style* de la prise de son de EMI diffère beaucoup, par exemple, du style de son concurrent Decca. Les ingénieurs du son de cette dernière firme ont en effet tendance à mélanger, à fondre les voix aux instruments de l'orchestre, pratique déjà notable dans le microsillon mono, mais qui s'accentuera à l'arrivée précoce de la stéréophonie. A l'inverse, chez EMI, l'habitude des techniciens est de « séparer » considérablement la voix des instruments et des chœurs, de lui assigner une prise de son très serrée qui l'installe nettement en avant-plan. Ce style de la prise de son chez EMI, cette méthodologie du gros plan sonore a énormément servi la voix de Callas, l'a mise en relief, en faisant ressortir ainsi toutes les colorations et l'expressivité dramatique. Néanmoins cela la desservira plus tard en révélant certaines de ses difficultés vocales.

Chez EMI, l'ingénieur du son qui a le plus travaillé aux productions Legge des enregistrements Callas a été Robert E. Beckett. Il était entré au service de la firme The Gramophone en 1919, pour devenir ingénieur du son en 1922. Il travailla dans divers pays africains, en Égypte, en Irak, aux Indes et ailleurs en Asie. Il réalisa aussi de nombreux enregistrements en Europe, en particulier à Berlin de 1930 à 1939. Pendant la guerre, il fut gérant des opérations de l'usine EMI à Hayes, avant de reprendre ses activités d'ingénieur du son.

Avec une fiche professionnelle aussi impressionnante, Robert Beckett fut le technicien privilégié d'une grande partie des enregistrements produits par Walter Legge. De 1953 à 1957, il assuma la responsabilité de la quasi-totalité des enregistrements Callas à la Scala, à partir de l'intégrale de *Tosca* jusqu'à l'achèvement du programme de l'été 1957, en plus des récitals de Londres et de la version mono, à Kingsway Hall, d'*Il Barbiere di Siviglia*. Par la suite, les enregistrements en stéréo de Callas seront exécutés par les ingénieurs londoniens de EMI : Neville Boyling, Harold Davidson, Robert Gooch, Francis Dillnutt et Douglas Larter ; finalement de 1963 à 1965, à Paris, par Paul Vavasseur de Pathé-Marconi. Il ne fait donc aucun doute que pour l'ensemble du catalogue Callas chez EMI, le « son » Callas est avant tout *le son Beckett*. Sonorités veloutées et tout en rondeur, jamais stridentes. Dans les espacements qu'elle leur attribue, cette régie sonore a comme caractéristique de toujours éclairer les chanteurs protagonistes en gros plans vocaux, de maintenir les chœurs et l'orchestre derrière les solistes, dans la profondeur du champ sonore. Parler d'*image sonore*, chez Beckett, ne relève pas de la comparaison redondante, non plus que d'évoquer le concept de mise en scène sonore de ces images.

Francis Dillnutt a été l'ingénieur du son pour *Il Turco in Italia*, plus tard en 1961 et 1963 pour les récitals d'airs d'opéras français à Paris, et il a participé comme assistant de Robert Beckett à la plupart des enregistrements Callas à la Scala pendant les années 50. Encore actif aux studios Abbey Road au milieu des années 80, il évoque comment se déroulaient les séances d'enregistrement pour un programme d'été des années 50 :

> – Il fallait, durant quelques semaines, aménager la Scala en véritable studio. On s'y installait à demeure pour plusieurs enregistrements d'opéras d'affilée. Comme le théâtre produisait de la réverbération, il fallait s'organiser pour répondre le mieux possible à la « loi du silence » nécessaire à la prise de son. A cette fin, on convertissait la scène en véritable « trou », et c'est dans cette sorte de grotte que se faisait l'enregistrement. On y installait des tentures pour amortir les réverbérations. Puis, pour aider à la chose, on enlevait même les sièges de l'orchestre, afin que les sons n'aient pas tendance à s'y répercuter.
> Il se faisait, oui, beaucoup d'opéras à l'époque. Il y avait beaucoup plus d'argent qu'aujourd'hui en circulation pour ce genre de production ! Mais, malgré le rythme élevé de production, nous avions un équipement assez réduit. Une toute petite console de mixage, quatre microphones seulement pour tout un opéra ! Voici en gros un schéma de la disposition des microphones pour un opéra en mono :

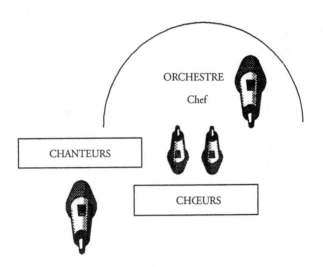

Il n'y avait pas d'équipement plus sophistiqué que ça, et nous sommes fiers d'avoir pu enregistrer dans ces conditions des opéras entiers, dont les matrices originales sur bandes magnétiques sont assez bonnes aujourd'hui pour être converties en numérique et servir aux disques compacts. De plus, parce que la console était rudimentaire, bien que d'excellente qualité, il nous fallait faire tout le mixage en même temps que les prises de son. Pas moyen alors de se réfugier dans la régie après les séances d'enregistrement pour refaire les divers équilibres entre les solistes, les chœurs et l'orchestre. Les diverses prises une fois mixées, il ne nous restait plus qu'à faire le montage, c'est tout.

– *Est-ce que la voix de Callas était difficile à enregistrer, ou posait des problèmes particuliers ?*

– Non, pas en général. Si Callas était en bonne forme vocale, sa voix s'enregistrait très bien. Toutefois, quand elle avait des problèmes vocaux, c'était plus difficile à reproduire.

– *Quelle était votre organisation de travail chez les techniciens ?*

– Nous avions la plupart du temps une équipe de quatre techniciens : l'ingénieur en chef, son assistant et deux techniciens. C'était tout. Pour nous, à l'époque, il n'était même pas question de faire partie du générique d'un disque à titre de responsables du son. De fait, le problème ne se posait même pas. Nous étions chez EMI des travailleurs. Aller à la Scala, ou ailleurs, c'était pour nous un jour ou plusieurs jours de travail, sans plus [4].

J'ai déjà souligné qu'au début de 1957, à l'occasion de l'enregistrement de l'intégrale d'*Il Barbiere di Siviglia* à Londres, les techniciens de EMI pouvaient tester, en toute sécurité et de façon discrète, les nouvelles techniques de la stéréophonie. Robert Gooch, ingénieur du son, travaillait alors pour cette équipe « mystérieuse » de la stéréophonie chez EMI.

– Robert Gooch, vous avez travaillé, assez anonymement d'ailleurs, pour EMI durant les années 50 et 60, en particulier sur certains enregistrements de Callas.
– Oui, alors on ne publiait pas les noms des techniciens. On nous laissait en arrière-plan. Avec Callas, j'ai d'abord travaillé, en 1957, à l'enregistrement d'*Il Barbiere di Siviglia* dirigé par Galliera, à Kingsway Hall à Londres. Cet enregistrement est toujours au catalogue.
– Oui. Walter Legge en était très fier.
– Cet enregistrement fut planifié en mono, et comme tel l'ingénieur du son attitré était Robert Beckett. A cette époque, nous avions deux équipes et du matériel en double, deux ingénieurs du son, parce que l'enregistrement principal était fait en mono. La stéréo n'était qu'une sorte de nouveau gadget, on nous faisait travailler dans une cabine à part. C'est ainsi que nous avons fait l'enregistrement, même si la production était organisée pour le système mono. Nous nous sommes contentés de dédoubler cette production en stéréo, et nous en avons fait le montage à part. Plus tard seulement cet enregistrement fut publié en stéréo. En pratique, la plupart des enregistrements d'alors fonctionnaient selon le système mono, et il n'était pas rare d'avoir quelques conflits d'intérêts, quand par exemple l'équipe de la prise mono gonflait le volume de certains instruments afin d'obtenir un meilleur équilibre sonore pour ses propres objectifs. On ne se préoccupait pas beaucoup alors de cette nouvelle technique stéréophonique.
Je me souviens que nous avons eu à Kingsway Hall un petit problème acoustique, trop de réverbération, parce que *Il Barbiere di Siviglia* est un type d'opéra qui doit rendre très présents les différents personnages, s'approcher de leur caractère. Nous avons donc mis toutes sortes de tentures dans les galeries, nous avons construit une sorte de « tente » pour arrêter la réverbération. Une équipe de journalistes fut invitée, ils constatèrent que nous enregistrions sous la tente ! Ce premier Callas en stéréo était en quelque sorte un enregistrement expérimental. Nous utilisions

exactement le même matériel que celui de l'équipe mono, matériel très réduit. Nous avions à nous adapter à l'organisation principale en mono. La disposition générale était la suivante : le chef et les chanteurs côte à côte en face de l'orchestre, les chœurs pas très loin, devant l'orchestre aussi. Normalement, en stéréo, nous travaillions de façon plus symétrique, les chanteurs derrière l'orchestre, les chœurs derrière les chanteurs. Mais il fallait d'abord s'adapter à la disposition de la prise mono. Nous utilisions des microphones à deux têtes montées sur le même support, une dirigée vers la gauche, l'autre vers la droite. Un seul microphone pour l'orchestre ; parfois, nous en placions un autre devant les chanteurs. Mais c'était tout, car nous ne pouvions nous relier à rien d'autre que ces deux microphones. De plus, nous disposions de sortes de microphones à écho, ce qui veut dire que nous pouvions les utiliser pour les chœurs, derrière le chef d'orchestre ; et plus on serrait tous les artistes les uns contre les autres, meilleure était la prise sonore. Dispositif très simple. Avec de tels moyens mes collègues ont fait *Der Rosenkavalier* (*le Chevalier à la rose*) et *Falstaff,* dirigés par Karajan (pour *Il Barbiere di Siviglia,* j'y pense, la guitare pour la sérénade du premier acte était jouée par Julian Bream).
– *Quelles sortes de microphones et de magnétophones utilisiez-vous ?*
– Pendant la période mono, c'étaient les machines de la firme, le BTR 1 (mono) et le BTR 3 (stéréo). Pour la monophonie, très peu de microphones, au total quatre. Nous disposions, à partir des moyens du vieux système d'enregistrement de Columbia, de microphones appelés HB 1. Et puis, du microphone à condensateurs AK 2, un des premiers de ce type sortis après-guerre. Très peu de microphones, très simples. Pour le dispositif stéréo, deux M-49 à capsules, que nous avons modifiés en plaçant les deux capsules, les deux têtes sur le même support. Au milieu des années 50, nous utilisions aussi le KM-56, un microphone minuscule, comme celui d'un téléphone.
– *Comment disposiez-vous les microphones pour l'enregistrement stéréo ?*
– Voici un schéma du dispositif pour *Il Barbiere di Siviglia* à Kingsway Hall :

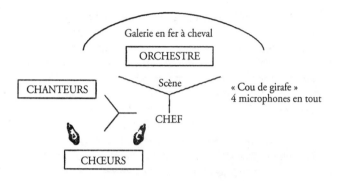

– *Est-ce qu'il est plus difficile d'enregistrer un opéra qu'un orchestre ?*

– Toujours ! Avec les chanteurs, c'est toujours plus difficile ! Mais comme nous n'étions pas organisés pour faire réentendre les prises, les chanteurs n'écoutaient pas très souvent leurs enregistrements.

– *Vous deviez faire le mixage pendant l'enregistrement ?*

– Oh oui, absolument.

– *Un mot sur le montage ?*

– C'était alors beaucoup moins complexe qu'aujourd'hui. Normalement, nous faisions des prises plus longues. Il nous fallait quatre sessions pour enregistrer tout un microsillon. On était très généreux à l'époque. Nous avions beaucoup plus de répétitions, de tests sonores. Quand toute la technique était au point, nous gardions le dispositif intact, sans le modifier à tout moment. De temps en temps, nous faisions plusieurs prises. Dans *Il Barbiere di Siviglia,* par exemple, Gobbi ne se sentait pas bien, un rhume je crois. Nous faisions alors plusieurs prises.

– *Receviez-vous le conseil, soit de Legge, soit de Callas, de ne pas faire telle ou telle chose avec sa voix pour l'enregistrement ?*

– Callas a toujours eu ce quelque chose d'âcre dans la voix, un côté mécanique... qu'au fond elle aimait, je pense, parce que cela mettait du piquant dans son chant. Non, je ne me souviens de rien en particulier... Elle était satisfaite de notre travail. Je n'ai jamais eu de plainte de sa part.

Une anecdote à propos de ce *Barbiere di Siviglia.* Pour je ne sais quelle raison, Legge la traitait de façon brusque. Elle arriva un matin à 10 heures pour la séance. Aucun chanteur n'aime chanter le matin. Mais nous n'enregistrions que des passages brefs, ou des airs courts... Legge demanda Callas ce matin-là, bien qu'apparemment elle n'eût pas à travailler avant 11 heures 30, et il la laissa attendre dans la loge. Je me suis dit : « Bon dieu, elle va exploser ! » Puis Legge me dit : « Voudriez-vous aller chercher Madame Callas ? » J'y allai. « Bien sûr, oui », me dit-elle gentiment. Mais quand elle vit Legge, elle ne le manqua pas !

– Trouviez-vous frustrant, à l'époque, de ne jamais être mentionnés comme ingénieurs du son sur les disques ?

– A l'époque, notre satisfaction était de travailler avec tous ces artistes, c'était comme un privilège. Je crois que notre travail doit être vu comme dans les théâtres : personne ne va dans les coulisses. C'est la même chose pour les enregistrements...

– Plus tard à la Scala, comment disposiez-vous les microphones pour l'enregistrement en stéréo ?

– Voici un schéma du dispositif utilisé soit pour *la Gioconda* à la Scala en 1959, ou pour *Norma* en 1960 ; j'ai dirigé ce dernier enregistrement. Le dispositif donnait une remarquable clarté sonore.

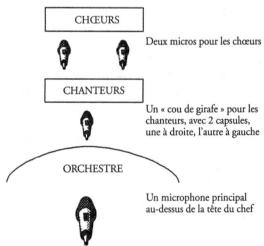

Deux micros pour les chœurs

Un « cou de girafe » pour les chanteurs, avec 2 capsules, une à droite, l'autre à gauche

Un microphone principal au-dessus de la tête du chef

Pour *Norma* à la Scala, Callas n'était pas très en voix. Nous étions inquiets. Un jour, elle dit : « Demain, nous enregistrerons les principaux airs, et tout se passera bien. » Le lendemain, elle chanta magnifiquement. Elle enregistra tout, les grands airs et les principales scènes, en deux séances. Nous changions les rubans sans arrêt, en enregistrant le maximum. Elle nous expliqua après coup qu'elle avait eu des problèmes avec sa gorge, une sorte de congestion ; elle décida donc d'adopter un vieux truc de chanteur : le soir, un grand verre d'huile de ricin (*castor oil*) – oui, oui –, ce qui, de toute évidence, comme truc de chanteur, éclaircit... la voix ! L'air *Casta Diva* fut alors baptisé *Castor Diva* par Walter Legge, une autre trouvaille de son humour acidulé[5].

La « nouvelle vague » des producteurs phonographiques

Si Walter Legge a dit de lui-même qu'il était « le premier producteur de disques », c'était d'abord et avant tout pour se démarquer de son prédécesseur, Fred Gaisberg, pour qui le disque était « une photographie de sons[6] », c'est-à-dire l'enregistrement technique de ce que l'interprète avait à livrer.

Déjà limitée par la technologie de la reproduction sonore qui empêchait toute interruption pendant la durée de l'enregistrement/gravure des quelques minutes d'un 78 tours, la théorie de Gaisberg, aux yeux de Legge, avait le défaut d'occulter l'intervention du producteur auprès des artistes. Pour rompre avec le caractère passif de ce rôle, Legge veut donner à l'auditeur un disque qui soit l'équivalent de la place idéale dans un théâtre ou une salle de concert. A cette fin, il assignera deux tâches à sa fonction de directeur artistique : d'abord, réunir les meilleurs artistes d'une distribution, les faire travailler en leur extirpant le maximum musical ; puis garder, au montage sonore, le meilleur de ce travail, faire le choix des meilleures prises.

Ainsi, en tant que « A & R[7] », Legge avait déniché plusieurs artistes et les avait pris sous contrat chez EMI. En faisant ces choix, il se préoccupait de prévoir les meilleures distributions possibles pour chaque ouvrage ou programme. C'est dans cette perspective qu'il faut comprendre Legge quand il avançait que le disque doit être le « fauteuil idéal[8] ». Cette distribution rassemblée, il fallait en tirer le maximum en studio. « Je suis un accoucheur de musique », concluait-il.

Au studio, Legge développait principalement son rôle de *coach* musical – au sens d'entraîneur – et secondarisait (au moins en apparence) celui de producteur par rapport au résultat technique de l'ensemble. Quant à l'autre rôle, celui de metteur en scène sonore, le producteur tel que défini par Culshaw, Legge n'a pas voulu en parler, encore que quelques allusions laissent voir qu'il devait être assez élaboré, dans certains cas du moins. Ainsi, dans l'enregistrement de *Tosca*, en 1953, Legge raconte qu'il fit enregistrer l'entrée de Callas depuis trois endroits différents à la Scala pour chacun des trois premiers « *Mario* ! ». Le tout fut fixé au montage, regroupant de la sorte en une seule phrase les trois prises effectuées à des distances différentes des microphones[9].

Malgré cela, Legge veut surtout qu'on retienne ceci de cet enregistrement très fouillé, et pour lequel, paraît-il, il fit pleurer de fatigue les interprètes :

> On utilisa des kilomètres de bandes. Lorsque l'enregistrement fut achevé, j'avertis De Sabata que j'aurais besoin de lui encore quelques jours pour aider à choisir les éléments qui constitueraient la version définitive. Il répondit : « Mon travail est terminé. Nous sommes tous les deux des artistes. Je vous laisse ce coffret de pierres précieuses à tailler. A vous d'en faire une couronne digne de Puccini et de mon propre travail[10]. »

Pareille remarque pourrait normalement confirmer le rôle de producteur, mais ce n'est pas ce qui intéresse Legge. Comme le souligne adroitement David Hamilton, Legge est surtout très fier de citer De Sabata parce que le maestro lui transmet, pour le montage, son rôle de directeur musical et artistique : « Nous sommes tous les deux des artistes » !

Dans cette optique, Legge n'hésite pas à écrire que cette *Tosca* est le meilleur enregistrement de Callas, un des fleurons de l'opéra italien phonographique. De même, quand la *Messa da Requiem* de Verdi fut enregistrée, en 1954, à la Scala, dans les mêmes conditions et sous la direction de Victor De Sabata, une remarque publiée dans l'édition Angel est caractéristique du rôle que jouait Legge : « Quand l'enregistrement fut enfin terminé, on calcula que 9 213 heures-homme avaient été nécessaires pour les répétitions et les prises. » C'est suivant la même logique qu'il faut interpréter une autre remarque de Legge : en 1957, *Il Barbiere di Siviglia* est une des meilleures interprétations phonographiques de Callas. Legge souligne ainsi son rôle de *coach*, quand on sait que l'année précédente, à la Scala, la Rosine de Callas avait été le grand échec de la *Divina*. Cette intégrale de Rossini ne porte d'ailleurs pas la marque « La Scala » ; elle est un produit typique de studio EMI à Londres.

Ce contrôle artistique maximal devenait l'apanage du studio, et Legge devait se révéler un des plus farouches militants « anti-*live* » qui fussent. S'il reprochait à Gaisberg sa « photographie des sons », c'est qu'elle devait lui sembler trop proche du direct. Pour l'opéra, Legge s'était lui-même essayé au *live* pendant les années 30 à Covent Garden, et y avait renoncé catégoriquement. David Hamilton note :

> – En 1936, EMI avait entrepris un grand et très coûteux projet d'enregistrement à Covent Garden dont il ne subsista que quelques 78 tours en publications... Il n'est pas difficile de croire que cette expérience avait dégoûté Legge de l'enregistrement *live* une fois pour toutes ; il fut convaincu que le studio était le meilleur endroit pour obtenir de bons résultats [11].

Avec Legge chez EMI, tout comme auparavant Culshaw chez Decca ou Lieberson chez CBS, commence pour le microsillon monophonique l'époque du studio « totalitaire » et de l'aversion pour le *live*. Callas suivit Legge sur ce terrain ; on répète même chez EMI qu'elle a toujours interdit la publication de tout disque qui ne fût pas de studio.

Malgré cette suprématie du studio, peut-on penser que la conception de Legge pour les enregistrements diffère radicalement de celle de Fred Gaisberg ? Pas pour l'essentiel. Néanmoins, préoccupé qu'il est du fini artistique des interprètes qu'il dirige, Legge a visiblement négligé de s'intéresser aux capacités sonores spécifiques du médium. Les enregistrements qu'il supervise, se voulant l'idéal du théâtre et du concert, restent collés à leur origine et n'en sont que l'équivalent de studio. Legge ne choisit pas le studio parce qu'il offre une composition sonore différente de la scène. Il pratique lui aussi une « photographie des sons », à la manière dont certaines photographies de studio reproduisent les sujets dans des décors de salons, pour en sortir le portrait officiel idéal.

Gaisberg faisait cela lui aussi, avec des moyens techniques plus limités. Il y avait sans doute chez lui un goût du spontané et de l'enregistrement « à chaud », qui préfigurera les gains et les victoires du *live* sur le studio, quelques années plus tard – de la même façon qu'au cinéma l'époque du studio dominant n'avait pas empêché certains cinéastes de filmer déjà à la manière du cinéma direct. Ce ne sera pas de Gaisberg, en fait, que Legge devra se démarquer, mais bien de John Culshaw, quand la stéréophonie conduira très tôt ce dernier à une nouvelle et véritable mise en scène sonore pour le disque d'opéra et le lyrique. Le seul point de ressemblance de Legge avec Culshaw se situera sur les capacités de contrôle qu'offre le studio ; sur ce terrain, ces deux rivaux apparaissent, pendant les années 50, comme les principaux gourous de l'industrie phonographique.

Deux lanceurs de disques

Walter Legge a pris soin d'écrire qu'il avait regretté que EMI ait adopté tardivement la stéréophonie.

> – En fait, souligne David Hamilton, Legge ne se préoccupait pas de la stéréophonie. Il ignorait même que ses techniciens faisaient depuis quelque temps de la prise de son en stéréo, par exemple pour certains enregistrements de Karajan. Ne sachant pas cela, Legge a monté ensemble différentes prises dont les emplacements sonores bougeaient, ce qui donne un résultat musicalement négatif.

En 1955 déjà, un an à peine après *la Forza del Destino* mono de EMI, Decca sortait la sienne avec Tebaldi et Del Monaco, en stéréophonie, prenant ainsi une longueur d'avance (de deux à trois ans) sur EMI. Quand, en 1959, Decca et Culshaw entreprirent à Vienne l'enregistrement de *Das Rheingold* de Wagner – le prélude du premier enregistrement mondial de la *Tétralogie* – Legge annonça haut et fort l'échec commercial de cette entreprise. La suite devait lui donner tort. Et il n'y avait pas que le conflit technologique mono/stéréo qui était en cause. Le grand débat des années 60 révélait deux conceptions antagoniques de la production phonographique.

> Je considérais, écrit Legge, que les enregistrements devaient devenir les références d'après lesquelles seraient jugés les concerts et repré-

sentations et les artistes de l'avenir. Je voulais léguer à la postérité des exemples, aussi nombreux que possible, des meilleures interprétations musicales de mon époque... Faire des disques permettant aux particuliers d'écouter chez eux une musique aussi bonne que depuis la meilleure place d'une salle de concert à l'acoustique parfaite... Mon ambition était d'obtenir mieux que ce qu'un artiste fait normalement en public, graver le meilleur de ce dont il est capable, dans les meilleures conditions possibles[12].

De son côté, Culshaw s'affranchit radicalement de ce lien organique qui n'en finit pas de rattacher le disque au théâtre, tant dans l'industrie que dans les habitudes d'écoute des consommateurs de lyrique. Voici l'expression de son concept fondamental, où il n'est pas question de faire mieux, mais de *produire différemment* :

> Jusqu'à la stéréo, explique Culshaw, un disque était le document d'une interprétation, on ne pouvait s'attendre à davantage... Maintenant, avec la possibilité de déplacer les sujets, avec le *mouvement*, la stéréophonie nous paraît, dès le départ, capable de faire avec les opéras des objets à concevoir de façon auditive pour ce nouveau médium. Pour l'auditeur, un enregistrement n'est pas le souvenir d'une soirée au Met, pas plus qu'il n'a à se remémorer des représentations des théâtres d'opéra dans le monde. La question est plutôt celle-ci : cet enregistrement m'apporte-t-il un drame vivant dans mon salon ? Il est essentiel de placer et de faire bouger ces mouvements et ces actions qui tissent le drame ; il est essentiel de bâtir des perspectives et des profondeurs sonores avec art et savoir-faire. *Un enregistrement stéréo d'opéra n'est pas la transcription d'une interprétation* live, *mais la recréation d'un ouvrage lyrique avec des paramètres auditifs très différents de ceux d'un théâtre*[13].

Pour visualiser cette conception, Culshaw fera même produire, par le département graphique de Decca, le label *SonicStage*, conçu comme un équivalent visuel du célèbre *CinemaScope*[14]. Durant sa longue carrière chez Decca, au cours des années 50 et jusqu'en 1967, Culshaw fut le producteur d'une trentaine d'opéras, dont la majorité en stéréophonie. Outre la célèbre intégrale de la *Tétralogie* de Wagner, qui fut un grand succès artistique et commercial, Culshaw supervisa ces intéressantes mises en scène sonores que sont *Aïda* et *Otello* de Verdi (Tebaldi, Karajan), les non moins célèbres coffrets, avec Birgitt Nilsson, de *Tristan und Isolde* de Wagner, *Elektra* et *Salomé* de Richard Strauss, sans compter la quasi-intégralité de l'œuvre opératique de Benjamin Britten. Culshaw eut toutes les audaces d'un authentique communicateur de l'audiovisuel contemporain. Non seulement il produisit la *Tétralogie*, mais à la parution de chaque coffret, il organisait des auditions publiques d'extraits comme forme de lancement de presse, une trouvaille de marketing. Quand la salle était pleine, il l'élargissait grâce à la télévision en circuit fermé pour ne pas renvoyer le trop-plein d'auditeurs. Après son séjour chez Decca, il dirigea le secteur musical de la télévision de la BBC, de 1967 à 1975, et se passionna pour d'authentiques mises en scène audiovisuelles d'opéra, à rebours du théâtre filmé. Comme prolongement de toutes ces activités, il écrivait des reportages et des articles sur son métier et sur les industries culturelles de la musique classique, du lyrique en tout premier lieu. Il révéla que l'entreprise gigantesque de la *Tétralogie* fut d'abord et avant tout un succès artistique basé sur la « discipline commerciale » ; il regretta que Decca laissât passer l'occasion de prendre sous contrat les Beatles ; il devint furieux quand la direction administrative rejeta l'idée de vendre quelques mesures d'un de ses enregistrements de Richard Strauss pour le film *2 001 l'Odyssée de l'espace*, sous prétexte que le jeu n'en valait pas la chandelle ! Il ne reculait même pas devant des idées « folles », comme il l'écrit dans ses mémoires, *Putting the Record Straight*. Une de celles-là : placer, dans la distribution d'une intégrale de *Carmen*, pour le rôle-titre, nulle autre qu'Édith Piaf ! Idée farfelue ou d'avant-garde ?

Avec Culshaw, le disque d'opéra, l'enregistrement lyrique se libèrent définitivement du concept du « fauteuil idéal » de Legge. Le studio devient l'outil technologique capable de donner à une œuvre sa propre mise en scène sonore, sa spécificité de médium, de rompre jusqu'au souvenir de la scène. Ce pouvoir, Culshaw le reconnaissait même à Walter Legge, malgré les dénégations de ce dernier : « Un grand producteur comme Walter Legge a moulé, changé les interprétations de plusieurs artistes célèbres, et peu d'entre eux ont reconnu leur dette envers lui[15]. » Parmi ces artistes, Culshaw avait-il à l'esprit

Maria Callas ? Il est certain en tout cas que Callas tenait d'abord à sa carrière scénique, considérant le disque comme son reflet fidèle.

Legge a donné diverses raisons pour expliquer sa démission : le départ des Soria et de Karajan, la bureaucratie croissante de la planification artistique et budgétaire chez EMI, voire son agacement à se faire rappeler ses liens avec des artistes considérés comme « politiquement douteux », selon les termes mêmes d'Elisabeth Schwarzkopf. Mais il y a une raison plus profonde qui, sans écarter les dernières, est encore plus cruellement objective. Le retournement radical de l'industrie phonographique qui, durant la première moitié des années 60, passe du classique, comme production dominante, au rock-pop. Un reportage de Denis Fortier sur EMI, « His Master's Road », publié en janvier 1984 dans *le Monde de la musique*, révèle les opinions catégoriques du directeur Joseph Lockwood, qui s'attaque littéralement aux producteurs de musique classique. Denis Fortier cite Lockwood :

> J'ai voulu rencontrer les producteurs du secteur pop, George Martin, Norman Newell, Oscar Preuss. J'ai découvert qu'ils étaient traités comme de très petites gens. Ils n'étaient que des sergents dans une armée où Walter Legge était maréchal. Je les ai promus généraux et, très rapidement, ils se sont révélés indispensables à la compagnie. Au fur et à mesure que le secteur pop prend de l'importance, les tensions montent. His Master's Voice et Columbia en étaient arrivés au corps à corps. Mais je suis resté ferme sur ma décision de développer le secteur rock.

Ainsi, non seulement Joseph Lockwood voulut-il mettre de l'ordre dans la planification des secteurs classiques de EMI, mais il décida de transformer la firme de fond en comble. Legge ne serait plus dorénavant *prima donna* chez EMI. Comme Callas pour le *Requiem* de Verdi en 1954, Legge en 1963 ne voulut plus être *seconda donna*. Il tira sa révérence.

En novembre 1979, en faisant le portrait posthume de Legge, John Culshaw mentionne qu'après la démission de Legge de chez EMI (1964), il trouve « inexplicable que, ayant encore devant lui pratiquement quinze ans de vie active, Legge ne fût pas immédiatement engagé comme producteur par d'autres firmes [16] ». Les artistes ne veulent pas travailler avec lui ? Les firmes le craignent comme trop puissant pour elles, ou trop coûteux à cause de son perfectionnisme ? Sans doute, mais il arrivera la même chose à Culshaw après son départ de Decca en 1967. La réponse est plus simple : ces géants laissés pour compte, ces deux producteurs « en disgrâce », que Dario Soria place à égalité parmi les plus grands, ne peuvent plus faire partie d'une industrie transformée. Les nouveautés technologiques éprouvées et consolidées dans la musique classique, les méthodes de planification et de production, l'expertise en marketing, tout est maintenant transféré au rock-pop et l'alimente. Ce n'est pas seulement la rigueur gestionnaire trop centralisatrice que Legge peut reprocher à un Joseph Lockwood, mais le fait d'avoir tourné toute l'industrie phonographique vers une nouvelle musique, une nouvelle signification industrielle et culturelle, le rock-pop.

Au milieu des années 60, Legge et Culshaw ne sont pas vraiment des « victimes » de cette industrie, ils viennent tout bêtement d'entrer dans l'Histoire. Jusqu'à la fin de sa vie, Legge va errer dans la nostalgie du passé, alors que la nouvelle carrière de Culshaw le montrera mieux préparé à affronter de nouveaux défis audiovisuels ; ses écrits deviennent en outre des rapports et des témoignages percutants. Quant à Legge, il n'arrive même pas à structurer ses livres. Culshaw en a longuement parlé avec lui. C'est le cul-de-sac. Un jour, Legge détruit tous ses manuscrits, ne gardant que quelques articles. « Je ne suis pas certain, commente Culshaw, qu'il était vraiment capable de décrire ce qu'il arrivait à communiquer pendant son travail en studio [17]. »

Bien qu'il fût en sérieuse concurrence avec Walter Legge, autant par la rivalité entre Decca et EMI que par leurs conceptions divergentes sur la spécificité de l'opéra phonographique, Culshaw est sans doute celui qui a tracé le meilleur portrait de son célèbre vis-à-vis, n'en cachant aucune contradiction, et surtout en reconnaissant le mérite sans égal. Quand par exemple il parle des rapports avec les ingénieurs du son et les techniciens, il note :

> Legge dirigeait ses séances avec une main de fer, ce qui le rendit souvent très impopulaire ; malgré tout, il produisit encore et encore

des disques qui font l'envie de tous. L'organisation des enregistrements était très différente avec lui, parce qu'il n'avait pas de liens avec les ingénieurs du son, et ce n'est pas lui qui les aurait aidés à transporter le matériel, comme il nous arriva de le faire très souvent [18].

En fin de compte, non seulement Culshaw reconnaît-il le rôle essentiel de Legge comme producteur phonographique, mais il nous a laissé une clé pour comprendre ce rôle en profondeur. Quand Culshaw écrit que Legge a façonné et modifié les interprétations de plusieurs artistes en studio, il nous laisse entendre que Legge lui-même aboutissait à un résultat semblable à celui que Culshaw recherchait chez Decca, c'est-à-dire un produit sonore dégagé de toute référence à l'interprétation théâtrale.

Ainsi, Legge travaillait vraisemblablement d'une façon autre que celle qu'il laissait paraître. On sait déjà, par Dorle Soria, qu'il avait cette aptitude confondante à prétendre quelque chose en déniant la réalité. Or, si Culshaw insiste tant, malgré leur concurrence, pour décrire Legge comme un pair et un supérieur, c'est qu'il a des raisons de comprendre le sens de son travail et les résultats qu'il produit. Et puis, comme Legge avait l'habitude, avec les responsables de HMV chez EMI, de leur « piquer » quelques projets (comme le raconte George Martin), il était bien capable d'emprunter à Culshaw quelques-unes de ses méthodes.

Edward Greenfield, qui a observé et suivi Legge au studio pendant longtemps, a bien relevé ses qualités de producteur : bonne planification des enregistrements, organisation de découpages techniques très respectueux des conditions de la voix opératique, intérêt pour les progrès et les résultats techniques des ingénieurs (à l'exception de ses doutes sur la stéréo). Par-dessus tout, « il protégeait et guidait Callas au studio [19] ». « Legge, rappelle David Hamilton, voulait donner de lui l'image d'un artiste ! » Qu'à cela ne tienne, il fut d'abord et avant tout un excellent producteur phonographique, même s'il a tenu à laisser de lui, pour l'Histoire, une fausse image du directeur artistique.

On ne peut s'empêcher de penser à lui, quand Culshaw écrit, à propos de la place grandissante des mass media (phonogrammes, radio, télévision) dans la production musicale :

Le mieux est toujours l'ennemi du bien, et le plus grand accès de l'art à tous, dans toutes ses formes, est une excellente chose, *même dans les effets inconscients que cela provoque chez ceux qui disent n'avoir aucun intérêt pour ce phénomène*[20].

Legge, conclut Culshaw, rêvait toujours à l'image parfaite qu'il laisserait à la postérité : « Il désirait la reconnaissance de son *unicité*[21]... »

La carrière de studio de Maria Callas

Quand, de 1963 à 1965, Maria Callas paraît se concentrer davantage sur le travail d'enregistrement à la salle Wagram à Paris, cela ne signifie pas qu'elle reconsidère son point de vue à propos de ce type d'activité. L'objectif même d'une carrière phonographique plus ou moins exclusive est impensable pour elle ; en effet, à l'époque, Callas n'a pas abandonné ses tournées de concerts (quoique en nombre plus réduit), et elle planifie son retour à la scène, en 1964-1965 à Londres, à Paris et à New York, dans *Tosca* et *Norma*.

– Michel Glotz, quelle était l'attitude de Callas par rapport au travail d'enregistrement d'une intégrale d'opéra ?
– Aucun problème. Elle n'avait aucune condition en particulier. Elle était très flexible. Elle venait quand on le lui demandait.
– Les plans de travail d'un enregistrement – dans le désordre par rapport à la continuité d'un opéra et ressemblant à un tournage de film – l'indisposaient-ils ?
– Pas du tout. Dans *Tosca* ou *Carmen*, je ne sais plus, pour y arriver, nous avons dû faire à un moment jusqu'à trois séances par jour. Dans *Carmen*, un artiste est tombé malade. Il faisait un très beau temps de juillet. J'ai demandé à Callas le service de venir un soir, ce qui n'était pas prévu, à 21 heures. Elle est arrivée, elle a fait sa troisième séance de la journée.
– Faisiez-vous de multiples prises, des petits morceaux ?
– Très peu de petits morceaux. On faisait de grandes prises et des petites corrections. Les petites prises, ça ne se faisait pas. Même aujourd'hui, ce n'est pas mon genre ; vingt ans après, comme je continue à faire tous les enregistrements de M. von Karajan, de

M. Weissenberg, de M. Maazel, de M. Domingo, etc., je ne fais jamais de petites prises. J'enregistre pratiquement tout en mouvement entier, puis j'applique telle ou telle correction...
– *Est-il vrai qu'on travaille maintenant par tout petits morceaux, par courtes prises ?*
– Il peut y avoir parfois pas mal de montage, pour insérer telle ou telle correction, mais les prises sont toujours de longues prises.
– *Vous faites du montage autant que du mixage ?*
– A l'époque il n'y avait pas de mixage. Maintenant, cela a pris une grande importance. Donc, on fait beaucoup moins attention aux questions de son pendant l'enregistrement : on voit à l'équilibre du son après, grâce au mixage des différentes pistes. A l'époque, on avait beaucoup moins de possibilités de mixage, par conséquent, on s'occupait beaucoup plus, pendant les séances, de l'équilibre des voix par rapport à l'orchestre, de l'équilibre des voix entre elles et par rapport aux chœurs. Il n'y a pas de comparaison entre les techniques d'aujourd'hui et celles d'hier. Si on écoute les disques d'il y a vingt ans, pour certains, notamment pour *Carmen* et pour *Tosca* d'ailleurs, je vous assure que bien souvent on était très avancé par rapport à l'époque, et c'est encore sensationnel. Des enregistrements remarquables ; quand ils sont transférés en numérique, ils sont de qualité absolument moderne.

Callas a toujours fait du studio d'enregistrement une analyse principalement négative. Il y a d'abord cet incident qu'elle raconte, la première fois qu'elle entendit sa voix dans un enregistrement grâce à la radiodiffusion de l'oratorio de Stradella, *San Giovanni Battista*, à Pérouse :

– Moi, contrairement au maestro Francesco Siciliani, ma voix ne me donne pas la chair de poule.
– Est-ce que vous arrivez à vous écouter ?
– Oui, j'aime pas. Il faut que je le fasse, mais je n'aime pas du tout. Alors, je ne suis pas mon type de voix, je déteste ça ! [rires] Oh ! j'ai horreur de ça ! Je vais vous raconter. La première fois que je me suis écoutée, à Pérouse. Une très belle église. C'était la première fois qu'on le passait à la radio. On avait le *tape* [la bande magnétique]. C'était en 1949, je crois. On nous fait écouter la bande, entre les deux parties de l'ouvrage. J'ai pleuré comme vous ne savez pas. Je ne voulais plus continuer. J'étais désespérée. Ils étaient désespérés. J'ai horreur de moi-même. Je reconnais ma voix

parmi toutes les autres, je reconnais ma façon de chanter, le monde que j'apporte dans le chant, mais je ne m'aime pas comme voix. Pas question. Mais je ne lutte plus. Je m'écoute avec une oreille désabusée. Alors, si c'est bien chanté[22]...

Cette remarque donne à penser qu'un des problèmes de fond de Callas, avec le travail phonographique, venait peut-être de ses propres réticences vis-à-vis de sa voix, dont tant de critiques ont dit qu'elle n'était pas belle « naturellement », et elle-même semble l'avoir considérée souvent négativement. Dans ce contexte, l'enregistrement sonore pouvait avoir pour elle un effet pire qu'un miroir. Culshaw a noté qu'aucun artiste n'aime le studio, que tout le monde s'y sent très nerveux, par-dessus tout les chanteurs. Tout le monde craint, note-t-il, cette idée d'être gravé à jamais.

Dans le premier reportage américain sur Callas, en septembre 1954, Martin Mayer raconte qu'il a assisté à quelques séances d'enregistrement de *Norma* à Milan :

> Les disques sont parfaits pour les petites voix, dit-elle. Pour moi c'est difficile, parce que j'ai une voix puissante[23].

A John Ardoin, Callas fait remarquer :

> Cela prend un tout petit plus de temps pour se mettre dans un rôle, mais pas beaucoup. En enregistrant, vous n'avez pas la sensation de projeter la voix comme dans un théâtre. Le microphone amplifie tous les détails, tous les défauts. Au théâtre, vous pouvez produire de très larges et grandes phrases. Devant le microphone, il faut réduire. C'est la même chose que dans un tournage de film ; vos gestes sont captés en gros plan, et ils ne peuvent être aussi marqués, aussi larges qu'au théâtre[24].

Le rapport de Callas avec le studio fut plutôt contradictoire. Elle ne l'aimait pas, le détestait même, tout en y réussissant très bien. Elle y mettait un soin perfectionniste, voire maniaque, pour les reprises et les polissages, et utilisait fréquemment son droit de veto pour l'édition de plusieurs séances de travail. A ses yeux, un des problèmes aigus de l'amplification sonore lui fut tant et plus rappelé par Walter

Legge, qui en fait d'ailleurs le principal souvenir négatif de son travail avec elle : la question du *vibrato* excessif. Des quantités incroyables de prises furent faites pour corriger ce « problème », soutient Legge, dès 1954. Toutefois, en dehors des passages aigus *forte*, qui lui causaient des problèmes et la rendaient nerveuse, Callas a développé un art très subtil du *mezza voce* qui s'adaptait bien à la prise de sa voix en premier plan phonographique. Par-dessus tout, elle avait la capacité de maîtriser la continuité dramatique d'une œuvre, malgré le découpage des prises.

HARRY FLEETWOOD – Après ce dur labeur sur l'enregistrement de *Turandot*, l'interprétation sur scène doit vous paraître un soulagement, n'est-ce pas ?

CALLAS – Oui, c'est certain.

– Comme une sorte de vacance...

– Tout à fait. Surtout pour le genre de chanteuse que je suis. Par exemple, ce qui se passe sur scène, vous voyez, est donné, c'est oublié, ou plutôt c'est donné à l'ouïe du spectateur. Mais l'enregistrement reste ; en d'autres mots, cela nous force à donner le meilleur de nous-mêmes. C'est pourquoi l'enregistrement nous rend nerveux, vous devenez conscient, après toutes ces années de studio, conscient du microphone. On ne peut pas tout à fait chanter trop en douceur, parce qu'alors vous entendez cette sorte de silence du microphone, trop en douceur vous empêche de bien projeter la voix. Par contre, si vous chantez fort, trop c'est trop... Ce n'est vraiment pas facile [25].

Ces réflexions n'empêchent pas Callas d'être ravie que Harry Fleetwood lui dise que *la Bohème* est un de ses meilleurs disques : « Je n'ai pas fait *la Bohème* sur scène, seulement sur disque », précise la cantatrice. Quelque temps auparavant, durant une autre émission radiophonique, à Philadelphie, Callas confiait à M. Rodrini : « *Un Ballo in maschera* et *Il Trovatore* ont été publiés, et j'apprends avec grand plaisir qu'ils sont des succès [26]. »

Au terme de sa première grande carrière active, à la fin des années 50, le premier « embryon de synthèse » de Callas quant au travail de studio, à travers ses interviews, apparaît encore limité aux questions des rapports entre la voix et le microphone. En 1972, au moment de ses *Master Classes*, elle élargit toutefois le propos, et aborde un peu plus les questions générales des conditions de l'industrie.

UNE VOIX DANS LA SALLE — Je considère *Turandot* comme une de vos meilleures intégrales sur disque...

CALLAS — Je déteste Puccini ! [Rires et applaudissements dans la salle] Je vais déclarer quelque chose qui m'est une sorte de malheur : Puccini est celui qui m'a rapporté le plus d'argent sur l'ensemble de mes disques ! [Rires] (...) Je peux rajouter une remarque stupide. Nous faisons de la musique. Mais souvent, les gens de l'industrie phonographique font du commerce. Ils ne considèrent pas, par exemple, qu'*Anna Bolena* peut faire un bon coffret rentable ; oui, même John Coveney, directeur artistique chez Angel, qui est pourtant un de mes bons amis. C'est comme ça ! Pas plus d'ailleurs *Il Pirata* qu'*Anna Bolena*... Heureusement les temps changent, et merci à ceux qui ont compris.

Callas ajoutait ce jugement, à propos des programmes, à ses opinions négatives sur le studio d'enregistrement. Mais c'était au moment où elle n'avait plus aucun contrat avec l'industrie phonographique. Visiblement, c'est un type de commentaire qu'elle n'aurait pas fait à la fin des années 50, ou pendant la décennie suivante, au moment où elle y travaillait encore. Par exemple, lors du débat télévisé d'Ed Murrow, en 1959, elle résiste aux questions de Victor Borge :

— Madame Callas, puis-je vous demander combien de prises vous faites quand vous enregistrez ?
— C'est très intéressant, et je vous réponds tout de suite. Il y a deux ou trois mois tout au plus, je crois en septembre, j'ai enregistré deux disques très intéressants. Un d'arias de Verdi, en particulier *Macbeth*. Je vais parler d'abord de *Macbeth*... A l'acte III, il y a la scène de somnambulisme. Je l'ai chantée, et j'espérais fortement que le producteur retiendrait cette prise, parce que je dois reconnaître que c'était très beau. Pas parfait, sans doute, je ne dis jamais cela, parce que nous ne faisons rien à la perfection, ce serait insensé de le dire. Mais enfin, c'était proche de la perfection. J'écoute la bande et je dis : « C'est du beau chant, gardons cette prise en réserve, question de sécurité, mais recommençons. » Pourquoi ? Ce

n'était pas vivant. Chanté à la perfection, proche de la perfection, mais ça n'avait rien à voir avec cette scène...
– Combien de prises, Maria ?
– Vous ne pouvez le dire ainsi, chaque morceau a ses difficultés particulières. Vos difficultés, ou celles de vos collègues, la distraction d'un son, d'une corde qui se brise, une toux... tant de choses...

En fin de compte, en ne mettant de l'avant que les aspects négatifs du studio, Callas a grossi l'image romantique, très XIXᵉ siècle ou début XXᵉ, de l'artiste brimée par la technologie, presque « exploitée » par les firmes phonographiques, au point de laisser croire que le disque ne peut graver que l'image diminuée, artificielle et fragmentée d'une carrière scénique. Callas poussait même cette illusion, de façon naïve, jusqu'à déclarer à Harry Fleetwood qu'elle souhaitait reprendre tout son catalogue phonographique pour en livrer de meilleures versions... – alors qu'il s'agissait tout bonnement pour EMI de refaire le catalogue Callas en stéréo !

Il est nécessaire de réévaluer aujourd'hui la dimension et la qualité de la production de studio de Callas, d'autant plus que le très grand succès de l'édition de ses *live,* après sa mort, a été en bonne partie soutenu par le point de vue réducteur selon lequel Callas était à son meilleur sur scène ; les *live,* on le répète *ad nauseam,* forment les enregistrements les plus représentatifs de son patrimoine artistique malgré les défauts techniques des prises de son ; et, de toute façon, tout contraignait Callas en studio : choix des opéras, absence de public, etc. Cette façon de voir est radicale et n'est pas moins extrémiste que celle des tenants du studio qui, aveuglés par la haute performance de la technologie, ont essayé d'enterrer définitivement le *live.*

Quand Alan Sanders publie sa première discographie succinte de Walter Legge, dans le livre de Schwarzkopf, il précise qu'il a dressé un inventaire limité des quelque 3 500 enregistrements de ce producteur, « en s'inspirant de l'énumération faite par M. Legge des enregistrements dont il était le plus fier [27] ». Il est éclairant de dégager de cette liste les meilleurs enregistrements de Callas :
1953 *Tosca*
1954 *Norma, I Pagliacci, Il Turco in Italia*

1955 *Madama Butterfly, Rigoletto*
1956 *Il Trovatore, la Bohème*
1957 *La Sonnambula, Turandot, Manon Lescaut*
1959 *La Gioconda*
1960 *Norma*

Ce tableau d'honneur ne contient que des intégrales, celles auxquelles Legge a participé pleinement (excepté *Il Turco in Italia*). Legge ne mentionne pas les deux récitals d'airs d'opéras français de 1961 et 1963, ni aucun des récitals antérieurs de Callas, pas plus que l'intégrale d'*Il Barbiere di Siviglia,* dont il a pourtant écrit que c'était la meilleure performance sur disque de Callas. Mais ce palmarès apporte une appréciation professionnelle révélatrice, plus objective en tout cas que celle des fans inconditionnels de Callas.

Au studio, Callas travailla d'arrache-pied pour surmonter ses difficultés et ses limites, plus encore qu'au théâtre où, visiblement, d'un point de vue subjectif, elles s'exprimait avec plus de plénitude, en contrôlant ses moyens, y inclus la maîtrise vocale. A son corps défendant, et malgré son insécurité et son jugement négatif, Callas fut un véritable « monstre sacré de studio », peut-être plus encore qu'une « bête de scène ».

TROISIÈME PARTIE

« PASSÉ LE PONT, LES FANTÔMES
VINRENT À SA RENCONTRE »

1

La Traviata de Callas
Le fantôme de EMI

Dans le film *Maria Callas. Life and Art*, auquel ont participé des cadres de EMI dont Peter Andry, il est rappelé qu'en 1968 la firme dut annuler à Rome un enregistrement de *la Traviata,* dirigé par Carlo Maria Giulini, dans lequel Callas devait chanter avec Pavarotti. Cette production n'était pas qu'un projet, elle était déjà entièrement organisée : studio, chœurs et orchestre de la RAI avaient été retenus et engagés (Francesco Siciliani était alors directeur de la RAI) ; le découpage et le calendrier des sessions étaient déjà faits selon la disponibilité des chanteurs vedettes. Callas, une fois de plus, avait empêché le projet qui lui tenait le plus à cœur. Ce devait être la dernière fois chez EMI, qui avait déjà vu circuler dans ses murs le fantôme de cette *Traviata* depuis 1952. Seize longues années, pas une note enregistrée de la Violetta de Callas !

Plus tôt, en 1955, EMI a produit, dans le cadre du programme Columbia/Legge, sous la direction de Walter Jellinek, une *Traviata* « officielle » de la Scala avec Di Stefano, Gobbi, Serafin et Antonietta Stella. Callas ne pouvait participer à cette distribution puisque son contrat de 1952, avec Cetra, lui avait fait produire une *Traviata* en septembre 1953 et lui interdisait donc, pendant cinq ans, de refaire cet ouvrage pour une autre firme.

En 1960, George Jellinek, premier biographe de Callas, écrit que EMI a été de l'avant avec cette intégrale pour les besoins de son catalogue. L'auteur indique qu'il a reçu, pour son livre, les témoignages de Walter Legge ainsi que de Dorle et Dario Soria. Cette nécessité du catalogue EMI/La Scala a dû à l'époque paraître impérieuse pour qu'on n'attende pas encore deux ans avant de produire une *Traviata* avec Callas. Car en mai et juin 1955, la Scala avait vu le grand triomphe de la cantatrice dans la mise en scène de Visconti, sous la direction de Carlo Maria Giulini. L'impact de cette production avait eu un retentissement international. On ne pouvait imaginer demande plus forte pour une intégrale phonographique de cette œuvre avec la cantatrice.

Callas était toute désignée pour être la tête d'affiche de cet enregistrement, comme de l'ensemble du catalogue italien de EMI. Toutefois, la firme décide, à l'été de 1955, de procéder suivant le plan de travail, sans Callas. Ce fut une belle tempête, et une brouille, surtout entre Serafin, le chef retenu pour ces disques, et Callas. Dans son article sur la diva, Legge attribue ce froid au caractère ambivalent de la vedette, se gardant néanmoins d'expliciter les raisons de son choix de distribution, en tant que premier responsable de l'enregistrement.

On a sans doute beaucoup grossi cette brouille entre le maestro et la cantatrice. Il est vrai que Serafin n'apparaît pas dans les enregistrements Callas de 1956 (Karajan dirige *Il Trovatore* et Antonino Votto *la Bohème* et *Un ballo in maschera*), pas plus que dans celui d'*Il Barbiere di Siviglia* de février 1957 à Londres, dirigé par Antonio Galliera, ou de *la Sonnambula* à la Scala avec Votto. Cependant, dès la saison d'été 1957 où sont produits les enregistrements EMI/La Scala, Serafin est au pupitre pour *Turandot* et *Manon Lescaut*, puis pour la *Medea* produite pour Ricordi. La « brouille » n'a donc pas duré « des années », comme on le rapporte souvent.

Était-ce pour EMI un « suicide » que d'enregistrer *la Traviata* avec Stella ? Pas du tout, contrairement à ce qu'on a pu croire. Sans avoir la réputation internationale de Tebaldi ou de Callas, Antonietta Stella était une artiste hautement cotée en Italie et elle avait travaillé pour Cetra dans l'enregistrement de *Simon Boccanegra*. EMI lui fit aussi signer un contrat, et elle apparut dans la production de l'intégrale de *Don Carlo*. A l'automne de 1957, ses débuts au Met suivaient de près ceux de Callas[1]. Dans ce contexte, sa présence au catalogue EMI Angel/La Scala dans *la Traviata* pouvait paraître à Legge et aux Soria comme une bonne façon de faire coïncider la vente du coffret avec l'événement du Met. Peu après sa performance dans *la Traviata* de EMI, Philips l'engagea avec Serafin, dans un programme assez ouvertement concurrentiel de celui de EMI, qui misait sur des ingrédients similaires. Chef : Serafin. Maison d'opéra prestigieuse : le San Carlo de Naples. Les œuvres : alternance entre le répertoire grand public (*Tosca*, en 1957) et l'inédit phonographique (*Linda di Chamounix*, de Donizetti, en 1959). Par la suite, quand le contrat entre la Scala et EMI prit fin pour passer chez DGG, cette firme programma à quelques reprises Stella dans ses enregistrements « officiels » de l'Opéra de Milan.

Pour l'industrie du disque, et EMI en particulier, le choix de Stella n'était donc pas une solution désespérée. Malgré cela, du fait de l'apogée de Callas dans le *star-system* international durant les années 56, 57 et 58, il est évident que cette intégrale de *la Traviata* n'eut pas un volume de vente aussi grand que les autres enregistrements « La Scala ». Willie Lerner, disquaire chez Music Masters à New York, peut en témoigner : « *La Traviata* avec Stella ne fut pas très bien reçue. Les ventes auraient mieux marché si Callas y avait interprété Violetta. » Après coup, cette *Traviata* se révèle tout au plus comme un enregistrement de routine, dont les autres vedettes (Serafin, Di Stefano et Gobbi) n'arrivent pas à faire oublier l'absence de Callas.

Dans l'enchevêtrement des contrats de 1952 avec Cetra et EMI, il semble que Callas ait fait elle-même aux deux firmes la promesse d'enregistrer *la Traviata*. Pourquoi en dernier ressort a-t-elle tranché en faveur de Cetra ? A défaut de documents clairs à ce sujet, il faut croire que Callas, afin de trouver un bon prétexte de ne pas enregistrer pour Cetra tout le programme auquel elle s'était engagée, a choisi d'enregistrer à Turin le Verdi qui garantissait à Cetra un *best-seller* plus solide que *Mefistofele, Manon Lescaut* ou *I Puritani*. En produisant une *Traviata* en 1953 pour Cetra, Callas ne pouvait ignorer qu'elle ne pourrait pas refaire cet ouvrage pour EMI (ou pour une firme concurrente) avant 1958. A moins qu'elle et ses conseillers n'aient pensé négocier avec Cetra une politique de rachat des droits sur cet enregistrement. Avec la cote rapidement montante de Callas, il était pratiquement hors de question de demander à Cetra la somme nécessaire à un tel rachat. L'absence de *la Traviata* de Callas, chez EMI, est donc avant tout le prix à payer pour le jeu risqué de ces deux contrats signés à l'été 1952, mais aussi une erreur de jugement imputable à Callas elle-même ou aux conseils de Meneghini. Les reproches que Callas fait publiquement à Serafin ou à Legge ne sont qu'une diversion. « Bien sûr, commente Dorle Soria, une *"Traviata* Callas"* à cette époque aurait fait une grosse vente ! Mais Callas n'était pas très méticuleuse en affaires. » Que dire de Legge et des Soria ? Ce qui n'empêche pas Legge d'avoir indirectement admis sa propre gaffe, car il a lui-même programmé et organisé les enregistrements Callas/La Scala pour l'été 1955. Il fait remarquer, dans une note aux Soria, à propos des incidents de Londres avant l'enregistrement du *Barbiere di Siviglia* (cette histoire des caniches de Callas qui auraient pu être gardés en quarantaine en Angleterre et contraindre la diva à ne pas enregistrer le Rossini) : « Rien ne serait diplomatiquement plus désagréable que d'enregistrer l'opéra sans Maria et nous le regretterions pendant des années[2]. » Il devait se souvenir de l'affaire de *la Traviata* en 1955 !

En 1957 et 1958, Callas est libérée de son contrat Cetra, respectivement pour *la Gioconda* et *la Traviata*, et va faire, jusqu'en 1960, des *remakes* stéréophoniques : *Lucia, la Gioconda, Norma.* Or, à cette époque, chez EMI, le point le plus obscur de son travail est justement qu'elle ne fait pas de *Traviata* avec Legge et la Scala. Fait d'autant plus curieux que EMI publie justement, en 1960, une *Traviata* stéréo avec Serafin, produite à Rome en juin 1959, avec Victoria de los Angeles, pour le label HMV ; ce qui montre bien qu'on a beaucoup travaillé chez EMI pour programmer cet opéra. Une intégrale de l'ouvrage avec de los Angeles ne s'oppose pas, théoriquement, à ce que le label Columbia en fasse une avec Callas, à moins qu'elle n'ait trop de problèmes vocaux ou qu'elle ne puisse respecter les horaires planifiés. Doit-on y voir les séquelles des rivalités entre Columbia (le fief exclusif des succès de Legge) et HMV, chez EMI, ainsi qu'un manque flagrant de concertation pour les choix du répertoire ? C'est plausible, d'autant plus qu'à ce moment-là la direction de EMI décide de rationaliser sa production et de créer son comité de planification international. Michel Glotz commente, à ce sujet : « Il était hors de question que Callas enregistre cet ouvrage avec le maestro Serafin, puisqu'il l'avait fait en mono en 1956 avec Stella ! »

Mais il ne faut pas perdre de vue que c'est à la fin de la saison

1958 que la Scala a remercié Callas, par la bouche de son implacable surintendant, le Dr Ghiringhelli. Le patron aurait-il imaginé de supprimer ainsi le nom de Callas jusque sur les enregistrements EMI Columbia portant le sceau de la Scala, confondant ainsi le travail sur scène et celui de studio ? En tout cas, Callas n'apparaît dans aucune des productions de l'été 1958, ni dans *la Fanciulla del West*, ni dans *l'Elisir d'amore*. De plus, elle va enregistrer à Londres sa nouvelle *Lucia* en stéréophonie, puisque la Scala a passé un contrat avec la maison italienne Ricordi, pour produire son enregistrement officiel de cet ouvrage avec Renata Scotto et Giuseppe Di Stefano. Callas enregistra encore à Londres ses deux récitals Verdi. Il est facile d'imaginer que EMI a dû tenter de produire une *Traviata* pour Callas, soit à Rome en 1959, ou encore à Londres au début des années 60. John Ardoin rapporte ce témoignage de Walter Legge : les sessions de Londres de 1962 avaient été planifiées pour une intégrale de *la Traviata*. Le projet une fois annulé, EMI utilisa l'orchestre et Callas pour l'enregistrement d'arias [3].

Les enregistrements EMI/La Scala avec Callas ne reprennent qu'en 1959 pour *la Gioconda*, qui sera suivi de *Norma*. Entre 1961 et 1964, après *Norma*, Legge ne réalise aucune intégrale avec Callas, à cause des problèmes vocaux de la vedette (Legge parle de 1961-1962 comme « des années de crise » de Callas) et du ralentissement de la production du catalogue EMI en stéréo.

En 1964, après la démission de Legge, l'idée d'une *Traviata* est reprise par Michel Glotz ; et les rumeurs vont bon train à Paris. Non seulement Callas souhaite-t-elle reprendre le rôle à la scène, mais elle semble se rallier à l'idée d'en faire un opéra filmé [4]. Un des biographes de Callas, Galatopoulos, prétend que cet enregistrement de *la Traviata* est prévu quelque part en avril 1965, entre *Tosca* au Met et *Norma* à l'Opéra de Paris. Roland Mancini n'y croit pas, les quelques semaines qui restent devant être consacrées à la préparation et aux répétitions de l'ouvrage de Bellini [5]. Il est plus plausible de supposer que le projet d'enregistrement ait pu se réaliser à l'été, par exemple en juillet, suivant la coutume. Mais à ce moment-là, après les épuisantes représentations de *Norma* en mai à Paris, de *Tosca* à Londres en juin, Callas arrête tout. L'enregistrement de *la Traviata* est enterré une fois de plus.

MICHEL GLOTZ – M. Onassis tenait énormément (contrairement à ce que dit Mme Stassinopoulos, dont le livre est plein d'erreurs), à la carrière de Callas. Il a fait une lettre personnelle à Jack Warner, avec l'accord de M. von Karajan. Il l'avait rencontré grâce à moi, dans un dîner que j'avais organisé, où il y avait M. et Mme von Karajan, Mme Callas, M. Onassis et moi-même. Nous avons fait ensemble une lettre pour faire un film sur *la Traviata* avec Visconti, que Karajan dirigerait. Karajan était tout à fait d'accord, Visconti aussi. Onassis était même d'accord pour financer le film. Et puis, je ne sais pas ce qui s'est passé. Ça ne s'est jamais fait, à deux niveaux. Un que je ne connais pas : ce qui s'est passé entre Warner et Onassis, parce que c'est arrivé au moment où les liens entre Callas et Onassis se sont distendus. Et le deuxième point que je connais très bien : il y a eu une sorte de maldonne au sujet de *la Traviata*, parce que Callas a beaucoup hésité entre Karajan et Giulini. M. Giulini avait des dates, qu'elle a repoussées et repoussées. A la fin, il en a eu assez, a tout laissé tomber. M. von Karajan, lui, a été beaucoup plus patient, très amical avec elle. Il lui a dit : « Écoute, je comprends très bien que tu sois morte de peur à l'idée de faire *la Traviata*, mais moi je suis toujours à ta disposition à Berlin. Tu viens quand tu veux ; tu fais l'air du premier acte quand tu en as envie, tu n'as qu'à me donner un coup de téléphone ; on est toujours à ta disposition. Et une fois que tu auras l'air du premier acte *in the can*, eh bien ! après, le reste n'est plus rien. » Elle a remis, remis, remis. C'était bien dans son caractère de remettre toujours à plus tard et c'est ainsi que le film ne s'est jamais fait. C'était donc en 1965, oui, le projet de *la Traviata*, enregistrement et film.

En 1966, projets et rumeurs rôdent encore : fera-t-on un film et un disque, dans lesquels sont impliqués Callas, Glotz, Karajan, et pour lesquels DGG fait encore des offres pressantes ? EMI contre-attaque en organisant l'enregistrement de *la Traviata* avec Callas à Rome, en 1968, aux côtés de Pavarotti et sous la direction de Giulini. Contrairement aux projets antérieurs de 1964 à 1966, Michel Glotz n'est pas retenu par Callas comme producteur, car c'est Peter Andry qui est à la barre. Mais la production est annulée à la dernière minute. Les coûts prodigieux que sa préparation a entraînés font alors de ce projet un des plus grands fiascos commerciaux de l'histoire contemporaine du disque d'opéra. Selon John Ardoin, Callas expliqua qu'elle s'était blessé les côtes dans une chute. Le film *Life and Art* montre bien cependant qu'une raison personnelle a pu pousser la diva à renoncer à *la Traviata*. Onassis s'était lié avec Jackie Kennedy et rompait avec Callas ; l'enregistrement devait se faire en juillet, c'est en septembre qu'Aristote Onassis épouse Jackie Kennedy. Ce fiasco phonographique est l'objet d'*Aria*, le roman vitriolique de Brown Meggs, un cadre de Capitol Angel Records.

Quand Callas retourne aux studios de la salle Wagram, en février-mars 1969 – pour contrebalancer le projet avorté de *la Traviata* –, c'est pour tenter de reprendre et de compléter un album d'arias d'opéras rares de Verdi, commencé en 1964. A l'émission *l'Invité du dimanche*, à la télévision française en 1969, Callas raconte que le travail sur cette « moitié de disque » a bien marché, mais qu'il n'est pas encore au point malgré les critiques favorables de ses amis. Elle a tout démonté, phrase par phrase, plage par plage, et en refuse l'édition. Elle rêve encore à *la Traviata* avec Visconti, à l'Opéra de Paris : « C'est dans la main de Dieu. »

L'échec répété de EMI, pendant plus de quinze ans, à produire une intégrale de *la Traviata* par Callas, dut paraître d'autant plus amer qu'un événement phonographique, entre-temps, en apparence anodin, allait retourner le fer dans la plaie.

En mars 1966, à New York, l'ésotérique label FWR publie une intégrale *live* de *la Traviata*, un enregistrement du 20 juin 1958 à Covent Garden, à Londres (c'est justement à Covent Garden que Callas a interprété sur scène pour la dernière fois le rôle de Violetta). Bien que limité à 1 000 exemplaires, ce coffret, qui se vend sous le manteau et circule dans la quasi-clandestinité, non seulement fait figure d'affront à EMI par son caractère illégal, mais il rappelle encore à la firme qu'à cause de son incapacité à publier un témoignage de la Callas des « grandes années » en Violetta, d'autres se chargeront dès lors de ce patrimoine culturel.

Plus tard, quand s'estompent les rumeurs du dernier fiasco de *la Traviata* et que Callas reçoit un succès mondain à New York avec ses *Master Classes* de Juilliard, en 1971 et 1972, la chasse aux interprétations enregistrées de ce rôle mythique reprend de plus belle. En août 1972, le label américain MRF édite la représentation du 28 mai 1955 à la Scala, la radiodiffusion par la RAI de la célèbre mise en scène de Visconti. En 1973, Edward J. Smith, le plus prolifique et le plus important des « indépendants » américains, publie sous étiquette UORC la représentation de Callas le 3 juin 1952, à Mexico. Ces coffrets deviennent, à leur façon, la réponse des « pirates » aux insuffisances et aux échecs de EMI. D'autant plus que le déclin vocal de Callas et sa retraite officieuse de la scène, en ce début des années 70, rendaient impossible tout nouveau projet d'enregistrement. La piraterie phonographique américaine pousse EMI à sortir des inédits de Callas, à défaut de nouvelles et problématiques bandes de studio. Dans cette optique, il est logique que la direction de EMI songe à la possibilité d'éditer un *live* légal de *la Traviata*. David Hamilton est formel. On cherche chez EMI, pour telle ou telle bande sonore existante, à résoudre les problèmes et les arrangements juridiques concernant tous les musiciens qui y paraissent ; tâche impossible, complications insolubles, impliquant plusieurs syndicats de musiciens, des collègues chanteurs déjà sous contrat avec d'autres firmes, etc. Malgré toute sa bonne volonté, EMI ne parvient pas, dans ce dédale de complications, à « dégager » une bande qui soit propre à l'édition légale.

Officiellement et pour une certaine période, EMI n'admet pas avoir eu un tel projet, pas plus pour *la Traviata* que pour tout autre enregistrement *live* de Callas, ou de quiconque. Quand Pierre Flinois prépare, pour *l'Avant-Scène Opéra* d'octobre 1982, son reportage sur la question, Michèle Lazare, secrétaire générale de EMI Pathé-Marconi, est catégorique au chapitre de l'édition courante de bandes *live*. « Callas, affirme-t-elle, souvent sollicitée pour en autoriser l'édition discographique, s'y est toujours refusée. » Dans cette déclaration, un point paraissait encore ambigu. Callas était-elle seule en cause, ou se pouvait-il que EMI ait eu des réticences à ce genre de publication ? J'ai alors écrit à la direction de EMI : « Ce refus, à votre connaissance, était-il du seul ressort de Callas, ou dû à des dispositions contractuelles avec EMI ? » Ce à quoi Michael Allen répondit : « Je suis certain que cela aurait pu être à la fois une décision personnelle de Callas et le fait de ses liens contractuels avec nous [6]. » Si EMI et Callas avaient bel et bien scellé par contrat leurs réticences à éditer des *live*, rien ne les empêchait de se mettre d'accord pour faire exception, par exemple pour une *Traviata*. Pour David Hamilton, cet accord eût été acquis pour cet opéra, si on était parvenu à dénouer les imbroglios juridiques qui paralysaient l'édition de bandes existantes inédites.

Pendant que traînaient ces recherches, d'autres *live* sortaient de l'ombre. En 1974, le label américain BJR publie des extraits d'une *Traviata* du 17 juillet 1951, à Mexico (dont l'intégrale sera plus tard éditée par Historical Recording Enterprises), plus l'intégrale du 3 juin 1952, toujours de Mexico. Si bien qu'à la fin de 1974, en tenant compte de l'ancien FWR réédité sous le label LESWC, plus les UORC et MRF déjà en circulation, on peut déjà compter quatre intégrales de *la Traviata* avec Callas au catalogue *underground* !

En 1977, Callas devait donc mourir sans avoir jamais vu une de ses Violetta chez EMI. A la même époque, en bénéficiant des particularités de la loi italienne sur le copyright, Fonit-Cetra fait un malheur sur le marché international avec la bande de 1955 de la RAI. Aux dires de Jacques Bertrand, la firme italienne en vend 15 000 coffrets, c'est-à-dire trois fois le volume d'une bonne vente moyenne. D'après le producteur français, ce succès commercial ne pouvait qu'achever de convaincre EMI de résoudre son problème d'une *Traviata* « Callas » à son catalogue.

Entre-temps, la firme BJR avait déniché un enregistrement *live* de cet opéra donné au Teatro Nacional de San Carlos, à Lisbonne, le 27 mars 1958. Charles Johnson raconte :

– Nous étions alors en négociations avec ce théâtre à Lisbonne, qui avait la bande de *la Traviata* avec Callas et Kraus. Nous fûmes informés que la propre firme d'Alfredo Kraus, Carillon Records, avait fait l'acquisition de cette bande. Nous sommes alors entrés en pourparlers avec Kraus. Il suggéra une fois que nous fassions une coproduction BJR-Carillon. Nous aurions eu les droits sur la bande et lui les droits de distribution en Europe, nous aux États-Unis. Quelque temps après, EMI entra à son tour en pourparlers avec Kraus et lui fit une offre alléchante. Comme M. Kraus était le seul à détenir les droits sur cette représentation, il était facile pour EMI de négocier avec une seule personne plutôt qu'avec plusieurs ayants droit[7].

HRE devait toutefois éditer cette *Traviata* de Lisbonne deux mois avant EMI.

Alfredo Kraus avait donc donné son accord à EMI, ainsi que Vasso Devetzi, la « légataire universelle morale » de Callas et présidente de la Fondation Maria-Callas... Pour le reste, comme le fait lucidement remarquer David Hamilton, le « Portugal, en 1958, était encore une dictature, il n'y existait aucun problème de droits syndicaux pour cet enregistrement ».

En fin de compte, EMI légitime et lance en 1980 cette *Traviata* de Lisbonne avec une jaquette de Callas dans sa Violetta de la Scala de 1955 (photo noir et blanc repeinte en tons pastel). Cette édition légale oblige l'*underground* HRE à retirer « sa » *Traviata* de Lisbonne de la circulation, pour ne pas être la cible de poursuites de la part de EMI. Néanmoins, en Italie, entre 1979 et 1981, trois labels spécialisés en enregistrements *live* (Foyer, Stradivarius, Movimento) vont publier ce même Callas.

Il aura donc fallu presque vingt-cinq ans pour que EMI réussisse à inscrire à son catalogue une *Traviata* de Callas, et à la faire ranger chez les disquaires à côté de dizaines d'autres compagnies rivales ou encore près de ses propres versions de studio avec Stella, de los Angeles et Beverly Sills. Et pour finir en beauté, EMI ajoute en 1990 une autre *Traviata* en direct, celle du grand succès de Callas à la Scala en 1955 ! Voilà donc enfin au catalogue de la maison mère de la diva un enregistrement qu'elle n'avait pu produire, par sa très grande faute, quelque trente ans plus tôt. Veut-on ajouter à cette saga quelque prévision ? Si, comme la rumeur court, EMI arrivait à négocier avec Cetra la distribution des enregistrements Callas appartenant à la firme italienne, une autre *Traviata* s'ajouterait au catalogue de la multinationale. Cette fois, il s'agit bien d'un enregistrement de studio. EMI aurait bouclé la boucle et trouvé la clé du mystère de son fantôme de l'opéra *la Traviata*.

Pour Callas, le train part sans elle en 1955, mais pour EMI « tout vient à point à qui sait attendre ». Cette histoire phonographique est exemplaire de la présence de Callas dans l'industrie phonographique depuis 1952. Que EMI n'ait pas réussi à faire de ce rôle emblématique un produit de grande technologie et, comme dirait Legge, un héritage musical de poids, montre bien que le mariage de raison entre l'art et la logique gestionnaire n'assure pas toujours l'unité et la pérennité qu'on lui prête. Et lorsque, à bout de ressources, la maison mère publie ce qui ailleurs eût été considéré comme *underground* ou carrément illégal, ce produit, malgré toute sa légalité formelle, laisse voir sa parenté avec les « univers parallèles ».

Il reste encore aujourd'hui des traces du fantôme de *la Traviata* de Callas. *Luna* de Bertolucci utilise un prélude de l'enregistrement EMI sans Callas. Franco Zeffirelli, quand il réalise enfin, il y a quelques années, son vieux projet de film-opéra, écrit, à propos de « sa » *Traviata* :

> Il resterait à dire pourquoi j'ai choisi *la Traviata* pour mon premier film d'opéra. Eh bien, parce que c'est l'opéra par excellence, parmi les plus beaux qui existent dans l'absolu. Parce que, le dédiant à Maria Callas, avec l'espoir d'attirer au drame musical de nouveaux spectateurs (prêcher des convertis ne m'intéresse pas), il m'a fallu impérativement choisir le meilleur [8].

2

Organiser le musée
« L'ensevelissement de la voix vivante »

Il est permis de rêver à ce qu'aurait produit Callas si elle était devenue, au détour des années 60, la Glenn Gould des studios phonographiques et audiovisuels. Idée incongrue, mais presque inconsciemment concrétisée si on en juge par le calendrier des enregistrements de
Paris de 1961 à 1965. Ce programme, qui devait se révéler le dernier
de Callas, est le plus médiatique de toute sa carrière. A ce titre, il
demeure à la fois un anachronisme et une nouveauté appréciable et
séduisante. Jamais Callas n'aura autant été sur la corde raide.
Ces enregistrements ultimes paraissent plus tragiques et émouvants
que les dernières représentations sur scène dans *Tosca* et *Norma*. Ces
disques gardent certes une empreinte quelque peu commerciale (quelques Verdi et plusieurs airs français, dont un d'Ambroise Thomas) et
font une inutile concurrence aux répertoires phonographiques de
Schwarzkopf et de Victoria de los Angeles (Massenet, Gounod,
Bizet...). Ils entrouvrent malgré tout des portes inédites qui auraient
pu être développées magistralement pour l'héritage sonore, par exemple du côté de Gluck, de Berlioz, et pourquoi pas des opéras français
de Cherubini, Verdi, Rossini et Donizetti, ou encore de Haendel
suggéré par Thomas Beecham. Plus prosaïquement, ce programme
devait se clore sur *Tosca*. Quelques mois plus tard, en mai 1965,
Callas fait pour l'ORTF un concert de studio télévisé. La majorité
des autres bandes magnétoscopiques qui existent de Callas sont des
enregistrements, par diverses télévisions, de concerts ou d'extraits de
représentations scéniques, à l'exception d'une performance de studio,
à New York, pour le *Ed Sullivan Show* (1956).

Le concert de l'ORTF est produit suivant les méthodes de l'enregistrement et du montage cinématographiques. Il contient une interview avec Bernard Gavoty qui marque pour Callas le début de ces sortes de « mémoires » audiovisuels qu'elle confiera petit à petit à divers studios. En 1965, elle est invitée à la radio française : *Trois jours avec Maria Callas*.

Une Callas audiovisuelle ?

Pendant que toute l'attention est tournée vers les représentations de Callas sur scène, émergent timidement ces rares exemples de produits audiovisuels où Callas innove une fois de plus. Involontairement, elle entre dans l'ère contemporaine des vedettes du classique et de l'opéra, qui vont de plus en plus, dorénavant, se produire abondamment sur tous les supports audiovisuels disponibles – phonogrammes, enregistrements radio et télé, films et vidéocassettes. Une sorte d'époque *mcluhanienne* allait s'installer où des Gould, Menuhin, Karajan, Bernstein, Cathy Berberian travailleraient avec la plupart des technologies audiovisuelles, sans compter les utilisations hypercommerciales des Pavarotti et Domingo.

Pour Callas, c'est aussi l'époque où, à côté des enregistrements récents mais rares, commencent à apparaître et à se multiplier les anthologies. EMI Italiana sort son excellent disque *l'Incomparabile Callas*, un modèle du genre. Présentée par Mario Morini, cette anthologie est probablement la première à réunir une documentation sonore de Callas en plaçant le caractère unique de cette interprète contemporaine sous le signe du mythe populaire, *accomplissement de son propre destin dans un effort volontaire de perfection et d'autoconquête*, dont le disque devient le véhicule et le support :

> C'est probablement pour cette raison que la curiosité populaire n'a jamais fait de distinction, dans son cas, entre la femme et la cantatrice, entre le personnage et l'artiste, assumant au contraire les caractéristiques du type humain insolite, à l'enseigne d'une psychophysiologie de type héraldique.

Ce commentaire à lui seul indique que Callas est déjà entrée vivante dans la légende, dans un *star system* consolidé, et que ses archives sonores sont capables d'entretenir et à de renouveler les contours complexes de sa figure mythique.

Quelque temps après, Angel Records publie aussi une anthologie, *The Art of Maria Callas*, un coffret de deux disques comprenant les seuls enregistrements stéréo de Callas (extraits d'intégrales ou de récitals) entre 1957 et 1964, d'un pragmatisme commercial plus évident. Enfin, il n'y a rien, jusqu'au maquignonnage, qui soit délaissé. En France, circule un disque *Callas/Tebaldi*, fait à partir de leurs enregistrements Cetra du début des années 50 : ici, la publicité de la querelle des divas s'étale jusque dans le faux titre du disque, qui laisse croire à une sorte de récital conjoint des rivales. C'est aussi l'époque où les firmes commencent à « rhabiller » les anciens enregistrements de Callas.

La carrière d'un disque n'a donc rien à voir avec le déclin de son interprète. Pour Callas, ce mouvement contradictoire ne connaîtra plus de frein. L'art de Callas entre de plus en plus dans le musée et dans l'histoire. Le disque, objet produit et emmagasiné, peut être ressorti à divers moments, sous diverses formes, avec de nouvelles présentations. Il a une sorte de vie propre, une vie commerciale spécifique répondant aux mouvements de la demande. La trajectoire des enregistrements de Callas s'affranchit complètement de la courbe de sa carrière.

En décembre 1964, quand Callas entre à la salle Wagram pour enregistrer *Tosca*, personne évidemment ne peut imaginer qu'il s'agit là de sa dernière intégrale phonographique. Une particularité de cette production réside dans les effets sonores de Fred Kiriloff ; à côté des traditionnelles cloches et des indispensables coups de canon, on peut noter, dès le début du premier acte, les pas d'Angelotti dans l'église, puis le grincement de la porte de fer de la chapelle des Attavanti ; à l'acte II, le son de la fenêtre que ferme Scarpia ; plus tard, après le coup de couteau de Tosca, le bruit du corps de Scarpia qui s'écroule...

La multiplicité de ces effets sonores s'explique peut-être, comme le note John Ardoin [1], par le fait que cet enregistrement devait servir de bande originale pour le film-opéra que Zeffirelli voulait tourner avec Callas. Une firme ouest-allemande avait acquis de Ricordi, l'éditeur de Puccini, les droits d'adaptation cinématographique, et exigeait d'avoir Herbert von Karajan au pupitre. Comme il n'y eut pas d'entente entre les parties, le film ne se fit jamais. Un point de cette affaire est resté longtemps obscur. Au moment de l'enregistrement, en décembre 1964, où en était cet imbroglio juridique ? Film ou pas, EMI ne voulait pas abandonner cet enregistrement dans ses coffres plus longtemps, puisque les nouvelles représentations de *Tosca* de Callas, à l'hiver et au printemps 1965 – à Paris, New York et Londres – étaient imminentes, et que le coffret devait sortir pour accompagner cette très rare série de représentations. Les producteurs en préparaient alors l'édition pour les neuf représentations de Paris, en février-mars ; aux États-Unis, le coffret sortait en avril tout de suite après les représentations du Met, les 19 et 25 mars ; en Angleterre, l'intégrale paraissait en juillet, après l'unique représentation du 5 à Covent Garden (qui devait être la dernière apparition de Callas sur scène).

– *Michel Glotz, pour ce qui est de* Tosca *en 1964, on rapporte qu'il s'agissait d'une bande sonore pour un film de Zeffirelli. Pourquoi le film n'a-t-il pas été réalisé ?*
– Parce que Callas a eu le sentiment (vrai ou faux, peu importe) que Zeffirelli se servait d'elle. C'est délicat à dire dans une interview officielle, mais c'est le motif pour lequel elle n'a pas donné de suite à cette affaire. C'était très difficile, d'autant qu'elle avait finalement signé un contrat sur l'impulsion de M. Onassis. Zeffirelli était venue la voir sur le bateau de M. Onassis. La rencontre (si j'ai bien compris, car je n'étais pas là) s'est assez mal déroulée ; Zeffirelli avait même demandé une avance pour lui, personnellement, car je crois qu'il était à court d'argent... Bref, elle a eu l'impression qu'elle entrait dans une aventure qu'elle ne connaissait pas bien, dont elle allait faire les frais. Donc, elle n'a pas donné suite.
– *Et à propos des droits d'adaptation cinématographique que Ricordi aurait entre-temps accordés à une firme ouest-allemande ?*
– Oui, M. von Karajan y était mêlé, c'est vrai. C'était Unitel, à Munich. Si mes souvenirs sont bons, je crois que Callas a eu l'impression qu'on allait lui demander de faire des choses sans son approbation artistique, qu'elle allait être un peu livrée à un metteur en scène sans qu'elle puisse dire : « Je veux ou ne veux pas. » Elle s'est rétractée. Ça correspond aussi à une crise psycho-

logique, car c'était l'époque, entre nous, où on parlait de rupture avec M. Onassis, à quelques mois près. Cela a joué un grand rôle dans la prise de décision de Maria Callas.

– *Au moment de l'enregistrement salle Wagram, le projet de film était-il arrêté, prévu ?*

– Non. Quand on a fait *Tosca*, le projet de film était inexistant. C'est après, absolument. Du reste, à l'époque, les films, c'était une nouveauté totale, comme pour le projet de la « guerre des étoiles », une chose absolument expérimentale. Personne ne se lançait là-dedans, pas du tout. C'étaient les balbutiements de la télévision, notamment en Europe. En tout cas, quand on a produit *Tosca*, il n'était pas question d'en faire un film. C'est clair, net et précis. Un disque et rien d'autre. Le projet de film est venu bien après.

Franco Zeffirelli, dans son autobiographie[2], donne une version différente de ce projet. Il situe la négociation du projet en 1966 ; il est d'accord sur ce point avec Michel Glotz : le film-opéra ne coïncidait pas avec l'enregistrement de 1964 de la salle Wagram. Il mentionne seulement qu'il veut se servir de la production de 1964-1965, à Covent Garden, comme élément de base pour l'adaptation cinématographique. Est-ce que cela sous-entend l'enregistrement *live* qui en fut fait ? Ce n'est pas clair. D'ailleurs Zeffirelli ne parle jamais des derniers disques de Callas à Paris, ni de Glotz. Il met plutôt l'accent sur ses mises en scène de *Norma* et de *Tosca* pour les représentations de Callas à Paris et à Londres, en 1964-1965.

Zeffirelli rappelle d'abord que Callas avait auparavant refusé de tourner avec lui une version de *la Traviata*, à cause de son inexpérience dans la mise en scène cinématographique. Mais une fois qu'a été accepté son projet d'une version filmique de *la Mégère apprivoisée*, avec Elizabeth Taylor et Richard Burton, Zeffirelli croit que le moment est venu de relancer l'idée de *Tosca*. Callas l'invite à venir en discuter directement avec Onassis, à bord du yacht *Christina*. L'armateur grec connaissait l'intérêt de la firme British Home Entertainment pour ce projet.

Il y avait une difficulté de taille à surmonter : les droits filmiques de l'opéra acquis par Karajan. Callas ne veut pas travailler avec le maestro, et Onassis croit que ce ne sera pas un problème de lui racheter les droits. Zeffirelli demande alors de l'argent pour la pré-production, Onassis lui promet 10 000 dollars. Arrive plus tard, en

Italie, une valise avec cette somme en liquide, que Zeffirelli a déjà engagée en frais de repérages, de scénarisation et d'esquisses pour les costumes et les décors. Mais Karajan refuse de céder ses droits. Callas téléphone à Zeffirelli pour reprendre les 10 000 dollars qui lui appartiennent – et qui ne sont pas ceux d'Onassis. Mais l'argent a déjà été dépensé. Callas se fâche et rompt avec le « malheureux » cinéaste ! Les projets de film ne semblent pas avoir porté chance à Callas.

– *Michel Glotz, aviez-vous discuté, avec Callas, la possibilité de ne faire que du travail de studio, d'arrêter les concerts et le travail de scène ?*
– On le lui avait proposé. M. Onassis le lui avait même offert à l'époque des débuts de la télévision. Il lui avait proposé de louer des studios de télé, de les garder pour son usage personnel, avec orchestre à sa disposition, et de choisir des périodes qui lui conviendraient, après avoir bien travaillé au piano – et qu'elle y aille quand elle aurait envie. Autrement dit, elle serait libre comme l'air. Elle a refusé !
– *La scène semblait son lieu d'expression plutôt que le studio ?*
– Je crois qu'elle n'a jamais vraiment compris ce que signifiait la télévision pour le futur. Je voudrais que vous le sachiez : chez Maria Callas, il y avait un double personnage (je ne parle pas de la femme elle-même, qui était agréable, charmante et souriante, et très drôle, avec beaucoup d'humour ; je parle de l'artiste) – d'une part, un personnage volontaire, de l'autre une femme fatiguée physiquement, psychiquement et nerveusement. Ce n'était pas la voix qui était fatiguée, c'était elle. Cela explique le double caractère – volontaire d'un côté et extrêmement ambitieux, parce qu'elle savait exactement ce qu'elle représentait et qui elle était (il ne fallait jamais l'oublier dans une conversation avec elle) ; d'autre part, le caractère suicidaire. Quand elle a quitté son mari et qu'il y a eu séparation des biens, elle a brûlé, en quittant l'hôtel particulier de Milan, tous les costumes les plus célèbres de sa carrière. Néanmoins, elle aimait beaucoup l'idée de faire partie de l'Histoire de la musique, avec un grand H. Elle voulait dominer le monde, elle le dominait et en était très consciente. Mais en même temps, elle avait une certaine timidité, un complexe par rapport aux nouveaux moyens qu'elle ne maîtrisait pas totalement, et sur lesquels elle aurait voulu avoir un complet contrôle. Autrement dit, si on lui avait donné un droit de veto (*final cut*, comme on dit au cinéma), le choix de chaque artiste et la possibilité de dire oui ou non à chaque image, elle aurait probablement fait des

tournages. Mais ça, il n'y avait pas une personne assez riche et il n'y en aurait jamais eu aucune pour lui donner. Pour toutes ces raisons, cela n'a pas été plus loin.

– *Elle semblait se méfier du studio ?*

– C'était une femme extraordinairement scrupuleuse, elle avait un respect inouï des compositeurs. Dans l'interview qu'elle a donnée à Paris aux *Grands Interprètes*, à la télévision, elle le dit de façon amusante ; elle essaie toujours de se hisser au niveau de ces « bonshommes » que sont les compositeurs, qui sont ceux pour lesquels on travaille, mais que nous ne sommes pas toujours capables de satisfaire.

– *A la charnière des années 50 et 60, la télévision et le cinéma étaient encore peu pratiqués par les artistes lyriques...*

– Callas ne pouvait pas comprendre ces nouveaux moyens pour la simple et bonne raison que les gens les plus avancés du monde de la musique que je côtoie fréquemment, qui font partie de mes clients et avec qui je travaille tous les jours, n'ont compris vraiment l'importance des procédés audiovisuels qu'au début des années 80. On ne connaît pas encore l'avenir de l'audiovisuel, puisqu'on ne sait pas encore quel système ce sera. On le trouvera, mais quand ? On ne pense pas que la vidéocassette soit une étape ultime, ce sera peut-être le vidéodisque. Comment voulez-vous qu'au début des années 60 Callas ait compris ce qu'allait devenir l'audiovisuel, alors qu'on n'en était qu'à l'aube ? Comment voulez-vous qu'aucun parmi nous ait compris ? Je suis frappé de voir combien peu de gens du monde de la musique sont au courant de ce qui se passe ou peut se passer. Nous sommes à l'aube... C'est une constatation. Où en est-on pour le projet de la « guerre des étoiles » ? Personne, pas même le président des États-Unis, n'est au courant. Nous sommes à l'aube d'une théorie. Les moyens audiovisuels, on le sait, vont jouer un grand rôle dans la musique, mais quand ? On n'en sait rien... On peut faire comme Karajan, enregistrer le maximum de choses en vidéo, compatibles, transférables dans tous les procédés connus, enregistrer son testament artistique audiovisuel. Mais Karajan fait partie des pionniers [3].

A l'inverse de Michel Glotz, Walter Legge, dans ses souvenirs sur Callas, écrit :

> Elle fut longtemps hantée par l'envie de faire des films, convaincue que le cinéma lui permettrait d'élargir son public et d'augmenter considérablement ses revenus. Onassis ne consentait pas à financer

l'entreprise. Après avoir constaté qu'elle ne chantait plus suffisamment bien, elle s'imagina que ses enregistrements de *Tosca*, *Norma* et *Lucia di Lammermoor* pourraient servir de bande sonore et qu'elle synchroniserait son jeu. Lorsque, enfin, elle apparut à l'écran, ce ne fut que pour jouer dans l'adaptation de la *Médée* d'Euripide par Pasolini, triste épisode de son déclin [4].

Ce déclin était déjà manifeste à la fin de 1964, pour l'enregistrement de *Tosca*, la dernière intégrale de studio de Callas. Pourtant, à l'époque, personne n'aurait pu comprendre que le rideau était définitivement tombé. Bien au contraire, le proche avenir de Callas, en 1965, est plein de promesses. Un projet est confirmé : *la Traviata*. Représentations à l'Opéra de Paris, enregistrement à la salle Wagram pour le disque et pour un film. Cette *Traviata* ne peut provoquer demande plus forte, plus intense. C'est le meilleur rôle de Callas, auquel elle tient le plus avec celui de *Norma*. Pour l'industrie culturelle, cette meilleure *Traviata* contemporaine, par une femme qui est sans doute la cantatrice verdienne la plus achevée, représente en même temps de l'or en barre.

A la fin des années 60, à l'échec de l'enregistrement de *la Traviata*, succède celui de la *Medea* de Pasolini, le premier film que Callas ait accepté de tourner (1970). En plein déclin sur scène et sur disque, elle diversifie ses activités : projets de films (à l'exclusion d'opéras filmés), *Master Classes* à la Juilliard School de New York (1971), mise en scène d'*I Vespri Siciliani* à Turin (1973). Rien de toutes ces activités ne marche très fort, si l'on excepte l'énorme curiosité du public qui peut assister, sur invitation, aux cours Juilliard, et qui fait de cet enseignement de Callas un retentissant spectacle à succès.

New York est redevenue pour Callas un lieu dynamique, une ville vibrante. En 1968, au Metropolitan Opera, elle accorde une longue interview à Edward Downes, pendant un entracte de la radiodiffusion du samedi. C'est là encore qu'elle se réconcilie publiquement avec Tebaldi, sous la direction paternelle de Rudolph Bing, qui a prévu pour l'occasion la présence des photographes. Et puis, il y a tous ses fidèles, dont les moindres ne sont pas les producteurs « privés » (dits « pirates ») de ses enregistrements *live*.

– Chaque fois que Callas venait à New York, raconte Charles Johnson, elle nous téléphonait et demandait : « Avez-vous trouvé de nouvelles bandes ? » Elle aimait beaucoup ces enregistrements, les collectionnait avec soin, et tous ses amis archivistes les lui communiquaient régulièrement, dans un souci de grande perfection.

En 1969, à l'émission *l'Invité du dimanche* de Paris, le sujet de la piraterie est abordé avec Callas. Elle se contente d'affirmer clairement que « ce n'est pas permis », après avoir entendu le témoignage du collectionneur et éditeur Jean-Louis Tamvaco. Mais elle laisse Jacques Bourgeois déclarer :

> Je crois qu'il faut remercier ces gens, car c'est grâce à eux, au siècle prochain, qu'on aura des choses qui sinon seraient irrémédiablement perdues. On aimerait beaucoup quand même avoir la Malibran dans *la Sonnambula*, eh bien ! par leurs publications, on aura Maria Callas dans des choses qu'elle n'a pas enregistrées sur disque, comme *l'Enlèvement au sérail*, comme *Macbeth*. Cela dit, les directeurs phonographiques ont quand même laissé mourir Bruno Walter sans lui avoir fait enregistrer un seul opéra de Mozart. Grâce à Jean-Louis Tamvaco, j'ai tous les enregistrements de Callas à la Scala entre les années 50 et 60, et c'est tout de même précieux.

C'est aussi à New York qu'est née pour Callas et ses producteurs d'enregistrements légaux l'idée de puiser dans les archives EMI pour composer et publier de nouveaux disques. Trois sortes de microsillons et de coffrets émergent de ce travail : enregistrements inédits, anthologies, disques d'interviews.

La publication des inédits (sous le titre *By Request*) est révélatrice. D'abord, elle prouve l'existence d'archives importantes chez une firme comme EMI ; ensuite, pour Callas et EMI, elle officialise la fin de sa carrière en studio. Ne pouvant plus produire du neuf, on réanime l'ancien. Ce qui avait été rejeté comme impropre à la publication devient tout à coup un témoignage, un reflet. Les imperfections, évidentes, sont retravaillées au montage. Le titre même – en tout cas dans l'édition américaine – est frappant, et rend compte d'une nuance que le terme « inédits » est insuffisant à donner. *By Request* (« Sur demande ») signifie qu'on répond à un besoin. Si le terme n'est pas aussi fort et aussi impérativement aristocratique que le *command performance* britannique, il traduit bien, en revanche, le sens plus démocratique de la « demande populaire ». Walter Legge, en dépit de sa retraite, participe au choix et au montage de ces inédits.

Voilà donc, pour EMI Angel, un disque « forcé » par cette demande et ce besoin, et qui illustre précisément l'argument principal des producteurs indépendants, des pirates. Pour ce qui est des anthologies, EMI marque ici encore des points sur l'album conventionnel ou le coffret de récitals d'artiste, qui ne regroupe habituellement qu'un choix d'anciens récitals ou d'extraits d'intégrales déjà publiées mais épuisées, et qu'on rhabille avec une nouvelle présentation graphique et textuelle. D'un côté, un album de deux microsillons devient plus personnalisé, plus centré sur la star Callas. C'est *Arias I Love*. Mais surtout, deux anthologies innovent en incluant dans les coffrets respectifs des disques d'interviews. Le coffret américain de Angel Records, *La Divina* (qui insiste incidemment sur cette image mythique de Callas), offre un microsillon en prime : l'interview de Callas avec Downes pendant la radiodiffusion du Met, ce qui oblige EMI Angel à mentionner : « publié avec l'autorisation de Texaco », commanditaire des retransmissions radiophoniques du Metropolitan Opera. Pour sa part, Pathé-Marconi publie *l'Art de Maria Callas. Une anthologie de Jacques Bourgeois*, qui est déjà le prototype de ces rééditions audacieuses dont la filiale française de EMI deviendra l'énergique productrice durant les années 80. Dans ce coffret, un bref 45 tours donne aussi une interview de Callas.

Ainsi, dans ces anthologies, outre l'accent mis sur Callas vedette-cantatrice, apparaissent des documents sonores qu'affectionnent les producteurs pirates. Ces interviews, dont la publication est alors autorisée et encouragée par Callas, et pour lesquelles les responsables de EMI acceptent d'acquitter les frais de production, révèlent la nouvelle stratégie d'une industrie qui commence à élargir son champ de documentation sonore.

Plus que tout, ces nouvelles éditions et ces inédits traduisent, pour la première fois, l'influence culturelle des producteurs indépendants (« pirates ») sur les firmes phonographiques habituelles, même si ces dernières ne l'ont jamais admis officiellement. En ce qui concerne l'opéra et Callas en particulier, et de façon plus large la musique classique, l'histoire contemporaine de la piraterie phonographique commence à New York pendant les années 50 et 60.

Callas underground

> – But who are you, sir ? Speak !
> – I am a pirate !
> – A pirate ! Horror !
>
> *Les Pirates de Penzance* de Gilbert et Sullivan

Roger W. Frank ne devait pas ignorer ce dialogue de l'opéra-comique de Gilbert et Sullivan le jour où, pour varier les noms de ses étiquettes et éviter les poursuites judiciaires, il mit en parallèle avec son label FWR celui de Penzance !

En janvier 1965, à New York, Frank lance six opéras *live* avec Callas : *Medea* de Dallas (6 novembre 1958), *Poliuto* de la Scala (7 décembre 1960), *I Vespri Siciliani* de Florence (26 mai 1951), *Parsifal* de Rome (20-21 novembre 1950), *Anna Bolena* de la Scala (14 avril 1957) et, pour qu'il n'y ait aucun doute sur le caractère emblématique de ce genre de disque, *Il Pirata* du Carnegie Hall (27 janvier 1959). Callas entre ainsi dans la légende de l'opéra *underground*. Aujourd'hui, on sait ce qui n'était pas évident alors : 1965 était la dernière année de la carrière de Callas sur scène. Coïncidence ? L'édition parallèle des *live* d'opéra, ce phénomène typiquement américain, sorte de *thriller* lyrique tout à fait digne des beautés mélancoliques de *la Fanciulla del West* de Puccini, naît donc au cœur de New York.

Écoutons maintenant quelques-uns de ces éditeurs phonographiques. La scène se déroule dans une très belle et chaleureuse boutique de la 43e Rue à New York, au 25 ouest, chez Music Masters. Dans ce décor unique, adroit mélange des tons chauds des clubs ou des pubs britanniques, toute l'industrie phonographique parade : équipements électroniques de premier choix, bandes magnétiques, livres, disques de toutes sortes. Il y a là de cossus fauteuils en cuir brun, on peut s'y enfoncer. Petites tables et cendriers. On peut fumer en paix chez Music Masters. Willie Lerner, le doux cerbère des lieux, n'est pas un anti-ceci ou cela. Sur des centaines d'étagères dorment toutes les musiques du monde, populaires et classiques, tous les enregistrements possibles. Ici, aucune discrimination, le produit sonore règne. C'est un de mes endroits préférés, un mélange de boutique et de *living room*, de bonnes affaires et de culture musicale. C'est la dialectique de l'industrie culturelle à son meilleur, que j'appelle l'« effet Willie ». Je suis convaincu que Willie fait toujours payer plus cher qu'ailleurs tout ce qu'il vend. Mais en même temps, c'est faux ; comme Willie est plein de souvenirs, d'anecdotes, comme il m'aide plus que tout autre, ce n'est pas cher payer, bien au contraire. Voilà donc pourquoi je pense que Willie sera content que nous nous installions ensemble dans sa boutique, pour écouter tous ces fantômes de l'opéra *live*.

Une première voix, celle de Bill Collins :

– Je pense que les tout premiers disques « privés » d'opéra ont été publiés aux États-Unis par William Seltsam. Son label : International Record Collector's Club (IRCC).
– *Qu'est-ce qu'un disque privé ?*
– Par privé, je désigne une interprétation, une représentation généralement *live*, non enregistrée par une compagnie commerciale régulière. Ce n'est pas la même chose que ces labels qui ont d'abord édité des regravures de 78 tours et de cylindres. Bien sûr, l'objectif premier de IRCC a été de publier de telles rééditions. Mais très tôt, en 1945 je crois, IRCC a publié un concert de Florence Easton à Juilliard, ainsi que des parties de concerts d'Easton avec le Philharmonique de New York, radiodiffusion du programme *Celanese Hour*, en 1936 et 1942 respectivement [5]. IRCC a aussi publié les cylindres Mapleson. Ce sont des enregistrements privés que le bibliothécaire du Metropolitan Opera, Lionel Mapleson, fit entre 1901 et 1903 du haut des coulisses, durant des représentations. Il faut aussi citer le Peoria Record Club [6].

Attiré par le récit, Charles Johnson vient se joindre à nous :

– Bill a raison, mais le vrai « premier », à la fin des années 50, celui qui est devenu très populaire avec la production et la distri-

bution des disques privés d'opéra, c'est Edward J. Smith, qui a commencé près de New York, dans une petite ville du New Jersey...
– Sans aucun doute, ajoute Bill Collins, c'est le père de tous les enregistrements privés américains.
– Il vient de mourir d'un cancer...

Sur ces mots, Willie Lerner, qui n'a pas alors de clients, entre dans la conversation :

– Edward Smith fut de toute évidence le fondateur du microsillon des *live* d'opéras. Écoutez, je suis en train de finir de rédiger une note pour notre petit bulletin *Music Masters* aux clients : « Smith vient de mourir le 11 juillet 1984, après une longue maladie. Eddie fut non seulement le plus aimable et le plus gentil des hommes, il s'était complètement dévoué à la musique lyrique. Il a été le producteur, en microsillons, de quelques-unes des plus grandes interprétations d'opéra. Il a montré la voie à beaucoup d'autres, mais il demeurait un chef de file. Ses recherches patientes et intelligentes ont réussi à déterrer des centaines de trésors. Sans lui, ils auraient été définitivement perdus. Il a édité des labels aussi divers que Golden Age of Opera, UORC, Anna, et a été le producteur d'opéras, aux premiers jours du microsillon, pour Urania, Allegro, Plymouth, Vox, Asco, Celebrity Records... »
BILL COLLINS – Smith était avant tout un collectionneur d'antiquités. Il possédait des trésors étrusques et romains qui avaient été légués à la famille de sa femme, qui appartenait à la noblesse. Il ne soigna pas particulièrement la qualité de production de ses disques[7]...
CHARLES JOHNSON – Ses disques étaient souvent faits de façon très négligée. Mais il proposait des informations pertinentes sur les disques qu'il produisait...
BILL COLLINS – A certains moments, pour éviter une poursuite légale possible, il maquilla les données des enregistrements[8]. A plusieurs reprises, Smith prit sa « retraite », invoquant des raisons de santé, mais seulement pour réapparaître en fait avec un gros catalogue de nouveaux enregistrements. Je crois que sa dernière édition est de 1983. Il a dû publier plus d'un millier de titres durant sa carrière... Eddie a contribué à créer tous les paramètres des disques privés. Ils sont de trois ordres. D'abord, *l'interprétation historique de grande valeur*. Je la définis comme celle d'un ou de plusieurs chanteurs à la retraite. Deuxièmement, *la collection d'un(e) artiste*. Dans ce cas, même un opéra standard comme *la Bohème* ou *la Traviata* est publié, soit en raison d'une bonne distribution, soit en

raison tout simplement du culte de la vedette. Enfin, *le complément de répertoire ou de catalogue,* c'est-à-dire un opéra que les compagnies commerciales ne croient pas nécessaire d'enregistrer, avec ou sans vedettes. Bien sûr, il y a des recoupements entre ces paramètres. Du vivant de Callas, par exemple, tous ses disques privés pouvaient être rangés dans la deuxième catégorie. Depuis son décès, ils se placent dans la première, aux côtés des autres immortels comme Gigli, Flagstad... Cela n'empêche pas que certaines de ses interprétations, lorsqu'elles furent publiées de son vivant, comme *Poliuto, I Vespri Siciliani* ou *Macbeth,* prenaient place dans la troisième catégorie.

CHARLES JOHNSON – Smith a publié des centaines de disques, auxquels il a donné son nom, le label EJS... Il ne faut pas oublier non plus William Seward à la même époque. Son label fut OPA : Operatic Archives. Imprimeur de profession, il publia lui aussi surtout des radiodiffusions du Met. Il avait beaucoup d'amis parmi les chanteurs, qui lui refilaient plein d'enregistrements, comme à Eddie Smith... Au début des années 60, Roger W. Frank entra en action. Pour son label FWR, il avait inversé tout simplement les initiales de son nom, pour éviter les complications légales. Plus tard, il le changea pour celui de Penzance. Contrairement à Smith et à Seward, Frank se consacra à publier des représentations et des concerts contemporains. Il s'intéressait avant tout à l'opéra...

BILL COLLINS – Oui, il se spécialise au départ dans les Callas...

CHARLES JOHNSON – Roger Frank a été le premier à recevoir des bandes européennes de bonne qualité des radiodiffusions de Callas. Il en a tiré des disques d'une netteté sonore supérieure. Frank publiait ces disques dans des albums noirs, les titres bien en évidence, avec une information pertinente inscrite sur les pochettes.

BILL COLLINS [9] – Il a tout perdu quand Horowitz gagna contre lui son procès à propos d'un enregistrement du *Premier concerto* de Tchaïkovski. Ce n'était pas un concert radiodiffusé. Roger avait réussi à placer son propre microphone au milieu de ceux de la NBC et de CBS, à Carnegie Hall. Il avait obtenu un son magnifique !

CHARLES JOHNSON – C'est malheureux. Roger Frank est devenu une sorte de marginal. Il tient une petite boutique, mais il ne consacre plus de temps à la production de disques...

BILL COLLINS – Dans le vide laissé par la ruine de Roger, ont surgi de nouveaux labels : BJR, MRF, ERR/HRE...

CHARLES JOHNSON – Les deux premiers, je les connais bien... Mauro Fugette, pendant les années 60, a travaillé à la publication du label MRF. Fugette est mort assassiné au début de 1967. MRF est très différent des éditeurs transférant de vieux enregistrements radio-phoniques. On a élargi la production avec des disques faits à partir d'enregistrements directs des représentations. Un son de bien meil-leure qualité. Mais mon collègue Santiago Rodriguez, qui travail-lait alors pour MRF, s'est désisté de cette entreprise. Il voulait un résultat qualitatif plus probant pour les disques, avec possibilité de faire du montage, d'égaliser les hauteurs sonores. En 1967, paraissent les premiers opéras en coffrets, avec textes et illustra-tions. Jusque-là, les disques étaient tout simplement distribués dans des enveloppes de papier ou de cellophane. A la fin des années 60, j'ai donc commencé à travailler avec Rodriguez. Notre label, BJR, est composé de B..., de J pour Johnson, et de R pour Rodriguez. Mon collègue avait sa propre collection d'enregistrements *live* de Callas. J'en avais une de mon côté, composée en majeure partie de bandes originales, avec la meilleure qualité sonore disponible. Nous avons fait la chasse pour trouver d'autres bandes de cette sorte. C'est ainsi que nous avons déniché des rubans radiophoni-ques des premiers Callas à la Scala. Nous avons constaté avec étonnement que ces rubans sont la propriété privée de deux ou trois personnes en Italie (maintenant, depuis le début des années 80, c'est différent ; les labels Cetra et Foyer ont d'autres sources d'approvisionnement). Par ailleurs, à Mexico, nous avons réussi à acquérir, à bon prix je dois dire, des enregistrements de Callas en provenance de kinescopes produits par la télévision. C'étaient des essais, des tests en circuit fermé, que la compagnie Philips faisait durant les représentations de Callas au début des années 50 à Mexico. Notre premier coffret, avec livret et notes, c'est *Anna Bolena,* de la Scala. Notons que nous avons produit la première traduction en anglais moderne du livret de cet opéra de Donizetti. Parallèlement, nous maintenons un label économique « Robin Hood », sans livret et sans graphiques. La « raison d'être » de BJR, c'est Callas. Nous continuerons à publier d'elle tout ce qui peut être exhumé.

BILL COLLINS – Dans le disque *live,* oui, Callas a dominé, elle est toujours la première ! Venons-en à Voce, pour compléter ce bref historique. Voce est la création de quatre fans d'opéras qui se connaissaient depuis une décennie environ. A l'été 1977, nous avons investi 8 000 dollars pour créer la compagnie. Nous béné-ficiions d'une capacité d'accès à un large stock de bandes d'une bonne qualité sonore, ainsi que d'une entente de distribution avec une grande chaîne américaine, Tower Records. Je travaillais alors bénévolement à la section Musique de la station radiophonique KPFA de Berkeley, une radio de gauche vivant de dons, surtout d'étudiants de l'université de Californie. Cette radio a une tradition dans l'opéra, et j'ai hérité de la direction de ce secteur. De cette façon, je pouvais recevoir quantité de bandes de la RAI de New York. Un de nos membres s'occupait, chez Tower Records, de l'achat des disques privés d'opéra : suite à son aide, nous avons reçu une garantie de première commande de tous nos tirages. Enfin, nous avions tous des contrats d'échange de bandes ; par exemple, nous avions rencontré le directeur de ERR/HRE, qui nous promit les bandes d'opéras qu'il ne désirait pas éditer. Au départ, nous avons décidé de partager nos activités de publication entre le répertoire et les archives historiques[10]. Autre objectif : compléter les enregistrements de Callas. Nous admettons qu'il s'agit d'une bonne affaire ; malgré cela, nous avons toujours considéré que, trop souvent, les *live* de Callas n'étaient pas édités avec une bonne qualité sonore, sans notes historiques correctes, capables de situer son art dans le contexte d'une interprétation spécifique[11]. La place de Callas dans l'*underground*? Cette affaire modeste ne serait pas ce qu'elle est devenue, assez influente malgré tout, sans Callas. Grâce à elle, à son art, ses enregistrements ont révélé au grand public l'intérêt des coffrets de disques non commerciaux. Il faudra en reparler. Le sujet est inépuisable...

En signe d'approbation, tout le monde hoche la tête pensivement. Willie Lerner surtout. Voici quelques instants, il est allé verrouiller la porte de sa boutique, les heures d'ouverture étant passées.

– Eh oui, ajoute Willie, Callas est la première, sur toute la ligne. Tenez, il n'y a pas longtemps, est sorti un nouveau label privé américain, OD, produit par un de nos amis. A ce jour, il n'a publié que deux coffrets ; deux Callas : OD-100-2, une intégrale de *Lucia di Lammermoor* du San Carlo de Naples, 22 mars 1956 ; puis OD-101-2, *Maria Callas Potpourri*, des inédits de Mexico (1950 et 1952) et de Londres (1959 et 1962)...
– *Vous les vendez ?*
– Bien sûr.
– *Bon, ça va, je les prends tous les deux...*

Alors, tous les fantômes de l'opéra de Music Masters éclatent d'un grand rire amical[12].

Que fait Callas ?

Au moment où fut annoncée, en 1973, la tournée mondiale des concerts Callas-Di Stefano, les sceptiques étaient plus nombreux que ceux qui espéraient encore un miracle. Tout s'opposait alors à un retour de Callas à la carrière musicale. Sa voix avait lâché. Elle avait tenté un travail dans le cinéma avec Pasolini, du professorat à Juilliard, de la mise en scène à Turin.

De façon plus évidente encore, sa place dans l'industrie du disque, au début des années 70, se conjuguait au passé composé : publication d'interviews, d'anthologies et d'anciens enregistrements des années 50 et 60 sortis des coffres de EMI, tous ces nouveaux stocks révélaient à l'évidence que le travail phonographique de Callas était entré dans l'histoire. Ce qui n'avait pas empêché la cantatrice de déclarer à *l'Express*, en 1970 : « Je travaille toujours, je fais des disques... » Or, le secret avait été découvert. Le dernier travail de Callas en studio, en 1968-1969, se réduisait soit au néant de *la Traviata*, soit à ces volumes d'airs de Verdi inachevés, impropres à la publication. « Je travaille toujours, je fais des disques... »

En esprit, Callas n'abandonnait pas ; en pratique non plus, puisque la tournée de concerts était décidée, annoncée, qu'elle se mettait en branle péniblement en Europe (Hambourg), après une première annulation à Londres. Cette tournée, une des plus célèbres et des plus mélodramatiques de l'histoire contemporaine de l'opéra, fut enregistrée et commentée *ad nauseam* par les médias. On ne savait plus trop comment la définir : événement mondain de la décennie pour le *jet-set* international ? Provocation musicale ou cirque de monstres sacrés ? Défi à l'usure vocale ? Tournée du désespoir ?... Ce spectacle avait toutes les caractéristiques des dernières tournées de Piaf, où elle faillit mourir sur scène, ou encore de scénarios comme ceux du film *la Rose*, combat avec l'ange, corps à corps entre la musique, le chant et la mort. Cette tournée avait des allures suicidaires.

Mais quel coup de fouet pour l'industrie phonographique, quel branle-bas ! Les microphones vont suivre partout la performance, de Londres à New York, de Montréal à Osaka. Micros de pirates, mais aussi micros des grandes firmes. La tournée Callas ne manquera à aucune archive sonore.

Chez EMI

Le concert de Montréal, le 13 mai 1974 (le dernier de Callas en Occident), n'était pas sitôt terminé que je partais à Londres pour rencontrer les gens de EMI. Je voulais mieux comprendre le processus de production des disques en visitant l'usine de Hayes, trouver des renseignements sur la situation de Callas dans la firme. Après des négociations un peu tortueuses, je fus chaleureusement reçu par M. John Whittle, alors directeur de la section internationale de EMI.

– Ah ! dit-il avec un large sourire non dépourvu d'ironie sympathique, je n'aurais jamais cru que Callas pouvait avoir des fans qui faisaient autant de déplacements !

– *Vous savez, monsieur Whittle, à travers mes recherches sur Callas dans l'industrie du disque, je suis peut-être en train de me transformer en fan de EMI !*

Il ne fut pas convaincu. Il me confia à un jeune responsable du marketing, Peter Alward, qui, le lendemain, devait me guider à l'usine de Hayes. Dans la voiture d'Alward, la conversation tourne d'abord autour du concert de Montréal.

– Comment c'était ?

– *Euh, assez triste, surtout la première partie...*

– Qu'a-t-elle chanté ?

– L'Air des lettres *de* Werther, *la* Habanera *de* Carmen, *le* Suicidio *de la* Gioconda, *ainsi que* Voi lo sapete *de* Cavalleria Rusticana. *Les duos étaient ceux d'*I Vespri Siciliani, *de* Carmen *et* Cavalleria Rusticana.

– Pas de rappel ?

– *Non. Il y a eu un peu de confusion sur scène. On y avait placé une centaine de chaises derrière le piano. Les gens, croyant que c'était terminé, traversèrent la scène pour descendre par les escaliers du devant. Callas fit un pas sur scène, mais voyant la cohue, rentra vivement en coulisse. C'était terminé.*

– Vous savez, EMI a enregistré en *live* les deux concerts de Londres,

aux mois de novembre et décembre passés, pensant que peut-être nous pourrions réussir à en publier un microsillon. Mais rien n'est publiable.
– *N'est-ce pas Philips qui a organisé un enregistrement de duos en studio ?*
– Bien sûr. Ça n'a pas marché. Le travail entrepris n'est pas terminé. Il ne le sera jamais. Ce qui a été fait par Philips n'est pas publiable. Et ça leur a coûté une petite fortune. Quelques dizaines de milliers de livres sterling pour Callas en forfait, plus le forfait de Di Stefano et les frais d'enregistrement... Une petite fortune pour rien ! EMI n'a pas voulu investir de cette façon en studio. D'accord pour tenter un *live*, mais pas davantage. Vous savez [Peter Alward pesait ses mots], EMI N'A PLUS AUCUN PROJET POUR CALLAS ! AUCUN...

A Hayes, à l'usine EMI devant laquelle repose la pierre posée par Nellie Melba, je fais la tournée des presses. Sur des centaines de mètres de béton, la plupart des machines sont automatiques et travaillent 24 heures par jour, pour le rock-pop, et reproduisent interminablement des 45 et des 33 tours.

Du côté classique, pour des disques de meilleure qualité, les presses sont semi-automatiques, et nécessitent la présence d'un ouvrier spécialisé. Pour converser avec l'ingénieur, dans le bruit assourdissant des presses, il faut crier :

– *Combien de disques peut sortir une presse semi-automatique en comparaison avec une automatique ?*
– C'est variable, ça dépend de la productivité de l'ouvrier...

Nous marchons dans les allées. Le bruit est décapant. Impossible de parler, sauf en aboyant quelques phrases. L'ingénieur indique une machine :

– Tenez, celle-ci est en train de presser des *Tosca* de Callas !

Je me penche au-dessus de la machine. Une pile d'étiquettes indique qu'il s'agit de la *Tosca* de 1964, celle de la salle Wagram. Un microsillon toutes les deux minutes environ. La machine geint et grince dans ses mécanismes hydrauliques, expire de la vapeur, moule étiquette et pâte gris-noir dans son étau, puis se desserre avec fracas. Le disque sort intact de cette curieuse et brutale collision, entouré encore de résidus de matériau, qu'une dernière opération dégage et récupère pour d'autres disques. Peter Alward hurle :

– Les disques de Callas sont actuellement très demandés !

Je suis alors frappé par le caractère insoutenable de la chaleur et de la poussière, de la pollution sonore de cette usine, où de si pures musiques sont reproduites au sein de mini-volcans contrôlés. On est saisi par le paradoxe de l'industrie musicale, au milieu de ces machines « infernales » manufacturant de telles quantités de poésie lyrique. C'est du vrai Varèse en gestation, non composé, une sorte de rock en musique-bruits que l'ouïe ne peut filtrer, qui pénètre directement dans le corps et laisse abasourdi. En écoutant Klaus Nomi chanter l'aria *Mon cœur s'ouvre à ta voix,* qui se termine par une brutale explosion de bruits, inattendue, je revis la même réaction qu'à Hayes, en 1974.

Dans ces ondes fuyantes, revient la voix d'Alward : « EMI n'a plus aucun projet pour Callas... » Et pourtant, l'usine de EMI à Hayes n'en finit pas de produire les disques de Callas, qui tombent des presses brûlantes en exemplaires multipliés, 24 heures par jour... Des millions de phénix renaissent mécaniquement des cendres des presses.

Ethan Mordden admet qu'il est fort possible que la carrière de Callas n'eût pas eu autant de succès sans la large collection de ses enregistrements commerciaux. Mais il ajoute :

> La vérité est que Callas est apparue au moment de l'expansion de l'industrie multinationale de l'opéra, qui détruit toute indépendance. Callas a mené une contre-révolution, s'est refugiée rétroactivement dans l'âge d'or où l'on chérissait l'originalité[13].

Une fois de plus, s'exprime le point de vue selon lequel l'industrie phonographique de l'opéra détruit la créativité, annule l'autonomie artistique. L'exclusivité de Callas avec EMI aurait-elle brimé la cantatrice ? Le catalogue Callas, chez EMI, n'est-il qu'un reflet diminué, soumis aux contraintes commerciales, des capacités créatrices réelles de cette artiste ? Un examen serré des faits indique qu'il faut nuancer l'analyse si on veut rendre compte de la complexité du phénomène. Si l'on recherche les rapports de création/rationalisation dans les liens entre Callas et EMI, il faut éviter à la fois la vision désespérée de la « perte d'indépendance » et la contemplation trop optimiste d'une créativité décuplée par les moyens multinationaux d'une grande firme. Ces rapports contradictoires, qui se situent dans la dialectique répertoire/ conditions contractuelles, sont en effet très complexes.

D'abord, les nombreux renouvellements de contrats de Callas chez EMI, que Michael Allen décrit dans le prochain chapitre, révèlent que les propositions de EMI pour se réserver l'exclusivité de Callas sont plus sévères et plus restrictives qu'on pourrait l'imaginer dans le cas d'une telle super-star. Par exemple, pas de contrat à long terme, cinq ans ou plus, pas de contrat à vie non plus. En revanche, le catalogue de Callas est beaucoup plus large et varié que ce que la standardisation des programmes et la concurrence peuvent exiger d'une grande firme.

Quand, en 1974, EMI suspend ses projets pour Callas, le bilan dévoile cette contradiction. Artiste inactive, Callas n'en a pas moins en banque et en archives un catalogue impressionnant. Des intégrales rares comme *I Puritani* et *Il Turco in Italia*, ou peu fréquentes comme *Norma*, *Lucia di Lammermoor* et *la Sonnambula* ; de nombreuses créations phonographiques, de *la Bohème* à *Carmen*, ou encore les larges programmes de récitals : ces multiples productions, pour l'époque, s'avèrent extrêmement riches et novatrices. S'il n'y avait pas eu l'interruption brutale de 1958, cette semi-retraite officieuse et les difficultés vocales qu'elle entraîna, on peut penser que le catalogue de Callas aurait été encore plus fourni.

Cela ne masque en rien l'attitude de EMI envers sa *Divina*, attitude qui ne s'est jamais départie d'une raideur conservatrice typique de cette firme. Si les années 50 sont hautement productives pour les parties contractantes, la décennie suivante est plus problématique. Callas enregistre beaucoup moins, de façon quelque peu erratique. Malgré des conditions adverses personnelles, c'est tout le programme stéréo de EMI qui est réduit, en même temps que la concurrence se fait plus vive. Ricordi a enregistré quelques titres avec la Scala, mais DGG en fait davantage. Dans ce contexte, une chose est évidente : EMI ne renouvelle plus les contrats de Callas que pour de courtes périodes. Ce faisant, il maintient un nom aussi influent dans la firme, contrairement à des Stella, Di Stefano et Gobbi qui iront travailler chez des concurrents. Mais il en va tout autrement après 1974, quand Callas n'est plus productive. EMI laisse tomber Callas et ne vit plus désormais que des rentes de son patrimoine antérieur. La rigueur gestionnaire prend le dessus et s'affirme radicalement. Callas est une artiste morte pour l'industrie phonographique, pour EMI donc.

Dans sa maison mère, Callas aura travaillé, somme toute, un peu à la manière de Walter Legge, aux dires de Schwarzkopf, c'est-à-dire « ni avec toi ni sans toi [14] ». L'artiste, dans l'industrie culturelle, est souvent dans cette position : inconfortable et indispensable.

La tournée de 1973-1974 marqua donc la fin de la vie artistique de Callas. S'il y eut jamais un gagnant dans cette ronde, ce fut bien EMI. La firme était en effet capable de répondre à une demande élargie des disques de Callas, en puisant dans ses abondantes archives, en rééditant tous les titres des meilleures ventes, à commencer par *Tosca*. Sans compter les anthologies qui étaient toutes composées, prêtes pour de nouveaux pressages. Les points de vente intéressants, ceux-là mêmes qui avaient été « réchauffés » par les concerts, étaient l'Allemagne et l'Autriche, l'Angleterre, la France, l'Amérique du Nord, le Canada et le Japon.

En plus de tous ces coffrets d'intégrales et d'anthologies, EMI (ainsi que quelques-unes de ses succursales, Angel, EMI Italiana...) réalisa une anthologie de duos Callas-Di Stefano à la Scala, qu'en Italie la filiale nomma *Appassionamente* (les autres branches choisissant le plus modeste *Duos*). Cette anthologie d'archives EMI des années 50, au moment où Callas et Di Stefano étaient au faîte de leur forme sous la bannière des « enregistrements officiels de la Scala », était capable de réunir les deux chanteurs dans les meilleures conditions possibles. Et cela, sans qu'il en coûta beaucoup à EMI. La firme faisait d'une pierre deux coups. Elle évitait ainsi une déconfiture financière et artistique comme celle de Philips, s'épargnant le risque de faire revenir les deux artistes dans ses studios ; elle pouvait en même temps, en puisant dans ses stocks, publier sans concurrence aucune un disque de ses deux excellents *best-sellers*, sans compter les rééditions possibles des intégrales dans lesquelles les deux chanteurs s'étaient produits.

Avec ce coup très prudent et très habile (nonobstant les frais peu élevés des enregistrements *live* des deux concerts londoniens), EMI l'emporta sur son concurrent Philips, dont l'erreur aura été d'avoir voulu produire un disque avec Callas à cette époque.

Aux États-Unis, la firme Everest – qui avait acquis le catalogue Cetra américain, de même que la distribution de la *Medea* de Ricordi – profitait aussi de la tournée pour sortir son microsillon *Maria Callas and Giuseppe Di Stefano at La Scala*. En couverture, une peinture d'après la photo qui orne l'album EMI Angel. Au dos, la reproduction intégrale d'un article de 1973, du *London Evening Standard*, relatant le premier concert de la tournée à Hambourg, le 26 octobre. Tous ces éléments réunis, à la limite du maquillage, laissaient croire à l'acheteur peu averti qu'il s'agissait d'un disque de duos enregistrés à l'occasion de la tournée, ou avant par les deux vedettes. Or, sur la face A, Callas chante quelques extraits de la *Medea* de Ricordi (1957), et sur la face B, Di Stefano, avec Renata Scotto, donne des extraits de son intégrale de *Lucia di Lammermoor*, enregistrée en 1959 pour Ricordi aussi, alors en concurrence avec celle de Callas chez EMI produite la même année à Londres. Everest jouait donc sur l'ambiguïté du petit mot « et », en laissant entendre que Callas et Di Stefano y chantaient ensemble, alors que la conjonction voulait dire tout simplement qu'ils étaient réunis sur un même microsillon ! Everest reprendra cette façon de faire une autre fois, en réunissant dans un même microsillon les noms de Callas et de Sutherland, sous le titre *The Art of the Coloratura*. Titre d'autant plus faux que, pour Callas, Everest rééditait les extraits de *Medea*, où il était difficile de trouver un répertoire de coloratura.

Si, en 1974, aucune firme phonographique n'a de projet avec Callas, toutes celles qui possèdent des droits sur ses enregistrements peuvent espérer développer quelques programmes de rééditions. Mais les choses ne vont pas toutes seules. Les remous de la tournée mondiale se calment rapidement. L'année suivante, Callas annule un projet de *Tosca* sur scène au Japon. C'est bientôt le silence complet, Callas rentre dans l'ombre et dans la solitude de son appartement parisien ; pour la première fois, des indices indiquent une baisse des ventes de ses disques, en France en particulier. En outre, avec la crise mondiale du pétrole, l'industrie phonographique entre alors dans la pire crise de son existence depuis la Seconde Guerre mondiale. Les mentalités changent aussi. Dès 1974, la revue *Hi-Fi* a publié la première discographie de Callas, où s'entremêlent les enregistrements commerciaux « légaux » et les « pirates ». Les mises au point scrupuleuses du rédacteur en chef sur les *live* de cette discographie ne changent rien à ce travail, effectué par David Hamilton, qui fait entrer Callas au musée. En 1975, le livre de Henry Wisneski va dans le même sens, en présentant un calendrier exhaustif de toute la carrière de la diva, y compris la première nomenclature mondiale des dates de ses enregistrements de studio, ainsi que des dates de sortie de ses enregistrements aux États-Unis et en Angleterre. En prime, une discographie des enregistrements privés, avec dates de publications aux États-Unis (et le cas échéant en Allemagne).

De son côté, l'Américain John Ardoin travaille à sa monumentale analyse des interprétations de Callas à travers tous les enregistrements découverts, jusqu'au moindre fragment, de 1935 à 1974. Il parle non sans tristesse de la tournée de concerts et des quelques enregistrements *live* qui en ont surgi. Pour Ardoin, la grande Callas, celle des grands rôles, du bel canto *demented*[15] – pour reprendre le jargon new-yorkais à la mode – « cette Callas, conclut-il, n'existe plus ». *The Callas Legacy* sort des presses américaines au début de l'automne 1977.

> L'avenir, note Ardoin, seule Callas le connaît. Peut-être de nouveaux concerts, de nouveaux enregistrements... mais inévitablement, qui seront chantés par une autre Callas, pas celle dont les dons prestigieux ont inspiré ce livre. Cette Callas, elle n'existe plus...[16]

Le 16 septembre 1977, Maria Callas meurt à Paris.

3

In memoriam ?

Et si la mer Égée se fleurit de cadavres
Ce sont les corps de ceux qui voulurent rattraper
à la nage le grand navire...

Poème de Georges Seféris, dit par Melina Mercouri

Cette mort inattendue allait provoquer une activité fébrile dans les médias : reportages et souvenirs, biographies, livraisons spéciales de revues. Par-dessus tout, les archives sonores de Callas vont atteindre l'extrême limite de la mise à jour, de la publication, de la réédition et de la citation. Comme après la mort d'Elvis Presley ou celle de John Lennon...

Avant que ce marketing ne s'organise pleinement, il fallait régler la question de la succession, dans laquelle les droits et les pourcentages sur les enregistrements sonores tenaient une large place. Cet événement est digne d'un opéra italien de la grande époque, au livret le plus invraisemblable ! S'y retrouvent les « héritiers de sang » (mère et sœur de Callas), l'ex-mari-manager Meneghini et des représentants de l'industrie phonographique : Peter Andry, du quartier général de EMI à Londres, John Coveney de Angel Records à New York, Michel Glotz, imprésario et producteur. Callas est décédée intestat. A côté de ses biens meubles et immeubles, les pourcentages des revenus phonographiques représentent non seulement une bonne part de sa fortune, mais une entrée de fonds pour les années à venir.

Deux parties se disputent cet héritage, à la fois économique et culturel. Les « héritiers de sang » ont mandaté à Paris la pianiste Vasso Devetzi, amie de la défunte, à titre de « légataire universelle morale ». De son côté, Meneghini se croit l'unique héritier. Se fondant sur un testament datant du temps de son mariage avec Callas, il réclame la totalité du patrimoine de la vedette et commence une guerre ouverte contre Devetzi, parle d'un procès.

Au bout de quelques semaines de querelles et de déclarations par journaux interposés, un règlement hors cours intervient. La teneur de ce règlement reste secrète, bien qu'on en connaisse les grandes lignes. Les biens meubles de Callas sont vendus aux enchères, Meneghini en rachète une large part. La famille Kalogeropoulos et Mme Vasso Devetzi ont la garde des legs personnels de la cantatrice, présentés lors de l'exposition du musée Carnavalet au printemps 1979. Les redevances sur les disques sont partagées entre les deux parties, les Kalogeropoulos recevant les droits du catalogue EMI, et Meneghini recevant la part de Cetra[1].

Les stocks de EMI sont évidemment plus gros que ceux de Cetra. Toutefois, la publication des enregistrements *live*, légale en Italie, va subitement élargir le catalogue Cetra, qui publie de nombreux Callas. La concurrence entre les deux firmes s'en trouve ainsi ravivée. David Hamilton, dans *High Fidelity*[2], a le premier posé cette question cruciale à propos des responsabilités propres aux multiples publications sonores non autorisées par Callas de son vivant, aussi bien les inédits de EMI que les multiples *live* qui ont paru après sa mort : « Qui répond de Callas ? » Le problème n'est toujours pas résolu, ou ne l'est que partiellement, à cause de tous les imbroglios juridiques et éthiques qu'il suscite. Il faut tenter d'y voir clair : cette question soulève le débat sur l'utilisation des stocks des industries culturelles, archives se métamorphosant en patrimoine historique.

« Une femme a reconduit à leur Grèce
natale les cendres de la cantatrice[3] *»*

Vasso Devetzi : pianiste, « amie » de Callas pendant ses dernières années à Paris, elle a donné un récital conjoint avec Callas à l'occasion de sa dernière tournée. Elle a été désignée « légataire universelle morale » de Callas par les héritières de sang de la cantatrice, « investie par la succession Callas de la mission d'exercer seule la défense du droit moral de Maria Callas, suivant une procuration notariée, reçue par un notaire français le 2 février 1979 » (Bernard Duminy, avocat à la cour, Paris, le 5 août 1980). Vasso Devetzi est devenue présidente de la Fondation Maria-Callas.

Quelque temps avant la création officielle de cette fondation, je m'adresse à Vasso Devetzi, à titre de « légataire universelle morale », sur la base de son entretien à *Musiciens par eux-mêmes* à Radio-Canada. Je lui demande de préciser quelle est sa position par rapport aux droits des enregistrements commerciaux de Callas chez EMI, Cetra et Philips, et de qui relèvent les enregistrements inédits de ces compagnies – des firmes seulement, ou des firmes et de la légataire universelle morale ? Autrement dit, va-t-on publier successivement ces inédits selon les lois du marketing ou pour d'autres raisons : musicales, historiques, ou par souci de constituer des archives ? Le 5 août 1980, je reçois une lettre de l'avocat de Vasso Devetzi, Bernard Duminy :

> Je suis le Conseil de Mme Vasso DEVETZI qui me communique vos lettres. Les recherches que vous poursuivez sur la collection complète des enregistrements de Maria CALLAS présentent certainement un grand intérêt, et je serais heureux de pouvoir m'en entretenir avec vous... Je puis d'ores et déjà vous préciser que Maria CALLAS était effectivement liée à la Maison EMI Pathé-Marconi, par un contrat d'exclusivité, les seuls enregistrements licites étant par conséquent réalisés par cette société.

Cette correspondance, bien commencée, va malheureusement tourner court. Après avoir reçu la documentation sur la Fondation Maria-

Callas, mes questions au sujet des publications des inédits par EMI restent sans réponse, tout comme celles de David Hamilton dans son article « Who Speaks for Callas ? » Par ailleurs, les questions relatives aux droits licites des disques concernant Cetra, Ricordi, Philips, sont habilement évitées par la curieuse réponse, inexacte à plus d'un titre, selon laquelle le contrat d'exclusivité EMI Pathé-Marconi établit que « les seuls enregistrements licites sont par conséquent réalisés par cette société ».

Après des déboires de correspondance qui durent plus de deux ans, la Fondation Maria-Callas m'expédie le 26 mai 1984 cette lettre, par les soins de Gilbert Paris :

> Comme l'indique ses statuts, la FONDATION MARIA-CALLAS à but non lucratif, dans le respect des traditions de l'Art Lyrique sous toutes ses formes et de la coopération amicale des artistes et interprètes, sans considération d'appartenance nationale, idéologique, économique, politique ou raciale, a pour objet de favoriser partout dans le monde l'expression de l'Art Lyrique, de contribuer à sa connaissance et à son développement, d'en assurer la défense et la conservation. De ce fait, comme nous vous l'avons indiqué dans nos précédentes correspondances, la fondation n'est pas à même d'aborder les problèmes commerciaux et juridiques. La FONDATION MARIA-CALLAS possède certes tous les disques de MARIA CALLAS mais ceux-ci sont des archives et ne serviront jamais de support à des sujets juridiques ou de commerce.

Si cette lettre affirme que la « FONDATION MARIA-CALLAS n'est pas à même d'aborder les problèmes commerciaux et juridiques », comment donc comprendre que pour l'édition de l'air inédit *Mon cœur s'ouvre à ta voix*, la fondation ait fait inclure dans le coffret EMI Pathé-Marconi une « lettre au public » dans laquelle Vasso Devetzi, « présidente de la Fondation Maria-Callas », autorise Pathé-Marconi à « publier ce document » sonore, « ceci dans l'intérêt du public » ? Cette lettre représente (volontairement ou non) la réponse officielle à toutes les questions posées depuis 1978-1979 à la « légataire morale » de Callas sur le rôle joué par la Fondation Maria-Callas. Certes, l'argument du document *historique* est capital : Callas appartient à l'histoire. Mais on peut constater du même coup que la place de cette « lettre » dans une édition courante de EMI Pathé-Marconi dévoile clairement le rôle joué par la Fondation Maria-Callas quant à l'autorisation de publier cet inédit, problème commercial et juridique s'il en est, contrairement à ce qu'affirme la lettre de la fondation. Le tort de la Fondation Maria-Callas n'est pas d'autoriser, il est de n'autoriser que EMI pour des fins aussi historiques que commerciales. Idéalement, les héritiers de Callas et la fondation auraient pu essayer de convaincre EMI de verser les inédits sonores de Callas dans un centre d'archives historiques à but non lucratif, accessibles au public et aux chercheurs, et retirer ainsi ces documents de la thésaurisation et du commerce. Le musée Callas, que la fondation avait annoncé lors de l'exposition du musée Carnavalet, n'a pas vu le jour. Dans cet héritage, se trouvent les archives sonores de Callas. L'absence de ce musée ne facilite guère le travail des chercheurs. De par l'ambiguïté même qui s'exprime entre ses tâches privées et publiques, la fondation n'a aucunement aidé à résoudre les problèmes inhérents à la publication des archives historiques de Callas.

EMI commence en trombe les rééditions peu après la mort de Callas. En 1978, premier anniversaire de la mort de la diva, publication de l'anthologie *Her Greatest Recordings 1953-1964*, puis un disque d'inédits, *The Legend*. Comme la Fondation Maria-Callas n'est pas encore créée officiellement, ni Vasso Devetzi désignée officiellement comme « légataire universelle morale », EMI peut réaliser ce dernier disque de sa propre autorité. Il est d'ailleurs publié sans aucune explication. Le critique Pierre Flinois souligne que EMI agit dans une telle hâte que le finale d'un des airs d'*Il Corsaro*, *Vola talor del carcere*, proprement impubliable, doit être retiré de pressages ultérieurs. En 1980, EMI sort *la Traviata* (*live*) de Lisbonne (1958), marquant ainsi la première incursion de la firme sur le terrain de Fonit-Cetra depuis 1977-1978.

En 1982, à l'occasion de la sortie du coffret Pathé-Marconi de tous les récitals EMI de Callas (1954-1969) et de l'inédit *Mon cœur s'ouvre à ta voix*, paraît, dans un numéro de *l'Avant-Scène Opéra* consacré à Callas et inclus dans le coffret, un article assez retentissant de Pierre Flinois, « le Pirate de la Diva », qui fait le point sur les rapports entre EMI et la Fondation Maria-Callas, de même que sur la question des procès relatifs à la piraterie des enregistrements Callas. Flinois est le premier – dans une publication autorisée par EMI et qui circule largement grâce à ses soins – à avoir clairement posé, dans son reportage, les questions essentielles concernant cet épineux problème. Les héritières de Callas, soutenues par EMI et par la présidente de la Fondation Maria-Callas, s'étaient en effet enlisées dans quelques procès au nom de la protection morale de Callas et de sa mémoire. Le premier de ces procès, contre un disquaire de Strasbourg, Pierre Vogelweith[4], voulait empêcher la circulation en France des *live* de Fonit-Cetra. La justice fit saisir par erreur... les copies des enregistrements commerciaux de Callas avec Cetra !

Dès 1978, en effet, Fonit-Cetra, dans une série spéciale intitulée *Cetra Opera Live*, édite un bloc impressionnant d'enregistrements – au-delà de cinquante titres – dont la grande majorité sont des Callas. A cause d'une particularité de la loi italienne datant de Mussolini, sont considérés alors en Italie du domaine public les enregistrements radiodiffusés ayant vingt ans d'âge. Ainsi, le catalogue Cetra est-il tout à fait légal en Italie, comme le sont toutes les bandes de « vingt ans » quelle que soit leur provenance dans le monde, puisque cette loi ne spécifie pas qu'il doive s'agir de radiodiffusion italienne seulement. Ainsi, les enregistrements de Bayreuth, du Met et de toutes les radios du monde peuvent être édités légalement en Italie.

Les disques et cassettes de ces éditions sont-ils légaux hors d'Italie ? En France, un procès allait tenter d'opposer un non catégorique à ces pratiques. Le procès contre le disquaire n'a pas eu de suite. Une autre de ces poursuites a visé un producteur français, Jacques Bertrand, qui exerce en France et au niveau international grâce à un permis italien établi à Milan, en partageant certains de ses catalogues avec Fonit-Cetra.

« *Les morts ont-ils des droits ?* »

Cette réflexion désabusée de Geoffrey Payzant, dans la postface de son *Glenn Gould*[5], à propos des nombreux enregistrements posthumes du pianiste non autorisés de son vivant, reprend la question du droit moral de l'artiste décédé. Elle se pose aussi pour Callas à propos des éditions posthumes des archives EMI, tout autant que dans l'interminable débat sur la piraterie de ses enregistrements *live*.

Le dossier de la piraterie des Callas est à l'image de son sujet : entier, passionné, rempli de contradictions aussi dramatiques qu'héroï-comiques, traversé à parts égales de questions financières et de patrimoine historique musical. Dans *l'Avant-Scène Opéra* consacré à Callas, Pierre Flinois a rassemblé fictivement dans un même débat des gens qui ne pouvaient ou ne voulaient pas se rencontrer. J'ai emprunté son idée. Ainsi se présente ce *Symposium international sur la piraterie des Callas*, qui est une fiction documentée, dont chaque personne et chaque mot sont rigoureusement authentiques. J'aime ainsi à illustrer le paradoxe exprimé par Jean-Luc Godard, selon qui le cinéma est à la fois fiction et documentaire, celui des frères Lumière pour la fiction (par magie les feuilles bougent et le train entre en gare), celui de Méliès pour le documentaire (le compte rendu de l'imaginaire de l'époque).

SYMPOSIUM INTERNATIONAL SUR LA PIRATERIE DES CALLAS

Participants

- Alain LANCERON (EMI Pathé-Marconi, Paris)
- Dr Herfried KIER (EMI Electrola, Cologne)
- Pierre FLINOIS, critique musical (Paris)
- Bill COLLINS, Voce Records (Oakland, Californie)
- Charles JOHNSON, BJR Records (New York)
- Jacques BERTRAND, Rodolphe Productions (Paris)
- David HAMILTON (New York) [6]

– A titre de président-animateur obbligato de ce débat, le premier du genre sur la scène internationale, permettez-moi de vous faire écouter quelques minutes d'une bande sonore. Nous sommes à Montréal, sur Radio-Canada, le samedi 2 février 1985. A l'entracte de la radiodiffusion live depuis le Met d'Otello de Verdi, le réalisateur de l'Opéra du samedi a invité Victoria de los Angeles, de passage ici pour son concert du 4 février à la Place des Arts. Elle discute avec le ténor André Turp :

ANDRÉ TURP – Il y a un enregistrement pirate, soit dit en passant, de *Faust* avec Victoria de los Angeles (on ne devrait pas dire ça à la radio, mais enfin !), un enregistrement superbe de *Faust*. Elle l'a fait aussi sur disque commercial, c'est vrai ; mais le pirate, c'est splendide... Ça vous plaît, les enregistrements pirates ? [Rires]
VICTORIA DE LOS ANGELES – Je ne sais pas. Au début, je n'aimais pas. Mais en tout cas, quand vous n'avez pas enregistré commercialement tel opéra, vous aimez l'avoir et, parfois... je suis reconnaissante... [Rires]

Voilà un témoignage de plus sur la piraterie des opéras. On en reconnaît l'illégalité mais on accepte le fait, qui va jusqu'à la reconnaissance...
PIERRE FLINOIS – Cette bande qu'on vient d'entendre, je devine que c'est un pirate.
– C'est ma copie, une copie privée pour mes recherches...
FLINOIS – Avez-vous l'autorisation de Radio-Canada, d'André Turp, de Victoria de los Angeles ?
– Non, bien sûr.
FLINOIS – Alors, vous êtes, Réal La Rochelle, un pirate sonore comme tant d'autres...
*– Euh, merci ! Cela me donne en tout cas l'occasion de remercier Pierre Flinois d'avoir accepté d'être le coanimateur de ce débat international. Flinois m'a aidé à l'organiser pour une large part, sans compter que les recherches qu'il a effectuées pour son article de l'*Avant-Scène Opéra *sur Callas ont fait de lui un précurseur indispensable en la matière.*
J'ai tenu à vous réunir, messieurs, dans un des salons du Ritz Carlton de Montréal, grâce à la générosité d'une subvention du ministère des Affaires culturelles du Québec. Cet hôtel vétuste et brillant, tapissé de velours, de boiseries sombres, d'ors et de lustres, est un véritable opéra en lui-même, peut-être le seul de Montréal. Il a accueilli toutes les « têtes couronnées » en visite ici, les artistes et les divas. Callas y a habité lors de son concert de mai 1974. Elle s'y était réfugiée en 1954, en transit pour Milan avec son mari Meneghini, après sa fuite de Chicago et l'assignation à comparaître qui lui avait été faite pour un procès célèbre. Callas avait toutes les raisons de se sentir à l'aise au Ritz. Car n'avait-elle pas déclaré qu'elle aussi, au fond, « était peut-être victorienne » ? Dernier séjour donc, en 1974. Faut-il rappeler que ce fut son

*dernier concert en Occident ? Il en existe d'ailleurs un enregistre-
ment privé, un pirate, édité en 1995.*
DR HERFRIED KIER – Permettez-moi une remarque préliminaire. Chez
nous, donc chez EMI Electrola, nous sommes intrigués, un peu
embarrassés même que dans un travail comme le vôtre, qui touche
l'industrie du disque, vous prévoyiez un chapitre sur les enregistrements pirates, que vous appelez enregistrements « privés ». Bien
sûr, nous sommes conscients que le marché est envahi de tous ces
enregistrements faits par les radios (sans permission écrite pour
d'éventuelles publications sur disques), ou réalisés sur bandes privées pirates.
*– Justement, c'est bien parce que ces disques et musicassettes sont
sur le marché qu'il faut en parler. Ils sont le produit d'une activité
discographique industrielle et commerciale, objectivement par-
lant. Ce sont des faits culturels au même titre que les produits des
firmes commerciales.*
DR HERFRIED KIER – Quoi qu'il en soit, j'espère que votre essai décrira
clairement l'aspect légal ou illégal de l'enregistrement sonore.
*– Il va sans dire. J'en profite pour établir les faits et les opinions
de l'industrie. Par exemple, la British Phonographic Industry
(BPI) – dont fait partie EMI – indique bien, dans son Year Book
1984, qu'elle a établi un secrétariat permanent pour l'aider dans
sa volonté permanente de protéger les droits de ses contractants
et des compagnies membres, de même que dans sa lutte contre
la piraterie et les abus commerciaux faits contre les produits de
ses membres. Quelques chiffres du BPI ? Pour l'année 1982, ventes
pirates dans le monde : 270 millions d'exemplaires ; valeur esti-
mée : 915 millions de dollars. C'est l'Extrême-Orient qui se renforce comme centre mondial de production, pour près de la moitié
des stocks. Toutefois, en termes monétaires, l'Amérique du Nord
accumule 400 millions de dollars de ventes. En 1983, le BPI a
réussi, dans le Royaume-Uni, par le biais d'un grand nombre de
poursuites, à faire condamner quelques manufacturiers soit à la
prison, soit à payer des dommages et intérêts. Le BPI a surtout
réussi, avec les autorités policières compétentes, à bloquer des
vendeurs de produits contrefaits. En 1995, suivant l'IFPI (organisme
international représentant l'industrie du disque), la piraterie « nous
ôte de la bouche » 2,1 milliards de dollars pour 995 millions
d'enregistrements, d'après un contrôle effectué dans soixante-huit
pays. Au palmarès des pirates, la Russie et l'Italie (la moitié du
piratage en Europe occidentale et 32 % des ventes nationales).
Principaux succès des luttes anti-piratages : en Grande-Bretagne,
en Corée du Sud, en Thaïlande et dans les Émirats arabes. Ces*

chiffres conduisent à une remarque que je trouve fondamentale pour notre débat, puisque nous allons surtout parler du secteur de la piraterie en opéra et, plus largement, en musique classique. Ce secteur représente un très petit pourcentage dans l'ensemble de la question de la piraterie sonore. La question fondamentale du piratage est bien celle de la musique populaire, du rock-pop, des variétés. C'est dans ce domaine que se font les plus gros coups. A côté de ça, les « pirates » de Maria Callas, même si elle est toujours en tête de sa catégorie, paraissent une goutte d'eau dans la mer. Comme disait Lucien Adès, du SNEPA (Syndicat national de l'édition phonographique et audiovisuelle à Paris) : « ... la seule raison pour laquelle à l'heure actuelle la contrefaçon a atteint la variété et n'a pas encore atteint le classique, c'est que tout simplement on vend 2 millions de disques de la Fièvre du samedi soir, *mais un maximum de quelques milliers d'enregistrements de la Callas. »*

FLINOIS – Pour l'industrie, il n'y a toutefois pas deux sortes de pirateries. Tout produit pirate est illégal et condamnable, Callas ou Presley, quarante-huit copies de *Poliuto* comme quelques millions de John Lennon.

DAVID HAMILTON – Ce point de vue est légitime. Il s'agit d'une solide tradition, du moins dans les pays occidentaux : les personnes qui produisent des biens de consommation courante ou des biens culturels ont droit à un certain contrôle sur les produits, ont droit aussi à une récompense proportionnelle aux bénéfices que les producteurs retirent de la vente de ces produits, au moins pour un certain temps.

FLINOIS – Très juste. Moi-même, à l'occasion, comme dans l'*Avant-Scène Opéra*, je fais l'apologie du pirate (du pirate d'opéra, en tout cas), du moins de sa motivation qui est, bien plus que le fric, de l'amour. Dans les grandes compagnies, on fait de l'argent, pardon, du commerce (d'art, certes), mais du commerce. Malgré cela, je suis très sensible au problème réel et général de la piraterie, et je voudrais attirer l'attention sur les points de vue, en France, du SNEPA. Je suis convaincu que le SNEPA a un point de vue intéressant à faire valoir, une vision, je dirais, supérieure du problème, meilleure, souvent, que celle des intérêts commerciaux des firmes, des artistes ou de leurs ayants droit.

– J'ajouterai à ce tableau, déjà implacable, une remarque de Pierre Chesnais à l'endroit des pratiques licites de Cetra et autres éditeurs de live *en Italie. « Il ne s'agit pas à proprement parler de piraterie, c'est simplement peut-être de la concurrence déloyale. » A quoi rétorque Jacques Moinet de la SACEM (Société des auteurs, compositeurs et éditeurs de musique) : « Il faut distinguer pirates et*

corsaires. *Ces derniers avaient des lettres patentées...* » On empruntait déjà les titres des Pirates de Penzance *de Gilbert et Sullivan, ou* Il Pirata *de Bellini.* Il peut être utile d'ajouter Il Corsaro *de Verdi...*

Là-dessus, il est l'heure de la pause-café. Autour du café et des biscuits, quelques participants se retrouvent autour des spéculations et des rêves de l'archéologie des inédits Callas.

– *Reste-t-il encore des Callas à découvrir ? Bill Collins, vous en aviez déjà fait un premier inventaire en 1971 dans* High Fidelity ?
BILL COLLINS – Oui. Un ancien dirigeant du Chicago Lyric Theater Opera possède l'unique bande du fameux *Trovatore,* de novembre 1955, avec Callas, Björling, Stignani et Bastianini. Ce sera un *hit* à coup sûr, une fois édité. Il circule la rumeur que la femme de Corelli avait enregistré une *Fedora* de 1956, à la Scala. Mais il y a surtout les archives de radio et des maisons d'opéra. Dans la plupart des radios européennes, il y a des enregistrements remontant jusqu'aux années 30. De plus, la plupart des grands théâtres comme le Met, Covent Garden, le Teatro Colón, pour n'en nommer que quelques-uns, enregistrent (officiellement ou pas) toutes leurs représentations depuis le milieu des années 50. Pour les Callas en Italie, j'ai réussi à obtenir un relevé des radiodiffusions qui ont été faites, et pour lesquelles il doit bien exister quelque part des bandes. C'est Maurizio Tiberi, éminent collectionneur, qui fut conseiller de la RAI, qui a établi la liste de toutes les radiodiffusions de Callas par la RAI jusqu'en 1951. Voici la liste de ces radiodiffusions en Italie des opéras et des concerts de Callas (1947-1951), pour les archives du *Symposium* :

1947   2 août, *la Gioconda,* Vérone
       5 août, *la Gioconda,* Vérone

1948   3 janvier, *Tristano e Isotta (Tristan und Isolde,* chanté en italien), la Fenice, Venise
       31 janvier, Idem
       6 juillet, *Turandot,* Thermes de Caracalla, Rome
       29 juillet, Idem
       5 décembre, *Norma* (acte I), Teatro Comunale, Florence
       23 décembre, *Aïda,* Idem

1949   8 janvier, *La Walkiria (Die Walküre,* chanté en italien), la Fenice, Venise

15 janvier, *I Puritani*, Idem
5 mars, *Parsifal*, Opéra de Rome
7 mars, Concert « Martini & Rossi » : *I Puritani*, *Norma*,
Aïda, *Tristan und Isolde* (arias)
26 septembre, *San Giovanni Battista* (Stradella), église di
San Pietro, Pérouse
24 novembre, Commemorazione di Giacomo Puccini :
Tosca (Acte III), *Manon Lescaut* (Acte IV). Concert radiodiffusé le 29 novembre

1950   19 janvier, *Norma*, la Fenice, Venise
13 mars, Concert d'arias d'*Oberon*, *la Traviata*, *Il Trovatore*
et *Dinorah*
30 avril, *Aïda*, San Carlo, Naples
19 octobre, *Il Turco in Italia*, Teatro Eliseo, Rome (reprise
le 31)
25 octobre, Même ouvrage, radiodiffusé le 10 décembre

1951   12 mars, Concert « Martini & Rossi » (seul l'air du *Freischütz* n'a pas été retrouvé)
14 juin, *Orfeo ed Euridice* (Haydn), Mai musical de Florence. Représentation du 8 juin
19 juin, *Idem*. Représentation du 9 juin
3 novembre, *Norma*, Teatro Bellini, Catania
7 décembre, *I Vespri Siciliani*, la Scala (radiodiffusé le 9)
12 décembre, Retransmission d'*Il Turco in Italia* de 1950

On sait par ailleurs que quatre opéras de Callas à la Scala n'ont pas été radiodiffusés : pour 1954, *Don Carlo* et *Il Ratto dal Seraglio* (*l'Enlèvement au sérail*, chanté en italien) ; puis *Fedora* de 1956, enfin *Il Pirata* de 1958. De plus, toutes les représentations de 1951 à São Paulo au Brésil furent télédiffusées localement, une initiative de Philco do Brazil. Rien de tout cela n'a été retrouvé à ce jour, mais il est difficile de croire que personne n'ait enregistré ces retransmissions à partir d'une télévision.
– *Comment se fait-il que de telles bandes restent introuvables ? Quelqu'un les cache, les conserve pour d'éventuelles thésaurisations ?*
BILL COLLINS – Pas nécessairement. Il est très possible que des gens ou des familles en possèdent et, pour une raison ou pour une autre, ignorent ce qu'ils ont entre les mains. Il est probable aussi que Meneghini en a acheté de la RAI, à la charnière des années 40 et 50 – comme ça se pratiquait fréquemment – et que c'est enfoui dans les coffres de son héritage...

– Charles Johnson, avez-vous du matériel inédit ?
CHARLES JOHNSON – Oui, nous avons la dernière *Tosca* de Mexico (1er juillet 1952), où Callas fit ses adieux définitifs à ce théâtre et à ce public. Cette soirée a déjà été éditée. Nous avons l'original sur acétate. Après la fin de l'opéra se trouvent les « Adieux de Mexico et du Palacio de Bellas Artes » à Callas. C'est un des documents les plus émouvants qui soient. Après les applaudissements aux artistes, une partie de l'orchestre se transforme alors en petit ensemble de type mariachis. Quelques trompettes d'ouverture. Puis le chœur et la salle entonnent le chant populaire des adieux, *la Golondrina* : dans les pays francophones, *Tu vas partir, charmante messagère,* les adieux à l'hirondelle. Ce sont les adieux à toute la troupe italienne, mais surtout à Callas. Tout le monde sait alors qu'elle ne reviendra plus jamais au Palacio. Elle est devenue la superstar de la Scala, ses cachets sont trop élevés pour Mexico, elle va commencer sa carrière phonographique internationale. Alors on lui chante ce chant populaire. En surimpression, l'animateur radiophonique décrit une Callas à genoux, tête baissée, qui reçoit l'hommage... Vraiment très émouvant...
*– Il faudrait bien trouver le moyen un jour d'éditer la bande de ces adieux. Il y a d'autres rumeurs, les légendes, comme cette histoire non éclaircie des enregistrements d'airs populaires de Callas au début des années 70. Et puis l'inédit de l'*Invitation au Voyage *de Duparc de 1965, à la télévision française...*
ALAIN LANCERON – Moi, on m'a dit que le dépositaire de ce matériel, l'INA (l'Institut national de l'audiovisuel), avait fait un jour le ménage et l'avait détruit. C'est dommage.
BILL COLLINS – En tout cas, si on retrouve un *Tristan und Isolde* (chanté en italien) avec Callas, ce sera un *best-seller.*
– Je donnerais un Tristano e Isotta *pour l'enregistrement de l'oratorio de Stradella,* San Giovanni Battista, *une œuvre très difficile. C'est à l'occasion de l'enregistrement de cet ouvrage par la RAI que Callas eut sa première expérience avec l'enregistrement sonore. C'était la première fois qu'elle entendait sa voix. Elle raconte qu'elle fut horrifiée de s'écouter, et qu'elle se mit à pleurer, ne voulant plus continuer à chanter... Elle a peut-être elle-même détruit cette bande rarissime.*

– Nous pouvons reprendre le débat. Abordons maintenant, si vous le voulez, la question plus spécifique de l'édition des live de Callas. Il peut être intéressant d'analyser les phénomènes suivants : le déplacement de la question depuis l'émergence des live italiens, licites de par la loi du pays et ce, depuis la fin des années 70 ; la

situation actuelle des live *de Callas et les perspectives d'avenir. Pourquoi Callas* ?

PIERRE FLINOIS – Callas a été dans ce domaine le catalyseur d'une crise ou d'un phénomène de société qui, exigence à l'état latent, est devenu le moteur d'une éthique de l'enregistrement dont les conséquences ne sont pas encore mesurables.

– Dans sa catégorie, Callas est toujours la première, dans le patrimoine studio des grandes firmes, comme dans les live. *Et ce, autant au niveau économique que culturel.*

BILL COLLINS – Oui. Les affaires de l'opéra *underground* n'auraient pas acquis l'importance qu'elles ont (toutes proportions gardées), si ce n'avaient été des microsillons et des coffrets Callas qui ont familiarisé le public à l'idée du disque non commercial.

CHARLES JOHNSON – Même point de vue chez BJR. Callas a été la raison d'être de notre démarrage dans l'industrie phonographique. Elle était grandiose sur scène, les enregistrements *live* témoignent de son talent dans cette forme d'expression. Callas a toujours préféré ces enregistrements à ceux qu'elle a faits en studio.

JACQUES BERTRAND – Callas, plus que quiconque, était incapable de donner sa pleine mesure en studio. Elle brûlait les planches. Callas avait besoin du public. Le disque est une industrie jeune, qui a progressé en qualité technique très, très vite. La technique a toujours pris le pas sur le reste. Les artistes, on leur a fait affronter la technique comme des cobayes. Par exemple, dans ses notes sur *Aïda*, John Culshaw parle pendant quatre pages de techniques d'enregistrement, mais pas des interprètes ni de cet opéra. Callas morte, on a dit : elle était extraordinaire sur scène. Alors on a donné au public des enregistrements (pas très bons techniquement, en mono, qui gratouillent), et on a découvert quelque chose de fabuleux. Le public a eu ce qu'elle a fait sur scène. Et puis on a vendu autre chose que des Callas – on a développé un secteur qui ne l'était pas avant : les artistes sur scène, dans leur milieu.

PIERRE FLINOIS – La mort de Callas a remué l'industrie de nouveau. Tout le monde a voulu en profiter. Pour des raisons évidentes, à cause de la soudaineté de cette mort, EMI n'était pas prête comme elle aurait dû l'être normalement en pareil cas.

JACQUES BERTRAND – Il serait peut-être temps de tirer au clair la terminologie : « pirates », *live*, etc. Il y a là une confusion – volontaire ou involontaire –, une confusion de la part des professionnels et du public. Il faut être précis. Un enregistrement pirate est illégal. Il y en a infiniment moins qu'on le croit, très peu : 2 % ou 3 % de l'ensemble. Le magnétophone dans la salle, ce n'est pas la panacée ! En revanche, quand la qualité est bonne, ce sont la plupart du temps des enregistrements radio, pour une diffusion en direct ou en différé. Vous allez dire : si la radio l'a enregistré, le fait de l'utiliser commercialement n'est pas forcément légal. Mais à ce moment-là, ce n'est pas l'enregistrement qui est pirate, c'est son éventuelle utilisation, son édition. Pour moi, « enregistrement pirate », ça n'a pas de sens. J'approuve complètement la loi italienne pour laquelle les *live* ne sont pas pirates. Certains peuvent ne pas être d'accord, mais ce qui me fait sourire, c'est que quelqu'un désapprouve cette loi quand il est lui-même un professionnel parce qu'il croit qu'on fait ainsi des disques bon marché. Mais le même professionnel, qui a sa discothèque privée, la première chose qu'il fait est d'aller acheter ces disques-là. Alors, il faut être honnête avec soi-même : si on est contre ce système, on n'en achète pas les produits, on ne les écoute pas, on les refuse simplement.

DR HERFRIED KIER – La position juridique du copyright en Italie, et aussi en Amérique du Nord, est malheureusement très faible. Et comme l'Italie fait partie de la Communauté européenne, et qu'il y a une loi internationale qui interdit les restrictions de produits édités à l'intérieur de la Communauté européenne, il est certainement difficile de combattre ces enregistrements illégaux dans chacun des pays, par exemple en Allemagne.

– D'où viennent les live *de Callas ?*

JACQUES BERTRAND – Quelques-uns, rarement, ont été enregistrés durant une interprétation au théâtre ou au concert. Très peu. La plupart viennent de radiodiffusions, d'Allemagne, d'Italie, etc., soit de bandes originales, soit de copies faites durant la retransmission.

– J'ai dans mes dossiers la transcription d'une interview téléphonique avec Giuseppe Di Stefano, où il expose son point de vue sur la question. Le ténor croit d'abord que le commerce des live *n'est pas une très grosse affaire. Il avait bien essayé d'intenter des procès contre cette pratique, mais il a perdu sa cause. Il a alors décidé de signer un contrat avec Melodram, pour fournir sa collaboration en bandes sonores, photos, textes, voire pour l'utilisation de son nom dans le sigle « GDS ». Il rappelle à l'occasion que la mention de ce sigle sur certains coffrets ne veut pas dire qu'il s'agit de sa propre firme ! Mais l'artiste s'est montré insatisfait de cette firme, l'appelant en riant une boîte de* banditi ! *Malgré ses réticences envers ce négoce qui ne rapporte rien aux artistes, Giuseppe Di Stefano se montre en fin de compte content de voir que ces disques (souvent ceux des meilleures interprétations), témoignent d'un passé comme le sien et celui de ses collègues. Mais il est encore aujourd'hui très étonné que ces disques fleurissent, alors que les artistes avaient l'habitude de ne les écouter en privé que pour l'étude de leur travail*

sur scène, et qu'ils ne croyaient jamais que ces enregistrements pourraient un jour se retrouver dans le commerce.

JACQUES BERTRAND – Les artistes en possèdent beaucoup, qu'ils font faire ou laissent faire pour leur propre usage. De plus, les plus grands acheteurs de bandes ou disques *live* sont les artistes eux-mêmes. Callas n'écoutait que ça, chez elle, ces bandes pirates. La plus grosse maison de *live* au monde, c'est Fonit-Cetra, qui est elle-même un département de la RAI, une compagnie de l'État italien ! Ils vendent environ un demi-million de disques par année dans le monde...

CHARLES JOHNSON – A Mexico, nous avons trouvé des acétates qui provenaient de kinescopes des télédiffusions des opéras de Callas au début des années 50. Ces représentations du Palacio de Bellas Artes étaient à la fois radiodiffusées et télédiffusées. Les disques acétates tirés de ces bandes étaient en très bon état. C'est ce qui explique que nos disques sont de meilleure qualité que les copies éditées à partir d'enregistrements de radiodiffusions. BJR est la seule firme à posséder les originaux de Mexico pour les Callas. Nous avons pu nous procurer aussi des originaux de la RAI pour certains Callas : pour *Macbeth, la Sonnambula, Poliuto.* D'autres coffrets de nos éditions proviennent d'enregistrements en salle qui sont, pour tout dire, enregistrés en exclusivité pour BJR, avec l'accord et parfois la complicité des artistes en cause.

BILL COLLINS – Chez Voce, comme chez d'autres labels indépendants, nous avons bien une « petite liste » de chanteurs ou de musiciens qui... disons, ne se rendent pas compte de l'honneur qui leur est fait d'être édités sur disque ! Par exemple, Giorgio Tozzi, Leontyne Price, Herbert von Karajan, Jessye Norman... En revanche Callas, Beverly Sills, Joan Sutherland, ont toujours activement encouragé les éditions privées de disques de leurs interprétations sur scène. Pour publier par exemple *The Bohemian Girl,* nous avions le consentement tacite du directeur de la compagnie Central City Opera, et nous avons obtenu les bandes de la National Public Radio. Mais il y a aussi le Met, très chatouilleux...

DAVID HAMILTON – J'ai travaillé à l'édition d'un coffret de six disques de repiquages de tous les cylindres connus de Mapleson, enregistrés au Met entre 1901 et 1904. Ce sont les premiers phonogrammes d'opéra *live* connus dans l'histoire phonographique.

– Sont-ils considérés comme d'authentiques pirates ?

DAVID HAMILTON – Ce sont évidemment des pirates. Mais le Met a donné son accord pour cette édition.

– Peut-on devenir riche en produisant des disques live *de Callas ?*

ALAIN LANCERON – Chaque fois qu'il y a un disque pirate publié ou vendu, c'est un disque du commerce légal en moins, pour nous, EMI Pathé-Marconi, ou pour la concurrence.

BILL COLLINS – Ce n'est pas si sûr, il faut faire des nuances. Chez Voce, la production de disques n'a pas été notre gagne-pain. Chaque partenaire s'est bien vu accorder quelques milliers de dollars par an, ce qui fait un agréable supplément de revenu, mais rien de très luxueux. Et encore, ce chiffre ne vaut que pour les bonnes années, pas pour chacune, car c'est la catégorie des disques de chanteurs qui se vend le mieux, pas celle des œuvres de répertoire. Bien sûr, il y a ceux qui travaillent à la manière western (*take the money and run*), en saturant le marché à toute vitesse avec un produit de piètre qualité... Par exemple, pour ne pas les nommer, HRE et parfois Legendary Recordings. De cette manière, on peut faire un peu plus d'argent...

CHARLES JOHNSON – Chez BJR, nous avons pris les profits pour les réinvestir dans d'autres projets.

JACQUES BERTRAND – Rassurons-nous. Avec les disques *live* – avec les disques tout court, maintenant – à coup sûr avec des *live*, personne ne va s'acheter une Rolls-Royce, pas même avec les disques de Callas ! Une moyenne de mes chiffres de vente : ma petite firme, Rodolphe Productions, possède quelques titres que je peux vendre à environ 1 000 exemplaires par titre en moyenne, annuellement. En gros, je peux aller jusqu'à vendre 30 000 ou 40 000 disques par année. Comparez. Fonit-Cetra en vend 500 000 au moins par année. Chez EMI Pathé-Marconi, le seul coffret des récitals de Callas (onze disques !), s'est vendu à plus de 40 000 exemplaires en un an et quelques mois ! Les Callas, chez Rodolphe Productions, sont plus hauts que la moyenne. Jusqu'ici, notre *Traviata* (avec Valetti) s'est vendue en moyenne à 2 500 exemplaires par an ; l'album *Callas à la télévision* : 3 500. Voilà à peu près notre fourchette générale, entre 800 et 5 000 exemplaires.

BILL COLLINS – Nos chiffres moyens de vente des Callas de Voce : autour de 900 exemplaires pour chacun des six titres de notre catalogue, les Voce 8, 19, 27, 13, 34 et 71. Les Voce 19 et 71 de Callas se sont classés dans nos dix meilleurs titres, les 8 et 13 dans les quinze premiers. Quatre bons premiers en tout.

– Les artistes sont-ils payés pour « leurs » live ? Mme Ina del Campo précise que Melodram ne paie aucune redevance aux artistes, étant donné qu'en Italie tout le matériel sonore de ses éditions est du domaine public.

JACQUES BERTRAND – Pour les enregistrements de la radio, il faut parfois demander l'autorisation, ce que personnellement je fais la quasi-totalité des fois. Mais il y a des situations juridiques inextricables : la radio est propriétaire de la bande, mais pas des droits. Et ceux qui seraient propriétaires des droits ne sont pas propriétaires de la bande ! Moi, en tout cas, j'ai adhéré, à cause de cela, à la loi italienne sans aucune réserve. Je dis tout haut ce que les autres pensent tout bas.

CHARLES JOHNSON – Chez BJR (tout comme chez MRF), nous offrons régulièrement aux artistes présents sur nos disques autant de copies qu'ils ou elles en désirent. Nous avons l'assurance que les artistes appuient nos objectifs et nos intentions, qui ne sont pas de les exploiter et de profiter de leur travail. Parce que nous enregistrons les meilleures interprétations de ces artistes dont ils peuvent être fiers, nous ne sommes pas à ce jour ennuyés par des poursuites ou des menaces, comme le sont Legendary Recordings et HRE, qui cherchent trop visiblement le « pognon » et qui ne sont pas assez judicieux dans le choix des matériaux qu'ils publient. Pour nous, il est toujours important de vérifier si les détenteurs de copyrights considèrent nos publications comme préjudiciables ou profitables à leurs propres affaires, ou à leur propre compagnie.

– *Il reste un dernier point. Quelles sont les influences réciproques des* live *sur les disques dits « commerciaux »* ?

PIERRE FLINOIS – Je suis convaincu que sans l'apport des *live* de Callas, on n'aurait pas non plus, chez Pathé-Marconi, vendu en six mois 35 000 exemplaires des coffrets Schwarzkopf. Et puis, il y a eu les 12 000 exemplaires du coffret Georges Thill, les 5 000 exemplaires ou plus des *Chants wagnériens*, le coffret Mozart, celui de Victoria de los Angeles...

JACQUES BERTRAND – De plus, EMI a publié des enregistrements de studio que Callas avait interdits de son vivant. Ils l'ont fait au nom du patrimoine. Alors, excusez-moi, « au nom du patrimoine », c'est une malhonnêteté grave, parce qu'en cette matière, elle avait dit clairement non. Elle l'avait bien dit ! Pour les *live*, elle n'a rien dit, ni oui ni non. Ce qu'elle avait interdit, EMI le sort après sa mort. C'est intellectuellement malhonnête. Alors, j'affirme simplement : compte tenu du mensonge concernant le respect de Callas ; compte tenu de la façon dont ils ont outrepassé l'autorisation qui leur avait été faite d'éditer certains enregistrements de studio, soyons honnêtes. De plus, ces imbéciles n'ont trouvé rien de mieux, dans le coffret des récitals, que de faire un communiqué de presse expliquant le pourquoi d'une édition interdite par Callas. Ils ont écrit : elle nous l'avait interdit, mais au nom du patrimoine, on croit... Moi j'ai traduit : « On croit gagner du "pognon" avec... »

CALLAS

PIERRE FLINOIS – Je ne peux que redire que les *live* ont créé une émulation certaine sur les produits des grandes firmes.

ALAIN LANCERON – Il n'y aurait pas eu les *live*, j'aurais, moi, réédité les Callas. Ce qui est honteux dans les *live*, c'est qu'on vous vend très cher un disque de très mauvaise qualité sonore pour lequel aucun artiste n'est rémunéré... Et souvent, ce sont des enregistrements qui doublent nos propres enregistrements ; par exemple un *live* de *la Sonnambula* a la même distribution que le coffret de EMI. L'influence des *live* par rapport à nos marchés est aléatoire. Les bacs des disquaires ne sont pas extensibles indéfiniment, et il est certain que chaque fois qu'il y a un disque pirate, c'est un disque du commerce légal en moins...

CHARLES JOHNSON – Je suis profondément convaincu que les firmes commerciales courantes ont été stimulées par la popularité des *live*. Nous continuons, pour notre part, à maintenir de hauts standards de qualité pour nos produits.

BILL COLLINS – Je constate cette influence des *live* dans le fait que les firmes commerciales, DGG, EMI, ont découvert récemment les vertus du *live*, dont les coûts de production sont moindres que l'enregistrement en studio, et qui peut être de haute teneur technique, grâce aux progrès faits dans ce domaine. Ces firmes satisfont aussi l'engouement d'une vaste majorité des fans d'opéra pour les *live*, et contredisent ainsi *a posteriori* un John Culshaw qui a commis l'erreur de croire que les fans préféraient l'opéra en studio au *live*, sauf bien entendu les maniaques de la technologie et certains critiques.

– *EMI même s'est convertie aux* live *de Callas. Pourquoi ce revirement, cette conversion ?*

ALAIN LANCERON – La situation est claire. On sait que Callas écoutait ses *live* à longueur de temps. A partir du moment où ils existent, il vaut mieux qu'ils soient publiés dans les meilleures conditions artistiques, techniques et éditoriales par EMI (sa maison de disques), plutôt que d'être laissés à l'anarchie, à droite comme à gauche. Il en coûte très cher de rééditer des *live*. Il faut repasser des contrats avec tous les artistes vivants ou leurs héritiers, rééquilibrer les bandes. On ne les édite pas comme n'importe quel pirate.

– *Comment marchent les* live *de Callas chez EMI ?*

– *La Traviata* de la Scala et la *Lucia di Lammermoor* de Berlin sont des enregistrements mythiques qui se vendent très, très bien. En revanche, *Macbeth*, *Il Pirata*, *Anna Bolena* représentent des ventes plus confidentielles. Je rêve d'élargir, dans le catalogue EMI, le champ du répertoire Callas. Pas tant par de nouveaux *live* d'*Aïda* ou de *Norma* que par ceux dont nous n'avons pas les titres :

Poliuto, Iphigénie en Tauride (chanté en italien), *Alceste, la Vestale, I Vespri Siciliani...*
– *Et pourquoi pas Nabucco, Andrea Chénier, Fedora, Parsifal... L'ambition ou la gourmandise de EMI est indéfinie, comme l'était ou l'est celle des indépendants. Mais pourquoi ne parle-t-on plus de la piraterie des Callas ?*

ALAIN LANCERON – Attention, on parle toujours de piraterie. Il y en a de deux sortes : les *live* édités sans autorisation, ainsi que les « pirates-pirates » qu'on vole dans le patrimoine EMI, qu'on maquille avec de faux applaudissements. EMI continue toujours à se battre contre ces deux sortes de contrefaçons. Mais les temps changent : l'Italie accorde une protection plus longue que les « vingt ans » pour la protection des droits sur les *live*.

PIERRE FLINOIS – Si on parle moins de piraterie, c'est pour des raisons culturelles. Le public a tout simplement intégré la réalité des *live*. Seul le contenu importe. Si une interprétation est formidable, les gens ont envie d'avoir son enregistrement. Si elle est nulle, qu'elle soit éditée par EMI ou DGG, elle ne se vendra pas, c'est tout. Les *Traviata* de Lisbonne et de la Scala se sont vendues comme des petits pains parce qu'elles sont meilleures que les autres *Traviata* du studio et du commerce. C'est imparable, telle est la loi de l'offre et de la demande. EMI a su s'adapter à cette demande et aménager son offre, légitimant ainsi ce qui auparavant était pirate ou corsaire. Et à partir du moment où (théoriquement) les problèmes réglementaires sont bouclés, les contrats signés avec les ayants droit ou les artistes eux-mêmes, les revenus adéquatement versés, ce n'est plus de l'édition pirate, mais de l'édition *live*, comme cela se pratique depuis toujours (les extraits de *Boris* à Covent Garden avec Chaliapine, chez HMV, les *live* de Bayreuth chez EMI, London, Philips, DGG...). Le piratage lui-même reste à proscrire sur le plan juridique, certes. Mais force est d'admettre que c'est avec des décennies de retard que EMI fait de bons *live* de Callas. L'intérêt historique de ces documents est tel que je considère qu'il faut d'abord remercier, une fois encore, les pirates qui ont su préserver ces enregistrements historiques en un temps où ils semblaient n'intéresser personne, surtout pas les *majors* du disque. Car si beaucoup de fonds d'archives sont encore mal exploités, c'est à cause du peu d'efforts de la part des maisons de disques, qui manquent de courage et d'initiative. Je remercie tous ces gens qui ont eu le courage de lancer et de diffuser des représentations historiques. Je ne salue pas les pirates qui en profitent financièrement (profit sur la réalisation du disque surtout, quand elle est de très mauvaise qualité technique), mais je les remercie en tout cas de nous avoir permis d'en profiter intellectuellement, comme en profitent après coup (financièrement *et* intellectuellement) EMI, London et DGG.

– *Une conclusion, David Hamilton ?*

DAVID HAMILTON - Pour moi, le nœud de la question du piratage demeure toujours principalement une affaire d'éthique. Il s'agit du difficile problème de la réconciliation entre les exigences de l'histoire, d'une part, et, de l'autre, la forte tradition dont j'ai déjà parlé : les personnes qui produisent des biens, courants ou culturels, ont parfaitement le droit d'exercer un contrôle sur leur produit, ainsi que de recevoir une récompense proportionnelle aux profits qu'une firme retire de la vente de ces produits. Je suis surpris, par exemple, de lire dans le dossier de *l'Avant-Scène Opéra* qu'on prétend que des redevances sont payées aux artistes, ou à certains d'entre eux, par les pirates italiens. Je vous assure qu'on n'a jamais fait la preuve que les artistes qui participent à des représentations éditées par Cetra ou d'autres aient reçu un sou ! Cette situation laxiste, qui permet l'exportation du copyright italien dans d'autres pays, me paraît tout à fait déplorable, parce qu'elle impose la *loi Gresham*[7] au monde entier. Quand je parle des exigences de l'histoire, je veux dire qu'il faudrait des lieux où seraient disponibles les enregistrements *live* – par exemple, dans des centres d'archives sonores aisément accessibles au public, plutôt que de laisser ces enregistrements entre les mains d'une armée d'officiers du culte, dont l'objectif est de faire le commerce des *live.*

Mise au point de EMI

Les diverses opinions exprimées dans ce symposium ne pouvaient prétendre à une certaine exhaustivité sans une déclaration formelle de la direction de EMI en la matière. Au printemps et à l'été 1985, j'ai obtenu de Michael Allen, directeur financier et administratif de la section classique internationale de EMI à Londres, des éclaircissements sur l'exclusivité de Callas avec EMI.

Michael Allen, diplômé d'Oxford, est entré chez EMI en 1956. Depuis 1959, il a travaillé à divers titres pour le secteur classique de la firme. Il fut témoin de la création, par Joseph Lockwood, du célèbre comité international des programmes au début des années 60, dont il fut le secrétaire pendant quelques années. De 1974 à 1976, il fut directeur général de Angel Records aux États-Unis. Il a assez bien connu Maria Callas. Quand eut lieu le second enregistrement de *Tosca*, à Paris en 1964, Michael Allen fit un reportage sur cette production, qui parut sous la forme d'article dans la brochure du coffret, sous le nom de Nicholas Wortley.

– *Michael Allen, l'exclusivité Callas avec EMI est souvent reven-diquée comme une exclusivité absolue, bien que Callas ait fait des enregistrements tout à fait licites avec trois autres firmes : Cetra, Ricordi et Philips. Qu'en est-il ?*
– Pour nous, Callas est une artiste exclusive à EMI depuis son premier contrat de 1952, ensuite pratiquement jusqu'à sa mort, en 1977. Nous avons permis à Callas d'aller enregistrer chez Cetra en 1952 et 1953, comme plus tard en 1957 pour *Medea* chez Ricordi, puis en 1972 pour les duos avec Di Stefano chez Philips. Toujours suivant les mêmes dispositions contractuelles.
– *Quelle est la situation du ou des contrats de Callas chez EMI ? Quel en est le début, quelle en est la fin ?*
– Premier contrat en 1952, reconduit et amendé en 1954, pour une période additionnelle de trois ans, s'étendant jusqu'en juillet 1957. Un troisième contrat, avec avenants reconduisant celui de 1952, couvrit ensuite les années 1957 à 1960. Un quatrième, de 1960 à 1963. Ce dernier fut ensuite amendé jusqu'à la fin de 1964 (cinquième contrat). Enfin, un sixième contrat, établi pour l'année 1969, se terminait à la fin de cette année-là. Ce fut le dernier contrat signé par Callas pour EMI, avec six ans d'exclusivité sur tous ses disques à partir de la fin de contrat.
– *Faut-il comprendre alors qu'il y a une sorte de « vide juridique » pour Callas chez EMI, des années 1965 à 1968 inclusivement ?*
– Oui, mais ce vide n'a existé que pendant ces années-là stricte-ment, puisqu'il disparut techniquement avec le contrat de 1969.
– *Si je comprends bien, l'exclusivité de Callas chez EMI s'est donc achevée pour de bon en 1976, alors qu'elle n'avait plus de contrat depuis 1969 ?*
– C'est exact.
– *Vous avez bien, chez EMI Pathé-Marconi, pour votre marketing, un titre relatif à l'exclusivité Callas : « Callas. Vingt-cinq ans d'exclusivité pour La Voix de son maître » ? Cela doit donc s'enten-dre : exclusivité accordée à EMI depuis 1952 jusqu'à sa mort en 1977. N'est-ce pas un peu exagéré, et relevant plus de la formule publicitaire que de la réalité des faits, si on considère que Callas,*

après 1969, était une artiste libre, indépendante, et que l'exclusivité sur ses enregistrements antérieurs chez EMI n'était plus valable en 1976 ?

– Je crois que vous voulez dire que le slogan de Pathé-Marconi ne peut pas être logiquement défendu. Je ne serais pas en désaccord avec ce point de vue. Il n'est généralement pas dans les habitudes de la firme de faire des déclarations publiques en ce qui concerne l'exclusivité de ses artistes.

– *La question de l'exclusivité de Callas chez EMI, en fin de compte, n'a d'intérêt que par rapport aux actions, directes ou indirectes, entreprises par la firme pour faire respecter cette exclusivité contre les producteurs de phonogrammes* live *considérés comme illicites, comme « pirates ». Qu'en est-il à ce propos chez EMI Music ?*

– EMI a recueilli l'avis d'experts selon qui la firme perdrait, en Angleterre, ses poursuites juridiques contre les producteurs de *live* italiens. Nous avons donc voulu éviter un échec possible sur ce terrain, et ainsi ne pas donner à ces producteurs une chance de reprendre du poil de la bête en ajoutant de nouveaux titres à leurs stocks. De toute façon, après le boom du début des années 80, cette industrie des phonogrammes *live* s'est estompée. EMI ne tentera plus de manœuvres sur ce terrain ; nous estimons qu'il vaut mieux laisser les artistes ou leurs héritiers eux-mêmes organiser de telles poursuites.

– *Quelles sont les stratégies de votre firme en ce qui concerne la piraterie et le copyright ?*

– EMI a un problème plus grand et plus complexe sur les bras. Dans certains pays, nos phonogrammes tombent dans le domaine public. Dans la plupart des pays industrialisés, cela se produit cinquante ans après la première édition. Mais en Italie, c'est après trente ans seulement. Au Japon, vingt ans. EMI va combattre cet état de choses avec la dernière énergie. Nous ne sommes pas une personne physique ou morale. Contrairement aux artistes et à leurs héritiers ou légataires, qui ont droit de bénéficier pendant quelques années du fruit du travail de la création artistique, une firme est toujours active après cinquante ans, elle continue d'investir argent et travail pour reproduire et rééditer des enregistrements, tout en continuant à prendre des risques pour de nouveaux produits. Sur ce terrain, il y a une nécessité impérative : la révision internationale de l'application stricte du droit d'auteur au copyright des produits de l'industrie culturelle, afin de changer la situation dans quelques pays. Nous allons travailler activement dans le sens de cette révision, parce qu'il serait souhaitable, à notre point de vue, de standardiser partout à cinquante ans la loi du copyright.

*– Qu'en est-il de la lutte antipiraterie au sujet de la diffusion
publique d'un autre patrimoine, celui que votre firme ne possède
pas ? C'est ce patrimoine – du moins dans le secteur classique et
opératique – qui se retrouve très souvent et majoritairement dans
les publications de live ?*

– De ce côté, nous pensons qu'il y a aussi moyen de lutter contre
les pratiques plus ou moins licites des productions de *live*. Nous
faisons des efforts, avec d'autres firmes commerciales régulières,
pour négocier des arrangements et ainsi coéditer des matériaux
sonores historiques, que nous puisons dans nos archives respecti-
ves. EMI s'est efforcée de convaincre ses concurrents de mettre un
terme en Italie à leur pratique de production de *live*.

*– On parle depuis quelques années de l'édition en vidéocassettes
de toutes les bandes magnétoscopiques laissées par Callas. EMI a
dû forcément s'intéresser à ce projet, mis en avant en tout cas par
Mme Vasso Devetzi, présidente de la Fondation Maria-Callas.
Avez-vous entrepris des négociations avec Mme Devetzi à ce
sujet ?*

– Notre position est la suivante : notre contrat avec Callas comprend les droits de EMI sur la publication, sous forme de vidéogrammes, des anciens enregistrements télé de la cantatrice. C'est
une position ferme, que nous sommes prêts à défendre. Pour ce
qui est de Mme Devetzi, oui, nous avons eu des pourparlers avec
elle, qui n'ont pas évolué. Le prix qu'elle demandait était trop
élevé et Mme Devetzi, de surcroît, considérait qu'elle détenait les
droits de la publication de ces matériaux vidéo. Nous n'en croyons
rien. De toute façon, *Mme Devetzi ne représente plus, dorénavant,
l'héritage de Maria Callas* [8].

A la recherche d'un musée sonore

Imaginons un instant, suivant le vœu de David Hamilton, que
EMI et les ayants droit de Callas conviennent de créer (et non seulement de promettre) un musée Callas. Supposons que ce soit à Paris.
Ils décident d'y regrouper, entre autres souvenirs, tous les enregistrements inédits de Callas, de les rendre accessibles au public et aux
chercheurs, voire d'en faire des copies pour les principaux centres
d'archives sonores à travers le monde. Dans ce contexte, à quoi rime-
rait alors le travail des pirates ? A peu de chose en somme. Ils
n'auraient tout simplement pas de matériau pour travailler. Bien sûr,

si des collectionneurs trouvent de leur côté des inédits, ils peuvent les envoyer à ce musée au lieu de les éditer eux-mêmes.

En revanche, en ne rendant pas publiques de telles archives sonores, les firmes, les ayants droit et les collectionneurs privés créent un manque (même involontairement), ouvrent un champ d'action possible pour l'industrie phonographique privée. Les dimensions modestes de cette industrie montrent, à l'évidence, que dans la majorité des cas elle ne fait que combler un vide laissé par les détenteurs licites des patrimoines culturels historiques.

Ce pourrait être une façon indirecte de mener la lutte contre certains secteurs de la piraterie, peu étendus d'ailleurs. Sinon, il suffit de laisser la tolérance faire son œuvre – tolérance supportée et même encouragée par la majorité des artistes, ainsi que par la totalité des acheteurs, si ce n'est par les visées corporatistes de certaines sociétés de protection des droits d'auteurs. En fin de compte, quel serait l'intérêt d'une grande firme à briser un pirate, à le pousser à la banqueroute, les rares fois où c'est possible ? Il y en a un à New York, en tout cas, qui fut ainsi ruiné il y a quelques années, qui a arpenté la rue Amsterdam dans le West Side, devenu marchand ambulant de livres et de disques, et qui a sombré dans une profonde misanthropie. A qui cette situation a-t-elle profité ? Un autre, à Munich, a été dans l'embarras après qu'on eut saisi ses éditions de certains Karl Böhm.

Tout le monde est pour la vertu, bien sûr, mais il faut avouer qu'il est difficile, parfois, de trancher entre une action illégale mais légitime, et une autre légale, mais corrompue. Les contradictions sont telles, d'ailleurs, que les grandes firmes sont plus embarrassées par la légalité immorale que par l'inoffensive illégalité ; elles ont parfois déclaré la guerre aux pirates, à la manière d'une armée d'éléphants pour écraser des mouches. Pendant ces combats sans issue, ces firmes se sont vues enfoncées sur leur flanc par leurs pairs, de la même force qu'elles, la « concurrence déloyale » ou encore le bataillon des corsaires.

Dans le cas de Callas, tout au moins – mais dans bien d'autres aussi, surtout les enregistrements des radiodiffusions ouest-allemandes –, les éditeurs ont pu ouvrir en Italie un marché de *live* dont le *dumping* dans d'autres pays a constitué une importante contre-attaque. Ce sont eux qui ont mené la vie dure aux petits producteurs privés, tout en accaparant une part significative du marché international des grandes firmes. En Italie, outre le géant Cetra, il y a Melodram, International Music of Italy, WEA, RCA Italiana, Opera/ K-TEL, CLS... Ainsi, les grandes firmes se voient curieusement épargnées du souci de combattre les petits pirates par ces concurrents déloyaux, ces « corsaires » qui ont leurs lettres patentes de l'État italien, mais qui pour leurs services non sollicités s'octroient une part des profits du marché. « Les bacs des disquaires, rappelle Alain Lanceron, ne sont pas extensibles à l'infini. » Mais ce ne sont pas les menus stocks des éditeurs indépendants qui les remplissent vite, pour écarter les produits des grandes firmes.

Regardons un instant quelques slogans publicitaires et titres d'éditeurs. Lequel est le plus représentatif du patrimoine sonore de Callas ? EMI Pathé-Marconi proclame : « Maria Callas. Vingt-cinq ans d'enregistrements exclusifs pour La Voix de son maître » ; Everest titre un de ses albums : *Callas and Di Stefano at La Scala* ; Rodolphe Productions édite un coffret et un album d'*inédits* de Callas.

Le slogan de Pathé-Marconi, pris au pied de la lettre et de l'histoire, est inexact, on l'a vu. Quant au label « La Voix de son maître », dont EMI rebaptise ses coffrets, il ne peut renvoyer en aucun cas à la branche HMV du temps où Callas et EMI produisirent des disques, puisque Callas travaillait à ce moment-là pour la branche Columbia de EMI, non pour HMV. La firme Everest, pour des raisons déjà analysées, n'est aucunement en droit de laisser croire, par le titre de son album, que Callas et Di Stefano y chantent en duo comme durant leur dernière tournée de concerts de 1973-1974. Enfin, les « inédits » de Rodolphe Productions, pour les neuf dixièmes, sont tout sauf des inédits, puisque la majeure partie du matériel de ces éditions avait déjà fait l'objet d'éditions antérieures aux États-Unis ou en Italie. Peut-être veut-on dire « les introuvables » de Callas, ce qui serait plus juste. Reste le fragment du *Turandot* de 1949 de Buenos Aires. Des rumeurs ont couru selon quoi ce fragment pouvait être un faux[9] ! Chacune des firmes, à sa façon, a tendance à tricher avec le patrimoine culturel dont elle est devenue historiquement le dépositaire.

Comment revendiquer la possession d'un patrimoine et ne pas lier les actes à la parole, en déposant ce legs dans un centre public d'archives sonores, en le mettant à l'abri de la spéculation ? Plus que jamais aujourd'hui, les firmes phonographiques (tout comme d'autres producteurs sonores, radios, télés, compagnies de cinéma) sont sollicitées par les « exigences de l'histoire », selon la judicieuse formule de David Hamilton. Cette demande, pratiquement inexistante après la guerre, est devenue en quelques décennies impérative. Jacques Bertrand note que c'est un sujet d'étonnement ininterrompu, chez les éditeurs de phonogrammes, de constater que la jeunesse est tout à la fois attirée par le dernier cri en produit sonore et par les vieux gratouillements de l'histoire phonographique. Nous sommes bien dans une époque où, grâce à la technologie, comme le note Hannah Arendt, chaque écolier, chaque étudiant peut avoir dans son sac un morceau de patrimoine culturel. Cette tâche nouvelle, redoutable, appelle à sortir des ornières creusées par l'organisation juridique et commerciale des maisons de productions sonores. Les exigences de l'histoire proposent un nouvel équilibre entre la technique et l'art, entre le commerce et la création.

Quel musée Callas ?

Une seule chose parut évidente à la mort de la musicienne : la nécessité d'édifier un musée Callas. La plus célèbre cantatrice du siècle, surpassant presque la gloire de Caruso, la *soprano assoluta*, la *Divina*, eût mérité d'en avoir un. On alla même jusqu'à parler d'en construire deux. Un à Paris, au musée Carnavalet, l'autre à Sirmione en Italie, dans la villa qui avait accueilli la star au temps où elle s'appelait Meneghini-Callas.

Mais la malchance sied à Callas, peut-être comme le deuil à Électre, même dans le monde posthume. Les restes de Callas n'existent plus, son musée pas davantage. Le premier projet fut annoncé à Paris par la famille héritière de sang (Evangelia et Jackie Callas), épaulée par la légataire universelle morale Vasso Devetzi ; le second par Gian Battista Meneghini. Toutefois, dès que chaque clan eut établi son droit à la part financière et aux biens personnels de l'héritage de la cantatrice, les projets de musée s'évanouirent, retournèrent dans l'ombre. Le musée Carnavalet fut gêné d'avoir à dire que « ces dames avaient retiré leurs legs » pour les mettre à l'abri dans un coffre de banque. Meneghini mourut le 20 janvier 1981, sans laisser une seule lire pour le musée de Sirmione.

Deux témoignages troublants confirment la volonté des ayants droit de ne pas donner suite aux projets. Dans son livre *Sisters*[10], Jackie Callas (qui n'hésite pas à se désigner comme *the last Callas*) explique que sa famille fut trahie et pillée par Vasso Devetzi (décédée en novembre 1987), que la « grande amie » de Callas, ci-devant présidente de la Fondation Maria-Callas, n'était qu'une intrigante et une opportuniste. Alors que le déficit de la fondation est estimé à près de 1 million de dollars, le portrait tracé par Jackie Callas est accablant : Devetzi est déclarée coupable d'extorsion et de recel d'argent, de fabrication de faux testament, de vol de vêtements et d'effets personnels de Callas, de l'organisation suspecte de la cérémonie des cendres en Grèce, de la construction d'une fondation bidon, de parjure. Bref, *a troublesome hanger-on*, « une embarrassante sangsue ». Comme Jackie Callas (Mme Yacinthy Stathopoulos-Kalogeropoulos) n'est jamais revenue sur l'idée d'un musée Callas, faut-il en déduire que la fourberie de Devetzi a vidé la caisse à tout jamais ? Ou encore qu'un legs des biens personnels (musicaux) de Callas coûte si cher ? A ce jour, Mme Jackie Callas est la marraine d'un club international Callas et manifeste de temps à autre son « déplaisir » à l'édition de *live* ailleurs que chez EMI.

Pour ce qui est de Meneghini, si on suit l'argumentation de l'écrivain Renzo Allegri, les annonces répétées de « Titta » pour l'inauguration du musée de Sirmione « n'étaient que du vent ». Allegri, après avoir collaboré au livre de Meneghini *Callas, ma femme*, conclut dans sa *Véritable Histoire de Maria Callas* que Meneghini était un avare, que l'idée d'un musée fut sa « dernière trahison envers la femme qu'il prétendait adorer... L'ultime injure » :

> Maria a construit elle-même le grand, l'incomparable monument qui l'exalte et la célèbre. Ce sont ses disques, qui se vendent encore dans le monde entier et qui touchent des milliers de personnes[11].

Idée séduisante, mais qui reste prisonnière de la mythomanie si on n'en dégage pas le caractère paradoxal et quelque peu scandaleux. Certes, le musée phonographique Callas existe, partagé tout récemment encore entre deux grandes entités concurrentes et rivales : la multinationale EMI, d'un côté, qui possède le patrimoine de studio ; de l'autre, les multiples autres firmes, grandes, moyennes et minuscules, qui s'occupent des *live*. Si on écarte de rarissimes éditions de *live* ayant été produites bénévolement dans l'esprit du legs historique patrimonial, l'ensemble de ce musée appartient à des sociétés à but lucratif. De plus, suivant la logique des fusions économiques à l'œuvre dans les industries culturelles comme dans les autres, il est inévitable que EMI veuille contrôler à terme la totalité du patrimoine Callas. Callas aura été néanmoins la première à construire les fondements et l'édifice de son musée. Sa tâche principale aura été de produire le « *software* muséal », les éléments d'un mémorial dont elle aura de son vivant retiré une avantageuse plus-value. Mais le musée posthume n'appartient pas à l'ordre du « sans but lucratif », il est de l'ordre de la thésaurisation et du profit. Il ne peut certes pas évacuer le substrat culturel de ses opérations juridico-commerciales, mais il n'a ni la volonté ni le désir d'attribuer une partie de cette plus-value (pas même un centime) à une activité muséologique libre et critique. Le musée phonographique Callas est à l'image des paradoxes et des contradictions de l'époque des industries culturelles.

Dans cette perspective, ce musée Callas, éblouissant et unique en son genre, est marqué du sceau de la tragédie, à l'instar de *An American Tragedy*, *Citizen Kane* et *The Age of Innocence*, d'Edith Wharton, revisité par le cinéaste Martin Scorcese. C'est un chef-d'œuvre maudit et funèbre, borne incontournable de l'aventure torturée des industries culturelles contemporaines, musée-mausolée dont Edgar Poe aurait prémonitoirement rédigé l'épitaphe :

Et le Corbeau, sans jamais voltiger, se tient fixe, encore et
          [toujours,
Penché sur le buste de Pallas au-dessus de ma porte de chambre ;
Ses yeux ont l'éclat des yeux d'un démon qui rêve ;
La lampe près de lui projette son ombre sur le plancher,
Et jamais de cette ombre répandue mon âme ne se
          [détachera – jamais plus !

Conclusion

L'industrie des joueurs de flûte

« *Maria Callas encore et toujours* »
Ce titre d'une page publicitaire de EMI Pathé-Marconi (décembre 1987) concluait les « célébrations » du dixième anniversaire de la mort de la cantatrice. « Encore et toujours », ces célébrations auront été celles de l'industrie phonographique, qui complète à cette occasion la réédition en disques compacts de la totalité du patrimoine Callas ; et, dans une moindre mesure, celles de l'industrie de la vidéo, par la vente des rares images de la « Voix du siècle ».

> De tous les contes tragiques, souligne Ethan Mordden, [celui de Callas] est le plus accessible parce qu'il est contemporain, parce qu'il a été enregistré, photographié et filmé. Parce que tout simplement nous en avons été les témoins. Même ceux qui ne l'ont pas vue à la scène ont assisté à sa chute. Et ce n'est pas terminé[1].

Selon son habitude, EMI publie pour cet anniversaire quelques inédits exhumés de ses archives sonores, poursuit sa politique d'achat des droits de certains enregistrements *live*, dont les *Master Classes* de Juilliard en 1971-1972. De leur côté, les firmes Cetra, Hunt, Rodolphe Productions, Melodram et Historic Recordings ont recyclé en compact le gros du catalogue des *live* de Callas. Au cinéma, de nouveaux documentaires sont produits. Pendant le colloque *Cinéma et Opéra* du Festival de Cannes, on annonce un projet de film d'après les mémoires de Jackie Callas, la seule ayant droit de l'héritage Callas. Pour cet anniversaire médiatique, Radio-Canada FM produit une série de trois émissions dans laquelle sont cités les témoignages des principaux collaborateurs de mon enquête. Mme Dorle Soria et David Hamilton, à New York, mettent en lumière certaines caractéristiques typiquement américaines de la carrière scénique et phonographique de Callas : notamment la difficulté de percer dans ce milieu nord-américain hostile à une carrière en musique classique, qui oblige les artistes à gagner leurs galons en Europe. Dans ce contexte, note David Hamilton, on peut établir un certain parallèle entre Leonard Bernstein et Maria Callas, dont les carrières ont progressé à contre-courant, et qui ont triomphé grâce à une farouche ténacité.

En France, j'ai fait le point avec Michel Glotz, Pierre Flinois, Alain Lanceron et Jacques Bertrand. Une coïncidence m'a fait rencontrer ces collaborateurs au moment du premier Colloque international *Cinéma et Opéra,* que j'évoquais, au Festival de Cannes 1987. Nous n'avons pas alors été surpris de constater que l'ouverture de ce colloque rendait hommage à Callas en déplorant *son absence* dans le film-opéra. Daniel Toscan du Plantier répétait qu'il s'était lancé dans la production de ce type de films à cause d'une frustration profonde. La légendaire *Traviata* de 1955, à la Scala (Callas, Visconti, Giulini), n'avait pas été filmée : « Ma rage vient de là [2]. » Yvon Gérault et Alain Duault, dans le film produit pour le colloque, *le Cinéma des divas,* ont fortement souligné ce vide. Michel Glotz de renchérir : « Qu'on n'ait pas filmé à l'époque ni sa *Tosca,* ni sa *Traviata,* j'en suis encore aujourd'hui inconsolable. »

Alain Lanceron, à la barre du secteur classique de Pathé-Marconi, rappelle non sans un brin de nostalgie ses grands coups d'édition lors du cinquième anniversaire de la mort de Callas, en 1982. Cinq ans plus tard, le marketing international de EMI parachève le transfert en compact de tout le catalogue Callas, y ajoute quelques inédits de studio des années 60. Lanceron déplore que la sœur de Callas ait interdit pour l'année 1987 la publication du duo d'*Aïda* avec Corelli, enregistré à la salle Wagram en 1964 et conservé dans les coffres de Pathé-Marconi. Mais il salue avec enthousiasme l'édition des *Master Classes* de Juilliard.

— *Pierre Flinois, quels aspects revêt ce dixième anniversaire de la mort de Callas ?*

– C'est le vide ! Non pas le vide de Callas, dont le mythe est toujours rayonnant ; le vide, parce qu'on ne l'a pas remplacée. On se sert du mythe Callas pour compenser. L'opéra est de nouveau en crise en France et dans le monde... J'aurais plutôt préféré, dans un sens, pour fêter les dix ans de la mort de Callas, qu'il y ait sur scène et sur disque une nouvelle diva de même niveau, qui puisse nous faire oublier Callas, respectueusement ; que Callas devienne en quelque sorte redondante par l'existence d'une autre *Divina*, pour répéter l'émotion.

Le poids mythique de Callas ouvre à une nouvelle réflexion sur les industries culturelles qui le matérialisent et le renouvellent.

Encore et toujours, il était une fois...

La légende rhénane, *le Joueur de flûte de Hamelin*, présente l'histoire singulière d'un jeune musicien, engagé par les notables d'une ville de Saxe pour la débarrasser d'une épidémie de rats. Aussitôt, la magie de la musique est irrésistible. Mais les bourgeois ne veulent plus, après coup, honorer leur contrat avec le musicien. Ce dernier se venge : les mélodies de sa flûte entraînent tous les enfants hors de la ville. La jeunesse disparaît de la cité.

On avait peut-être oublié le sens souterrain de ce conte, si judicieusement réanalysé dans *Bruits. Essai sur l'économie politique de la musique* :

> On y trouve en effet [note Jacques Attali] tous les éléments de mon hypothèse : la musique éliminatrice de la violence, échangée pour son usage contre de l'argent, la rupture de contrat, le renversement de la musique en instrument de violence contre les enfants. L'argent est venu semer ici la mort, rompre l'unité sociale retrouvée par la musique [3].

Cette interprétation du conte s'applique aussi à l'industrie musicale contemporaine. Le joueur de flûte, en effet, le musicien dans la ville en péril, est celui qui peut à la fois sauver les bourgeois et les perdre. La musique, moyennant contrat et argent, débarrasse certes la ville des rats, à la grande satisfaction des notables, mais elle les prive en même temps de leurs enfants, de la jeunesse. Dans ce sens, les symboles de ce conte sont ceux-là mêmes de la musique populaire contemporaine, du rock-pop, du classique, de toute musique. Les musiciens sont jeunes, et comme magiques. Leur art se pratique dans un contexte urbain étranglé, par le biais de contrats et de fortes sommes d'argent ; la pratique musicale est rendue possible, ordonnée, gérée par les milieux juridiques et ceux des affaires. La fonction musicale est ainsi double, ambivalente et contradictoire : tantôt euphorie, tantôt révolution, effet hallucinant et violence.

Le Joueur de flûte de Hamelin, c'est avant tout le mythe de l'industrie du rock-pop, dont on connaît bien, par les nombreuses analyses qui en ont été faites depuis quelques années, la puissance et l'ampleur, les méthodes de production et de vente, les principaux effets socioculturels. Toutefois, le radicalisme d'après Mai 68 eut tôt fait de stigmatiser cette industrie de la musique selon un schéma manichéen : l'homme d'affaires broyeur et tentaculaire d'un côté ; de l'autre, le créateur, l'artiste jeté aux lions. La révolution culturelle de la jeunesse d'après-guerre avait fondé la Metropolis des seuls intérêts du grand capital, de sa musique, de son contrôle unilatéral sur la technique, le marketing, voire la germination des stars.

Ce type d'analyse radicale et mécanique est aujourd'hui réévalué, particulièrement depuis les travaux décisifs de Simon Frith et d'Antoine Hennion, qui considèrent l'histoire de ce phénomène plutôt comme une cohabitation subtile entre créativité et rationalisation, un va-et-vient nécessaire entre les transformations de la création d'une part, et d'autre part les moyens industriels et commerciaux des grandes firmes pour la production et la diffusion de ces métamorphoses. A la lumière de ces nouveaux paramètres méthodologiques et épistémologiques, l'histoire contemporaine de l'industrie de la musique et des sons est bien plus celle du Joueur de flûte que de Barbe-Bleue ou du Petit Chaperon rouge.

Mais ces recherches socioculturelles sur l'industrie musicale sont-elles valables aussi pour les productions autres que le rock-pop ? Si, comme l'affirme Hennion, « le disque, c'est avant tout les variétés », est-ce à dire que le classique échappe complètement à la dialectique création/rationalisation ? Y a-t-il deux sortes d'industrie phonographique ? Qu'en est-il du plus petit secteur de cette industrie, la musique dite « classique » ? Est-elle soumise aux mêmes conditions, ou possède-t-elle un statut privilégié, élitiste, à l'intérieur de l'industrie ? Antoine Hennion penche plutôt en faveur de cette dernière hypothèse. De même Simon Frith, pour qui, contrairement au rock-pop (« la musique, dans sa conception même, est inséparable du marché de masse »), existe une autre catégorie de musique « qui regroupe le classique, le folk, le jazz... musique conçue sans rapport au marché de masse [4] ».

Cette analyse du secteur classique de l'industrie phonographique risque de tomber dans le piège de la lecture économiste. Elle oublie de considérer, comme le suggère Bernard Miège dans son compte rendu du livre de Hennion, pourquoi « un art populaire peut s'étendre à toutes les formes d'expression artistique, une fois valorisées par les industries culturelles [5] ». L'examen empirique du phénomène Callas dans l'industrie phonographique (puis audiovisuelle) conduit justement à situer son « cas » dans l'industrie des joueurs de flûte, la même que celle du rock-pop.

Callas, notre contemporaine, sonore et audiovisuelle. Mythe de la survie d'après-guerre, ces années 50 meurtries où la reconstruction économique se bâtit sur les ruines de la guerre, où un arrière-plan funèbre se profile dans le *Rebel Without A Cause* d'Hollywood, comme dans le blues et le rock naissant dans la culture industrielle. Carlo Maria Giulini, les larmes dans la voix, témoigne dans le film d'Alain Ferrari : « Chaque apparition sur scène de Maria Callas, c'était un combat, une sorte de corrida, une tension [6]. » « Voix unique », ajoute Cathy Berberian, qui elle-même, à sa maturité, organisait ses récitals de Monteverdi aux Beatles, en passant par Debussy, Berio, Kurt Weill, Gershwin, le blues, les folklores arménien et bulgare : « Callas, moi je l'aime beaucoup [7]. »

Le tragique de la vie et de la carrière de Callas peut aisément insinuer l'idée qu'elle fut la victime de l'art industriel contemporain, du lyrique des monopoles, de l'opéra des mafias. On a parlé d'exploitation posthume de la cantatrice. Pourquoi alors ne pas faire l'hypothèse, typiquement adornienne, que Callas fut exploitée durant sa carrière active, neutralisée et standardisée par les médias et l'esthétique

« *jet-set* international », au premier chef brimée dans son énorme carrière phonographique ? Callas n'avait-elle pas elle-même donné la clé de cette hypothèse quand, en 1969, elle déclarait à Kenneth Harris :

> Ma mère fut ambitieuse pour moi... Toujours j'ai été poussée. Puis, quand j'eus gagné mes galons dans l'opéra, les agents, les administrateurs, les conditions de travail, tout a créé sur moi de la pression[8].

Contre Callas elle-même, il faut lutter pour ne pas céder au cliché, en soutenant qu'elle aurait été exploitée par l'industrie phonographique. Le pire, si je puis dire, de cette hypothèse, est qu'on puisse assez facilement en faire la démonstration. Construire un montage de tous les propos négatifs de Callas sur son travail de studio, montrer le caractère de stratégie mercantile de la moitié de son catalogue EMI/La Scala, expliquer ensuite comment les opéras plus risqués pouvaient s'appuyer, de façon opportuniste, sur les succès ou les scandales de scène de la diva, et la force non moins rentable de son nom dans les médias, etc. Sans compter, dans cette foulée, qu'on pourrait adopter le radicalisme de maints producteurs de *live* qui font de l'édition des succès sonores scéniques de Callas un déni de ses enregistrements de studio.

En revanche, dans cette industrie culturelle, Callas est plutôt une des artistes, des techniciennes vocales les plus originales et les plus créatives de l'actualité d'après-guerre, de la revitalisation plus récente de l'opéra. Il est possible aussi que Callas soit la plus grande vedette lyrique de tous les temps, en tout cas une des plus influentes. Cette « Callas emblématique » s'est cristallisée dans une industrie sonore qui, entre les années 50 et 70, s'est radicalement convertie au rock-pop, transformant du même coup le classique, le lyrique, et les moulant dans les méthodes de production-marketing généralisées de la musique populaire. En paraphrasant Simon Frith, on peut soutenir que l'industrie capitaliste musicale populaire n'a pas détruit l'opéra, mais qu'elle l'a transformé. Callas est un exemple typique de cette osmose.

La « révolution » de Callas, dans la popularisation de l'opéra, a

certes entraîné une vigoureuse relève de cantatrices comme Joan
Sutherland, Montserrat Caballé, Beverly Sills, Marilyn Horne, mais
qui ont peut-être inconsciemment trahi Callas en ne faisant que
meubler un opéra-musée. La magicienne n'a-t-elle pas plutôt fait
naître, par sa voix enregistrée, une sorte de métisse comme Julia
Migenes, ou encore ces hybrides, Klaus Nomi et Reinhid Hoffmann,
dans le germe d'une nouvelle industrie qui fusionne la représentation
et la reproduction, la chair et la technologie, métal hurlant de ces
objets culturels que chaque étudiant peut aujourd'hui porter dans
son sac[9]?

« Popularisation » de l'opéra et culture métisse

Depuis la mort de Callas, en septembre 1977, sa mythologie n'a
pas été seulement renforcée par les multiples rééditions de ses enregistrements. Son patrimoine sonore s'est ramifié dans divers arts,
audiovisuels ou d'interprétation. Le « son » Callas est devenu le matériau de nombreuses citations. Au cinéma, Werner Schröter avait tracé
cette voie postmoderne dès 1969, dans *Eika Katappa*, puis dans *la
Mort de Maria Malibran*, en 1971, films dans lesquels les montages
asynchrones d'images kitsch et de sons lyriques privilégient les enregistrements de Callas. Depuis, les films de Schröter sont toujours
marqués du sceau de la voix de Callas comme citations sonores obsé-
dantes.

Dans le cinéma italien, si Fellini ne fait qu'une référence indirecte
et implicite à Callas dans *E la Nave va*, Bertolucci, pour sa part, dans
Luna, cite la Callas verdienne à qui il rend hommage. Plus nettement
encore, dans le téléfilm *Verdi*, Renato Castellani organise la séquence
de la composition de *la Traviata* sur la citation in extenso de l'aria
Addio, del passato (enregistrement Cetra de 1953), marquant ainsi la
place emblématique moderne de Callas dans cet opéra. Le téléfilm
français d'Alain Ferrari, *Vissi d'arte*, fait le pari d'être une série d'images des enregistrements de la voix de Callas. Rarement voit-on dans
un film autant de disques et de platines, de rubans et de magnétophones. Daniel Schmid, dans *le Baiser de Tosca*, interrompt son reportage sur les artistes de la Casa Verdi à Milan, le temps d'une séquence,

pour rappeler le grand duo Callas-Simionato d'*Anna Bolena* (enregistrement *live* de la Scala) et marquer ainsi l'hommage de certains pensionnaires autant que le sien. Par ailleurs, l'art vidéographique participe de cette utilisation des enregistrements Callas, comme par exemple Frank Vranckx (*la Divina Maria Callas*. *1977/1984*), ou Albert Walfers dans *In Silence and Tears*, sans compter le clip déjà cité de Patrick Bruel, *Casser la voix*. Le corpus phonographique de Callas se répand enfin dans le cinéma commercial. S'il est mal utilisé dans *Atlantis* ou dans *Bridges at Madison County* (Clint Eastwood a pourtant en général une oreille musicale très fine pour ses films), en revanche *la Mamma morta* s'intègre admirablement bien dans le *Philadelphia* de Jonathan Demme, où l'opéra cohabite naturellement avec Bruce Springsteen, Peter Gabriel et Neil Young.

Un large emploi de citations de ces enregistrements existe aussi dans le *Callas* de Reinhild Hoffmann, produit pour le Ballet-Théâtre de Brême (création du 18 septembre 1983). Ce ballet n'est pas une vie de Callas, ni même une interprétation de cette vie et de cette carrière. C'est une improvisation libre, à partir de certains traits tragiques de la biographie de Callas, sur les diverses formes de théâtre : opéra, cirque, spectacles de cabaret et de bordel. Le théâtre n'est pas en reste, avec le *Callas* français d'Élisabeth Macocco, dont le texte est construit à partir des interviews de Callas en 1957 et 1970. L'Américain Terrence McNally s'est appuyé sur les disques *live* de Callas pour structurer sa pièce *Master Class*.

L'art phonographique contient aussi ses hommages à Callas. Marilyn Monroe, en duo avec Frankie Vaughan, a enregistré la chanson *Specialization* (de Cahn et Van Heusen), où se glisse un salut amical à la présence de la diva à Dallas ; le groupe rock R.E.M. va dans le même sens dans sa chanson *E Bow the Letter*. Christian Marclay, dans son phonogramme *More Encores*, forge une composition éblouissante et étrange à partir des seuls enregistrements de Callas.

Ces exemples sont un échantillon significatif de la force symbolique des nombreux enregistrements de Callas. L'utilisation de ce patrimoine sonore est déjà vaste, et se prête à des interprétations variées, contradictoires. Quand bien même il y aurait un dénominateur commun de connotations érotiques morbides, obsessionnelles – sorte de chant wagnérien de *Liebestod* (mort d'amour), – il n'en reste pas moins que ces enregistrements se présentent comme un matériau polymorphe, qu'ils témoignent de leur grande richesse emblématique dans les fusions ou les mélanges culturels. Callas qui, en fin de carrière, hésitait tellement à pratiquer son art au cinéma et à la télévision, se voit paradoxalement assimilée à toutes les formes courantes de spectacles et de médias audiovisuels.

Il est encore difficile d'analyser les principaux facteurs socioculturels qui se sont réunis, ces dernières années, pour relancer avec succès l'opéra et agrandir son auditoire et le populariser auprès de la jeunesse, surtout. Alain Bergala, des *Cahiers du cinéma*, avance que l'opéra peut être le lieu d'une nouvelle génération de création de stars, se substituant au cinéma qui n'en produit plus. Dominique Fernandez, à l'occasion d'une enquête de *Diapason-Harmonie*[10], répond pour sa part à la question « Pourquoi l'opéra ? » :

> La vogue actuelle de l'opéra me semble être la revanche du public contre ce qui a été le long « terrorisme » (voulu ou non) de Robbe-Grillet et de Sarraute, de Barthes et de Beckett, la vengeance du « sens » et du « plein » contre l'esthétique du manque, de la faille, de l'esquive. Où retrouver, aujourd'hui, des hommes et des femmes en proie à des passions violentes sinon à l'opéra ? (...)
> Il faut donc qu'il y ait dans les opéras du XIXᵉ siècle un élément qui ne se trouvait pas dans les romans et dans les drames du XIXᵉ siècle, et qui est resté (ou devenu moderne) : et cet élément, c'est justement ce qui fait la spécificité de l'opéra, des opéras de tous les temps. Cette petite fêlure dans la vraisemblance, cette faille dans le sens... Quel autre art, aujourd'hui, en faisant d'aussi impertinents crocs-en-jambe à la réalité, pourrait combler au même point notre besoin d'émotions et notre refus d'être dupes ?

Une chose est certaine, les industries culturelles sont devenues le principal support matériel et formel de l'opéra, en même temps qu'elles servent de machine active à sa popularisation, par le brassage et le métissage culturels. Depuis que l'opéra s'est faufilé dans les variétés, le rock-pop, le cinéma et la télé, réalimenté par la multiplication des formats de l'enregistrement sonore ; depuis que les grandes chaînes de vente audiovisuelle (Fnac en France, Tower Records aux États-Unis, Sam the Recordman au Canada) les rendent disponibles comme le fast-food de McDonald's, comme les bouquins et la BD en librairie, l'opéra et le chant sont sortis du ghetto. *Diva* de Beineix exprime bien ce phénomène, lui donne son ton « mode », marqué dès le début du film :

— Tu es un classique ? demande la fille au garçon...
— Non, je suis un « lyrique » !

Comme le rappelle Werner Schröter, quand la jeunesse allemande rejetait l'opéra à la fin des années 60, durant les happenings de Mai 68 (et alors que certains producteurs de disques français d'aujourd'hui lançaient des pavés au Quartier latin), on pouvait croire que les nouvelles générations conduisaient au cimetière le genre musical et théâtral le plus démodé qui fût. « Plus jamais de fauteuils de balcon, plus jamais de Pacte atlantique, plus jamais de Farah Diba, de Gunther Sachs, d'Onassis, de Soraya, de Callas... », proclamait en 1969 l'opéra de gauche *Reconstruction*[11]. Or, les faits ont montré qu'on n'en inhumait que le négatif, le « classique », l'élitisme, le rituel bourgeois. Du même coup, on en dégageait inconsciemment la musique profonde, celle qui s'accordait au lyrisme majeur du temps. Pour survivre, l'opéra devait être détruit dans sa sclérose, c'est-à-dire renaître dans et par la sensibilité du rock-pop, ainsi que des formes populaires du cinéma et de la télé.

A ceux qui se lamentent sur la dépravation de l'opéra et de la musique classique, les industries culturelles (industrie phonographique en tête) offrent plutôt une regénération. Quelques exemples en vrac. Cet album de Malcolm MacLaren, *Fans*, dans lequel des arias de Puccini (*Madama Butterfly*, *Turandot* et *Gianni Schicchi*) ainsi que la *Habanera* de *Carmen* s'allient en étroite interdépendance avec la prolongation du rock punk de la fin des années 70. Pour s'en convaincre, on peut écouter *Boys Chorus*, contrepoint du chœur des enfants de *Turandot* et de la narration rock, sarcastique, de l'enfance perdue de Malcolm. Le groupe Dolly DeLuxe, avec l'album *Rock versus Opera*, poursuit sur la même lancée. Les deux jeunes sopranos du groupe, sorte de poupées « Barbie » britanniques, rendent hommage au Mozart de la Reine de la Nuit, *coloraturant* sur des rythmes rock où s'étalent les figures de l'horreur « gothique » des chandeliers, des tentures épaisses et du buste en plâtre de Mozart. La soprano Kimera, dans *The Lost Opera*, propose une dynamique électro-pop pour structurer un pot-pourri où se poussent du coude *la Donna è mobile*, la Reine de la Nuit, le *Largo al factotum*, l'air des clochettes de *Lakmé*, ainsi que *Caro nome*.

L'opéra s'est infiltré partout, même en menus fragments, non seulement au cinéma et dans les téléfilms, mais dans la publicité télévisée et radiophonique, chez les musiciens de la rue ou du métro, dans les bals populaires et les discothèques. L'opéra s'est surtout installé à demeure, directement ou indirectement, semble-t-il, dans les variétés. Dans l'opéra-rock surtout, qui prend la relève du *musical* anglo-saxon, vraisemblablement le seul successeur contemporain, avec la vidéo musicale, de l'opéra des XVIIIe et XIXe siècles. Klaus Nomi devait, dans sa courte carrière, laisser une clé importante pour comprendre la popularisation de l'opéra par Callas et son inscription dans le rock :

> Je veux faire dans mon rock, déclarait-il, la synthèse entre Presley et Callas. Quand je chante Saint-Saëns ou Purcell devant des amateurs de rock qui entendent cette musique pour la première fois, j'ai la sensation, dans la mesure de mes moyens, de prolonger l'œuvre de Callas [12].

En rockeur, Klaus Nomi reprend à son compte les impressions sensorielles que nous ont léguées la voix et le chant de Callas. Ce métissage va beaucoup plus loin que la simple imitation ; il s'assimile à ce qu'on peut appeler les caractéristiques populaires de la technique et de l'art de Callas. Faut-il rappeler que ce sont ces caractéristiques de timbre très personnel, de non-uniformité de l'émission vocale dans les divers registres, qui firent que Callas, en ses débuts de carrière, fut rejetée par l'orthodoxie du bel canto ? Ce que Callas perdait, ou rejetait alors de ce conservatisme de la pure et belle voix, du beau chant lyrique strictement régi par les castes de la tradition, elle le remplaçait obscurément (sans doute inconsciemment) par certains traits de l'utilisation de la voix naturelle, populaire, celle qui est le cœur du blues, de tant de folklores authentiques, ou de ces voix « pop » au sens large comme celles d'Édith Piaf, de Judy Garland, de Marlene Dietrich, de Melina Mercouri, de Rocio Jurado, de Nina

Hagen... Callas ne rappelait-elle pas à Michel Glotz, en riant, qu'en Italie on appelait sa voix la « voix triste [13] » ?

Dans ce sens-là, le programme de Nomi n'est pas la déclaration d'une nouvelle mode, une sorte d'anarchisme néo-expressionniste – il est la prescience d'un métissage musical réalisable entre l'opéra (ses emprunts populaires) et la musique populaire (son lyrisme le plus naturel). On ne compte plus les témoignages d'experts ou de mélomanes qui admettent avoir rejeté la voix et l'art de Callas avant d'en devenir les chantres, découragés au début par le caractère baroque de cette cantatrice. Aujourd'hui, toutes les divas l'imitent, souvent dans ses traits les plus gros et les plus artificiels. Nombreux sont ceux qui adhèrent spontanément à cette voix et à ce type de lyrisme, qui s'y sentent immédiatement à l'aise comme dans le rock.

Pasolini, scénarisant son film *Médée* pour Callas, décrivit cette dernière comme une femme d'un autre âge, l'âge d'or du bel canto, perdue dans le monde contemporain. Callas, au fond, était peut-être une chanteuse populaire égarée dans l'opéra. Ou une joueuse de flûte venue d'une mystérieuse Colchide pour vivre et mourir dans l'industrie culturelle urbaine.

Médée, c'est Callas

Sur le gigantesque panneau publicitaire planté partout dans Paris, en 1964, la diva figurait dans cette célèbre photo de *Vogue*, en longue robe noire sophistiquée, évocation ultra-chic d'une Carmen dont on aurait cherché en vain les traces gitanes. *CALLAS est CARMEN*.

Ce truc de marketing fut renouvelé des dizaines de fois par l'industrie phonographique. Callas est Carmen, elle est Norma, Lucia di Lammermoor, Violetta, Lady Macbeth... Callas est Médée ! Le premier mérite de Pier Paolo Pasolini fut de renverser radicalement cet aphorisme théâtral simpliste. Pour son scénario et son projet de film, la figure mythique de Médée devint le mythe même de Callas, le poème de la trajectoire de *la Callas* dans la civilisation contemporaine.

Médée, c'est Callas. Ce n'est pas le moindre paradoxe de ce film maudit, de ce film « sacrifice » plutôt. Échec commercial, échec pour Callas, déception pour les cinéphiles, qui ont encore, plusieurs années après l'assassinat du poète, en 1975, de la difficulté à situer ce drôle d'ouvrage. Mais le sacrifice poétique, sacralisé de Callas dans *Médée*, à l'instar de celui du jeune homme au début du film (celui qu'on immole en Colchide pour que son sang et sa chair nourrissent la terre et produisent de bonnes récoltes), cette messe athée n'aura pas été exécutée en vain. Ce film, qui découragea Callas de faire à nouveau du cinéma, est resté le seul document audiovisuel sur Callas, et celui qu'elle méritait le mieux, tout compte fait.

Médée demeure le seul essai cohérent sur le mythe et la star Callas, la femme Callas surtout, éléments réunis en une seule figure : la sorcière. Poème philosophique, l'une des clés d'une réflexion progressiste, de gauche, sur le phénomène de l'opéra dans les machines culturelles modernes, du sacré barbare (préhistorique, pré-civilisationnel) surgissant dans les industries de l'art. Callas/Médée, c'est la magicienne qui perd ses pouvoirs, au premier chef qui « perd sa voix » pour sortir du théâtre (Colchide) et devenir femme amoureuse de Jason, dans la Corinthe de la civilisation. La violence de l'accomplissement de sa condition féminine présuppose donc pour Médée la perte, l'abandon de sa voix, de son pouvoir le plus précieux, la fin de l'entraînement vocal quotidien, indispensable au chanteur d'opéra.

Le cinéaste Daniel Schmid est fortement convaincu de cette analyse du film de Pasolini. Quand j'ai eu la chance de rencontrer le réalisateur du *Baiser de Tosca*, au colloque *Cinéma et Opéra*, nous nous sommes entretenus de ses projets de mises en scène et de films d'opéras, mais surtout de son film sur la Casa Verdi de Milan, de l'hommage qui y est fait à Callas.

– Daniel Schmid, croyez-vous que la Médée de Pasolini soit le poème du mythe de Callas ?
– C'est exactement ça. J'ai vu et revu le film il n'y a pas longtemps. Magnifique ! J'ai pleuré pendant deux heures. On y voit une femme morte seule, abandonnée, dans son appartement de Paris. Morte d'un cœur brisé, qui ne reçoit plus rien. Comment pouvez-vous recevoir si vous donnez autant ? Comment assurer l'équilibre de la balance ? Il y a eu sa mère, puis Meneghini, puis l'amour. L'amour fut malheureux, l'a fait arrêter de chanter. Elle n'a jamais reçu personnellement, cette femme, même pas un tout petit brin

de ce qu'elle a donné. Elle fut entourée de vulgarité, d'ignorance, de jalousie. J'ai entendu, pendant le tournage du *Baiser de Tosca*, des commentaires d'artistes qui avaient chanté avec elle à l'époque. On en parlait très, très mal. Ça volait bas... Elle est morte droguée : la sorcière, la folle, Médée, Médée[14]...

Ce qui rend le phénomène des enregistrements de Callas encore intéressant, toujours d'actualité, est son adéquation vivante au *star system* industriel, cette étrange palpitation dans la mécanique, cette « voix au-delà de la mort », vivante-absente, comme on s'en émerveillait déjà au début du phonographe, cette communication déchirante au même titre que celles d'Édith Piaf, d'Elvis Presley, de Klaus Nomi, de Janis Joplin, de John Lennon, qui font de l'industrie phonographique une clé majeure de la culture contemporaine.

Quelle modernité pour Callas ?

Dans son interview de Radio-Canada, à l'occasion du dixième anniversaire de la mort de Callas, le producteur Michel Glotz déclarait : « Il y avait chez cette artiste un côté traditionaliste et un côté moderne. Mais Callas ne se rendait pas compte de sa propre modernité. Si elle en avait été consciente, elle n'aurait plus été Maria Callas[15]. »

Ce paradoxe est éclairant : il fait comprendre que ce n'est pas à partir de sa volonté propre ni de sa carrière personnelle que Callas a construit la modernité de son art. Cette modernité est plutôt le fait d'un entourage qui a su mettre en valeur (voire en plus-value) ses magnifiques et exceptionnels dons de musicienne. Ces intellectuels, ces producteurs, ces musiciens ont entouré Callas comme une cohorte de fées. Peu d'artistes contemporains ont pu bénéficier d'un si large parrainage : Tullio Serafin, Francesco Siciliani, Luchino Visconti et tout le groupe romain d'Amfiparnaso, Victor De Sabata, Dorle et Dario Soria, Walter Legge et Michel Glotz, Herbert von Karajan et Carlo Maria Giulini. Le dernier, Pasolini, les a tous dominés de sa vision d'aigle. Pour le cinéaste, ces accoucheurs ont été les Père-Soleil qui ont su indiquer à Médée, au bon moment, la conscience de ses pouvoirs, les lui rappeler quand elle les avait oubliés.

La réflexion de Michel Glotz soulève implicitement un paradoxe encore plus difficile à déchiffrer. Qu'est-ce, au juste, que la modernité de Callas ? Des articles et des forums savants ont tenté une explication, du moins des prolégomènes, par exemple l'essai de Leibowitz dans *les Temps modernes*, ou encore le débat de *Radiocorriere TV*, réunissant Fedele D'Amico, Rodolfo Celletti, Eugenio Gara, Giorgio Gualerzi, Luchino Visconti et Gianandrea Gavazzeni[16]. Mais la question est encore là, très fin de siècle. Résurrection d'un répertoire bel cantiste oublié ? Élargissement populaire de la fascination de l'opéra par les mass media ? Renaissance postmoderne de l'opéra, tout simplement ?

Les réponses à ces questions sont généralement insatisfaisantes, parce qu'elles ramènent à la surface le côté traditionaliste de Callas dont parle Glotz. Callas n'a jamais voulu chanter d'opéra moderne (ainsi son refus de créer *Vanessa* de Barber ; chez Puccini, elle s'est détournée de son opéra le plus audacieux, *la Fanciulla del West*) ; elle détestait les mises en scène d'actualisation ou de lecture critique des ouvrages du répertoire. Si bien qu'on constate que la modernité de Callas n'est pas dans la modernité de l'opéra, peut-être seulement dans ses marges. Elle n'est pas dans celle des ouvrages lyriques nouveaux, ni dans les mises en scène distanciées ou iconoclastes, ou encore dans les passages entre l'opéra et la musique populaire, ni dans les films-opéras de transgression (comme l'avait entrevu Kurt Weill dès 1930, et cette transgression se trouve par exemple dans *Parsifal* de Syberberg, *la Tragédie de Carmen* de Peter Brook, *la Flûte enchantée* d'Ingmar Bergman).

La clé de cette protomodernité de Callas se trouve sans doute chez Pasolini : Callas est une moderne archaïque, elle secoue la culture contemporaine de sa mythologie de sorcière barbare, dont elle alimente l'inconscient collectif actuel. Dans cette optique, Callas a moins ouvert l'opéra à une nouvelle modernité qu'elle n'a redonné au répertoire lyrique sa modernité d'antan. Comme la muséologie contemporaine, Callas a placé l'opéra au carrefour d'une mémoire fascinée et foudroyée, mise en lumière par la toute dernière technologie. A l'instar d'un musée d'Orsay et de cette sorte d'architecture métissée d'ancien et de contemporain, de design remodelant les arte-facts pour en faire du postmoderne, Callas a pétrifié l'opéra occidental en mausolée, elle l'a scellé dans un magnifique tombeau au dessin « dernier cri ».

C'est le musée Callas, un des plus inquiétants de notre ère, et dont Pasolini a bien senti la force à la fois fascinante et destructrice : discourir d'opéra en récusant l'opéra, chanter la quintessence de trois siècles d'ouvrages lyriques et les emmurer vivants.

Notes

Toutes les citations contenues dans ce livre proviennent soit de correspondances privées ou d'interviews que l'auteur a effectuées, soit d'archives inédites, ou de documents décrits dans la bibliographie. Une abondante documentation britannique et américaine a été utilisée. Mis à part les mémoires de Walter Legge publiés par Elisabeth Schwarzkopf, cette documentation n'existe pas en traduction française. L'auteur en a assuré lui-même la traduction.

La citation d'Edison en épigraphe est extraite d'Edward Moogk, *En remontant les années*, Bibliothèque nationale du Canada, 1975, p. 6-7.

Introduction

1. Mendelsohn, Daniel, « The Drama Queens », *The New York Times Magazine*, 24 novembre 1996.

2. *Kenneth Harris Talking to Maria Callas*, Londres, Weldenfield & Nicholson, 1971.

3. Par exemple, les études de Erik Barnow sur la radio-télévision, celles de Gisèle Freund sur la photographie, divers ouvrages comme *The Culture Barons, Indecent Exposure, The Media Monopoly*, ou encore les essais de Daniel Toscan du Plantier, *les Enfants d'Al Capone et de Rossellini* et *l'Émotion culturelle*. Pour le cinéma, on pourrait aussi citer des romans et des nouvelles comme *On tourne* de Pirandello ou *The Pat Hobby Stories* et *The Last Tycoon* de F. Scott Fitzgerald ; *la Violette du Prater* de Christopher Isherwood, de même que les récits documentés de John Gregory Dunne, *The Studio*, et de Bob Thomas *King Cohn* et, bien sûr, le magistral reportage de Lillian Ross, *Picture*.

4. Ceux en particulier d'Antoine Hennion, dans *les Professionnels du disque. Une sociologie des variétés*, Paris, A.M. Métailié, 1981, p. 71. Premier paramètre : « Une *voix*... Il s'agit non de la voix pour elle-même, mais de son pouvoir expressif » (p. 45). Francesco Siciliani, par exemple, se souvient de sa première écoute de la voix de Callas : «... J'ai tout de suite senti dans sa voix quelque chose de plus que chez les autres. J'ai commencé à écouter une voix qui m'a donné la chair de poule ! » (*l'Invité du dimanche*, ORTF, 20 avril 1969). David Hamilton, pour sa part, note : « Le point fort de Callas est son interprétation dramatique de la musique d'opéra, jusque dans sa façon très efficace d'utiliser le registre de poitrine. Elle a littéralement inventé un style de chant fantastique... Aujourd'hui, cette force dramatique de l'art de Callas s'est imposée ; mais au début, son style heurtait beaucoup de gens, et pour cause... » (interview du 20 mars 1984).

Deuxièmement, si « c'est surtout la voix qui porte l'authenticité » de l'artiste (p. 46-47), le complément de l'image est là pour donner tout l'impact à l'interprétation créatrice. Sur ce point, « au théâtre comme à la ville », Callas a battu tous les records. Son image fut une des plus courues par tous les *paparazzi* du monde. Pour Hennion, un troisième facteur intervient pour la création d'une star de variétés, le dessin mélodique d'une œuvre (p. 31). Là encore, ce trait s'applique à Callas. Lors du débat télévisé *Small World* de New York (janvier 1959), elle déclarait : « Je suis une cantatrice très romantique. Je chante la musique ancienne, celle, comme dit Sir Thomas Beecham, dont la mélodie est bonne... Le public doit s'accrocher à la mélodie. »

De façon plus large, l'examen de Hennion s'appuie sur la dialectique entre forces de créativité et forces de rationalisation, ou encore entre ce que, dans *les Intellocrates*, Hervé Hamon et Patrick Rotman appellent, à propos des « usines à livres », le bricolage inspiré d'un côté et la rigueur gestionnaire de l'autre (*Expédition en haute intelligentsia*, Paris, Ramsay, « Document », 1981, p. 81). Ces éléments, souligne Hennion, porteurs de « nouveauté », au caractère « non orthodoxe », capables de provoquer ces moments de « rupture des systèmes construits » (p. 203-204), forment l'axe créateur à l'œuvre dans l'industrie phonographique. Pour Callas, on peut établir ce paramètre à trois niveaux : interprète/firmes ; petits producteurs indépendants/grandes firmes ; filiales/firmes. Ainsi se dessinent les rapports entre Callas et EMI, et ceux qu'elle a entretenus avec ses deux principaux producteurs, Walter Legge et Michel Glotz ; les relations conflictuelles entre les producteurs indépendants dits « pirates » et une grande firme comme EMI ; enfin, le travail dynamique et créatif de filiales de EMI comme Angel Records et Pathé-Marconi.

5. La « popularisation » de l'opéra est un phénomène à la fois économique et culturel, qui a poussé et pousse davantage chaque jour le classique vers un statut de *variétisation* (pensons par exemple à l'orchestre symphonique des Boston Pops, et à l'image de son ancien chef Arthur Fiedler, qui n'a pas hésité à appeler un de ses disques *Saturday Night Fiedler* !), une fusion sociomusicale dont les traces et les effets sont de plus en plus marqués, surtout depuis que l'industrie phonographique trouve des débouchés au cinéma et en vidéo.

Le cas Callas, en tant que phénomène de *variétisation* de l'opéra dans l'industrie phonographique, est très éclairant à ce sujet, comme pourrait l'être l'analyse empirique de certaines carrières phonographiques et audiovisuelles telles que celles de Herbert von Karajan, Luciano Pavarotti, Placido Domingo, Julia Migenes. Ce phénomène ne s'est pas produit d'un coup. La *variétisation*, la popularisation de l'opéra, du classique dans cette industrie a été un phénomène évolutif depuis l'après-guerre. Il est le résultat, sur une période de quelque vingt ans, du basculement survenu dans cette industrie, née principalement dans le classique, mais qui a dû reformuler et reconsolider ses assises sur le rock-pop.

En faisant ce rapprochement, il faut néanmoins toujours avoir à l'esprit les proportions relatives de l'opéra par rapport au rock-pop. L'opéra est toujours à l'échelle réduite par rapport à la dominante populaire, mais il n'en est pas moins une copie conforme. Ainsi, comme le fait remarquer Pierre Desgraupes à Catherine Clément, à propos des conflits de programmation télé entre produits de musique classique et produits populaires : « Ce pourcentage si faible (programmes de classique) est très variable en fonction des concurrences : certains soirs de musique, j'avais en face un film très populaire : *le Gorille vous salue bien* ; même si j'avais eu la Callas, elle n'aurait fait que 6 % et j'aurais eu de la veine ! Et pourtant, la Callas, c'est l'une des clés mythiques les plus efficaces pour faire accéder, à la musique, des gens que la musique seule n'attirerait pas » (*Rêver chacun pour l'autre*, Fayard, 1982, p. 32-33).

6. Voir par exemple les mémoires de Fred Gaisberg, *The Music Goes Round* (1942) et de Charles O'Connell, *The Other Side of the Record* (1947), qui ose commenter sa démission de chez RCA Victor d'un laconique « *too little music, and too much business* ». Rares témoins de la période pré-hifi de l'industrie. Quelques exceptions cependant : nous avons une assez bonne idée de l'économie de la carrière phonographique de Caruso et puis, une bribe éblouissante, cette page publicitaire dans le *Variety* du 5 juin 1946,

une reproduction d'un chèque de RCA à Jose Iturbi, du montant de 118 029, 69 dollars, le pourcentage de ses redevances.

Suite au boom de l'après-guerre, se font longtemps attendre les témoignages de la nouvelle génération. Peu d'écrits du producteur Goddard Lieberson de Columbia Records (CBS), ou de David Bicknell de EMI, rien de Walter Legge sur son métier de producteur pendant sa carrière active. Ce vide est mal compensé par une habitude qui se développe quand les crises commencent à surgir dans l'industrie, autour des années 60 : elle consiste, de la part des administrateurs et producteurs de firmes, à s'installer dans la déclaration anonyme.

7. New York, The Viking Press, 1967.

8. Dans *Reporting*, Dodd, Mead & Company, 1981 (*Picture* a d'abord été publié en 1952 ; traduction française : *Un film est un film*, Gallimard, 1966). Cet ouvrage, qui se présente comme un reportage sur la production du film de John Huston, *Red Badge of Courage*, en 1954 à Hollywood chez MGM, aboutit par accumulation de faits, d'observations et de documents pertinents, à une analyse, une radiographie claire et révélatrice des conditions de production et de diffusion dans les grandes firmes de l'industrie cinématographique.

Il ne s'agit pourtant que d'un seul film. Mais un film dont Lillian Ross a dû pressentir qu'il serait particulièrement difficile à faire. Un film d'Hollywood anti-hollywoodien, autant par son sujet (antimilitariste), ses personnages (exclusivement masculins et non héroïques), sa distribution inhabituelle sans vedettes, que par la personnalité contradictoire de son réalisateur, à la fois metteur en scène à succès et « auteur » de films indépendants. Ce tissu de contradictions, exposé par le menu dans un seul film, a toutefois permis d'exprimer les principales tensions de toute l'industrie culturelle du cinéma américain, du cinéma tout court.

Si on ajoute à ces éléments la forte empathie que manifeste Lillian Ross à l'égard de John Huston, des gens de MGM à tous les échelons, ainsi que pour tout Hollywood, le résultat donne un ouvrage percutant de chaleur et de rigueur, un de ces livres rares dont on peut dire qu'ils sont « engagés et subtils, qu'ils se lisent comme un roman, sans que soit sacrifiée la rigueur de l'analyse historique ». Je dois beaucoup à ce livre, de même que plus largement aux notes d'explication de son métier et de sa méthode, condensées en 1981 par Lillian Ross dans la présentation de cette anthologie, qui regroupe sept de ses reportages, dont *Picture*.

9. Par exemple le reportage de Harvey E. Phillips, *The Carmen Chronicle. The Making of an Opera* (Stein and Day, 1973), celui encore de Roland Gelatt sur un enregistrement de *Madama Butterfly* (*Opera News*, août 1978) ;

dans la même livraison, Dario Soria livre à Robert Jacobson une synthèse de ses trente années dans l'industrie phonographique.

Le roman *Aria*, de Brown Meggs (Atheneum, 1978), expose un portrait au vitriol de l'industrie de l'enregistrement d'opéra. Écrit par un ancien cadre de Capitol Records (filiale américaine de EMI), fort d'une expérience de dix-huit ans, ce roman est « explosif » dans la mesure où la narration fictive est abondamment enrichie de documents et d'expériences privés provenant d'une firme qui distribue les phonogrammes de Callas.

10. Ces professionnels de l'industrie phonographique, de la collection Callas entre autres, ont placé leur travail commercial en coulisse, à l'ombre de leur contribution artistique. David Hamilton explique cette attitude : « Ces leaders de l'industrie se comportaient comme au XIXᵉ siècle. Il ne fallait pas parler *business*, parce qu'ils étaient convaincus de faire de l'art, et rien que cela. Ils tenaient absolument à projeter d'eux l'image d'artistes. Legge, surtout, se considérait comme un artiste » (interview de mars 1984). Pourtant, combien de prouesses en programmation, en planning de production, en technologie et en marketing ces leaders ont-ils réalisées, combien de nouveaux risques commerciaux ont-ils pris, dont plusieurs aujourd'hui s'enorgueilliraient ?

11. Presses Pocket, 1992, p. 151.

Rappel biographique

1. *Maria Callas, ma femme*, Paris, Flammarion, 1981, p. 299.

Première partie. Chapitre premier

1. John Ardoin, *The Callas Legacy*, Portland, Amadeus Press, 1995.
2. Interview d'avril 1996.
3. Interview d'avril 1996.
4. *1897-1997. 100 Years of EMI*, supplément de *The Gramophone*, février 1997.

Chapitre 2

1. On assistait alors à des déplacements de centres de production et de coproduction. Philips alla chercher en URSS des troupes d'artistes pour

certains ouvrages ; Hungaroton produisit des ouvrages rares du répertoire italien, comme un *Nerone* de Boïto dirigé par Eve Queler et un *I Lombardi* de Verdi conduit par Lamberto Gardelli ; Supraphon (à Prague) produisit et distribua un répertoire opératique et classique national, mais aussi du reste de l'Europe (Mozart, Beethoven, etc.).

2. Interview de janvier 1984.

3. Cité par Noël Arnaud, *Préface*, dans Boris Vian, *Opéras*, Paris, Christian Bourgois, 1982, p. 10.

4. Lettre du 31 mars 1984.

5. *Les Enfants d'Al Capone et de Rossellini*, Mazarine, p. 47.

6. Interview du 3 mai 1984. Pour le dixième anniversaire de la mort de Callas en septembre 1987, précisera Lanceron ce même mois, EMI achève la mise en compact de son catalogue Callas, l'augmente des inédits de studio des années 60 et de la publication des *Master Classes* de Juilliard. Cependant, la sœur de Callas a alors refusé la publication du duo d'*Aïda* avec Corelli, enregistré en 1964, monté et publié en 1990 par Pathé-Marconi.

7. Lettre du 6 février 1984.

8. Lettre du 3 septembre 1984.

9. Lettre du 10 mars 1985.

10. « Les Stratégies de l'industrie du disque », Strasbourg, Conseil de l'Europe, *Politiques culturelles*, n° 4, 1983.

11. Voir *Diapason*, n° 299, novembre 1984, p. 25.

12. « Conductor Surprised "Amadeus" in the Charts with Corey Hart », *The Gazette*, 4 février 1985.

13. New York, Franklin Watts, l984, p. 93 et 260.

14. David Mermelstein, *The New York Times*, 5 janvier 1997.

15. Neuwell Tircuit, *InTune*, juillet 1996.

16. *The New York Times*, 8 décembre 1996.

17. Voir chapitre premier, note 2.

18. Voir Jon Pareles, *The New York Times*, 5 janvier 1997 et Antony Tommasini, *The New York Times*, 19 janvier 1997.

Chapitre 3

1. « Callas et Carmen », dans le coffret de l'intégrale de *Carmen*, EMI La Voix de son maître, AN 140/2.

2. *Maria Callas*, « les Grands Interprètes », Genève, éditions René Kister, 1957.

3. Par exemple les chroniques de Gene Lees dans la revue *High Fidelity*, des ouvrages comme *Rock 'n' Roll is Here to Pay* ou ceux de Simon Frith.

Deuxième partie. Chapitre premier

1. *Outline of Story for David Hall*, manuscrit dactylographié, p. 2. Ce texte, qui raconte la carrière phonographique des Soria à New York, fait partie des archives de Dorle J. Soria que j'ai pu consulter en mai 1985 après l'interview avec Mme Soria. A cette occasion, Dorle Soria m'a aussi remis des copies de divers documents de ses archives : communiqués de presse, matériel publicitaire, catalogues, articles inédits sur le travail des Soria dans l'industrie de la musique. Ces documents sont nommés dans la bibliographie, ou cités tels quels dans l'essai. Quant au texte inédit *Outline of Story for David Hall*, il a servi de matériau pour compléter l'interview avec Dorle Soria.

2. *Opéra International*, février 1978.

3. *La Voix de mon maître*, Paris, Belfond, 1983, p. 213.

4. *Ibid.*, p. 213.

5. Article de *High Fidelity*, novembre 1977.

6. *The Post-Standard*, 12 mai 1957.

7. Interview du 25 mai 1984.

8. Lettre du 19 février 1985.

9. *The Callas Legacy*, 1982, p. 65.

Chapitre 2

1. *L'Express*, 19-25 janvier 1970.

2. Je dois à John W. N. Francis, critique musical et chercheur, l'éclaircissement de ce point, à partir de ses propres vérifications.

3. « Amérique chérie ». Extrait du livret de *Un Ballo in maschera* de Verdi, chanté par Riccardo mourant, à la fin de l'opéra.

4. *La Voix de mon maître*, p. 77.

5. Interview avec Robert Jacobson, *Opera News*, août 1978.

6. Interview de mars 1985.

7. « Porgy Showed the Way to the Ring », *High Fidelity*, août 1970.

8. *High Fidelity*, octobre 1968.

9. *Ibid.*, octobre 1968.

10. *Ibid.*, novembre 1979.

11. *Ibid.*, septembre-octobre 1953.
12. Roland Gelatt dans le même article.
13. *From Tin Foil to Stereo*, 1976, p. 124-127.
14. Épigraphe au début de *la Voix de mon maître*.
15. *High Fidelity*, novembre 1979.
16. *La Voix de mon maître*, p. 77.
17. New York, St. Martin's Press, 1979, p. 51.
18. *Putting the Record Straight*, p. 51.
19. *All you Need is Ears*, p. 42.
20. *Opera News*, article cité, août 1978.
21. Voir deuxième partie, chapitre premier, note 1.
22. Interview du 20 mars 1984.
23. Ce catalogue de Pathé-Marconi n'était pas alors inclus dans l'entente de distribution entre EMI et RCA, qui comprenait pour le marché américain le catalogue de EMI HMV. Par rapport aux liens entre le catalogue EMI Columbia et la Scala de Milan, ce ne fut pas un cas isolé. C.-P. Gérald Parker fait remarquer que les firmes américaines Columbia et RCA tentèrent à divers moments des coproductions avec le Metropolitan Opera.
24. *Opera News*, article cité, août 1978.
25. *Demented. The World of the Opera Diva*, New York, Franklin Watts, 1984, p. 151.
26. « Walter Legge. Elisabeth Schwarzkopf Talks to Edward Greenfield », *Recorded Sound*, janvier 1981.
27. *La Voix de mon maître*, p. 84 et 102.

Chapitre 3

1. Entretien radiophonique, New York, 1958.
2. *La Voix de mon maître*, p. 78 et 214.
3. Le contrat avec Callas signé, Legge écrit qu'il a pu, alors, « murmurer, épuisé : "Callas, finalmente mia !" ». Bizarre remarque que celle-ci, qui se refère à la *Tosca* de Puccini. Au deuxième acte, le tortionnaire Scarpia, chef de la police romaine, arrive au comble de la lubricité, après avoir échangé avec Tosca la promesse qu'elle se donne à lui pour assurer la libération de son amant. Ce dernier est emprisonné et torturé pour rébellion politique. *Tosca, finalmente mia !*, hurle alors le sadique Scarpia, juste avant que Tosca – une cantatrice, il ne faut pas l'oublier – ne le poignarde ! Legge n'est pas avare de ce type d'humour ambigu et douteux (hitchcockien, peut-être),

dans son article sur Callas, essai qu'il appelle lui-même une « autopsie » plutôt qu'un panégyrique posthume...

4. *La Voix de mon maître*, p. 214.

5. New York, Doubleday & Company, 1980, p. 92.

6. *Opera News*, article cité, août 1978.

7. Robert Merrill, *Between Acts. An Irreverent Look at Opera and Other Madness*, New York, McGraw-Hill, 1976, p. 105.

8. *La Voix de mon maître*, p. 23.

9. Dans le film documentaire de Peter Weinberg, *Callas*, 1978.

10. Avec Edward Downes, New York, 1967.

11. *La Voix de mon maître*, p. 182.

12. Lettre du 20 août 1984.

13. RCA ira plutôt produire à Rome certains enregistrements d'opéra, comme l'a noté C.-P. Gérald Parker dans ses commentaires sur mon manuscrit.

14. Entretien du 31 mai 1985.

15. *The Post-Standard*, 12 mai 1957.

16. Interview du 20 mai 1985.

17. *Opera News*, article cité, août 1978.

18. *Ibid.*

19. *Ibid.*

Chapitre 4

1. L'expression « un mythe, une carrière » est empruntée à une anthologie d'enregistrements *live*, publiée en 1981 par Foyer, un label français. Le libellé italien de ce titre rappelle l'astuce qui consiste à faire publier des *live* sous couvert d'une compagnie italienne, puisque la loi italienne l'autorise, alors que la France l'interdit. Quoi qu'il en soit de ce phénomène juridique, il semble que ce titre italien convienne bien pour désigner la suite de la carrière phonographique de Maria Callas. Mythe, certes, plus que jamais. Carrière ? Oui, mais en état de désagrégation. Rien en tout cas qui ressemble aux cinq années précédentes. Clairs-obscurs typiquement callassiens : cinq années intenses après cinq années de « vide » discographique, puis à nouveau un retour à l'ombre, lent mais inexorable...

2. Interview du 25 mai 1984.

3. Paris, Flammarion, 1981, p. 299 et 301.

4. Interview du 20 mars 1984.

5. Voir « Walter Legge. Elisabeth Schwarzkopf Talks to Edward Green-

field », *Recorded Sound*, janvier 1981. Brown Meggs m'a aussi laissé entendre que l'annulation par Callas de cet enregistrement était une des sources de son roman *Aria*.

6. Interview du 2 mars 1984.
7. *La Voix de mon maître*, p. 181.
8. Interview du 1ᵉʳ février 1985.
9. Interview du 18 mars 1985.
10. Voir Tableau 3, p. 150.
11. *La Voix de mon maître*, p. 120. Voir aussi p. 79.
12. *Ibid.*, p. 118 et 259.
13. « Paris, ma chère... » Début d'un duo de *la Traviata* de Verdi. C'est aussi le titre d'une anthologie de *live* de Callas publiée par Jacques Bertrand sous étiquette Foyer.
14. *La Voix de mon maître*, p. 85.
15. *Ibid.*, p. 221.
16. *Révéler les dieux*, Paris, Laffont, 1981, p. 91 et 109.
17. *Callas*, New York, Holt, Rinehart and Winston, 1974, p. 39.
18. *La Voix de mon maître*, p. 100.

Chapitre 5

1. « Walter Benjamin », dans *Vies politiques*, Paris, Gallimard, les Essais, CXC, 1974.
2. *Les Professionnels du disque*, *op. cit.*, p. 45.
3. *Ibid.*, p. 45.
4. Interview du 20 mai 1985.
5. Interview du 17 mai 1985.
6. *La Voix de mon maître*, p. 28. Dans les mémoires de Gaisberg, on ne trouve toutefois pas trace d'une telle affirmation, suivant laquelle produire des enregistrements consisterait à « prendre des photographies sonores ».
7. Suivant l'expression anglo-américaine, le « A & R » (Artists & Repertoire Man) dans l'industrie phonographique est celui qui s'occupe de découvrir des artistes, de leur faire signer des contrats et d'établir leurs programmes d'enregistrement. Le « A & R » peut être aussi producteur de disques, mais pas nécessairement. Walter Legge cumulait les deux fonctions chez EMI pour le catalogue classique Columbia.
8. *La Voix de mon maître*, p. 84.
9. *Ibid.*, p. 216.
10. *Ibid.*, p. 216.

11. Interview du 20 mars 1984. Voir aussi le point de vue de Legge dans son article « Piracy on the High C's », *About the House*, vol. 4, n° 2, printemps 1973, p. 48-51. Cet article n'a pas été reproduit dans *la Voix de mon maître*.

12. *La Voix de mon maître*, p. 28 et 159.

13. Voir *Ring Resounding*, p. 11-13. Voir aussi *High Fidelity*, octobre 1968, p. 68-71. C'est moi qui souligne. Pour un historique de l'utilisation de la stéréo chez Decca, on peut consulter aussi : Michael H. Gray, « The Birth of Decca Stereo », dans *ARSC Journal*, vol. 18, n°s 1-3, 1986, p. 4-20.

14. *Putting the Record Straight*, Secker & Warburg, p. 281.

15. *High Fidelity*, août 1970, p. 20.

16. *High Fidelity*, novembre 1979.

17. *Ibid.*

18. *Putting the Record Straight*, p. 180.

19. *La Voix de mon maître*, p. 123.

20. *Putting the Record Straight*, p. 16. C'est moi qui souligne.

21. *High Fidelity*, novembre 1979. Je souligne.

22. ORTF, *l'Invité du dimanche*, 1969.

23. Article paru dans *High Fidelity*.

24. John Ardoin, *op. cit.*, p. 31.

25. Entretien radiophonique, New York, 1958.

26. Interview radiodiffusée à Philadelphie en 1957.

27. *La Voix de mon maître*, p. 265.

Troisième partie. Chapitre premier

1. Ces derniers détails m'ont été fournis par John W. N. Francis, de même que certains autres dans ce chapitre et dans la discographie Callas, concernant le corpus phonographique de la cantatrice pour *la Traviata*. Ce travail a été fait quand John Francis a assumé la traduction américaine et l'adaptation du présent chapitre pour le *Journal* de l'Association for Recorded Sound Collections.

2. *La Voix de mon maître*, p. 23.

3. John Ardoin, *op. cit.*, 1995, p. 164.

4. Ardoin, dans son ouvrage déjà cité sur Callas – de même que Zeffirelli dans son autobiographie –, rappelle que le premier projet du cinéaste pour un film de *la Traviata* avec Callas remontait à 1958, projet que Callas avait refusé, à cause de l'inexpérience de Zeffirelli dans le cinéma à l'époque. En 1964-1965, il ne semble pas que d'autres noms que Paul Czinner et Luchino

Visconti soient mentionnés comme cinéastes possibles pour une *Traviata* filmée, celui de Zeffirelli n'apparaissant que pour le projet d'une *Tosca*.

5. Stelios Galatopoulos, *Callas. La Divina. Art that Conceals Art*, New York, London House & Maxwell, 1970. Pour Roland Mancini, voir *Opéra International*, supplément au n° 5 de février 1978.

6. Lettre du 17 juillet 1985.

7. Lettre du 19 octobre 1984.

8. « Ma Traviata », dans *la Traviata de G. Verdi. Un film de Franco Zeffirelli*, Paris, Ramsay « Image », 1983.

Chapitre 2

La citation du titre est empruntée à Gaston Leroux, *le Fantôme de l'Opéra*, dans l'avant-propos, quand l'auteur parle des travaux dans le sous-sol de l'Opéra de Paris pour y enterrer les voix phonographiques des artistes. Paris, le Livre de Poche, 1974, p. 14 et 15.

1. John Ardoin, *op. cit.*, p. 25. Ardoin est catégorique : l'enregistrement de *Tosca* à Paris était bel et bien la bande sonore du projet de film de Zeffirelli. D'après ses sources, la firme allemande dont Karajan était le directeur artistique se nommait Beta.

2. *The Autobiography of Franco Zeffirelli*, New York, Weidenfeld & Nicholson, 1986, p. 207-211.

3. Interview du 18 mars 1985.

4. *La Voix de mon maître*, p. 222.

5. Le contenu de ces dialogues vient des lettres de Bill Collins (26 février et 18 avril 1985), de Charles Johnson (19 octobre 1984) et de Willie Lerner (31 mars et 20 août 1984). Des renseignements plus détaillés se trouvent ici en notes.

« Je crois, ajoute Collins, que quelques autres radiodiffusions ont été publiées chez IRCC en 78 tours. Ce qui est certain, c'est qu'au moment où le label s'est lancé dans le microsillon longue durée, autour de 1955, ses publications contenaient environ 30 % de matériel radiodiffusé de Bidu Sayao, Geraldine Farrar, Dusolina Giannini, Martial Singher et Mario Chamlee. »

6. « A la fin des années 1940, il publia des disques 78 et 45 tours d'Ezio Pinza, ainsi que des extraits de la radiodiffusion du Met d'*Otello* avec Giovanni Martinelli. Ces extraits étaient ceux-là justement que Martinelli et Lawrence Tibbett n'avaient pas enregistrés dans leur album commercial RCA Victor en 1930. Ce n'étaient donc pas les hits d'*Otello*, mais n'importe

quel collectionneur pouvait se composer pratiquement une intégrale en recoupant le disque pirate et l'enregistrement légal !»

7. «Je connais Smith depuis vingt ans. Je lui ai demandé de me raconter ses débuts. Ce que j'en révèle ici est véridique. Il est né en 1918 ou 1919. Sa mère et sa grand-mère adoraient la musique classique. Sa grand-mère, alors enfant, avait vu Mendelssohn diriger à Paris. Quand Smith comprit qu'il ne pourrait devenir joueur professionnel de base-ball, il s'intéressa à la musique, d'abord comme critique, je crois, puis comme gérant d'artistes avec des groupes comme celui de Sol Hurok, l'imprésario. Smith idolâtrait par-dessus tout les chanteurs de la fin des années 20 et des années 30 qui se produisaient à New York – les Martinelli, Ponselle, Tibbett, Gigli, Rethberg, Pinza, de vrais grands qui le familiarisèrent avec l'opéra. Il épousa une chanteuse, le contralto Elizabeth Wysor, qui n'était cependant pas de la même ligue majeure...

» Il combattit durant la Seconde Guerre mondiale, et rencontra en Europe celle qui allait devenir sa seconde femme, une comtesse italienne, qui l'avait soigné alors qu'il était blessé. De retour aux États-Unis, il s'arrangea pour acheter des lots de bandes radiophoniques, principalement d'Allemagne. Il en fit des microsillons commerciaux bon marché (99 cents, si je me souviens bien), sur des labels comme Plymouth, Varsity, Allegro et autres. Un jour, il publia par erreur une *Madama Butterfly* qui était déjà dans le commerce, parce que son contact allemand n'avait pas compris que la radio diffusait un enregistrement commercial...

» En même temps, il commence alors à publier de petites éditions de microsillons pour des amis. Du genre 78 tours introuvables sur le marché. J'ai un coffret de deux disques de Gigli, qui date de cette période ; il a aussi publié alors des disques de Margaret Sheridan et de Sydney Rayner. Au début, je crois qu'il ne produisait que 100 copies. Il jure qu'il en a toujours fait ainsi : 50 pour les boutiques de disquaires, 48 pour les amis. Mais bientôt, au milieu des années 50, il constate que ses vieux amis Martinelli, Tibbett, Rethberg, Pinza et Ponselle avaient payé des studios professionnels pour enregistrer sur copie discographique (disque "transcription") leurs radiodiffusions du Met et autres apparitions à la radio. Smith est convaincu qu'il faut faire connaître ces enregistrements à tous les nostalgiques de l'âge d'or (surtout qu'à ce moment-là, au Met, les représentations étaient de troisième ordre, et faisaient apparaître l'ancien âge d'or encore plus radieux). En 1957 (sauf erreur), il trouve les disques 16 tours de l'*Aïda* du Met en 1941, avec Martinelli ; puis, il réussit à obtenir (soit de Lord Harewood, soit d'Harold Rosenthal) les matrices 78 tours de *Turandot*, faites par HMV à partir des représentations de Covent Garden en 1937, et que des obstructions syndicales avaient empêché de laisser publier commercialement. Les collectionneurs s'avèrent tout excités par ces enregistrements et fous de ces microsillons. Smith alors vide les coffres de ses amis chanteurs. Il rafle tous les Tibbett pour ses quinze premières éditions. De plus, il met la main sur une bande de la RAI, la radiodiffusion de 1954 des *Huguenots* avec Lauri-Volpi. Il a vraisemblablement pu obtenir cette bande soit du bureau de la RAI à New York, soit d'un poste de radio à but non lucratif ; la RAI possédait – possède peut-être encore – un gros catalogue de bandes qu'elle met gratuitement à la disposition des postes de radio non commerciaux. Ainsi, Smith entremêle les bandes de la RAI avec d'autres archives historiques et parcourt le pays en tous sens pour dénicher des enregistrements de valeur. »

8. « Par exemple, le *Canzone dei ricordi* de Martucci, avec Bruna Castagna, est dirigé par un soi-disant Panizza au pupitre de l'orchestre du Teatro Colón ; il s'agit en fait de Toscanini et de l'orchestre de la NBC. La famille de Toscanini avait menacé Smith d'une poursuite à l'occasion d'une édition précédente. »

9. « Mais Frank a sorti aussi des titres de "répertoire" : *Iphigénie en Tauride*, *Mona Lisa* de Schillings, etc. Roger Frank, plus qu'Eddie Smith, était exclusivement un fan d'opéra. Eddie pouvait causer sport, politique, arts. Frank, non ; il avait peu d'intérêts hors de l'opéra et de la musique symphonique. Il a fait une petite fortune avec son coffret de *Lucrezia Borgia*, qui marque le début de Caballé à New York en 1965. »

10. « Mais juste au moment de sortir une *Traviata* du Met (1941, début de Jan Peerce, avec Novotna et Tibbett), le Met entreprit une autre de ses chasses périodiques contre les étiquettes pirates qui éditaient ses représentations. Nous avons décidé alors de ne pas toucher au matériel du Met, et de nous tenir hors de sa portée. De plus, nous reçûmes des avertissements de l'opéra de San Francisco, directement de son directeur Kurt Herbert Adler. Nous avons bien fait de ne pas nous brûler les ailes de ce côté, car HRE a failli être poursuivi par Adler. »

11. « Au fil des ans, nous nous sommes spécialisés dans le répertoire. Mis à part les étiquettes EJS/UORC, dont le son est souvent atroce, Voce est le seul à avoir publié les opéras de Gomes, J.C. Bach, Bontempi, Cimarosa, les premières versions de quelques Verdi, ainsi que des raretés de Donizetti, Rossini, etc. Nous avons finalement peu de titres à valeur historique marquée. Mais nous comptons en publier davantage bientôt, grâce à de nouvelles sources d'approvisionnement. Nous avions pensé regraver des enregistrements d'opéras faits en 78 tours, en 1912 à Paris, par Pathé, mais la firme Bourg s'en occupe en France. Nous avons osé regraver du matériel de 1930 de l'opéra de San Francisco : Martinelli dans l'acte II de *la Juive* ; ça s'est

bien vendu, même à l'intérieur de l'opéra, aussi nous récidiverons peut-être de ce côté. »
12. William Lerner, de Music Masters, est décédé au printemps 1987. William J. « Bill » Collins est mort durant son sommeil, le 2 janvier 1995, à Oakland, Californie.
13. *Demented...*, *op. cit.*, p. 296.
14. *La Voix de mon maître*, p. 79.
15. Dans le sens double d'« extravagant » et d'« éblouissant ».
16. P. 198. Ce passage a disparu de l'édition révisée de 1982.

Chapitre 3

1. Lors d'une visite que je fis chez Fonit-Cetra, en 1984, Mme Castelli me confirma qu'après 1977, un nouveau contrat fut établi entre Gian Battista Meneghini et Fonit-Cetra à propos des redevances en provenance des éditions Callas/Cetra.
2. « Who Speaks for Callas ? », janvier 1979.
3. Catherine Clément, *l'Opéra ou la défaite des femmes*, Paris, Grasset, 1979, p. 57.
4. Voir « Pierre Vogelweith. Le pirate des divas », *Libération*, 30 juillet 1985.
5. *Music & Mind*, Toronto, Key Porter Books, édition revisée, 1984, p. 147.
6. Le contenu de cet échange vient des sources suivantes : Alain Lanceron (interviews du 3 avril 1984 et d'avril 1996) ; Pierre Flinois (entretiens de janvier et mai 1984, juin 1985 et avril 1996) ; Herfried Kier (lettre du 3 septembre 1984) ; Bill Collins (lettres de février et avril 1985) ; Charles Johnson (lettres et entretiens de mai et octobre 1984, puis de mars 1985) ; Jacques Bertrand (interview du 25 mai 1984) ; David Hamilton (interviews de mars 1984 et de mars 1985) ; Mme Ina del Campo (entretien du 20 mai 1984) ; Giuseppe Di Stefano (entretien du 31 mai 1985).
7. « Loi Gresham » : expression courante, explique Hamilton, pour désigner en économie le fait qu'une monnaie faible permet l'exportation de produits à bon marché. Ainsi, les producteurs italiens de disques *live* ont inondé le marché nord-américain et rendu plus difficile l'édition d'enregistrements de meilleure qualité.
8. Correspondance de l'été 1985.
9. Voir un premier débat sur la question par John Ardoin, « Maria Callas : The Early Years », *The Opera Quarterly*, vol. 3, n° 2, été 1985, p. 11 et 12.

Dans la 4ᵉ édition de son *Callas Legacy*, Ardoin est d'avis, après examen, qu'il s'agit d'un *live* authentique.
10. MacMillan, Londres, 1989. Voir en particulier les chapitres 1, 8 et 9.
11. Éditions J'ai Lu, 1992, p. 380.

Conclusion

1. *Demented...*, *op. cit.*, p. 293-294.
2. « Un Rendez-vous d'amour », *Télérama*, 16-22 mai 1987.
3. Paris, Presses universitaires de France, 1977, p. 59.
4. Hennion, *op. cit.*, p. 11-12. Simon Frith, *Sound Effects. Youth, Leisure and the Politics of Rock'n'Roll*, Pantheon Books, 1981, p. 6.
5. Dans *Media, Culture and Society*, n° 6, 1984, p. 80.
6. *Maria Callas. Vissi d'arte*, 1979.
7. Dans le même film de Ferrari.
8. *Kenneth Harris Talking to Maria Callas*, Londres, Weldenfield & Nicholson, 1971.
9. « A quel point est en vérité légitime et appropriée à la rupture contemporaine de la tradition la figure apparemment bizarre du collectionneur qui va recueillir dans les décombres du passé ses fragments et ses pièces, le meilleur moyen peut-être de le comprendre est de considérer ce fait déconcertant, à première vue seulement, qu'il n'y a pas eu d'époques avant la nôtre où l'ancien, le plus ancien et beaucoup de choses depuis longtemps oubliées par la tradition sont devenues bien de culture universelle mis dans la main de chaque étudiant, à des centaines de milliers d'exemplaires... »
Hannah Arendt, « Walter Benjamin », *op. cit.*
10. Dans « Sondage Ipsos. Les goûts des mélomanes », juin 1985.
11. Cité dans Jacques Lonchampt, *l'Opéra aujourd'hui*, Paris, Seuil, 1970, p. 276.
12. *La Presse*, 27 août 1983.
13. Conversation privée enregistrée par Glotz, Paris, 25 mai 1963. Inédit. Archives *The Callas Circle*.
14. Entretien de mai 1987.
15. Interview de mai 1987.
16. Leibowitz, « le Secret de la Callas », dans *le Compositeur et son double*, Paris, Gallimard, 1971 ; *Processo alla Callas, Radiocorriere TV*, 30 novembre 1969.

ANNEXES

Le musée phonographique Callas

Ce chapitre annexe, à la fois essai et discographie, est divisé en trois parties : I – *L'œuvre de studio* (enregistrements, principales anthologies, prix obtenus) ; II – *Le corpus des* live (intégrales et fragments, concerts et anthologies, interviews et documentaires) ; III – *Disques de références historiques*.

I – L'œuvre de studio

L'édification du musée Callas exige davantage qu'une discographie courante. Cette tâche plus large, considérant les aspects multiples de cette œuvre, vise à éclairer les conditions de production qui ont rendu possible ce corpus phonographique, à établir une sorte de catalogue des diverses phases de réalisation et de diffusion des objets sonores, ainsi que les ressources humaines et techniques qui ont aidé à les produire.

Idéalement, la documentation de ce « guide muséal » devrait comprendre les données de planification et de préproduction des enregistrements : engagement des artistes et programmes des œuvres, choix des studios, du matériel et des équipes techniques, découpage technique et calendrier de travail ; ensuite les rapports des sessions d'enregistrements, les cahiers de bord pour le montage et le mixage de la bande maîtresse.

Cette tâche serait possible le jour où les documents et toutes les archives nécessaires à une telle entreprise pourraient devenir accessibles. Encore faudrait-il d'abord en vérifier l'état de préservation et les contenus. Compte tenu du manque actuel de ces données, le présent chapitre fournit donc une première esquisse de ce travail. Au niveau de la production, en procédant en deux temps : d'abord en rassemblant le plus d'informations discographiques possibles pour chaque enregistrement, puis en commentant quelques données de leur réalisation. Les notes qui donnent les renseignements extraits des rapports techniques d'enregistrement de EMI proviennent des archives de cette firme, et sont publiés avec l'aimable autorisation de EMI Classics. Ensuite au niveau de la diffusion, en établissant clairement le format et la structure des programmes originaux et des premières éditions, puis en indiquant l'essentiel des rééditions subséquentes.

Il existe de nombreuses discographies de Callas (voir la bibliographie). Les mieux documentées sont celles de John Ardoin, d'Arthur Germond (dans l'ouvrage de Henry Wisneski), de David Hamilton, de Maurice Vandebergh et de Ray Dellinger. A ce premier corpus, il faut ajouter l'ouvrage d'Alan Sanders, *Walter Legge. A Discography*, dans lequel apparaissent les enregistrements EMI de Callas que le producteur a supervisés. Toutefois, on ne trouve pas toujours dans ces ouvrages certaines coordonnées de production phonographique comme le producteur et l'ingénieur du son, le lieu d'enregistrement, la date des premières éditions. Il apparaît donc utile d'établir une discographie en visant l'exhaustivité des données, en regroupant le plus de renseignements possibles sur les principaux responsables de réalisation.

La fiche technique de chaque production a été établie comme suit :
– *Programme et principaux interprètes* (lorsqu'il n'y a pas d'indication contraire, il s'agit d'une intégrale d'opéra)
– *Dates de l'enregistrement* [**Abréviation** : **E**]
– *Firme productrice*
– *Lieu d'enregistrement*
– *Producteur* [**P**]
– *Ingénieur du son* [**I**]
– *Label et année de première édition* [**PE**] *aux États-Unis et pour certains pays d'Europe* (Angel et Mercury pour l'Amérique du Nord ; CX puis HMV en Angleterre ; Ricordi ainsi que QCX puis FCX et SAXF pour l'Italie ; EMI Pathé-Marconi en France). On notera que dans deux cas, la première édition des enregistrements Callas de studio eut lieu sur des labels *underground*, FWR (les Bellini de 1955) et MPV (arias de Verdi de 1969). Ces premières éditions seront suivies des *principales rééditions* en vinyle et en compact [**R**].

Il apparaît impératif de maintenir en mémoire les premières éditions en vinyle, pour deux raisons. D'abord, parce que les discographies des éditions en CD ont fait disparaître les générations antérieures de phonogrammes, privant de la sorte les chercheurs, les collectionneurs, les archivistes et les phonothèques de toute information historique sur ces objets culturels. Par exemple, les deux dernières éditions de John Ardoin ne donnent que les publications courantes en CD, tout comme les discographies de Vanderbergh et de Dellinger. Un second argument est encore plus déterminant. Toutes ces productions phonographiques (à l'exception des premiers 78 tours) ont été conçues, programmées et structurées en fonction du format vinyle des années 50 et 60, du microsillon longue durée. Les reports des matrices originales en CD, s'ils ne modifient pas l'ordonnancement d'une intégrale d'opéra, font en revanche disparaître la conception et la structure des récitals et des anthologies de Callas, en éditant pêle-mêle ce qui appartenait en propre à la création de *programmes* phonographiques. Ces brassages mélangent les contenus éditoriaux des programmes, les pièces de récitals et les extraits d'intégrales, les périodes historiques d'enregistrements, ce que Callas avait autorisé ou interdit de publication, sans compter les trois anthologies qu'elle avait supervisées elle-même, *By Request* et deux albums de *Arias I Love*. Le musée phonographique Callas doit tenir compte de cet état éditorial et programmatique d'origine, s'éloigner quand il le faut des catalogues de vente des firmes, afin de rendre compte d'une pratique et d'un art phonographiques, de respecter leur cohérence et leurs conditions de production. Dans cette optique, il est heureux que EMI ait décidé de changer son fusil d'épaule et de rééditer en CD les récitals de Callas dans leur structure originale.

Pour ce qui est des multiples pressages et rééditions de ces phonogrammes, en établir une liste complète est une recherche en soi, qui demanderait de suivre au fil des ans chaque produit dans tous les pays concernés, soit intégralement ou en extraits, ainsi que dans les divers formats en mono et en stéréo, en repiquages vinyle « stéréophonisés » ou « digitalisés », en disques compacts. Durant les années 50 et 60, EMI produisait des phonogrammes publiés en Amérique du Nord et en Europe de l'Ouest (Angleterre, Espagne, Hollande, France, Italie, Allemagne), mais aussi dans des pays comme l'Afrique du Sud, l'Australie et la Nouvelle-Zélande, l'Argentine et le Brésil, l'Inde, le Japon, le Pakistan, la Grèce... Il y avait donc, à l'ère du vinyle, des pressages différents des mêmes titres, alors que l'époque du numérique a généralisé l'édition internationale identique. Pour suivre quelques traces de ces diverses éditions et rééditions, on peut se référer aux deux premières discographies de John Ardoin, à celle d'Alan Sanders, ou encore à l'essai de Celletti, *Il Teatro d'opera in disco*, de même qu'à celui d'Alan Blyth, *Opera on Record* – ouvrages où se retrouvent la quasi-totalité des enregistrements de Callas.

Les enregistrements Callas de studio sont donnés dans l'ordre chronologique (IA). Ils sont suivis d'une liste des principales anthologies qui en ont été tirées (IB). Le musée phonographique de studio Callas se clôt sur la liste des prix de l'industrie du disque décernés à certains phonogrammes de la cantatrice (IC).

IA – Enregistrements de studio

Novembre 1949

Récital. Orchestre de la RAI de Turin, Arturo Basile. E : 8-10 novembre. Cetra. Auditorium RAI, Turin. P et I : inconnus. PE : en 78 tours : Cetra CB 20481, 20482, 20483, mai 1950. R : Fonit-Cetra CDC 5, 1986 ; Rodolphe RPC 32484/5/6/7, 1987 ; EMI CMS 2523362.

– Wagner, *Tristano e Isotta : Morte di Isotta* [*Tristan und Isolde : Mort d'Isolde*, en italien]
– Bellini, *Norma : Casta Diva*
– Bellini, *I Puritani : Qui la voce*

Dario Soria a expliqué que les programmes d'enregistrements Cetra des années 40 et 50 étaient des hybrides de concerts radiophoniques et d'enregistrements pour disques, un amalgame peu coûteux de *live* en public et de studio. Si cette méthode a été utilisée vraisemblablement pour les intégrales de *la Gioconda* et de *la Traviata*, on peut croire qu'elle a aussi servi à ce premier récital, auquel l'édition originale en 78 tours donne une allure « préhistorique ».

Le programme radiophonique du même récital (diffusé le 7 mars précédent) comprenait aussi l'aria *O patria mia* de l'*Aïda* de Verdi, non retenu comme quatrième disque de cette première phonographique. Motif inconnu. On peut penser que Callas, dans cet ouvrage, ne paraissait pas à la hauteur de ses rivales d'alors, par exemple Gina Cigna ou Tebaldi. En revanche, le couplage Bellini/Wagner se révélait inhabituel, magique, hors norme. Sony Classicals, croyant réinventer la roue, en reprend l'idée en 1996 pour un récital de Jane Eaglen.

Mme Dorle Soria a confirmé que ces trois 78 tours n'ont jamais été distribués en Amérique par Cetra-Soria Records. Ils le furent toutefois en Angleterre sous le label Parlophone appartenant à EMI. John Pettitt affirme que cela fut possible grâce à la sagacité d'Oscar Preuss et de George Martin (*Maria Callas Magazine*, n° 19, octobre 1996). Walter Legge était encore loin de cette découverte phonographique.

A l'ère du microsillon, Cetra prit l'habitude de rééditer un disque récital comprenant l'aria d'*I Puritani*, le Wagner et des extraits des deux intégrales de Ponchielli et de Verdi produites en 1952 et 1953. *Casta diva* fut longtemps absent de cette réédition, on ne sait trop pourquoi, et fut connu d'abord par l'excellent coffret vinyle de BJR, *Soprano assoluta*. En

1986, Fonit-Cetra l'a récupéré dans son coffret CD *Arie celebri*. Ce faisant, les deux firmes scellaient dans le domaine du *live* trois gravures archéologiques qui ont aussi la qualité des enregistrements de studio. A noter aussi que EMI a réédité ce récital.

Le musée phonographique Callas démarre par une belle contradiction, qu'on peut prendre aussi comme une fine ambiguïté technique et esthétique, ingrédients propres à nourrir un mythe encore à l'état de chrysalide.

Septembre 1952

Ponchielli, *la Gioconda*. Fedora Barbieri, Gianni Poggi, Paolo Silveri, Giulio Neri. Orchestre et chœurs de la RAI de Turin, Antonino Votto. E : inconnu. Cetra. Auditorium RAI, Turin. P et I : inconnus. PE : Cetra LPC et Cetra-Soria Records 1241, mars 1953. R : Everest-Cetra 419/3 et S-419/3, 1967 ; Fonit-Cetra TRV 03, 1984 ; Fonit-Cetra CDO 8, 1991 ; Fonit-Cetra 9075.092.

Enregistrement produit *après* la signature, le 21 juillet 1952, du premier contrat avec EMI, qui scellait « l'exclusivité » de Callas avec cette firme ! La revendication « fin de siècle » de EMI est d'être l'unique maison mère phonographique de Callas. Dans cette optique, la multinationale britannique caresse l'idée de devenir distributeur des enregistrements Cetra de la cantatrice, comme elle l'est de *Medea* de Ricordi ; et de compléter ainsi le *tutto Callas* de son catalogue, qui comprendrait à terme tous les produits de studio (sauf ceux de Philips), ainsi que l'essentiel des enregistrements *live*.

17 janvier 1953

Soundtest pour Walter Legge. Mozart, *Don Giovanni* : *Non mi dir*. Orchestre du Mai musical de Florence, Tullio Serafin. EMI. Teatro Comunale, Florence. P : Maestro Olivieri. I : Varisco. PE : dans *les Introuvables du chant mozartien*, EMI Pathé-Marconi 2905983, 1985. R : EMI CDS 7496002, 1987, 1991 ; EMI CMS 5664682, 1997.

Germond indique par erreur la date d'août 1952 pour ce test. La première édition française ne mentionne pas les noms des responsables de l'enregistrement. EMI le fait pour la réédition de cet air dans sa publication des *Master Classes* en 1987, *Maria Callas at Juilliard*. Cependant, la firme nomme par erreur le producteur *Oliviero* et l'ingénieur du son *Varviso*. Pourtant, les noms d'Olivieri et de Varisco sont attestés par les rapports d'enregistrement de *Lucia di Lammermoor* et d'*I Puritani*, pour lesquels la même équipe italienne a travaillé.

Walter Legge n'est pas à la barre de direction pour ce *soundtest*, pas plus que pour les intégrales de *Lucia di Lammermoor*, *I Puritani* et *Cavalleria*

Rusticana, produits la même année, entre le 17 janvier et le 4 août. Pourtant, la discographie *Legge* d'Alan Sanders fournit les indications suivantes : Legge enregistre à Londres du 5 au 8 janvier, puis les 22 et 23. Il a donc le temps d'aller à Florence pour travailler avec Callas et superviser, sinon produire, son *soundtest* pour EMI.

Janvier et février 1953

Donizetti, *Lucia di Lammermoor*. Giuseppe Di Stefano, Tito Gobbi. Orchestre et chœurs du Mai musical de Florence, Tullio Serafin. E : 29 et 30 janvier ; 3, 4 et 6 février. EMI. Teatro Comunale, Florence. P : Maestro Olivieri. I : Varisco. PE : Angel 3503, Columbia 33 CX 1131-32 et QCX 10130/1, 1954. R : Seraphim 1B-6032, 1968 ; EMI C 163-00942/3 ; EMI CDS 7699802, 1986 ; EMI CMS 7699802, 1997.

Il existe, dans les archives EMI, neuf pages de rapport technique sur cet enregistrement. Ces rapports, préparés par l'ingénieur du son ou un assistant, sont l'équivalent des feuilles de script au cinéma. En l'absence de découpages techniques, fixant par avance le plan de sessions d'enregistrement, ces rapports sont de précieux documents pour établir les dates et les horaires de travail en studio, la suite des séquences enregistrées (en désordre par rapport à la continuité de l'opéra et du montage), de même que le nombre de prises et de rubans magnétiques.

Après le 23 janvier, Legge n'a aucun enregistrement à Londres. Il n'y reprend ses activités, à Kingsway Hall, que le 13 mars. On peut donc présumer qu'il a eu le temps de revenir à Florence pour superviser ou observer (à défaut d'en être le producteur attitré) cette première intégrale Callas pour EMI. Cet enregistrement est précédé et entrecoupé de représentations du même opéra au Teatro Comunale les 25 et 28 janvier, ainsi que les 5 et 8 février.

Mars et avril 1953

Bellini, *I Puritani*. Giuseppe Di Stefano, Rolando Panerai, Nicola Rossi-Lemeni. Orchestre et chœurs de la Scala, Tullio Serafin. E : 24, 26, 27, 29, 30 et 31 mars ; 1er et 3 avril. EMI. Basilique Santa Euphemia, Milan. P : Maestro Olivieri. I : Varisco. PE : Angel 3502, Columbia 33 CX 1058-60 et QCX 10016/18, 1953. R : EMI C 163-52780/7, 1978 ; EMI C 163-00406/8 ; EMI CDS 7473088, 1986 ; EMI CDS 5562752, 1997.

Le rapport technique des séances d'enregistrement comprend dix pages. Cette session phonographique est, pour Callas, entrecoupée de deux *Trovatore* à la Scala, les 24 et 29 mars.

Walter Legge travaille à Kingsway Hall du 13 au 18 mars, puis du 13 au 28 avril. Ce calendrier lui laisse théoriquement le temps d'un séjour à Milan pour la supervision de cette intégrale, sur laquelle pourtant il n'a pas « la haute main ». Cela expliquerait-il pourquoi Legge ne la retient pas parmi les meilleures de Callas, pas plus que celle de *Lucia di Lammermoor* à Florence, ou la suivante de *Cavalleria Rusticana* à Milan ?

Juin et août 1953

Mascagni, *Cavalleria Rusticana*. Giuseppe Di Stefano, Rolando Panerai, Anna Maria Canali. Orchestre et chœurs de la Scala, Tullio Serafin. E : du 16 au 25 juin (sans Callas) ; 3 et 4 août. EMI. Basilique Santa Euphemia, Milan. P et I : inconnus. PE : Angel 3509, Columbia 33 CX 1182-83 et QCX 10046/47, 1954. R : Angel CL-3528 ; EMI CDS 7479818, 1987 ; EMI CDS 5562872, 1997.

La plus mystérieuse des intégrales quant à ses conditions de production. Les dates (écartelées) sont révélées d'abord par Germond, puis attestées par EMI. Mais les rapports techniques sont introuvables, les responsables de production inconnus.

Du 16 au 25 juin, Callas se produit à Covent Garden dans *Norma* et *Il Trovatore*. De son côté, Legge enregistre à Londres avec Karajan les 19 et 20 juin, produit ensuite *Hänsel et Gretel* les 27, 29 et 30. Très loin de *Cavalleria Rusticana*. Tout juillet est fort chargé pour lui à Londres, de même que le début du mois d'août (1er, 2 et 3), à la veille du travail intense de préparation de *Tosca* à la Scala de Milan, qui commence le 10 août. Legge semble donc complètement absent de cette *Cavalleria Rusticana*, vraisemblablement produite avec la même équipe italienne que les deux précédentes intégrales.

Août 1953

Puccini, *Tosca*. Giuseppe Di Stefano, Tito Gobbi. Orchestre et chœurs de la Scala, Victor De Sabata. E : 10, 11, 12, 13, 16, 18, 19, 20 et 21 août. EMI. Teatro alla Scala, Milan. P : Walter Legge. I : Robert Beckett. PE : Angel 3508, Columbia 33 CX 1094-95 et QCX 10028/29, 1953. R : EMI C 163-00410/1 ; EMI CDS 7471758, 1986 ; EMI CDS 5563042, 1997 ; EMI CDRM 4917882, 1997.

EMI-Londres débarque à Milan et fonde le nouveau studio phonographique de la Scala. L'hégémonie britannique (artistique et technique) détrône l'équipe italienne de production de Callas. Legge inaugure un long règne, de même que l'ingénieur du son Beckett. Cette production de *Tosca*, conduite avec un soin quasi maniaque, tant sur le plan musical que matériel, rassemble des artistes d'exception dans des conditions qui la feront devenir un des meilleurs enregistrements d'opéra de tous les temps. Le rigoureux rapport technique comprend vingt-trois pages. L'ingénieur du son utilise un total de cent deux rubans magnétiques (environ cinq fois plus que pour *I Puritani*, ouvrage pourtant plus long). Legge est content du résultat jusqu'à la superbe.

Septembre 1953

Verdi, *la Traviata*. Francesco Albanese, Ugo Savarese. Orchestre et chœurs de la RAI de Turin, Gabriele Santini. E : inconnu. Cetra. Auditorium RAI, Turin. P et I : inconnus. PE : Cetra LPC et Cetra-Soria Records 1246, 1954. R : Everest-Cetra 425/3 et S-425/3, 1967 ; Fonit-Cetra TRV 01, 1983 ; Fonit-Cetra CDO 9, 1991 ; Fonit-Cetra 9075.117.

> L'enregistrement tant convoité par EMI échoit néanmoins à Cetra. En devenant un jour son distributeur, EMI réparerait son erreur administrative et artistique, le raté d'une production de studio de cet ouvrage. La firme ne pourrait cependant pas effacer tout à fait que ce même opéra de Verdi l'ait forcée, en dépit de toutes les dénégations antérieures, à éditer des *live* de Callas. Deux fois plutôt qu'une pour ce titre : *la Traviata* de Lisbonne, puis celle de la Scala.

Avril et mai 1954

Bellini, *Norma*. Mario Filippeschi, Ebe Stignani, Nicola Rossi-Lemeni. Orchestre et chœurs de la Scala, Tullio Serafin. E : 23 avril au 3 mai. EMI. Cinéma Metropol, Milan. P. et I : inconnus : [d'après Sanders, P : Walter Legge]. PE : Angel 3517, Columbia 33 CX 1179-81 et QCX 10088/90, 1954. R : Seraphim IC-6037 ; EMI C 163-52780/7, 1978 ; EMI C 163-03565/7 ; EMI CDS 7473048, 1985 ; EMI CDS 5562712, 1997.

> Pour un rôle si emblématique de Callas et une production phonographique de cette envergure, force est de constater une certaine précipitation dans la mise en œuvre. Les rapports techniques manquent, EMI n'attribue pas officiellement la production à Legge, ni le crédit d'ingénieur du son à Beckett. Cela n'empêche pas Alan Sanders d'attribuer la réalisation de cet ouvrage à Legge (sans toutefois spécifier les dates précises ni l'ingénieur du son), en plaçant la production à la Scala. Cela est impossible, vu le déroulement de la saison dans ce théâtre, où du reste Callas chante *Alceste* de Gluck (4, 6, 15 et 20 avril), ainsi que *Don Carlo* de Verdi (12, 17, 23, 25 et 27 avril). Germond indique que l'enregistrement s'est fait au cinéma Metropol. Quelques photos des séances d'enregistrement mon-

trent clairement en effet qu'on n'est pas à la Scala. Martin Mayer, dans son reportage pour *High Fidelity* (septembre 1954), raconte qu'il a assisté à cet enregistrement. Il note la présence de Legge, et signale que l'équipe technique travaille avec huit microphones.

Juin 1954
Leoncavallo, *I Pagliacci*. Giuseppe Di Stefano, Tito Gobbi, Nicola Monti, Rolando Panerai. Orchestre et chœurs de la Scala, Tullio Serafin. E : 12, 13, 14, 15, 16, 17 juin. EMI. Teatro alla Scala, Milan. P : Walter Legge. I : Robert Beckett. PE : Angel 3527, Columbia 33 CX 1211-12 et QCX 10032/33, 1955. R : Angel CL-3528 ; EMI CDS 7479818, 1987 ; EMI CDS 5562872, 1997.

Le rapport d'enregistrement contient dix pages, les deux dernières formant les *master sheets*, description du montage de la bande maîtresse. En tout, utilisation de trente bandes magnétiques.

Cet opéra a été produit peu avant la *Messa da Requiem* de Verdi (enregistrée du 18 au 22, puis du 25 au 27 juin), ouvrage dans lequel Callas devait paraître, mais qu'elle abandonna au dernier moment.

Août 1954
Verdi, *la Forza del Destino*. Richard Tucker, Carlo Tagliabue, Nicola Rossi-Lemeni, Renato Capecchi, Elena Nicolai. Orchestre et chœurs de la Scala, Tullio Serafin. E : 17, 18, 19, 20, 21, 23, 24, 25, 27 août. EMI. Teatro alla Scala, Milan. P : Walter Legge. I : Robert Beckett. PE : Angel 3531, Columbia 33 CX 1258-60 et QCX 10122/24, 1955. R : EMI C 163-53016/8 ; EMI CDS 7475818, 1987 ; EMI CDS 5563232, 1997.

Rapport technique de seize pages, soixante-deux rubans magnétiques utilisés, pour une œuvre aussi colossale que *Norma* ou *I Puritani*, et dont le casting est assez complexe. Sanders ne donne pas les dates des 17 et 18 août, consacrées à des tests et à des répétitions.

Quelques jours auparavant, du 5 au 7 août, puis du 9 au 12, Legge a produit au même endroit l'enregistrement de *l'Italiana in Algeri* de Rossini, sous la direction de Carlo Maria Giulini, dans lequel Callas ne chante pas (Graziella Sciutti et Giulietta Simionato en sont les vedettes). Une chose est sûre : à l'été de 1954, Walter Legge donne son rythme de croisière aux productions phonographiques du tandem EMI/La Scala. Durant ces mois hors saison, il va transformer pendant quelques années l'historique maison en studio d'enregistrement *non-stop*.

Août et septembre 1954

Rossini, *Il Turco in Italia*. Nicola Rossi-Lemeni, Nicolaï Gedda, Jolanda Gardino, Piero de Palma, Franco Calabrese, Mariano Stabile. Orchestre et chœurs de la Scala, Gianandrea Gavazzeni. E : 31 août ; 1ᵉʳ, 2, 3, 4, 5, 6, 7, 8 septembre. EMI. Teatro alla Scala, Milan. P : Walter Legge et Walter Jellinek. I : Francis Dillnutt. PE : Angel 3535, Columbia 33 CX 1289-91 et QCX 10153/55, 1955. R : EMI C 163-03456/7 ; EMI CDS 7493442, 1987 ; EMI CDS 5563132, 1997.

Sanders spécifie que Walter Legge a produit les séances des 31 août, 1ᵉʳ, 3 et 4 septembre ; que Walter Jellinek est aux commandes du 5 au 8 septembre. Les dix pages du rapport technique (sous la responsabilité, cette fois-ci, de Francis Dillnutt et non de Beckett) indiquent cependant quelques variantes. La première, qu'il y eut aussi une matinée d'enregistrement le 2 septembre. Deuxièmement, le nom de Jellinek apparaît le 31 août ; pas de nom de producteur pour les 1ᵉʳ et 2 septembre ; Legge pour le 3 ; Jellinek du 4 au 8.

Septembre 1954

Récitals. Philharmonia Orchestra, Tullio Serafin. E : 15, 16, 17, 18, 20 et 21 septembre. EMI. Town Hall, Watford. P : Walter Legge. I : Robert Beckett. Ces séances sont destinées à construire deux programmes en format vinyle. La structure de ces programmes sera abandonnée pendant plusieurs années dans les rééditions en CD, avant d'être reprise pour l'édition anniversaire de 1997.

1. *Puccini Heroines* (*Puccini. Airs d'opéra*). PE : Columbia 33 CX 1204, 1954 ; Angel 35195, 1955. R : EMI C 061-00417 ; EMI CDC 7479662, 1987 ; EMI CDM 5664632, 1997.

2. *Coloratura/Lyric* (*Grands airs lyriques et coloratures*). PE : Angel 35233 et Columbia 33 CX 1231, 1955. R : EMI C 061-01013 ; EMI CDC 7472822, 1986 ; EMI CDM 5664582, 1997.

Première pour EMI, dans un format phonographique que Callas n'a pas touché depuis 1949, mais que son contrat prévoyait pourtant depuis l'été de 1952. Pour toute une série de raisons, la cantatrice s'est jusqu'ici concentrée, voire spécialisée, dans l'enregistrement d'intégrales. Le récital n'est pas son moyen d'expression préféré, elle l'a souvent expliqué. Cette attitude explique vraisemblablement le soin minutieux attaché aux multiples sessions de Town Hall.

Les dates et le programme de ces sessions, chez Sanders, ne concordent pas avec les données du rapport technique, qui comprend onze pages.

Dans ses grandes lignes, le calendrier de travail indique que Callas consacre les quatre premiers jours aux arias lyriques et dramatiques (d'abord les Puccini, puis les autres véristes), ne gardant pour les arias coloratures que les séances du 21 septembre. On notera le travail particulièrement intense (presque acharné) pour l'aria de *Suor Angelica*, celui non moins dense pour *la Mamma morta* ou pour *Si, mi chiamano Mimì*, le montage phonographique de *Un bel di vedremo*, de même que la petite surprise à la fin de la toute dernière séance d'enregistrement. Enfin, on se souviendra de la résistance de Callas à la question de Victor Borge sur le nombre de prises en studio. Pudeur ou goût du secret difficile à comprendre : les Garbo et Dietrich ont-elles jamais caché qu'elles faisaient de multiples prises durant les tournages de films ?

15 septembre
– Puccini, *la Bohème : Donde lieta usci* (8 prises)
– Puccini, *la Bohème : Si, mi chiamano Mimì* (11 prises)
– Puccini, *Gianni Schicchi : O mio babbino caro* (1 répétition, 2 prises)
– Puccini, *Turandot : Signore, ascolta* (5 prises)
– Puccini, *Turandot : Tu che di gel sei cinta* (2 prises)
– Puccini, *Manon Lescaut : In quelle trine morbide* (6 prises)
16 septembre
– Puccini, *Madama Butterfly : Un bel di, vedremo* (7 prises. *Master* monté avec 2 prises différentes)
– Puccini, *Suor Angelica : Senza mamma* (18 prises, dont 7 rejetées à cause de légère distorsion)
17 septembre
– Puccini, *Madama Butterfly : Con amor muore* (3 prises)
– Puccini, *Manon Lescaut : Sola perduta, abbandonata* (1 test, 4 prises)
– Boito, *Mefistofele : l'Altra notte* (4 prises)
18 septembre
– Puccini, *Turandot : In questa reggia* (4 prises)
– Giordano, *Andrea Chénier : la Mamma morta* (6 prises)
20 septembre
– Continuation du travail sur *la Mamma morta* (5 prises)
– Cilea, *Adriana Lecouvreur : Io son l'umile ancella* (9 prises)
– Cilea, *Adriana Lecouvreur : Poveri fiori* (5 prises)
– Catalani, *la Wally : Ebben ? Ne andro lontana* (3 prises)
– Reprise du travail sur l'aria de *Suor Angelica* (6 prises, dont 1 pour les 11 dernières mesures, et une autre pour les 5 dernières mesures)
21 septembre
– Meyerbeer, *Dinorah : Ombra leggiera* (5 prises)
– Verdi, *I Vespri Siciliani : Mercè, dilette amiche* (7 prises)
– Rossini, *Il Barbiere di Siviglia : Una voce poco fà* (5 prises)

– Delibes, *Lakmé : Dovè l'Indiana bruna ?* (8 prises)
– Reprise du travail sur l'aria *Donde lieta* de *la Bohème* (2 prises). Une note indique que le fragment *senza rancor* de la dernière prise sera gardé pour le *master*)

Juin 1955
Récital. Orchestre de la Scala, Tullio Serafin. **E** : 9, 10, 11, 12 juin. EMI. Teatro alla Scala, Milan. **P** : Walter Jellinek. **I** : Robert Beckett et David Pickett.
1. *Callas at La Scala. Her Great Revivals* (arias de Cherubini et Spontini, avec extraits d'intégrales de Bellini). **PE** : Angel 35304 et Columbia 33 CX 1540, 1958. **R** : EMI CDC 7472822, 1986.
2. Arias de Bellini. **PE** : *Ah! non credea mirarti* dans FWR-656, 1966 ; *Come...* dans FWR-644, 1969. **R** : Angel S-37557, HMV ASD 3535 et EMI C 069-03253, 1978 ; EMI CDC 7479662, 1987.
R : programme complet de ces sessions, EMI CDM 5664572, 1997.

Les Bellini furent refusés par Callas. Le programme de ce récital contient les autres arias, ainsi que des extraits des intégrales d'*I Puritani* et de *la Sonnambula*. Difficile de savoir pourquoi Walter Legge ne produit pas ce deuxième récital. Les jours précédents, il enregistre *la Serva padrona* de Pergolèse à la Scala (29 et 31 mai, 1er juin), sous la direction de Giulini, puis des chœurs de Verdi, les 6 et 7 juin, dirigés par Serafin. Les journées d'enregistrement sont celles qui sont données dans l'édition française en vinyle de *Callas. Ses récitals 1954-1969*. Le rapport technique du 11 juin indique bien Jellinek à la production, non Legge.

– Cherubini, *Medea : Dei tuoi figli* (11 juin)
– Spontini, *la Vestale : Tu che invoco* (10, 11, 12 juin)
– Spontini, *la Vestale : O Nume tutelar* (10, 11, 12 juin)
– Spontini, *la Vestale : Caro oggetto* (10, 11, 12 juin)
– Bellini, *la Sonnambula : Come per sereno* (9 et 12 juin)
– Bellini, *la Sonnambula : Ah! non credea mirarti* (9 et 12 juin)

Août 1955
Puccini, *Madama Butterfly*. Nicolaï Gedda, Lucia Danieli, Renato Ercolani. Orchestre et chœurs de la Scala, Herbert von Karajan. **E** : 1er, 2, 3, 4, 5 et 6 août. EMI. Teatro alla Scala, Milan. **P** : Walter Legge. **I** : Robert Beckett. **PE** : Angel 3523, Columbia 33 CX 1296-98 et QCX 10156/58, 1955. **R** : EMI C 163-00424/6 ; EMI CDS 7479598, 1987 ; EMI CDS 5562982, 1997.

Rapport technique : onze pages. soixante-dix-huit rubans magnétiques utilisés. La première journée est entièrement consacrée à des répétitions d'orchestre. Suivant l'habitude chez EMI, chaque session d'enregistrement dure trois heures. Une journée de production peut contenir deux sessions, comme c'est le cas ici.

Août 1955
Verdi, *Aïda*. Richard Tucker, Fedora Barbieri, Tito Gobbi, Nicola Zaccaria, Giuseppe Modesti. Orchestre et chœurs de la Scala, Tullio Serafin. **E** : 10, 11, 12, 16, 17, 18, 19, 20, 23, 24 août. EMI. Teatro alla Scala, Milan. **P** : Walter Legge. **I** : Robert Beckett. **PE** : Angel 3525, 1955 ; Columbia 33 CX 1318-20 et QCX 10165/7, 1956. **R** : EMI C 163-00429/31, EMI CDS 7490308, 1987 ; EMI CDS 5563162, 1997.

Rapport technique de dix-neuf pages. Cent huit rubans magnétiques utilisés. Pour cet ouvrage, une seule session d'enregistrement par jour.

Septembre 1955
Verdi, *Rigoletto*. Giuseppe Di Stefano, Tito Gobbi, Nicola Zaccaria, Adriana Lazzarini. Orchestre et chœurs de la Scala, Tullio Serafin. **E** : 3, 5, 8, 9, 10, 11, 12, 13, 14, 16 septembre. EMI. Teatro alla Scala, Milan. **P** : Walter Legge. **I** : Robert Beckett. **PE** : Angel 3537, Columbia 33 CX 1324-26 et QCX 10217/18, 1956. **R** : EMI C 163-03227/9 ; EMI CDS 7474698, 1986 ; EMI CDS 5563272, 1997.

Rapport technique : dix-huit pages. Y a-t-il quelques vagues dans la direction de cette production ? Pas de producteur présent le 5 septembre ; Walter Jellinek à la barre le 14 ; un certain Signor Gasolini, le 16, termine l'enregistrement.
Quoi qu'il en soit de ces soubresauts, ils précèdent de peu en tout cas la production EMI/La Scala de *la Traviata*, qui est interdite à Callas. Ce n'est d'ailleurs pas Legge qui produit cet enregistrement litigieux, mais Walter Jellinek, comme l'indique Sanders.

Août 1956
Verdi, *Il Trovatore*. Fedora Barbieri, Giuseppe Di Stefano, Rolando Panerai, Nicola Zaccaria. Orchestre et chœurs de la Scala, Herbert von Karajan. **E** : 3, 4, 6, 7, 8, 9 août. EMI. Teatro alla Scala, Milan. **P** : Walter Legge. **I** : Robert Beckett. **PE** : Angel 3554 ; Columbia 33 CX 1483-85 et QCX

10167/69, 1957. R : EMI C 163-53750/2 ; EMI CDS 7493472, 1987 ; EMI CDS 5563332, 1997.

Rapport technique : vingt-deux pages. Comme pour *Madama Butterfly* de l'année précédente, moins de jours d'enregistrement, mais plus de sessions chaque journée. Méthode prisée par Karajan ?

Août et septembre 1956

Puccini, *la Bohème*. Giuseppe Di Stefano, Rolando Panerai, Anna Moffo, Nicola Zaccaria. Orchestre et chœurs de la Scala, Antonino Votto. E : 20, 21, 22, 23, 24, 25 août ; 3, 4, 12 septembre. EMI. Teatro alla Scala, Milan. P : Walter Legge et Walter Jellinek. I : Robert Beckett. PE : Angel 3560, 1957 ; Columbia 33 CX 1464-65 et QCX 10172/73, 1958. R : EMI C 163-18182/3 ; EMI CDS 7474758, 1987 ; EMI CDS 5562952, 1997.

Rapport technique de seize pages, qui indique que Legge et Jellinek dirigent ensemble cet enregistrement. Jellinek est toutefois seul aux commandes durant les trois derniers jours de travail en septembre.

Septembre 1956

Verdi, *Un Ballo in maschera*. Giuseppe Di Stefano, Tito Gobbi, Fedora Barbieri, Eugenia Ratti. Orchestre et chœurs de la Scala, Antonino Votto. E : 4, 5, 6, 7, 8, 9, 10, 11, 12 septembre. EMI. Teatro alla Scala, Milan. P : Walter Jellinek. I : Robert Beckett. PE : Angel 3557, Columbia 33 CX 1472-74 et QCX 10263/5, 1957. R : EMI C 163-17651/3 ; EMI CDS 7474988, 1987 ; EMI CDS 5563202, 1997.

Le début de cet enregistrement s'entrelace à la fin du précédent de *la Bohème*, comme l'indique le rapport technique de vingt et une pages. Ainsi, le 4 septembre, une partie de la session est consacrée à des retouches pour le Puccini, l'autre à *Un Ballo in maschera*. Le 12 septembre, une courte partie de la session à *Un Ballo*, le reste du temps à *la Bohème*. On ne sait pas pourquoi Legge ne produit pas ce Verdi, puisqu'il n'enregistre à Londres qu'à partir de la mi-octobre.

Février 1957

Rossini, *Il Barbiere di Siviglia*. Tito Gobbi, Luigi Alva, Nicola Zaccaria. Philharmonia Orchestra and Chorus, Alceo Galliera. E : 7, 8, 9, 11, 12, 13, 14 février. EMI. Kingsway Hall, Londres. P : Walter Legge. I : inconnu pour la version mono [Douglas Larter] ; Robert Gooch pour la version stéréo. **PE** : Angel 3559 (mono et stéréo), Columbia 33 CX 1507-9 (m), SAX 2266-68 (s) et Columbia QCX 10297/9 (m), SAXQ 7254/6 (s), 1958. **R** : EMI C 167-00467/9 ; EMI CDS 7476348, 1986 ; EMI CDS 5563102, 1997.

Le rapport technique de quinze pages est celui de l'équipe de la version mono, version principale. Ce document indique les initiales de Douglas Larter comme ingénieur du son. Pour les raisons expliquées par Robert Gooch, la seconde version en stéréo, faite à titre expérimental, suivait le calendrier de travail de la première équipe.

Mars 1957
Bellini, *la Sonnambula*. Nicola Monti, Nicola Zaccaria, Fiorenza Cossotto. Orchestre et chœurs de la Scala, Antonino Votto. **E** : 3, 4, 5, 6, 8, 9 mars. EMI. Basilique Santa Euphemia, Milan. **P** : Walter Legge. **I** : Robert Beckett. **PE** : Angel 3568 ; Columbia 33 CX 1469-71 et QCX 10278/80, 1957. **R** : Seraphim 6108 [1978], EMI C 163-52780/7, 1978 ; EMI C 163-00969/71 ; EMI CDS 7473788, 1986 ; EMI CDS 5563072, 1997.

Rapport technique de dix pages. L'enregistrement ne peut se faire à la Scala, occupée par une série de représentations du même ouvrage (reprise de la mise en scène de Visconti, Callas en vedette) les 2, 7, 10, 12, 17 et 20 mars.

Juillet 1957
Puccini, *Turandot*. Elisabeth Schwarzkopf, Eugenio Fernandi, Nicola Zaccaria. Orchestre et chœurs de la Scala, Tullio Serafin. **E** : 9, 10, 11, 12, 13, 15 juillet. EMI. Teatro alla Scala, Milan. **P** : Walter Legge et Walter Jellinek. **I** : Robert Beckett. **PE** : Angel 3571 ; Columbia 33 CX 1555-57 et QCX 10291/93, 1958. **R** : EMI C 163-00969/71 ; EMI CDS 7479718, 1987 ; EMI CDS 5563072, 1997.

Deux producteurs en titre, rapport technique de sept pages. A cause de l'ampleur de l'ouvrage, plusieurs jours comportent deux sessions de travail (les 10, 11 et 12). Le 9 juillet, il y a une première session de répétitions avant l'enregistrement.

Juillet 1957
Puccini, *Manon Lescaut*. Giuseppe Di Stefano, Franco Calabrese, Fiorenza Cossotto. Orchestre et chœurs de la Scala, Tullio Serafin. **E** : 18, 19, 20,

21, 25, 26, 27 juillet. EMI. Teatro alla Scala, Milan. P : Walter Legge et Walter Jellinek. I : Robert Beckett. PE : Columbia 33 CX 1583-85 et QCX 10362/4, 1959 ; Angel 3564, 1960. R : Seraphim 6989 [1978] ; EMI 1184003 [1983] ; EMI CDS 7473938, 1985 ; EMI CDS 5563012, 1997.

Comme pour l'enregistrement précédent, deux producteurs aux commandes, ainsi que l'indique le rapport technique de sept pages. Cependant, il n'y a qu'une session de travail par jour. Cette production clôt le cycle rutilant, très chargé, des enregistrements d'intégrales EMI/La Scala. De plus, cet enregistrement est le chant du cygne de Robert E. Beckett pour le catalogue Callas. L'été suivant, Legge ne produira à Milan que *la Fanciulla del West* de Puccini (du 16 au 23 juillet 1958), dans lequel Callas ne paraît pas. Rien à l'été de 1959 pour Legge et Callas ; il faut attendre le mois de septembre pour une reprise du programme, avec *la Gioconda*.

Septembre 1957
Cherubini, *Medea*. Mirto Picchi, Renata Scotto, Giuseppe Modesti, Miriam Pirazzini. Orchestre et chœurs de la Scala, Tullio Serafin. E : 14 au 20 septembre. Nombre de jours d'enregistrement inconnu. Ricordi. Teatro alla Scala, Milan. P et I : inconnus. PE : Mercury OL-104 (m), SR-9000 (s), Ricordi MRO 101/03, 1958 ; Columbia 33 CX 1618-20 (m), SAX 2290-92 (s), 1959. R : Ricordi ACDOCL 201 ; Rodolphe RPC 32376 (extraits), 1984 ; EMI CDS 7636252, 1990 ; EMI CMS 5664352, 1997.

Cette production est peu documentée. John Ardoin signale que cet enregistrement fut fait par les équipes de EMI pour la firme Ricordi. Paradoxalement, nous ne connaissons de ce travail que le contrat qui l'a rendu faisable. Première intégrale Callas/La Scala chez un concurrent de EMI. En revanche, par le biais de la distribution, cette production a été intégrée au catalogue de la maison mère, devenue aussi, depuis la mort de la cantatrice, une sorte de mère poule. Ironiquement, le contrat Callas/Ricordi a été publié pour la première fois lors de l'édition EMI de *Callas*. *Ses récitals 1954-1969*, dans le numéro spécial de *l'Avant-Scène Opéra* qui faisait partie du coffret.

Septembre 1958
Récitals. Philharmonia Orchestra, Nicola Rescigno. Extrait d'*Anna Bolena* de Donizetti avec Monica Sinclair, John Lanigan, Duncan Robertson, Joseph Rouleau et un chœur. Extrait d'*Il Pirata* de Bellini avec chœur. E : 19, 20, 21, 24 et 25 septembre. EMI. Studio n° 1, Abbey Road, Londres. P : Walter

Legge. **I** : Neville Boyling. De ces sessions on tirera deux récitals en format vinyle.
1. *Verdi Heroines (Héroïnes de Verdi)*. **PE** : Angel 35763 (m et s), Columbia 33 CX 1628 (m), SAX 2298 (s), 1959. **R** : EMI C 181-53452/3 ; EMI CDC 7477302, 1987 ; EMI CDM 5664602, 1997.
2. *Mad Scenes (Scènes de la folie)*. **PE** : Angel 35764 (m et s), Columbia 33 CX 1645 (m), SAX 2920 (s), 1959. **R** : EMI C 065-00784 ; EMI CDC 7472832, 1985 ; EMI CDM 5664592, 1997.

Rapport technique de neuf pages.
19 septembre (2 sessions)
– Verdi, *Macbeth : Nel di della vittoria... Vieni ! t'affreta* (13 prises)
– Verdi, *Macbeth : Una macchia è qui tutt'ora* (6 prises)
– Verdi, *Macbeth : la Luce langue* (8 prises)
20 septembre (1 session)
– Verdi, *Don Carlo : Tu che le vanità* (11 prises)
– Verdi, *Nabucco : Ben io t'invenni... Anch'io dischiuso un giorno* (tests en 4 prises)
– Verdi, *Don Carlo : O don fatale* (2 prises, air non retenu pour ce récital)
21 septembre (1 session)
– *Macbeth : Una macchia...* (1 prise de l'introduction)
– Verdi, *Ernani : Sorta è la notte... Ernani, Ernani involami* (7 prises)
– *Don Carlo : Tu che...* (14 prises, une complète, les autres pour des fragments)
– *Ernani* (6 autres prises)
24 septembre (2 sessions)
– *Macbeth : Una macchia...* (3 courtes prises de l'introduction orchestrale et de l'entrée de la voix ; 4 courtes prises de la fin de l'aria)
– *Don Carlo : Tu che...* (2 courtes prises de fragments)
– *Nabucco : Ben io...* (4 prises)
– Donizetti, *Anna Bolena : Piangete voi ?* (26 prises)
25 septembre (2 sessions)
– Thomas, *Hamlet : A vos jeux, mes amis... Partagez-vous mes fleurs* (16 prises)
– *Anna Bolena* (8 prises avec le chœur seulement)
– Bellini, *Il Pirata : Oh ! s'io potessi ; Col sorriso d'innocenza* (20 prises)

Mars 1959
Donizetti, *Lucia di Lammermoor*. Ferruccio Tagliavini, Piero Cappucilli, Bernard Ladysz, Margreta Elkins. Philharmonia Orchestra and Chorus, Tullio Serafin. **E** : 16, 17, 18, 19, 20, 21 mars. EMI. Kingsway Hall, Londres. **P** : Walter Legge. **I** : Douglas Larter. **PE** : Angel 3601 (m et s), 1959 ; Columbia 33 CX 1723-34 (m), SAX 2316-17 (s) et QCX 10375/6,

SAXQ 7282/83, 1960. R : EMI CDS 7474408, 1986 ; EMI CDS 5562842, 1997.

En janvier 1959, note Alan Sanders, Karajan enregistre de courtes pièces orchestrales à Kingsway Hall. Les documents de travail de EMI indiquent qu'il n'y a pas de producteur durant ces sessions. Difficile d'imaginer que Legge ne soit pas présent.

Or, le rapport technique de huit pages pour *Lucia* indique la même chose : pas de producteur pour diriger l'enregistrement, ni Legge, ni personne d'autre. Ce fait soulève une double question : pourquoi l'ingénieur du son compromettrait-il sa crédibilité en inscrivant dans le rapport que le producteur est absent ? Ensuite, cela laisserait-il entendre que le directeur musical et l'ingénieur sont assez puissants pour superviser un produit de qualité en se passant exceptionnellement de producteur ? Quoi qu'il en soit, l'édition EMI de 1986 nomme Walter Legge et Douglas Larter comme responsables de l'enregistrement.

Le rapport technique montre bien les initiales de Douglas Larter comme ingénieur du son. Il y a toujours deux sessions d'enregistrement par jour.

Septembre 1959
Ponchielli, *la Gioconda*. Fiorenza Cossotto, Irene Companeez, Pier Miranda Ferraro, Piero Cappuccilli, Ivo Vinco. Orchestre et chœurs de la Scala, Antonino Votto. E : 4, 5, 6, 7, 8, 9, 10, 11 septembre. EMI. Teatro alla Scala, Milan. P : Walter Legge et Walter Jellinek. I : inconnu. PE : Angel 3606 (m et s), Columbia 33 CX 1706-8 (m), SAX 2559-61 (s) et WCX 10387/9, SAXQ 7292, 1960. R : Seraphim SIC-6031, 1968 ; EMI CDS 7495182, 1987 ; EMI CDS 5562912, 1997.

Le rapport de treize pages mentionne les initiales de HED [Harold Davidson ?] comme ingénieur du son. Sauf les 4 et 9 septembre, toutes les autres journées comportent deux sessions de travail.

Juillet 1960
Récital. Philharmonia Orchestra, Antonio Tonini. E : 13-15 juillet. EMI. Town Hall, Watford. P : Walter Legge. I : Harold Davidson.

13 au 15 juillet
– Rossini, *Semiramide : Bel raggio*

15 juillet
– Rossini, *Armida* : *D'amore al dolce impero*
– Verdi, *I Vespri Siciliani* : *Arrigo ! ah parli a un core*

Ces sessions marquent le début du plus complexe et tortueux travail de studio de Callas ; un joli puzzle discographique ! Les enregistrements de 1960 sont incomplets et laissés en plan pour de prochaines sessions. Michael Scott raconte avoir assisté à une session du *Bel raggio* : Callas ne chante pas les aigus.

EMI et Legge reprennent à Londres ce programme, d'abord en novembre 1961, puis en avril 1962. Opus toujours inachevé, avec lequel il n'y a pas de quoi éditer un récital en vinyle, au terme de presque dix jours de studio.

En 1963-1964, à la salle Wagram, sous la direction de Michel Glotz, Callas enregistre plusieurs arias, dont on publiera trois récitals. Néanmoins, une série de Verdi reste encore en friche. Callas essaiera plus tard, en 1969 – et une dernière fois pour EMI –, de reprendre ou de terminer ces Verdi, sans succès.

En 1972, après ses *Master Classes* de Juilliard, Callas consent à laisser éditer un disque récital, *By request*, dont le contenu est structuré à partir des prises diverses des enregistrements inédits de 1961 à 1964-1965. Ce programme est supervisé par Walter Legge. Surgit une première difficulté pour la discographie : d'où viennent exactement les prises retenues pour le montage ?

Après la mort de Callas, on prépare d'autres programmes avec ces abondantes archives, d'abord en vinyle, puis en CD, non sans quelques confusions quant aux données discographiques. De surcroît, les arias de studio sont parfois regroupées avec des enregistrements *live*. Pour les fêtes anniversaires de 1997, EMI offre un seul coffret des « raretés EMI » de Callas, regroupant l'ensemble de ces archives.

Dans le but de clarifier ces divers méandres d'enregistrements et de publications, je vais d'abord indiquer, à leur place chronologique, les programmes des sessions. Puis, après les dernières sessions de 1969, je donnerai toutes les notes nécessaires à la compréhension des éditions successives qu'on a tirées des archives de 1960, 1961, 1964 et 1969. Exceptionnellement, je répéterai à ce moment-là la teneur de tous ces programmes pour aider à la lecture du contenu des publications.

Septembre 1960
Bellini, *Norma*. Franco Corelli, Christa Ludwig, Nicola Zaccaria. Orchestre et chœurs de la Scala, Tullio Serafin. E : 5 au 12 septembre. EMI. Teatro alla Scala, Milan. **P** : Walter Legge et Walter Jellinek. **I** : Robert Gooch.

PE : Angel 3615 (m et s), Columbia 33 CX 1766-68 (m), SAX 2412-14 (s) et QCX 10430/2, SAXQ7332/34, 1961. R : EMI C 165-00535/7 ; EMI CDS 7630002, 1989 ; EMI CMS 5664282, 1997.

Le court rapport de deux pages, qui n'indique pas les journées d'enregistrement, renvoie aux informations détaillées qui se trouvent sur les boîtiers des matrices et dans le journal de bord de Walter Jellinek.

Mars et avril 1961
Récital. Orchestre national de la RTF, Georges Prêtre. E : 28, 29, 30 et 31 mars, 4 et 5 avril. EMI. Salle Wagram, Paris. P : Walter Legge. I : Francis Dillnutt.
1. *Great Arias from French Operas* (*Callas à Paris*). PE : Columbia 33 CX 1771 (m), SAX 2410 (s), 1961 ; Angel 35882 (m et s), 1962. R : EMI C 069-00540 ; EMI CDC 7490592, 1987 ; EMI CDM 5664662, 1997.
2. *Mon cœur s'ouvre à ta voix.* PE : dans *Maria Callas. Ses récitals 1954-1969*, EMI Pathé-Marconi 2C 165-54178/88, 1982. R : EMI CDC 7490592, 1987 ; EMI CDM 5664662, 1997.

28 mars
– Gluck, *Orphée et Eurydice : J'ai perdu mon Eurydice*
– Saint-Saëns, *Samson et Dalila : Printemps qui commence*
29 mars
– Saint-Saëns, *Samson et Dalila : Amour ! viens aider ma faiblesse*
– Gluck, *Alceste : Divinités du Styx*
– Bizet, *Carmen : Habanera ; Séguedille*
30 et 31 mars
– Massenet, *le Cid : Pleurez, mes yeux*
31 mars
– Saint-Saëns, *Samson et Dalila : Mon cœur s'ouvre à ta voix*
4 avril
– Gounod, *Roméo et Juliette : Je veux vivre dans ce rêve*
4 et 5 avril
– Thomas, *Mignon : Je suis Titania*
5 avril
– Charpentier, *Louise : Depuis le jour*
– Nouvelles prises des airs de Gluck, de Saint-Saëns, de Bizet et de celui de Massenet.

D'après Sanders, ce sont les enregistrements des sessions des 4 et 5 avril qui ont été retenus et ont servi au montage du disque. Michael Scott soutient que deux autres airs furent enregistrés et laissés de côté : *Carmen* : *Scène des cartes* et *Thaïs* (Massenet) : *Air du miroir*. Il n'en est rien, comme en témoignent Alain Lanceron et John Ardoin.

Il semble qu'il y ait confusion ici entre ce qui fut réellement enregistré et ce qui resta à l'état de projet. Il est vraisemblable que l'équipe avait envisagé certains titres, qui ne furent pas retenus ni enregistrés. Par exemple : *Air des cartes* de *Carmen*, deux arias du *Faust* de Gounod : *l'Air des bijoux* et *la Ballade du roi de Thulé* (qui seront enregistrés en 1963), la *Gavotte* de *Manon* (Massenet) et *Elle a fui* des *Contes d'Hoffmann* (Offenbach).

Novembre 1961

Récital. Philharmonia Orchestra and Chorus, Antonio Tonini. Dans *Il Pirata* de Bellini, les voix de Monica Sinclair et Alexander Young. E : 13, 14, 15 et 16 novembre. EMI. Kingsway Hall, Londres. P : Walter Legge. I : Douglas Larter.

13 novembre
– Rossini, *la Cenerentola : Nacqui all'affano*
– Rossini, *Guglielmo Tell : Selva opaca*
14 novembre
– Rossini, *Semiramide : Bel raggio*
– Reprise du *Selva opaca*
15 novembre
– Reprise du *Bel raggio*
– Donizetti, *Lucrezia Borgia : Com'è bello quale incanto*
16 novembre
– Bellini, *Il Pirata : Sorgete, è in me dover*

Ardoin et Vanderbergh signalent un autre enregistrement, Donizetti, *Anna Bolena : Come, innocente giovane*. Il n'y a pas de trace de ce titre chez Sanders. Encore une fois, il s'agit vraisemblablement d'un projet et non d'un enregistrement laissé en archives.

Avril 1962

Récital. Philharmonia Orchestra, Antonio Tonini. E : 9 et 13 avril. EMI. Kingsway Hall, Londres. P : Walter Legge. I : Douglas Larter.

9 avril
– Verdi, *Don Carlo : O don fatale*
– Weber, *Oberon : Ocean ! Thou mighty monster*

13 avril
– Reprises des arias de la session précédente.
– Rossini, *la Cenerentola* : *Nacqui all'affano*
Travail inachevé.

Mai 1963
Récital. Orchestre de la Société des Concerts du Conservatoire, Georges Prêtre. **E** : 3, 4, 6, 7 et 8 mai. EMI. Salle Wagram, Paris. **P** : Walter Legge. **I** : Francis Dillnutt.
– *Callas in Paris* (*Callas à Paris*). **PE** : Angel 36147 (m et s), Columbia 33 CX 1858 (m), SAX 2503 (s), 1963. **R** : EMI C 069-00578 ; EMI CDC 7490592 et CDC 7490052, 1987 ; EMI CDM 5664672, 1997.

3 mai
– Massenet, *Manon* : *Suis-je gentille ainsi ?*
– Bizet, *les Pêcheurs de perles* : *Me voilà seule dans la nuit* (non retenu)
4 mai
– Berlioz, *la Damnation de Faust* : *D'amour l'ardente flamme*
– Massenet, *Werther* : *Werther ! qui m'aurait dit...*
6 et 7 mai
– Gounod, *Faust* : *Il était un roi de Thulé* ; *Oh, Dieu ! que de bijoux* (non retenu)
7 mai
– Massenet, *Manon* : *Adieu notre petite table*
7 et 8 mai
– Gluck, *Iphigénie en Tauride* : *O malheureuse Iphigénie*
– Reprise des airs de *Faust* et de celui des *Pêcheurs de perles*.

Décembre 1963. Janvier, février et avril 1964. Janvier 1965
Récitals. Orchestre de la Société des Concerts du Conservatoire, Nicola Rescigno. EMI. Salle Wagram, Paris. **P** : Michel Glotz. **I** : Paul Vavasseur.
   1. *Beethoven, Mozart, Weber.* **PE** : Angel 3600 (m et s), Columbia 33 CX 1900 (m), SAX 2540 (s), 1964. **R** : EMI C 069-01360 ; EMI CDC 7490052, 1987 (moins le Beethoven dans 7636252, 1990) ; EMI CDM 5664652, 1997.
   2. *Callas/Verdi.* **PE** : Angel 36221 (m et s), Columbia 33 CX 1910 (m), SAX 2550 (s), FCX 1012 (m), SAXF 1012, 1964. **R** : EMI C 181-53452/3 ; EMI CDC 7479432, 1987 ; EMI CDM 5664612, 1997.
   3. *Rossini, Donizetti.* **PE** : Angel 36239 (m et s), Columbia 33 CX 1923 (m), SAX 2564 (s), FCX 1008 (m), SAXF 1008 (s), 1965. **R** : EMI C 069-00592 ; EMI CDC 7472832, 1985 ; EMI CDC 7490052, 1987 ; EMI CDM 5664642, 1997.

4 décembre 1963
– Rossini, *Guglielmo Tell : S'allontano alfine... Selva opaca*
6 décembre
– Beethoven : *Ah, perfido !*
9 décembre
– Rossini, *Semiramide : Bel raggio lusinghier*
12 décembre
– Mozart, *Don Giovanni : Or sai chi l'onore*
– Mozart, *Don Giovanni : Crudele ?... Non mi dir*
13 décembre
– Weber, *Oberon : Ocean ! Thou mighty monster*
16 décembre
– Verdi, *Otello : Mia madre aveva una povera ancella*
17 décembre
– Verdi, *Don Carlo : O don fatale*
– Reprise de la scène d'*Otello*
18 décembre
– Mozart, *Don Giovanni : In quali eccessi... Mi tradi*
23 décembre
– Rossini, *la Cenerentola : Nacqui all'affanno*
– Mozart, *le Nozze di Figaro : Porgi amor*
27 décembre
– Verdi, *Don Carlo : Non pianger, mia compagna*
30 décembre
– Reprises de *Nacqui, Ah ! perfido, O don fatale*
– Verdi, *Aroldo : O cielo ! Dove son io*
(?) janvier 1964
– Verdi, *Un Ballo in maschera : Ecco l'orrido campo*
6 janvier
– Reprises de *Nacqui, Bel raggio,* et *O cielo ! d'Aroldo*
8 janvier
– Reprises du Beethoven, des Mozart (*Porgi amor* et *Or sai chi l'onore*) et du Weber
25 janvier
– *Un Ballo in maschera : Ecco...*
20 février
– Verdi, *Aroldo : Ciel, ch'io respiri !*
– Reprise du *Non pianger* de *Don Carlo*
21 février
– Verdi, *I Vespri Siciliani : Arrigo...*
– Reprises de *Bel raggio* et de *O don fatale*

7 avril
– Verdi, *Attila* : *Liberamente or piangi*
– Verdi, *I Lombardi* : *Te, Vergin santa*
8 avril
– Reprise d'*Un Ballo in maschera* : *Ecco...*
10 avril
– Verdi, *I Lombardi* : *O madre dal cielo*
– Retouches : *Aroldo* : *O cielo...*
13 avril
– Donizetti, *Lucrezia Borgia* : *Tranquillo ei posa...Com'è bello*
– Reprise d'*Un Ballo in maschera* : *Ecco...*
15 avril
– Verdi, *Il Trovatore* : *Tacea la notte placida... Di tale amor*
– Reprise d'*Il Trovatore* : *Tacea...*
21 avril
– Verdi, *I Vespri Siciliani* : *Arrigo! ah parli a un core*
22 avril
– Verdi, *Un Ballo in maschera* : *Morrò, ma prima in grazia*
– Verdi, *Aïda* : *Ritorna vincitor!*
– Verdi, *Il Trovatore* : *D'amor sull'ali rosee*
– Retouches : *Aroldo* : *O cielo...*
24 avril
– Donizetti, *l'Elisir d'amore* : *Prendi, per me sei libero*
– Donizetti, *la Figlia del Reggimento* : *Convien partir*
– Reprises d'*Un Ballo in maschera* : *Ecco...* et *Morrò...* ainsi que d'*Attila* : *Liberamente...* et d'*I Lombardi* : *O madre...*
– Retouches d'*Aroldo* : *O cielo...*
8 janvier 1965
– Retouches d'*I Vespri Siciliani* : *Arrigo...*
20 janvier
– Retouches de *O madre...* d'*I Lombardi*, de *Tacea...* d'*Il Trovatore*
22 janvier
– Retouches d'*I Vespri* : *Arrigo...*

Le travail de Walter Legge sur les enregistrements Callas s'est terminé en mai 1963. A la fin de la même année, quand la cantatrice produit une nouvelle série de récitals à la salle Wagram, Michel Glotz est le producteur. A cause du départ de Legge, les nouveaux enregistrements de Callas n'apparaissent plus dans la discographie de Sanders. Il faut se référer à l'édition EMI de *Ses récitals*, ainsi qu'à Maurice Vanderbergh, pour retracer les principales données de ces sessions s'échelonnant entre 1963 et 1969.

Des nombreuses sessions de 1963, 1964 et 1965, EMI tire trois disques :

1. L'air de Beethoven, les trois de *Don Giovanni*, celui des *Nozze di Figaro*, ainsi que le Weber.
2. Un disque Verdi : arias d'*Otello*, d'*Aroldo* et de *Don Carlo*.
3. Le disque Rossini/Donizetti : arias de *la Cenerentola*, *Guglielmo Tell*, *Semiramide*, *la Figlia del Reggimento*, *Lucrezia Borgia* et *l'Elisir d'amore*.
Les autres pages restent inachevées et demeurent en archives.

17 Juin 1964

Récital. Orchestre de la Société des Concerts du Conservatoire, Georges Prêtre. Avec Franco Corelli. EMI. Salle Wagram, Paris. **P** : Michel Glotz. **I** : Paul Vavasseur. **PE** : « *D'Art et d'amour* » EMI CDS 7541032, 1990. **R** : EMI CMS 5664682, 1997.

– Verdi, *Aïda : Pur ti riveggo*
Session inachevée.

Juillet 1964

Bizet, *Carmen*. Nicolaï Gedda, Robert Massard, Jane Berbié, Andréa Guiot, Nadine Sautereau. Orchestre du Théâtre national de l'Opéra, Georges Prêtre. Chœurs René Duclos. **E** : 5, 6, 7, 8, 9, 10, 11, 15, 16, 17, 18, 20 juillet. EMI. Salle Wagram, Paris. **P** : Michel Glotz. **I** : Paul Vavasseur. **PE** : HMV AN (m) et SAN (s) 143-145, 1964 ; Angel 3650 (m et s), 1965. **R** : EMI C 069-43088 ; EMI CDS 7473138, 1985 ; EMI CDS 5562812, 1997.

RAPPORT D'ENREGISTREMENT

Répétitions des chœurs et des artistes

1er, 2, 3 et 4 juillet
1re séance
5 juillet, 10 h à 13 h : Acte I, Chœur des cigarières ; acte IV, *A deux cuartos !*
2e séance
6 juillet, 16 h à 19 h : Acte I, Récitatif de Carmen et *Habanera* ; Acte II, *Air de la fleur*
3e séance
7 juillet, 10 h à 13 h : Acte IV, « Marche et chœur » ; Acte I, Scène et chœur *Carmen, sur tes pas...*
4e séance
7 juillet, 17 h à 20 h : Acte I, Carmen et Don José : *Où me conduisez-vous* ; Séguédille et duo ; Acte II, Récitatif et duo Carmen et Don José

5ᵉ séance
8 juillet, 11 h à 13 h : Acte I, Chœur des gamins et Moralès ; Acte I, Chœur *Sur la place...*
6ᵉ séance
8 juillet, 16 h à 19 h : Acte II, Final *Holà ! Carmen...* ; Chanson Bohème *Les Tringles...*
7ᵉ séance
9 juillet, 16 h à 19 h : Acte I, Récitatif et duo de Don José et Micaëla
8ᵉ séance
9 juillet, 21 h à 24 h : Acte II, Couplets, chœur et aria *Votre toast...* ; Acte II, Récitatif et sortie d'Escamillo ; Acte IV, suite, Carmen et Escamillo
9ᵉ séance
10 juillet, 13 h à 16 h : Acte I, Chœur et Zuniga *Que se passe-t-il...* ; Acte I, Chœur *Carmen, sur tes pas...* ; Acte I, Scène et chœur *Sur la place...*
10ᵉ séance
10 juillet, 17 h à 20 h : Acte III, Final et chœur *Holà...* ; Acte I, Récitatif Don José et Moralès
11ᵉ séance
11 juillet, 15 h à 18 h : Acte III, Récitatif *Je ne me trompe pas...* ; Acte III, Duo de Don José et Escamillo ; Acte II, Don José : *Halte là !*
12ᵉ séance
15 juillet, 10 h à 13 h : Acte III, Sextuor et chœur ; Acte III, Récitatif *Reposons-nous...* ; Acte IV, Récitatif et ensemble *Quant au douanier...*
13ᵉ séance
15 juillet, 16 h à 19 h : Acte IV, Duo et chœur final *C'est toi...* ; Acte I, Final, duo Carmen et Zuniga
14ᵉ séance
16 juillet, 13 h à 16 h : Acte I, Chanson et mélodrame *Mon officier...* ; Acte I, Récitatif Zuniga et Don José ; retouches des chœurs de l'acte I et de l'acte IV
15ᵉ séance
16 juillet, 20 h à 23 h : Acte II, Duo Carmen et Don José ; Acte II, Récitatifs *Messieurs...* et *Mais qui donc...* ; Acte II, Chanson *Halte là...*
16ᵉ séance
17 juillet, 16 h à 19 h : Acte III, Trio des cartes
17ᵉ séance
18 juillet, 13 h à 16 h : Acte II, Quintette *Nous avons en tête...* ; Acte II, Récitatif *Eh ! bien vite...*
18ᵉ séance
20 juillet, 10 h à 13 h : Orchestre seul, entractes des actes I, II et III
19ᵉ séance
20 juillet, 15 h à 18 h : Acte III, Air de Micaëla *C'est des contrebandiers* ; retouches diverses, orchestre seul

Maria Callas est donc présente à onze sessions d'enregistrement (les sessions 2, 4, 6, 8, 10, 12, 13, 14, 15, 16 et 17)

Décembre 1964

Puccini, *Tosca*. Tito Gobbi, Carlo Bergonzi. Chœurs du Théâtre national de l'Opéra et Orchestre de la Société des Concerts du Conservatoire, Georges Prêtre. E : 3, 4, 7, 8, 9, 10, 11, 12, 14, 18, 19, 22, 28, 31 décembre. EMI. Salle Wagram, Paris. P : Michel Glotz. I : Paul Vavasseur. PE : Angel 3655 (m et s), HMV AN et SAN 149-150, 1965. R : EMI C 069-00316 ; EMI CDS 7699742, 1989 ; EMI CMS 5664442, 1997.

RAPPORT D'ENREGISTREMENT

Répétitions (orchestre)
Vendredi 4 décembre 1964, 14 h à 17 h. Lundi 7 décembre, 10 h à 13 h. Mardi 8 décembre, 10 h à 13 h. Mercredi 9 décembre, 10 h à 13 h.

Répétitions des chœurs
Samedi 5 décembre, 17 h à 19 h (Salle de répétition de l'Opéra) ; lundi 7 décembre, 10 h à 12 h (Salle Mozart) : Chœur d'enfants, 2 répétitions

1ʳᵉ séance
Jeudi 3 décembre, 9 h à 12 h : installation et essais. 14 h à 17 h : Acte I, Duo Angelotti et Mario. Duo Tosca et Mario

2ᵉ séance
Vendredi 4 décembre, 20 h à 23 h 15 : Acte III, Entrée de Mario, air *E lucevan* (avec geôlier) ; Duo Tosca-Mario

3ᵉ séance
Lundi 7 décembre, 14 h à 17 h 45 : Acte I, Angelotti, duo Sacristain-Mario, air de Mario *Recondita* ; Duo Mario-Angelotti (2ᵉ partie)

4ᵉ séance
7 décembre, 20 h à 23 h 30 : Acte II, Scarpia-Sciarrone-Spoletta, *Tosca è un buon falco* Andante ; Acte III, Air de Cavaradossi

5ᵉ séance
Mardi 8 décembre, 14 h 30 à 18 h 15 : Acte II, Cantate. Chœurs et Scarpia, Mario, Tosca, Spoletta ; Scène de la torture (1ʳᵉ partie) : Scarpia, Tosca, Sciarrone, Cavaradossi

6ᵉ séance
8 décembre, 20 h à 23 h 30 : Acte II, Scène de la torture (2ᵉ partie) : Scarpia, Tosca, Sciarrone, Cavaradossi ; Tosca, *Vissi d'arte*/Andante

7ᵉ séance
Mercredi 9 décembre, 14 h 30 à 17 h 30 : Acte II, Duo Scarpia-Tosca (1ʳᵉ partie)/Andante ; Duo Scarpia-Tosca (2ᵉ partie), Spoletta/Allegro agitato
8ᵉ séance
9 décembre, 20 h 30 à 23 h 30 : Acte I, Scarpia, Sacristain, Spoletta, Tosca (duo)/ Andante
9ᵉ séance
Jeudi 10 décembre, 14 h à 18 h : Acte I, Te Deum, Scarpia, Spoletta, chœurs, chorale d'enfants ; Sacristain, chœurs, chorale d'enfants
10ᵉ séance
Vendredi 11 décembre, 21 h à 24 h : Acte I, Angelotti, Sacristain ; Acte III, Berger, Geôlier
11ᵉ séance
Samedi 12 décembre, 14 h à 17 h 45 : Acte II, Tosca/Andante (p. 247 à la fin de l'acte II) ; Mort de Mario, Tosca, Spoletta, Sciarrone, chœurs des soldats
12ᵉ séance
Lundi 14 décembre, 10 h à 13 h : Acte I, Orchestre seul (p. 6-9) ; Acte III, Orchestre seul (p. 251-253) et retouches diverses
13ᵉ séance
14 décembre, 15 h à 18 h : Retouches diverses ; Tosca-Callas
14ᵉ séance (dernière)
14 décembre, 20 h à 23 h : Retouches diverses. Tosca-Callas, orchestre seul ; re-recording bruitages et cloches

Vendredi 18 décembre
20 h 30 à 22 h : Re-recording ; Tosca-Callas ; bruitages divers de Fred Kiriloff
Samedi 19 décembre
20 h à 23 h 15 : Retouches diverses ; Tosca-Callas ; orchestre seul
Mardi 22 décembre
20 h 30 à 22 h : Bruitages divers de Fred Kiriloff
Même chose pour le **28 décembre**, de 20 h à 1 h. Le **31 décembre**, 9 h à 13 h : Re-recording des cloches de l'acte I, de l'acte III, cloches électroniques par Constant Martin ; bruitages divers.

On peut noter que durant les cinquième et septième séances auxquelles j'ai pu assister, même s'il y avait concentration du travail sur le duo Tosca/Scarpia de l'acte II et sur la scène de torture, il y eut place aussi pour quelques phrases de Callas à l'acte I, de même que pour l'aria de Bergonzi à l'acte III. Ce dernier extrait avait vraisemblablement été enregistré la veille, lors de la quatrième séance. Cela indique que si les chanteurs se sentent plus en voix à un moment donné, ils peuvent exiger d'ajouter dans le plan de travail une prise « alternative » et supplémentaire, pour que le choix soit plus large lors du montage. Par ailleurs, même si les dates officielles de cet enregistrement indiquent la période du 3 au 14 décembre 1964, il est intéressant de souligner que les deux dernières séances du 14 décembre sont consacrées presque entièrement à des retouches de la part de Callas. C'est beaucoup, d'autant plus que deux autres soirées supplémentaires, les 18 et 19 décembre, sont utilisées pour le même genre de corrections. Malgré le fait que les stars d'opéra déclarent préférer les longues prises avec orchestre et ne pas recourir en général au montage et au mixage, le découpage de cette *Tosca* est révélateur. Callas a considérablement retravaillé les prises des premières séances (sept, sauf erreur), en y consacrant quatre autres séances. Cette situation s'explique sans aucun doute par l'état de la voix de Callas à cette époque. D'après Nicholas Wortley, qui a fait un reportage sur cet enregistrement, on fait en moyenne douze minutes d'enregistrements satisfaisants par session de trois heures. En général, les prises sont assez longues, en continuité, et peuvent aller jusqu'à dix-huit minutes (par exemple, les duos Callas/ Bergonzi). Ces longues prises peuvent être refaites jusqu'à trois fois. Il note aussi que Callas précise sa préférence, non seulement pour de longues prises (scènes entières), mais pour des enregistrements simultanés avec orchestre, plutôt qu'enregistrements séparés d'orchestre et de voix, qui peuvent être assemblés au mixage.

Février et mars 1969

Récital. Orchestre de la Société des Concerts du Conservatoire, Nicola Rescigno. EMI. Salle Wagram, Paris. P : Eric Macleod et Peter Andry. I : Paul Vavasseur.

– Verdi, *Il Corsaro : Non so le tetre immagini* ; *Vola talor dal carcere* (20 et 24 février, 5 mars)
– Verdi, *I Lombardi : Salve Maria, di grazie il petto*
– Verdi, *I Vespri Siciliani : Arrigo ! ah parli a uno core*
– Verdi, *Attila : Liberamente or piangi*

Au terme de ce dernier travail phonographique pour EMI, la firme et Callas laissent donc en archives un lot assez impressionnant d'inédits. Les Bellini de 1955, l'aria *O don fatale* de 1958, *Mon cœur s'ouvre à ta voix* de 1961, ainsi que les récitals inachevés de 1960, de novembre 1961, de 1962, de 1964-1965 et de 1969, sans compter le duo d'*Aïda* avec Corelli en juin 1964.

En 1972, Callas se laisse convaincre par Peter Andry de publier un disque de ces inédits et Walter Legge est rappelé à la barre pour le produire. Cette édition du *By Request* est capitale : c'est l'unique fois que Callas fait le tri dans ses archives et autorise leur publication. Toutes les autres éditions sont posthumes. Callas laisse de côté les Bellini de 1955, un air de Verdi de 1958, le duo avec Corelli, l'aria de Saint-Saëns, ainsi que toutes les sessions de 1962 et de 1969. Le programme retenu vient des sessions de 1961 et de 1964-1965.

1. *Callas. By Request* (*Callas. Enregistrements inédits*). **PE** : Angel 36852 et HMV ASD 2791, 1972. **R** : EMI C 069-01299 ; EMI CDC 7477302 et 7479432, 1987 ; EMI CDM 5664622, 1997.

– Bellini, *Il Pirata : Sorgete...* EMI indique par erreur que cet enregistrement remonte à 1960. Impossible, il a été fait le 16 novembre 1961.
– Verdi, *Attila, Liberamente...* (7 et 24 avril 1964)
– Verdi, *I Vespri Siciliani : Arrigo !...* (21 février 1964, 8 et 22 janvier 1965)
– Verdi, *I Lombardi : O madre...* (10 avril 1964)
– Verdi, *Un Ballo in maschera : Ecco...* (8, 13, 24 avril 1964, 25 janvier 1965)
– Verdi, *Aïda : Ritorna...* (22 avril 1964)

La première édition indique que les Verdi viennent tous de 1964. La réédition de *Ses récitals* précise les dates de 1964 et 1965. Après la mort de Callas, les inédits de studio ont petit à petit fait leur apparition, de manière erratique. Un premier disque en 1978, *The Legend*, officialise les Bellini de 1955 (déjà connus par les éditions *underground*), des Verdi inédits de 1964 et de 1969.

2. *Callas. The Legend* (*Callas. Enregistrements inédits*). **PE** : Angel S-37557 et HMV ASD 3535, 1978. **R** : EMI C 069-03253 ; EMI CDC 7479432 et 7494282, 1987 ; EMI CDM 5664622, 1997.

– Verdi, deux arias d'*Il Corsaro* (20 et 24 février, 5 mars 1969).

La cabaletta de la cavatine *Vola taler...* a été retirée après un premier pressage. Par ailleurs, cette première édition indiquait Peter Andry à la production et un ingénieur du son inconnu. Dans les rééditions, EMI précise : Macleod et Andry à la production, Paul Vavasseur ingénieur du son.

– Verdi, *Il Trovatore : Tacea...* (15 et 22 avril 1964)
– Verdi, *Un Ballo in maschera : Morrò...* (22 et 24 avril 1964)
– Bellini, arias de *la Sonnambula* (juin 1955)

3. *Callas. The Unknown Recordings*. **PE** : EMI CDC 7494282, 1987. **R** : EMI CMS 5664682, 1997.

– Rossini, *la Cenerentola : Nacqui...* (novembre 1961 et avril 1962)
– Rossini, *Guglielmo Tell : S'allontano...* (novembre 1961)

Les dates de EMI ne sont pas limpides. On indique 1961 et 1962 pour ces deux airs ; celui de *Guglielmo Tell* n'a été enregistré qu'en 1961.

– Rossini, *Semiramide : Nacqui...* (juillet 1960)
– Verdi, trois arias d'*I Lombardi, I Vespri Siciliani* et *Attila* (février et mars 1969).

Ces trois plages avaient déjà été éditées par TIMA, *Voci celebri della lirica,* MPV 5 (date inconnue, environ début 1980)

4. *Maria Callas Rarities.* **PE** : EMI CDC 7544372, 1992. **R** : EMI CMS 5664682, 1997.

– Weber, *Oberon : Ocean...* (avril 1962)
– Donizetti, *Lucrezia Borgia : Tranquillo...* (novembre 1961)
– Verdi, *Don Carlo : O don fatale* (avril 1962. EMI indique par erreur avril 1961)
– Verdi, *I Vespri Siciliani : Arrigo !* (EMI indique juillet 1960 mais, d'après Ardoin, il s'agit de 1969)
– Verdi, *Il Trovatore : D'amor...* (avril 1964 et janvier 1965)
– Verdi, *I Lombardi : Te, Vergin...* (EMI indique avril 1964 et janvier 1965, mais Ardoin précise que c'est 1969)

Après 1992, suivant John Ardoin, ne restent donc en archives que les documents suivants :
– Verdi, *I Vespri Siciliani : Arrigo !* (juillet 1960)
– Verdi, *I Lombardi : Te, Vergin santa...* (1964)

Ardoin, qui a parcouru toutes les archives dormant chez EMI, a acquis la conviction que certains documents n'existent pas (*Air des cartes* de *Carmen* et aria de *Thaïs* de 1961), ou encore ont été perdus. Il cite nommément deux titres de 1960 : *Anna Bolena : Come innocente giovine* et un test incomplet d'*Armida : D'amor...*

Suite à tous ces zig-zags d'éditions, EMI regroupe, pour le vingtième anniversaire de la mort de Callas, l'ensemble des « inédits » de studio.

5. *Maria Callas. The EMI Rarities.* **PE** et **R** : EMI CMS 5664682, 1997.

Les trois nouveautés de ce coffret sont les Verdi inédits de 1960 (I *Vespri Siciliani : Arrigo !*) et de 1964 (I *Lombardi : Te, Vergin...*), ainsi qu'une prise alternative en mono de la scène du somnambulisme de *Macbeth* (sessions de 1958).
Les rééditions comprennent les inédits posthumes publiés depuis 1978 : le *soundtest* de 1953, toutes les sessions sous la direction d'Antonio Tonini en 1960, 1961 et 1962, le duo avec Corelli, ainsi que des Verdi de 1964-1965 et de 1969 sous la direction de Nicola Rescigno. Rappelons que les Bellini de 1955 ne sont pas dans ce coffret, mais qu'ils ont été placés par EMI dans la réédition du récital *Callas at La Scala*, CDM 566457, 1997.

Novembre et décembre 1972

Récital. London Symphony Orchestra, Antonio de Almeida. Avec Giuseppe Di Stefano. E : 30 novembre et 20 décembre. Philips. St. Giles Church, Londres. P et I : inconnus. Inédits, à l'exception d'un extrait d'*Aïda* dans John Ardoin, *Callas in Her Own Words* (version musicassette Pale Moon Music, 1988 ; retiré de la version CD EKR P-14, 1996).

– Verdi, *Don Carlo : Io vengo a domandar*
– Verdi, *la Forza del Destino : Ah, per sempre, o mio bell'angiol*
– Verdi, *Otello : Già nella notte densa*
– Verdi, *I Vespri Siciliani : Quale, o prode, al tuo coraggio*
– Donizetti, *l'Elisir d'amore : Una parola, o Adina*
– Verdi, *Aïda : Pur ti riveggo*

IB – Principales anthologies

– Des trois premiers 78 tours de Cetra transférés en microsillons, ceux d'*I Puritani* et de *Tristan und Isolde* le furent en éditions commerciales courantes : par exemple Everest-Cetra 3259, Musidisc CE 5001, Fonit Cetra LPO 2045, regroupés avec des extraits des intégrales Cetra de *la Gioconda* et de *la Traviata*. Quant à l'air de *Norma : Casta Diva*, il a été réédité en microsillon sur des labels *underground*, par exemple FWR 646, BJR 143, OASI 532. Les trois airs regroupés ont été réédités dans *Arie celebri*, Fonit-Cetra CDC 5, 1986 ; *Il canto assoluto*, Rodolphe RPC 32484/5/6/7, 1987 ; *Die frühen Aufnahmen 1949-1954*, EMI CMS 2523362, 1990.
– *Callas Sings Verdi at La Scala*. Première anthologie composée d'extraits

d'intégrales de *Rigoletto, la Forza del Destino, Un Ballo in maschera* et *Aïda*. Angel 35749 [1959].

– *L'incomparabile Callas.* Présentation de Mario Morini dans l'édition originale italienne de Columbia. Columbia 33QCX 10444 ; EMI La Voix de son maître C 061-00741 ; repris sous une forme différente dans EMI CDM 7631822.

– *The Art of Maria Callas.* Présentation de Martin Bernheimer. Angel 3696 [1966].

– *L'Art de Maria Callas.* Présentation de Jacques Bourgeois. Comprend un disque d'interview avec Callas. EMI Pathé-Marconi C 165-52056/9, 1968 ; EMI CMS 7632442 (sans l'interview).

– *La Divina.* Comprend un microsillon de l'interview de Callas avec Edward Downes (décembre 1967-janvier 1968). Angel SCB-3743 [1969].

– *Callas by Request.* Présentation d'Alan Rich. Angel S-36852, 1971.

– *Arias I Love* et *Arias I Love Album 2.* Texte d'interview d'Alan Rich avec Callas. Le premier album comprend des arias de *Medea, la Vestale, Un Ballo in maschera, Rigoletto* et *la Sonnambula.* Le second des arias d'*Il Pirata, Aroldo, Manon Lescaut, Turandot* et *Madama Butterfly.* Angel S-36929 et Angel S-36930 [1973].

– *Callas and Di Stefano at La Scala.* Duos et scènes de *I Puritani, Rigoletto, Un Ballo in maschera, la Bohème* et *Tosca.* Angel S-36940, 1973 ; réédité sous une forme légèrement différente dans EMI CDM 7695432, 1988.

– *La Divina Maria Callas in her Greatest Recordings, 1953-1964.* Présentation de John Ardoin. Angel SB-3841, 1977.

– *Maria Callas. The Legend.* Présentation de John Ardoin. Angel S-37557, 1978.

– *Bellini. La Sonnambula, I Puritani, Norma.* Présentation d'Alain Lanceron. Coffret comprenant un disque d'interviews de personnalités en hommage à Callas. EMI Pathé-Marconi C 163-52780/7, 1978.

– *Vissi d'arte.* Comprend un disque d'interviews en hommage à Callas. EMI Italiana 153–53133/38 [1978].

– *Maria Callas. Ses récitals 1954-1969.* Comprend le numéro spécial de *l'Avant-Scène Opéra* sur *Callas*, de même que la note de Vasso Devetzi (Fondation Maria-Callas) sur l'autorisation de publier l'air inédit *Mon cœur s'ouvre à ta voix.* EMI La Voix de son maître C 165-54178/88, 1982. Même édition en tirage limité par EMI Toshiba, *The Art of Maria Callas 1954-1969,* EAC-57074/85 ; réédition EMI CDS 7494532.

– *Maria Callas in Paris. Great Arias from French Opera.* Texte en anglais de la Fondation Maria-Callas. EMI Angel SB3950, 1983.

– *Callas l'incomparabile*. Collection Studio, six volumes doubles de récitals et de duos avec Di Stefano. EMI Italiana, 1984.
– *Maria Callas. Cinq héroïnes*. EMI CMS 7644182, 1990.
– *Maria Callas. « D'art et d'amour »*. EMI CDS 7541032, 1990.
– *La voix du siècle*. EMI CDC 7495022, 1987.
– *Callas. La Divina*. Coffret édité en 1995, comprenant EMI CDC 7547022, 1992 ; EMI CDC 5550162, 1993 ; EMI 5552162, 1994 et l'interview avec Edward Downes EMI CDC 5658222, 1995. Réédition du coffret EMI CMS 5657462, 1997 ; interview avec Downes EMI CDM 5658222, 1997.
– *Callas & Company*. Scènes et ensembles de *Lucia di Lammermoor*, *Norma*, *la Traviata*, *Tosca*, *la Forza del Destino*, *Carmen*, *Aïda*, *la Bohème*, *Il Pirata*, *Il Barbiere di Siviglia*, *la Sonnambula*. Conception et présentation de Jordan Schaps. Texte de Terrence McNally. EMI CDC 55634122, 1996.
– *Maria Callas. The EMI Rarities*. Regroupe les archives déjà publiées dans *Unknown Recordings* et *Rarities*. Première publication d'archives inédites : la version de1960 de *Arrigo !* d'*I Vespri Siciliani*, la version mono de la scène du somnambulisme de *Macbeth* (1958). CMS 5664682, 1997.

IC – Prix décernés aux disques Callas

– 1955. Catégorie « Opéra ». Intégrale de *Tosca* de Puccini, EMI Columbia/La Scala. Grand Prix de l'Académie Charles-Cros

– 1956. Catégorie « Récital lyrique ». *Grands Airs lyriques et Coloratura*, ainsi que *Les Héroïnes de Puccini*, EMI Columbia. Grand Prix de l'Académie Charles-Cros

– 1959. Catégorie « Opéra ». Intégrale de *Turandot* de Puccini, EMI Columbia/La Scala. Grand Prix de l'Académie Charles-Cros

– 1962. Catégorie « Best Classical Performance (Vocal Soloist with or without orchestra) », *Great Arias from French Opera*, EMI Angel. The National Academy of Recording Arts and Sciences

– 1964. Catégorie « Best Classical Vocal Soloist Performance (with or without orchestra) », *Callas Sings Verdi*, EMI Angel. The National Academy of Recording Arts and Sciences

– 1969. « In Honorem ». Coffret *L'Art de Maria Callas*, EMI La Voix de son maître. Grand Prix de l'Académie Charles-Cros

II – Le corpus des *live*

Cet immense corpus, issu pour l'essentiel de diffusions radiophoniques (secondairement d'enregistrements clandestins), est organisé en trois parties. Les intégrales d'opéras et les fragments sont d'abord regroupés par compositeurs et titres (IIA) dans un ordre alphabétique. La seconde partie offre un choix de concerts et d'anthologies (IIB), la troisième, les interviews de Callas publiées sur disque et quelques documentaires (IIC). On trouvera la plupart des éditions produites, même si leur présence sur le marché a été et est encore éphémère, avec l'année d'édition quand elle est connue. Tout comme pour les enregistrements de studio, la compilation de ces principales éditions de *live*, en vinyle puis en CD, permet de suivre la courbe d'évolution historique et l'importance des publications.

Il est utile de retracer les grandes lignes de la discographie des *live* de Callas. Pour les années 1965-1975, un premier tableau en a été donné dans l'ouvrage de Henry Wisneski, une compilation qui paraît exhaustive. Pour ces dix années, Wisneski a relevé un total de onze producteurs indépendants qui ont édité des intégrales et des extraits, de même que des récitals et des interviews. La plupart de ces producteurs sont américains (BJR, EJS, ERR, FWR, Limited Edition Society, MRF, OPA), un a pignon sur rue à Amsterdam (Gemma Records), un à Paris (JLT), un en Italie (Morgan Records), un en Allemagne (OPR). Les six premiers producteurs américains sont les plus importants. Rappelons que furent publiés par FWR les airs de studio de *la Sonnambula* non autorisés par Callas en 1955, comme l'ont été plus tard, sous label italien Timaclub-MPV, les enregistrements EMI de 1969 interdits par l'interprète. Cela témoigne d'une possibilité de « fuite » venant de l'intérieur de EMI, puisque les bandes et les matrices de la firme sont conservées dans des voûtes de béton armé fermées de lourdes et hautes portes d'acier, caverne construite pour résister même à de violents bombardements. On imagine mal un commando de pirates du disque capables de s'infiltrer dans cet antre et d'y dérober les légendaires inédits de Callas.

Pour la période de 1975-1985, l'ouvrage de John Ardoin, *The Callas Legacy*, est la référence essentielle, quoique, à la différence de Wisneski, Ardoin n'indique pas l'année de première édition des publications. J'ai complété les informations d'Ardoin par mes propres recherches. On peut regrouper ces éditions en deux catégories :

a) Les produits italiens légaux, contestés toutefois par l'appellation de « concurrence déloyale », voire de « matériel corsaire » ;

b) Les autres, dits documents privés ou pirates, principalement américains, avec quelques exceptions françaises, canadiennes et ouest-allemandes.

Il est à peu près impossible d'en faire un relevé exhaustif, compte tenu du caractère délétère, conjoncturel et évanescent de plusieurs de ces produits et de leurs firmes d'édition. Dans la péninsule italienne, il faut d'abord mentionner la firme Fonit-Cetra (auparavant Cetra) qui, à la fin des années 70, avant la mort de Callas et surtout après, publia le plus gros catalogue de *live* dans ses séries *Opera Live* et *Concert Live*. Ce catalogue n'a pas été renouvelé. Il fut construit en grande hâte, reproduisant souvent des copies de bandes de mauvaise qualité sonore, parfois non égalisées par rapport au diapason. Chez Cetra, on admet que ces *live* n'ont pas récolté le succès commercial escompté. Mme Castelli confirme que la série des Callas a commencé avant la mort de l'interprète. Un contrat fut même signé avec la vedette et certains autres artistes pour les bandes qui n'avaient pas vingt ans d'existence après leur première radiodiffusion. Après 1977, de nouveaux contrats furent renouvelés avec Gian Battista Meneghini. Après sa première édition, Cetra n'a pas repris tout ce répertoire Callas, mais envisageait de faire très judicieusement une sélection pour la réédition, en soignant la qualité sonore et les présentations visuelles. De toute façon, la vente du classique et de l'opéra en Italie n'est pas très forte au milieu des années 80, commente alors Mme Castelli. Fonit-Cetra vend davantage à l'exportation qu'au niveau national.

En plus de son propre matériel Callas *live* ou de studio, Fonit-Cetra a assuré la distribution du label Arkadia, qui fournit les bandes dont Fonit-Cetra assure la fabrication. Les autres firmes et labels italiens qui publient encore, au milieu des années 80, les titres de la discographie Callas sont, par ordre d'importance, et dans une liste non exhaustive : Melodram, Longanesi Periodici (série *I Gioielli della lirica*), Foyer (productions de Jacques Bertrand, label vendu ensuite à WEA Italiana), Movimento (appartenant à WEA Italiana), CLS, Paragon, Accord (License Vecchi, productions de Jacques Bertrand, appartenant à Musidisc), Estro Armonico (série *Rare Opera*

Editions), Replica, International Joker, International Music of Italy, G.F.C., G.P.O., Discoreale, Fonola, MDP, Timaclub-MPV, Stradivarius... Production abondante et anarchique. A côté de certains catalogues plus soignés, comme ceux de Melodram, de Replica, de Longanesi Periodici et d'Estro Armonico, ou des éditions d'un collectionneur spécialisé comme Maurizio Tiberi (Timaclub-MPV) – publications néanmoins modestes –, se trouvent les multiples productions de Jacques Bertrand, rachetées après coup par des filiales de grandes compagnies, ou encore diverses éditions « pot-pourri », piquant à droite et à gauche de quoi composer des anthologies, menues ou obèses.

Il est évident que les intégrales *live* de Callas se concentrent rapidement sur certains titres (*Lucia di Lammermoor, Norma, la Traviata, la Sonnambula, Medea*), qui sont les *hits* de la diva. Plus nettement encore, certains coffrets de récitals ou d'anthologies, comme les éditions de Foyer ou d'Accord, imitent *ad nauseam* le succès obtenu par la première édition BJR américaine de l'excellent coffret *Soprano Assoluta*, qui non seulement a produit de nombreux émules en éditions *live*, mais a vraisemblablement soufflé à Pathé-Marconi l'idée de rassembler tous les récitals en studio de Callas chez EMI.

La production américaine en vinyle des *live* Callas a vite subi un ralentissement à cause de la concurrence italienne. Le catalogue de BJR a donné aux collectionneurs les meilleures éditions, suivies de celles de Voce (le soigné du graphisme en moins) et de MRF. Celles de ERR/HRE et de Legendary Recordings sont loin derrière. Les coffrets Callas de BJR sont devenus de véritables pièces de collection. Le graphisme et les notes sont des modèles inégalés dans l'industrie du disque, toutes firmes confondues. Mis à part la période des Soria chez Angel aux Etats-Unis, le coffret italien *L'Incomparabile Callas* ou encore les coffrets de Pathé-Marconi l'*Art de Maria Callas* et *Ses Récitals*, jamais EMI, la « maison mère » du patrimoine Callas (ou sa farouche poule couveuse), n'a mis la moitié de ses talents, de son énergie et de son argent pour égaler les directeurs de BJR dans « leurs » Callas. Ces éditions témoignent d'un goût équilibré des métissages postmodernes, alliant les traits romantico-baroques au design moderne, la recherche documentaire solide aux volutes nostalgiques rococo. Sans compter que les producteurs ont mis des heures incalculables au transfert et à l'équilibrage des disques ou des bandes originales.

En 1985, c'est aussi dans l'*underground* américain que paraît une première édition de quatre microsillons des *Master Classes* de Callas à Juilliard, une idée que EMI reprendra après coup. Jusqu'à l'arrivée du disque compact, le catalogue américain des Callas a englobé les éditions de BJR, Voce, MRF, HRE, ERR, OD, IGS, Legendary Recordings, Pro Musica-Legends, OASI,

Discocorp. Le label Vox, qui n'est pas *underground*, a publié quelques-uns des *live* de Callas dans la foulée des éditions Cetra.

Du côté français, Jacques Bertrand, avant de prendre son rythme de croisière chez Rodolphe Productions, eut un proche ancêtre en Jean-Louis Tamvaco, le collectionneur qui parut à l'émission *l'Invité du dimanche* en 1969, et révéla au grand public l'existence des nombreuses bandes de Callas aux mains de collectionneurs. Jacques Bertrand, après les mésaventures d'Accord et de Foyer, a concentré ses activités d'éditeur au sein de Rodolphe Productions.

L'ère audionumérique des *live* de Callas présente un nouveau visage, une double réalité éditoriale. D'une part, EMI a incorporé à son catalogue ce type d'enregistrement, dont le prologue avait sonné avec l'édition en vinyle, en 1980, de l'intégrale de *la Traviata* de Lisbonne. Titre repris en CD, suivi de la *Lucia di Lammermoor* de Berlin, de *Macbeth*, *la Traviata* et *Anna Bolena* de la Scala, enfin d'*Il Pirata* de New York. Pour les commémorations de 1997, EMI ajoute à ce florilège *I Vespri Siciliani*, *Iphigénie en Tauride* en version italienne et *Poliuto*. Sans compter diverses éditions de concerts et des *Master Classes*. D'autre part, cette légitimation des *live* de Callas par EMI n'a pas empêché l'édition « parallèle » de proliférer et d'être défendue par nombre de labels : Arkadia, Amplitude, Eklipse Records, Fonit-Cetra, Fonovox, Foyer, Gala, Great Opera Performances (G.O.P.), HRE, Hunt, Legato, Legendary Recordings, Melodram (le gros du catalogue), Movimento Musica, Myto, Nuovo Era, Opera Italiana, Ornamenti, Rodolphe, Verona, Virtuoso...

Cette seconde partie du musée phonographique Callas, tout comme la précédente, n'a d'autre objectif que d'offrir une première esquisse d'un éventuel « catalogue raisonné ». Pour de plus amples détails, les chercheurs, collectionneurs et archivistes consulteront avec profit, outre le livre de John Ardoin, les discographies de Maurice Vanderbergh et de Ray Dellinger publiées par les soins du Maria Callas International Club de Londres.

IIA – Intégrales et fragments

Bellini, *Norma*
1. Teatro Colón, Buenos Aires, 17 juin 1949. Fedora Barbieri. Chef [C] : Tullio Serafin. Extrait : HRE-373-1 ; Melodram 36513 ; Eklipse 33, 1994.
2. Palacio de Bellas Artes, Mexico, 23 mai 1950. Kurt Baum, Giulietta Simionato, Nicola Moscona. C : Guido Picco. HRE 252 ; extrait : Cetra LO 62 ; Melodram 26018.

3. Covent Garden, 18 novembre 1952. Mirto Picchi, Ebe Stignani, Giacomo Vaghi, Joan Sutherland. C : Vittorio Gui. MRF-11 (BJR) OMY6200, 1968 ; Estro Armonico 021 ; HRE 339 ; CLS 030/032 ; Legato LCD 1302 ; Melodram 26025 ; Verona 27018/20.

4. Teatro Giuseppe Verdi, Trieste, 19 novembre 1953. Franco Corelli, Elena Nicolai, Boris Christoff. C : Antonino Votto. Melodram 26031 ; Myto 91340.

5. Auditorium RAI, Rome, 29 juin 1955. Ebe Stignani, Mario Del Monaco, Giuseppe Modesti, Rina Cavallari. C : Tullio Serafin. JLT-6, 1971 ; Discophilia KS 22/24 ; Replica 6 2416/18 [1980] ; Melodram 017(3) ; Cetra LAR 28 ; Movimento 03.005 ; Impresario Records E-3005 ; Fonit-Cetra CDC 4 ; Hunt 34029 ; Movimento Musica 013.014 ; Virtuoso 2699062.

6. La Scala, Milan, 7 décembre 1955. Giulietta Simionato, Mario Del Monaco, Nicola Zaccaria. C : Antonino Votto. LERWC-103, 1974 ; UORC 364 ; Cetra LO-31 ; HRE 1007-2 ; Hunt 517 ; Melodram 26036 ; Gala GL 100.511.

7. Teatro dell'Opera, Rome, 2 janvier 1958. Acte I. Franco Corelli, Miriam Pirazzini, Giulio Neri. C : Gabriele Santini. Morgan 5801 ; Voce 8, 1978 ; GFC 008/9 ; Melodram 16000.

8. Théâtre national de l'Opéra, Paris, mai 1965. Gianfranco Cecchele, Giulietta Simionato, Fiorenza Cossotto, Ivo Vinco. C : Georges Prêtre. Extraits du 29 mai : TCC-500 ; Melodram 16038 ; extraits des représentations des 17 et 21 mai : HRE 373-1 ; représentation du 29 mai : Legendary Recordings 1009 ; extraits du 29 mai : Melodram 16038 ; extraits des représentations des 14, 21 et 29 mai : Eklipse EKP P-18, 1996 ; extraits des 17, 21 et 29 mai : Gala GL 100.523, 1996.

Bellini, *Il Pirata*
Carnegie Hall, New York, 27 janvier 1959. Pier Miranda Ferraro, Constantino Ego, Glade Peterson, Chester Watson. C : Nicola Rescigno. FWR-641, 1965 ; MRF-51, 1970 ; BJR 145 ; Estro Armonico 004 ; CLS 32034 ; MDP 020 ; Hunt 531 ; Melodram 26013 ; Verona 28014/15 ; EMI CMS 7649382, 1993 ; EMI CMS 5664322, 1997.

Bellini, *I Puritani*
Palacio de Bellas Artes, Mexico, 29 mai 1952. Giuseppe Di Stefano, Piero Campolonghi, Roberto Silva. C : Guido Picco. MRF-28, 1969 ; (EJS) Unique Opera Records Corporation UORC-191, 1974 ; Cetra LO-52, 1977 ; Estro Armonico 028 ; Melodram 26027.

Bellini, *la Sonnambula*
1. La Scala, 5 mars 1955. Cesare Valletti, Giuseppe Modesti, Eugenia Ratti. C : Leonard Bernstein. Raritas OPR-3, 1973 ; ERR-108, 1974 ; Estro Armonico 027 ; Cetra LO-32, 1977 ; Vox THS 65151/3 ; GOP-12 ; Myto 89006.
2. Grossehaus, Cologne, 4 juillet 1957. Nicola Monti, Nicola Zaccaria, Fiorenza Cossoto. C : Antonino Votto. BJR-152 ; HRE-276 ; Foyer 1005 ; Paragon DSV 52006 ; HUNT CD 503, 1986 ; Melodram 26003 ; Verona 2704/5 ; extrait de la représentation du 6 juillet : Eklipse P-12, 1995.
3. King's Theatre, Édimbourg, 21 août 1957. Nicola Monti, Nicola Zaccaria, Fiorenza Cossoto. C : Antonino Votto. Limited Edition Recordings 104 ; CLS 024/6 ; Legendary Recordings LR 207-3, 1985 ; Virtuoso 2697252 ; Melodram 26037 ; extrait de la représentation du 26 août : Eklipse P-12, 1995.

Cherubini, *Medea*
1. Teatro Comunale, Florence, 7 mai 1953. Carlos Guichandut, Mario Petri, Fedora Barbieri. C : Vittorio Gui. Extraits : Voce 71, 1983 ; Cetra DOC 60, 1984 ; Hunt 516.
2. La Scala, 10 décembre 1953. Gino Penno, Maria Luisa Nache, Giuseppe Modesti, Fedora Barbieri. C : Leonard Bernstein. Morgan Record 5301, 1972 ; UORC138, 1972 ; BJR-129, 1973 ; MRF-102 ; Cetra LO-36, 1982 ; Vox THS 65157/9 ; MEL 404 (3) ; Fonit-Cetra CDE 1019, 1984 ; Melodram 26022, 1985 ; Verona 27088.
3. Dallas Civic Opera, 6 novembre 1958. Jon Vickers, Elizabeth Carron, Nicola Zaccaria, Teresa Berganza. C : Nicola Rescigno. FWR-647, 1965 ; Penzance Records PR-41, 1973 ; CLS 32035 ; HRE 358 ; Legends XLNC-113, 1982 ; MEL 461, 1985 ; Melodram 26016.
4. Covent Garden, 30 juin 1959. Jon Vickers, Joan Carlyle, Nicola Zaccaria, Fiorenza Cossotto. C : Nicola Rescigno. BJR-105, 1969 ; Foyer 1001 ; Melodram 26005 ; Opera Italiana OPI-10 ; Virtuoso 2697262.
5. La Scala, 11 décembre 1961. Jon Vickers, Ivana Tosini, Nicola Ghiaurov, Giulietta Simionato. C : Thomas Schippers. MRF-102 ; Cetra DOC 21 ; Hunt 34028 (donne la date du 14 décembre).

Donizetti, *Anna Bolena*
La Scala, 14 avril 1957. Giulietta Simionato, Gianni Raimondi, Nicola Rossi-Lemeni. C : Gianandrea Gavazzeni. FWR-646, 1965, 1969 ; BJR109,

1969 ; MRF-42, 1969 ; Morgan 5703 ; Cetra LO-53 ; HOPE 226 ; CLS 32029 ; Foyer 1014 ; Cetra DOC 22, 1982 ; HUNT CD 518, 1986 ; Melodram 26010 ; Verona 27090/91 ; EMI CMS 7649412, 1993 ; EMI CMS 5664712, 1997.

Donizetti, *Lucia di Lammermoor*
1. Palacio de Bellas Artes, 10 juin 1952. Giuseppe Di Stefano, Piero Campolonghi, Roberto Silva. C : Guido Picco. FWR-650, 1965 ; HRE-256 ; extraits dans Cetra LO-62 ; Myto 91340 ; extraits de la représentation du 14 juin : OD-101/2 ; Eklipse 33, 1994 ; scène de la folie des 10, 14 et 26 juin : Memories HR 4581, 1994.
2. La Scala, 18 janvier 1954. Giuseppe Di Stefano, Rolando Panerai, Giuseppe Modesti. C : Herbert von Karajan. Legato S.R.O. 831-2 ; Deja Vu 5121-2.
3. Städtische Oper, Berlin, 29 septembre 1955. Giuseppe Di Stefano, Rolando Panerai, Nicola Zaccaria. C : Herbert von Karajan. LERWC-101, 1973 ; BJR 133 ; Morgan 5401 ; Cetra LO-18 ; Discocorp RR-428 ; Vox THS 65144/5 ; Movimento Musica 02.001 ; Replica 32495 ; ARK 5 ; Paragon DSV 52004 ; Legends XLNC-116, 1982 ; HUNT CD 502, 1986 ; Melodram 26004 ; Movimento Musica 012-010 ; Rodolphe 32518 et 32667 ; Verona 2709/10 ; Virtuoso 2697232 ; EMI CMS 7636312, 1990 ; EMI CMS 7636312, 1997.
4. Teatro San Carlo, Naples, 22 mars 1956. Gianni Raimondi, Rolando Panerai, Antonio Zerbini. C : Francisco Molinari-Pradelli. OD-100 ; Myto 90319 (avec extraits du 24 mars).
5. Metropolitan Opera, New York, 8 décembre 1956. Giuseppe Campora, Enzo Sordello, Nicola Moscona. C : Fausto Cleva. Melodram 010(2) ; OPR 412 ; Accord 150 039 MU 631(3) ; Melodram 26034.
6. Auditorium RAI, Rome, 26 juin 1957. Eugenio Fernandi, Rolando Panerai, Giuseppe Modesti. C : Tullio Serafin. HRE-221 ; Melodram 26014 ; Hunt 34022.

Donizetti, *Poliuto*
La Scala, 7 décembre 1960. Franco Corelli, Ettore Bastianini, Nicola Zaccaria. C : Antonino Votto. FWR-644, 1965, 1969 ; BJR-106, 1969, 1971 ; MRF-31, 1969 ; Estro Armonico 006 ; Replica 2242/44 ; Foyer 1013 ; HUNT CD 520, 1986 ; Melodram 26006, 1986 ; Virtuoso 2697212 ; Rodolphe 32560 ; Verona 28003/4 ; EMI CMS 5654482, 1998.

Giordano, *Andrea Chénier*
La Scala, 8 janvier 1955. Mario Del Monaco, Aldo Protti, Maria Amadini. C : Antonino Votto. MRF 66 [1970 ?] ; OPA-1010/1011, 1971 ; UORC-286 [1976 ?] ; Estro Armonico 012 ; Cetra LO-38 ; MEL 421(3) ; Melodram 26002 ; Rodolphe 232551.52 ; Verona 28020/21.

Gluck, *Alceste*
La Scala, 4 avril 1954. Renato Gavarini, Paolo Silveri, Rolando Panerai. C : Carlo Maria Giulini. Extraits dans Penzance PR-27, 1972 ; UORC 273 ; ERR-136 ; Cetra LO-50 ; Melodram 26026.

Gluck, *Iphigénie en Tauride*
La Scala, 1ᵉʳ juin 1957. Francesco Albanese, Anselmo Colzani, Fiorenza Cossotto. C : Nino Sanzogno. FWR-649, 1965 ; MRF-63, 1970 ; Penzance 12 ; Morgan 5704 ; HOPE 229 ; Cetra LO-54 ; Melodram 26012, 1987 ; EMI CMS 5654512, 1997.

Puccini, *Tosca*
1. Palacio de Bellas Artes, 8 juin 1950. Mario Filippeschi, Robert Weede. C : Umberto Mugnai. UORC-184, 1974 ; HRE-211 ; Legato SRO 820-2 ; Melodram 36032.
2. Teatro Municipal, Rio de Janeiro, 24 septembre 1951. Gianni Poggi, Paolo Silveri. C : Antonino Votto. Extraits dans Penzance Records PR-11, 1972 ; Voce 34, 1981 ; Melodram 36032.
3. Palacio de Bellas Artes, 1ᵉʳ juillet 1952. Giuseppe Di Stefano, Piero Campolunghi. C : Guido Picco. Cetra LO-41 ; Morgan 5201 ; HRE 415 (2) ; Melodram 26028 ; G.O.P. 714 (indique la date du 28 juin).
4. Ed Sullivan Show, New York, 25 novembre 1956. George London. C : Dimitri Mitropoulos. Acte II : Hunt 537 ; Melodram 26011 ; Melodram 36513.
5. Théâtre national de l'Opéra, Paris, 19 décembre 1958. Albert Lance, Tito Gobbi. C : Georges Sebastian. Acte II : Frequenz Memoria CMN-1 ; Movimento Musica 051.025 ; Rodolphe 32495 ; Suite 6010.
6. Covent Garden, 24 janvier 1964. Renato Cioni, Tito Gobbi. C : Carlo Felice Cillario. Limited Edition Recordings 107 ; GFC 008/9 ; Melodram 443, 1986 ; G.O.P. 5 ; Melodram 26011 ; Virtuoso 2697242 ; Verona 27027/28 ; Opera Italiana OPI 5. Représentation du 21 janvier : IMC CDI 203003, 1997.

7. Théâtre national de l'Opéra, Paris, 3 mars 1965. Renato Cioni. Tito Gobbi. C : Nicola Rescigno. Melodram 26033.

8. Metropolitan Opera, 19 mars 1965. Franco Corelli, Tito Gobbi. C : Fausto Cleva. Estro Armonico 013 ; HRE-275 ; MEL 450, 1985 ; Melodram 26030.

9. Metropolitan Opera, 25 mars 1965. Mêmes artistes que le 19 mars, à l'exception de Richard Tucker, au lieu de Corelli. HRE-306 ; Melodram 26035.

10. Covent Garden, 5 juillet 1965. Renato Cioni, Tito Gobbi. C : Georges Prêtre. Extraits : Voce 13, 1979.

Puccini, *Turandot*
Teatro Colón, Buenos Aires, 20 mai 1949. Mario Del Monaco. C : Tullio Serafin. Extraits de l'acte II : Legendary Recordings LR 111 ; Rodolphe 12413/15 ; Rodolphe 32484/7, avec fragments de l'acte III : Eklipse 44, 1995.

Rossini, *Armida*
Teatro Comunale, Florence, 26 avril 1952. Francesco Albanese, Mario Filippeschi, Gianni Raimondi. C : Tullio Serafin. FWR-657, 1968 ; Penzance 24 ; Morgan 5202 ; HOPE 224 ; Cetra LO-39 ; MDP 016 ; CLS 22030 ; Melodram 26024.

Rossini, *Il Barbiere di Siviglia*
La Scala, 16 février 1956. Tito Gobbi, Luigi Alva, Nicola Rossi-Lemeni, Melchiore Luise, Anna Maria Canali. C : Carlo Maria Giulini. MRF-101 ; Estro Armonico 015 ; Cetra LO-34 ; MEL 422 (3) ; Melodram 26020, 1984.

Spontini, *la Vestale*
La Scala, 7 décembre 1954. Franco Corelli, Enzo Sordello, Nicola Rossi-Lemeni, Ebe Stignani. C : Antonino Votto. UORC-217, 1974 ; ERR-117 ; Estro Armonico 009 ; Cetra LO-33 ; Raritas 405 ; MEL 419(3), 1983 ; Melodram 26008, 1988 ; G.O.P. 54.

Verdi, *Aïda*
1. Palacio de Bellas Artes, 30 mai 1950. Kurt Baum, Giulietta Simionato, Robert Weede, Nicola Moscona. C : Guido Picco. UORC-200, 1974 ; Melodram 26009 ; extraits du 3 juin : OD-101/2 ; Eklipse 44, 1995.

2. Teatro dell'Opera, Rome, 2 octobre 1950. Mirto Picchi, Raffaele Di Falchi, Ebe Stignani. C : Vincenzo Bellezza. Acte III : HRE-262-1 ; Melodram 26109.

3. Palacio de Bellas Artes, 3 juillet 1951. Mario Del Monaco, Oralia Dominguez, Giuseppe Taddei. C : Oliviero de Fabritiis. BJR-104, 1968 ; MRF-21, 1968 ; BJR-151 ; Cetra LO-40 ; Estro Armonico 001 ; Fonit-Cetra CDE 1026 ; Legato SRE 508-2 ; Melodram 26015 ; Virtuoso 2699222 ; Fonit-Cetra 9075.107.

4. Covent Garden, Londres, 10 juin 1953. Kurt Baum, Giulietta Simionato, Jess Walters, Michael London, John Sutherland. C : John Barbirolli. Legato Classics LCD-187-2 ; extrait dans Eklipse 14.

Verdi, *Un Ballo in maschera*
La Scala, 7 décembre 1957. Giuseppe Di Stefano, Ettore Bastianini, Giulietta Simionato. C : Gianandrea Gavazzeni. MRF-83, 1972 ; BJR-127, 1972 ; Morgan 5709 ; Cetra LO-55 ; G.O.P. 13 ; Hunt 519 ; Virtuoso 2697412.

Verdi, *Macbeth*
La Scala, 7 décembre 1952. Enzo Mascherini, Italo Tajo, Gino Penno. C : Victor De Sabata. FWR-655, 1966 ; Opera Viva JLT-3, 1969 ; BJR-117, 1969 ; MRF-61, 1969 ; Estro Armonico 005 ; Cetra LO-10 ; IGI-287 ; Vox THS 65131/33 ; Foyer 1016 ; Hunt 34027 ; Movimento Musica 051.022 ; Legendary Recordings 1003-2 ; Nuova Era 2202/3 ; Canale Records 539003/2 ; Arkadia CDMP 427.2, 1991 ; EMI 7649442, 1993 ; EMI CMS 5664472, 1997.

Verdi, *Nabucco*
San Carlo, Naples, 20 décembre 1949. Gino Bechi, Amalia Pini, Luciano Neroni. C : Vittorio Gui. FWR-653, 1966 ; Penzance Records PR-3, 1970 ; ERR-114, 1974 ; Estro Armonico 026 ; Cetra LO-16 ; Vox THS 65137/39 ; Accord MU 631(3) ; Melodram 26029 ; Legendary Recordings 1005-2 ; Myto 89006 ; Canale Records 539001/2.

Verdi, *Rigoletto*
Palacio de Bellas Artes, 17 juin 1952. Giuseppe Di Stefano, Piero Campolonghi. Maria Teresa Garcia. C : Umberto Mugnai. BJR-101, 1967 ; Cetra LO-37 ; MEL 405 (3) ; Melodram 26023 ; Legendary Recordings 1006-2.

Verdi, *la Traviata*
1. Palacio de Bellas Artes, 17 juillet 1951. Cesare Valetti, Giuseppe Taddei. C : Oliviero de Fabritiis. HRE 220 ; quatre extraits dans BJR-130-3, 1974 ; et dans *Maria Callas Live 1*, Cetra Opera Live LO 62, 1977 ; Melodram 26019.
2. Palacio de Bellas Artes, 3 juin 1952. Giuseppe Di Stefano, Piero Campolanghi. C : Umberto Mugnai. UORC 181 (EJS, Unique Opera Records Corporation serie), 1973 ; BJR 130-3, 1974 ; GDS 2001 (3), *Giuseppe Di Stefano Presenta*. *Maria Callas Edition*, 1981 ; Rodolphe Productions RP 12430/31/32, 1985 ; MEL 467(3) ; Melodram 26021 ; Rodolphe 32431/32.
3. Teatro alla Scala, 28 mai 1955. Giuseppe Di Stefano, Ettore Bastianini. C : Carlo Maria Giulini. MRF-87, 1972. Cetra Opera Live LO-28, 1977 ; Discocorp RR-474 ; Morgan 5501 ; Paragon DSV 5200-1 ; Legends XLNC-106, 1982 ; Foyer CD 2001 ; HUNT CD 501, 1986 ; Foyer 2001 ; Amplitude 2-8501 ; Arkadia 501 ; Opera Series D 1659X ; EMI CMS 7636282, 1990 ; EMI CMS 5664502, 1997.
4. Teatro alla Scala, 19 janvier 1956. Gianni Raimondi, Ettore Bastianini. C : Carlo Maria Giulini. HRE 272 ; Myto 89003.
5. Teatro Nacional de Sao Carlos, Lisbonne, 27 mars 1958. Alfredo Kraus, Mario Sereni. C : Franco Ghione. HRE 277 ; Foyer FO-1003, 1979 ; Stradivarius SLP 2301/2, 1979 ; Carillon CAL 27/28/29 (Coproduction Carillon-EMI), 1979 ; EMI Angel 3910, 1980 ; HMV RLS 757 ; Movimento 02.002, 1981 ; Movimento 051.021 ; EMI CDS 7491878 ; EMI CDS 5563272, 1997.
6. Covent Garden, 20 juin 1958. Avec Cesare Valetti, Mario Zanasi. C : Nicola Rescigno. FWR 652, 1966 ; Limited Edition Recordings LESWC 102, 1974 ; CLS 22808 ; Voce 27 ; Rodolphe Productions RP 12384/86, 1980 ; Melodram 26007 ; Verona 27054/55 ; Virtuoso 2697292. Vanderbergh indique aussi une édition (sans numéro) sous le label Artemis.

Verdi, *Il Trovatore*
1. Palacio de Bellas Artes, 20 juin 1950. Kurt Baum, Giulietta Simionato, Leonard Warren, Nicola Moscona. C : Guido Picco. Extraits dans BJR-102 et FWR-651, 1968 ; HRE-207 ; Melodram 26017. Extrait du 27 juin : Eklipse 14.
2. San Carlo, Naples, 27 janvier 1951. Giacomo Lauri-Volpi, Cloe Elmo, Paolo Silveri, Italo Tajo. C : Tullio Serafin. FWR-654, 1966 ; UORC 304 [1976 ?] ; Cetra LO-29 ; Discocorp RR-473 ; Melodram 26001.

3. La Scala, 23 février 1953. Ebe Stignani, Gino Penno, Carlo Tagliabue, Giuseppe Modesti. C : Antonino Votto. MRF78, 1971 ; Robin Hood RHR-5001, 1972 ; Vox THS 54140/41 ; Cetra LO-35 ; Estro Armonico 025 ; Myto 90213.2 ; Legendary Recordings 1007-2.

Verdi, *I Vespri Siciliani*
Teatro Comunale, Florence, 26 mai 1951. Giorgio Kokolios-Bardi, Enzo Mascherini, Boris Christoff. C : Erich Kleiber. FWR-645, 1965 ; Penzance PR-6, 1970 ; MRF-46, 1970 ; Estro Armonico 018 ; Cetra LO-5 ; Vox THS 65134/36 ; MEL 420 (3) ; Legendary Recordings 1008-3 ; Melodram 36020, 1984 ; EMI CMS 5664532, 1997.

Wagner, *Parsifal*
Auditorium RAI, Rome, 20-21 novembre 1950. Africo Baldelli, Boris Christoff, Rolando Panerai, Giuseppe Modesti. C : Vittorio Gui. FWR-648, 1965 ; Penzance PR-10 (Acte II), 1970 ; Foyer 1002, 1979 ; Estro Armonico 55 ; MWC 101 ; Melodram 36041, 1987 ; Verona 27085/87 ; Virtuoso 2699232.

IIB – Concerts et anthologies

CONCERTS

– *Un bel di* de *Madama Butterfly* de Puccini, chanté par Nina Foresti (Callas, 11 ans) au programme radiophonique *Major Bowes Amateur Hour*, le 7 avril 1935. FWR-656, 1966 ; Ornamenti FE-109, 1994 ; Eklipse 33, 1994 ; EMI CZS 5720302, 1997.
– Concert de la RAI, 12 mars 1951. Legendary Recordings LR 111 ; *Maria Callas Live !* Fanfare DFL 80 10x (A), 1986 ; Legato 172 ; *Concerti Martini & Rossi* : *a)* 18 février 1952, avec Nicola Filacuridi. Cetra LMR 5001 ; *b)* 27 décembre 1954, avec Beniamino Gigli. Cetra LMR 5002 ; *c)* 19 novembre 1956, avec Gianni Raimondi. Cetra LMR 5007. En CD, ces concerts se retrouvent dans Fonit-Cetra CDC-5 ; Foyer 2-CF-2020 ; Hunt 536 ; Rodolphe 32484/5/6/7 ; Verona 270558/59.
– *Concert d'Athènes*, 5 août 1957. G.F.C. ; G.O.P. 724 ; Melodram 36513 ; Hunt 537 ; EMI CDC 7494282, 1987.
– *Dallas Rehearsal*, 20 novembre 1957. HRE-232-2 ; G.O.P. 724 ; Legato 131-1 ; Verona 28007/9.

– Concerts de Londres, 17 juin 1958, 23 septembre 1958, 3 octobre 1959, 30 mai 1961 : *The Rarest Material 1951-1961*. Notes de John Ardoin. Legato 162-1.

– Opéra de Paris, 19 décembre 1958. Rodolphe 32495 ; Memoria CMN1 ; Suite 1-6010.

– *Maria Callas à la télévision*. *a)* Concert du 15 mai 1959, Hambourg. RP 12 382, 1982 ; Hunt 34010 ; Arkadia 410.1. *b)* Concert du 16 mars 1962, Hambourg. Voce 34, 1981 ; Memoria CMH1 ; Hunt 34010 ; Melodram 36513 ; Arkadia 410.1.

– *Stuttgart Concert*, *a)* 19 mai 1959. Voce 19, 1979 ; Hunt 34010 ; Memoria CMH1 ; Melodram 16502 ; Eklipse 37 ; *b)* 23 mai 1963. Voce 34, 1981 ; Melodram 26035.

– *Maria Callas PotPourri*. Concerts de Londres en septembre 1959 et février 1962. OD-101/2 ; Royal Festival Hall, Londres, 27 février 1962. Melodram 36513.

– Covent Garden, 4 novembre 1962. Verona 27058/59.

– Amsterdam, 11 juillet 1959. Voce 34, 1981 ; Deja Vu 5121-2 ; Verona 27069 ; EMI CDC 7494282, 1987 ; Legato 162.

– Berlin, 17 mai 1963. Eklipse 33, 1994.

– Paris, 5 juin 1963. G.F.C. 018 ; G.O.P. 724, Melodram 16502, Verona 27069.

– ORTF, *les Grands Interprètes*, 18 mai 1965. Melodram 36513.

– Dernière tournée de concerts avec Giuseppe Di Stefano. *a)* Hambourg, 25 octobre 1973. Eklipse 33, 1994 ; *b)* Amsterdam, 11 décembre 1973. Eklipse P-3 ; *c)* Boston, 27 février 1974 : Ombra, 1997 ; *d)* Brookville, New York, 9 avril 1974. Legato 137-1 ; *e)* Carnegie Hall, New York, 15 avril 1974 et Music Hall, Cincinnati, 18 avril 1974. Verona 28007/8 ; *f)* Place des Arts, Montréal, 13 mai 1974. Fonovox 7812-2, 1995 ; *g)* Tokyo, 27 octobre 1974. HRE-323.

– Derniers enregistrements privés : Beethoven, *Ah, perfido !*, Théâtre des Champs-Élysées, Paris, 1976. Ornamenti FE 109 ; Verdi, *la Forza del Destino : Pieta di me...* Paris, août 1977. Eklipse 33, 1994.

ANTHOLOGIES

– *Maria Callas. Soprano Assoluta. In Live Concert during the Great Years, 1949-1959*. BJR-143-3, 1977.

– *Maria Callas Live 1*. Cetra LO-62. Larges extraits des prestations à

Mexico, de 1950 à 1952 : *Norma, Il Trovatore, la Traviata, Lucia di Lammermoor*. On peut trouver plusieurs microsillons d'extraits d'intégrales dans la série italienne *I Gioielli della lirica, Piano dell'Opera*, éditée par Longanesi Periodici.

– *The Teacher/The Pupil, Elvira de Hidalgo/Callas*, OASI 532 ; *Elvira de Hidalgo, Maria Callas dans le même répertoire*. RP 12443/44, 1985.

– Diverses anthologies de récitals et d'extraits d'intégrales : Rococo Records 5369, 1978 et 1980 ; MEL 669 ; Paragon 4817/3 ; Discoreale DR 10069/71 ; *Portrait in Gold*. Classicaphon 30002 ; *Les Divas*. Score 8708, 1984 ; *Cara Maria*, « First Class ». RCA Italiana VLS 32639, 1983 ; *Maria Callas, 25 Voci celebri della lirica*. MEL 079 (2) ; *Gli Dei della musica*, 20 microsillons. International Music of Italy DMC 1-20, 1981 ; *Callas. Parigi, o Cara*. Foyer 1006, 1979 ; *Callas. Un Mito, una carriera*. Foyer 1007, 1981 ; *Callas. Verdi*. Foyer 1030 ; *Anthologie Callas*. Accord 150 035 ; divers extraits de Bellini. Movimento 01-001.

– Principales anthologies en CD : *Arie celebri*. Fonit-Cetra CDC 5, 1986 ; *Maria Callas. La divina ; La voce ; Il mito ; Parigi, o cara ; Duetti d'amore*. Suite CDS 1 5001, 5002, 5003, 6010 et 5004, 1987 ; *Il canto assoluto*. Rodolphe RPC 32484/5/6/7, 1987 ; *Die frühen Aufnahmen 1949-1954*. EMI CMS 2523362, 1990 ; *The Rai Recitals*. Gala 100.515 ; *Live in Concerts*. EMI CZS 5720302, 1997.

IIC – Interviews et documentaires

– Palacio de Bellas Artes, Mexico, 3 juin 1952. Rodolphe 32431/32.
– Milan-Philadelphie, 1957. Avec M. Rodrini. Legendary Recordings LR 112.
– New York, CBS Television, 24 janvier 1958. Avec Edward R. Murrow. Ornamenti 109, 1994.
– ORTF, *les Grands Interprètes*, Paris, 18 mai 1965. Entretien avec Bernard Gavoty. Melodram 36513.
– Anthologie *l'Art de Maria Callas*. Avec Jacques Bourgeois. Pathé-Marconi C 165-52026/9, 1968.
– Dallas, 13 septembre 1958. *Collector's Corner*. Avec John Ardoin. Legendary Recordings 207-3 ; Eklipse 33, 1994.
– Metropolitan Opera, New York, 30 décembre 1967, 13 janvier 1968. Avec Edward Downes. Angel SCB-3743 [1969] ; Coffret *la Divina* : EMI CDC 5658222, 1995 ; EMI CDM 5658222, 1997.
– *David Frost Show*, New York, 10 décembre 1970. Verona 28007/9.

– *Maria Callas. Selections from the Master Classes*, Juilliard School of Music, New York, octobre et novembre 1971, février et mars 1972. IGS 092/95, 1985 ; *Maria Callas at Juilliard. The MasterClasses*, notes de John Ardoin. EMI CDS 7496002, 1987 ; *Master Class*, notes de Terrence McNally. EMI Classics 5555722, 1995 ; *la Leçon de chant*, notes de Pierre-Jean Rémy et de Michel Roubinet. EMI 5563842, 1997 (comprend le monologue final, par Fanny Ardant, de la pièce de Terrence McNally).

– John Ardoin, *Callas in Her Own Words*. Documentaire radiophonique produit par Stephen Paley. Ingénieur du son : Ted Ancona. Narrateur : Michael Wager. Première édition en 4 musicassettes : Pale Moon Music PM001-1-4, 1988. Réédition en CD : Eklipse P-14, 1996.

– *Ève Ruggieri raconte... Maria Callas*. Réalisation : Bernard Grand. Cassettes Radio France, K1185.

III – Disques de références historiques

– Culshaw, John, *Project Tristan. September 1960*, dans l'intégrale de Wagner, *Tristan und Isolde*. London OSA 1502 A 4506.

– *The Farewell Luncheon of David Bicknell and Gwen Mathias*, 31 août 1971. Disque privé EMI, 2XEB 578-579.

– *The Angel Album. Celebrating Twenty Years of Fine Recordings by Great Artists of Europe and America*. Angel, SBR-3800, 1973.

– *EMI. The Gramophone Company Limited. 75 Years of Recording 1898-1973*. EMI Electrola, 1 C 147-30 636M/37.

– Interviews recueillies par Alain Lanceron en hommage à Maria Callas. EMI Pathé-Marconi, PM 52 788, 1978, dans le coffret C 163-52780/7.

– *Interviste a grandi personalità*, dans *Maria Callas. « Vissi d'arte »*. EMI Italiana 3C 153-53138 M [1978].

– *Ore Stellate dell'Opera. Un catalogo sonoro*, Foyer FO-1000, 1979.

– *Angel. The First Thirty Years. A Thirty-Year American Tradition 1953-1983*. Angel RL-32138, 1984.

– *Disque Catalogue 1985*. Rodolphe Productions, RP 23135, 1985.

– *Centenary Edition. 100 Years of Great Music. 1897-1997*. EMI Classics 5662522, 1997. Coffret de 11 CD. Le disque 11 est un documentaire sur l'histoire de EMI. Conception et texte : Alan Sanders. Narration en anglais : Thomas Hampson ; en français : André Tubeuf.

– *Les Introuvables de Walter Legge*. EMI Classics 5697432, 1997.

– Christian Marclay, *More Encores. Christian Marclay Plays with the records of Maria Callas*.

Filmo-vidéographie

Des filmographies de Callas apparaissent dans l'ouvrage de John Ardoin, *The Callas Legacy*, dans le numéro spécial *Callas* de *l'Avant-Scène Opéra*, ainsi que dans les compilations de Ray Dellinger, *Maria Callas. The Compact Discs and Videos*, et de Maurice Vanderbergh, « Maria Callas on Film, Ampex, Video and Laser Disc » (*Maria Callas Magazine*, n°s 7, 8 et 9). Chez ce dernier en particulier, on lit avec profit le contenu détaillé des films et des vidéos. Ces travaux contiennent de plus des relevés d'interviews radiophoniques et télévisées. Les documents audiovisuels sont donnés dans l'ordre chronologique de leur production, suivis des principales éditions vidéographiques commerciales.

– *Récital. Norma : Casta diva*, Rome, 29 juin 1955. Prod. : RAI.
– *The Ed Sullivan Show*, New York, 25 novembre 1956. Production : CBS. Extrait de l'acte II de *Tosca*, avec George London. Chef : Dimitri Mitropoulos.
– *La Traviata*, Teatro de Sao Carlos, Lisbonne, 27 mars 1958. Prod. : FR3, Vamp Productions. Programme *Opéra*. Interview et court fragment de l'acte III. Voir *Maria Callas à Lisbonne*. Réalisation : Gérald Caillat, Claire Newman-Alby. Archives de la RadioTélévision Portugaise / Rui Esteves, 1989. Lyric VHS 8130 (NTSC), 1 67-91 (PAL).
– *Concert*, Londres, 17 juin 1958. Prod. : BBC. *Il Barbiere di Siviglia : Una voce poco fà* ; *Tosca : Vissi d'arte*. Chef : John Pritchard.
– *Concert*, Londres, 23 septembre 1958. Prod. : BBC. *Madama Butterfly : Un bel di* ; *Norma : Casta Diva*. Chef : John Pritchard. Contient un court entretien avec David Holmes.
– *Grande Nuit de l'Opéra*, Paris, 19 décembre 1958. Prod. : ORTF. *Norma : Casta Diva* ; *Il Trovatore : D'amor sull'ali rosee* et *Miserere* ; *Il Bar-*

biere di Siviglia : *Una voce poco fà* ; *Tosca*, Acte II, avec Albert Lance et Tito Gobbi. Chef : Georges Sebastian. Bel Canto VHS 1 (NTSC) ; EMI LDB et MVD 991258 (NTSC et PAL).

– *Small World*, New York, 4 et 11 janvier 1959. Entretien télévisé entre Edward R. Murrow (New York), Callas (Milan), Sir Thomas Beecham (Nice) et Victor Borge (Connecticut).

– *Concert à la Musikhalle*, Hambourg, 15 mai 1959. Prod. : NDR/Polytel. *La Vestale* : *Tu che invoco* ; *Macbeth* : *Vieni t'affreta* ; *Il Barbiere di Siviglia* : *Una voce poco fà* ; *Don Carlo* : *Tu che le vanità* ; *Il Pirata* : *Col sorriso*. Chef : Nicola Rescigno. Pioneer LD PA-85-150 (NTCS) ; Kultur VHS 1155 (NTSC) ; EMI 77839 (NTSC), 1996 ; EMI MVD 91711 (PAL).

– *Concert*, Londres, 3 octobre 1959. Prod. : BBC. *La Bohème* : *Si, mi chiamano Mimi* ; *Mefistofele* : *l'Altra notte*. Chef : Sir Malcolm Sargent.

– *Concert à la Musikhalle*, Hambourg, 16 mars 1962. Prod. : NDR/Polytel. *Don Carlo* : *O don fatale* ; *le Cid* : *Pleurez mes yeux* ; *la Cenerentola* : *Nacqui all'affano* ; *Carmen* : *Habanera* et *Séguedille* ; *Ernani* : *Ernani involami*. Chef : Georges Prêtre. Pioneer LD PA-8-150 (NTSC) ; Kultur VHS 1156 (NTSC) ; EMI 77839 (NTSC), 1996 ; EMI MVD 91711 (PAL).

– *Kennedy Celebration*, New York, Madison Square Garden, 19 mai 1962. Arias de *Carmen*.

– *A Golden Hour from the Royal Opera House*, Londres, 4 novembre 1962. Prod. : ATV. *Don Carlo* : *Tu che le vanità* ; *Carmen* : *Habanera* et *Séguedille*. Chef : Georges Prêtre. Bel Canto Society VHS 187 (NTSC) ; Standing Room VHS SRO 10001 (NTSC) ; Lyric VHS 1803 (NTSC), PV 56-90 (PAL) ; EMI LD et VHS MVD 91283 (NTSC et PAL).

– *Tosca* (Acte II), Londres, Covent Garden Royal Opera House, 9 février 1964. Prod. : ATV, Covent Garden et S.A. Gorlinsky. Producteur délégué : Bill Ward. Avec Renato Cioni et Tito Gobbi. Chef : Carlo Felice Cillario. Bel Canto VHS 13 (NTSC) ; Lyric VHS PV 370-92 (PAL) ; EMI LD et VHS MVD 91283 (NTSC et PAL).

– *Les Grands Interprètes*, Paris, 18 mai 1965. Prod. : ORTF. *Manon* : *Adieu notre petite table* ; *la Sonnambula* : *Ah ! non credea* ; *Gianni Schicchi* : *O mio babbino caro*. Chef : Georges Prêtre. Comprend un entretien avec Bernard Gavoty. Lyric VHS PV 334-92 (PAL).

– *Callas*, tourné à Paris en avril 1968. Prod. : BBC. Réalisation : John Culshaw. Entretien de Callas avec Lord George Harewood.

– *Une heure avec Maria Callas*. Prod. : ORTF. Entretien avec Bernard Gavoty. Archives INA.

– *L'Invité du dimanche*, Paris, 20 avril 1969. Prod. : ORTF, Armand Panigel. Réalisation : Guy Seligmann et Philippe Collin. Commentateur :

Pierre Desgraupes. Avec Elvira de Hidalgo, Claude Vega, Olivier Merlin, Luchino Visconti, Jean-Louis Tamvaco. Archives INA.

– *Reportage*, Turquie, mai 1969. Prod. : BBC. Sur le tournage de *Medea*.

– *Reportage*, Rome, juillet 1969. Prod. : NBC. Entretiens avec Callas et Pasolini sur le film *Medea*.

– *Medea*, Italie-Allemagne-France, 1970. Prod. : San Marco/Janus Film/ Films Number One. Producteur : Franco Rossellini. Producteur délégué : Pierre Kalfon. Scénario et réalisation : Pier Paolo Pasolini. Avec Laurent Terzieff, Giuseppe Gentile, Massimo Girotti, Margareth Clementi. Directeur photo : Ennio Guarnieri. Ingénieur du son : Carlo Tarchi. Décorateur : Dante Ferretti. Costumes : Piero Tosi. Monteur : Nino Baragli. 110 minutes.

– *Journal inattendu*, Paris, janvier 1970. Prod. : ORTF. Avec Pier Paolo Pasolini (Maurice Vanderbergh croit qu'il s'agit plutôt d'une émission radiophonique de RTL).

– *David Frost Show*, New York, 10 décembre 1970. Entretien avec l'animateur.

– *Jerry Lewis Charity-Marathon*, New York, NBC, 1971.

– *Reportage*, filmé à Turin, 31 mars 1973. Prod. : CBS. Sur la mise en scène de Callas et de Di Stefano d'*I Vespri Siciliani*.

– *The Return of Maria Callas*, Londres, concert du Festival Hall, 26 novembre 1973. Réalisation : John Culshaw. Avec Giuseppe Di Stefano. Pianiste : Ivor Newton. Comprend un entretien avec David Holmes. Lyric VHS 2017 (NTSC).

– *Sixty Minutes*, tourné à Paris le 3 février 1974. Entretien avec Mike Wallace.

– *Today*, New York, 15 avril 1974. Entretien avec Barbara Walters.

– *Concert au Bunka Kaikan*, Tokyo, 19 octobre 1974. Avec Giuseppe Di Stefano. Bel Canto VHS 188 (NTSC).

– *Callas*, États-Unis, 1978. Documentaire. Prod. : WNET-TV. Producteur et réalisateur : Peter Weinberg. Scénario et texte : John Ardoin. Narrateur : Franco Zeffirelli. Avec Gian Carlo Menotti, Rudolf Bing, Carlo Maria Giulini, Renata Scotto, Renata Tebaldi, Montserrat Caballé, Tito Gobbi, Nicola Rescigno, Sander A. Gorlinsky.

– *Maria Callas. Vissi d'arte*, France, 1979. Documentaire. Prod. : TF1, Brigitte Corea. Réalisation : Alain Ferrari. Avec Francesco Siciliani, Jacques Bourgeois, Cathy Berberian, Margherita Wallmann, Luchino Visconti, Franco Zeffirelli, Carlo Maria Giulini, Gianandrea Gavazzeni, Nicolas Benois, Jon Vickers, Rudolf Bing, Fedora Barbieri, Tito Gobbi.

– *Album di Maria Callas*, 1979. Prod. : RAI. Réal. : Sergio Miniussi. Avec

Luchino Visconti. Comprend deux interviews télévisées de Callas à la RAI (1966 et 1975).

– *Callas. Vita di una voce*, 1980. Prod. : RAI. Réal. de Luciano Arancio. Consultante : Carla Varga. Avec Armando Brugnoli, Umberto Tirelli, Biki, Alain Renaud, Paul Vavasseur, Jean Bussard.

– *Callas. Portrait d'une diva*, 1980. Prod. : France 2. Programme *Musiques au cœur* d'Ève Ruggieri.

– *Callas. An International Celebration*, Grande-Bretagne/États-Unis, 1983. Prod. : BBC/Columbia Artists Management Inc./Peter Gelb/Andrea Andermann. Pour la télédiffusion américaine, texte : John Ardoin ; présentateur : Leonard Bernstein. Avec la collaboration de la Scala, du Lyric Opera de Chicago, de l'Opéra de Paris et de Covent Garden à Londres, ainsi que de plusieurs artistes lyriques. Contient trois extraits du concert de Callas à Hambourg en 1962.

– *Impressions d'ici et d'ailleurs*, France, 1986. Prod. : L.T.M. Productions. Scénario et réal. : Gérard Tallet. Avec Anne Lindenmeyer et Vania de Ra de Massilia. Musique d'Ugo Bottacchiari. Comprend la séquence d'une journée dans la vie de la « prima donna Maria Dallas » [*sic*].

– *Maria*, Grande-Bretagne, 1987. 90 minutes. Prod. : Isolde Films/ London Trust Productions/WDR/RKO/RTE. Réalisation : Tony Palmer. Avec Franco Zeffirelli, Nadia Stancioff, Lord Harewood, Giuseppe Di Stefano, Carlo Maria Giulini... Extraits de concerts de Callas à Hambourg, de la *Tosca* de Covent Garden et des concerts télévisés de Paris en 1958 et en 1965. VAI VHS 69054 (NTSC).

– *Maria Callas. Life and Art*, Grande-Bretagne, 1987. Prod. : Picture Musical International/Jo Lustig Ltd. Production et réalisation : Alan Lewens, Alistair Mitchell. Avec Robert Sutherland, Lord Harewood, Franco Zeffirelli, Giuseppe Di Stefano, Édith et S. A. Gorlinsky, Andy Anderson, Peter Andry, Jack Pitman... Contient un extrait de *Casta diva* (RAI, 1955) et de la *Habanera* de *Carmen* (concert de 1962 du Covent Garden). EMI LDB et VHS MVN 991151 (NTSC et PAL).

– *Il Segreto Callas*, 1987. Prod. : RAI. Réal. : Edmo Fenoglio. Avec Giovanna Lomazzi, Nikolaos Singhinidis, Giuseppe Pugliese, Camilla Cederna, Francesco Siciliani, Nicola Rossi-Lemeni, Rosanna Carteri, Nicola Rescigno.

– *Maria Callas*, 1987. Prod. : ZDF. Texte de Wolf-Eberhard von Lewinski.

– *Le Cinéma des divas*, France, 1987. Prod. : Festival international du film. Conception : Alain Duault. Réal. : Yvon Gérault. Film de montage pour le colloque *Cinéma et Opéra*, Festival de Cannes.

– *La Passion selon Callas*, France, 1989. Prod. : Les Films d'ici/La Sept/

Arcana/L'INA/FR3 Lyon/L'Opéra de Lyon. Réal. : Michel Van Zèle. D'après le spectacle *Callas* de l'Attroupement 2, conçu et joué par Élisabeth Macocco, texte de Jean-Yves Pick à partir des interviews accordées par Maria Callas entre 1957 et 1970.

– *Maria Callas. Sa vie, son œuvre*, 1992. Prod. : France 3. Présentation d'Alain Duault, programme *Musicales*. Montage abrégé de *Life and Art*.

– *Callas*, 1992. Prod. : France 2. Programme *Musiques au cœur* d'Eve Ruggieri.

– *Casta Diva. Tribute to Maria Callas*, 1995. Prod. : RAI UNO/Network Production. Conception et production : Riccardo Maria Corato. Réal. : David Mallet. Filmé au théâtre Hérode Atticus d'Athènes, le 25 septembre 1992. Avec Mariella Devia, Raina Kabaivanska, Danièle Dessi, Irène Papas. Orchestre symphonique de la radio de Stuttgart. Chef : Gianluigi Gelmetti.

Cette filmographie n'est pas exhaustive. De nouveaux documents historiques sortent de l'ombre de temps à autre, diverses télévisions produisent des variantes de montage de matériaux archivistiques, ou encore les insèrent dans des hommages. Les travaux de Maurice Vanderbergh sont la référence indispensable pour la mise à jour de ces documents, et la revue *The Callas Circle* de Londres informe régulièrement des nouveautés.

Par ailleurs, il importe de rappeler que des films et des vidéogrammes de genres très divers ont utilisé des disques *live* ou de studio de Callas. Les plus anciens sont ceux de Werner Schröter (par exemple *Eika Katappa*, 1969, ou *la Mort de Maria Malibran*, 1971), auxquels se sont ajoutés *The Life of Verdi* (Renato Castellani, 1983) ou *la Divina Maria Callas* (Frank Vranckx, 1984). A l'occasion du dixième anniversaire de la mort de Callas, EMI a autorisé l'utilisation filmique de disques de studio, notamment dans *la Passion selon Callas*, puis dans *Atlantis* (Luc Besson, 1991), *Philadelphia* (Jonathan Demme, 1993), *The Bridges of Madison County* (Clint Eastwood, 1995).

Bibliographie

1. DISCOGRAPHIES

1.1 Discographies générales

– *Bibliography of Discographies*, New York et Londres, R. R. Bowker Company,
* Volume 1, Michael H. Gray et Gerald D. Gibson, *Classical Music, 1925-1975*, 1977.
* Volume 2, Daniel Allen, *Jazz*, 1981.
* Volume 3, Michael H. Gray, *Popular Music*, 1983.
– Blyth, Alan, éditeur, *Opera on Record*, 3 volumes, Londres, Hutchinson, 1979-1984.
– Celletti, Rodolfo, *Il Teatro d'Opera in Disco*, Milan, Rizzoli, 1978.
– Duxbury, Janell R., *Rockin' the Classics and Classicizin' the Rock. A Selective Annotated Discography*, Wesport et Londres, Greenwood Press, 1985.
– Gammon, Peter, *The Illustrated Encyclopedia of Recorded Opera*, New York, Harmony Books, 1979.
– Gray, Michael, *Classical Music Discographies. 1976-1988. A Bibliography*, New York, Wesport et Londres, Greenwood Press, 1989.
– Gruber, Paul, éditeur, *The Metropolitan Opera Guide to Recorded Opera*, New York, Norton, 1993
– Marinelli, Carlo, *Opere in Disco*, Fiesole (Florence), Discanto, 1982.

1.2 Sur Callas

L'ouvrage *Bibliography of Discographies*, vol. 1, indexe 14 discographies de Callas (p. 25), de 1957 à 1975, dont les principales et les plus sûres : celles de John Ardoin, David Hamilton, George Jellinek, Raffaele Vegeto, Arthur Germond, publiées dans des monographies ou dans des revues musicales. La réédition de Michael Gray, en 1986, donne 28 entrées (p. 44-45).

A ces listes, on peut joindre les principales compilations suivantes :
– Ardoin, John, *The Callas Legacy*, première édition, 1977 ; édition revisée en 1982, New York, Charles Scribner's Sons ; 3ᵉ édition, *The Complete Guide to Her Recordings*, Charles Scribner's Sons, 1991, avant-propos de Terrence McNally ; 4ᵉ édition, *The Complete Guide to Her Recordings on Compact Discs*, Portland, Amadeus Press, 1995, avant-propos de T. McNally.
– *Callas. La Divina, Musica*, n° 50, juin-juillet 1988.
– Dellinger, Ray, *Maria Callas. The Compact Discs and Videos*, Londres, The Maria Callas International Club, 1992.
– Kesting, Jürgen, *Maria Callas*, Londres, Quartet Books, 1992. Discographie par John Hunt.
– Scott, Michael, « Chronology of Performances and Recordings », dans *Maria Meneghini Callas*, New York, Simon & Shuster, 1992.
– Segalini, Sergio, et Ravier, Dominique, « Discographie », dans *l'Avant-Scène Opéra*, n° 44, octobre 1982. Reprise sous une forme différente dans Lowe, *Callas as They Saw Her*, 1986.
– Vanderbergh, Maurice, « Callas on CD », *Maria Callas Magazine*, n° 2, février 1991 ; n° 3, juin 1991 ; n° 4, octobre 1991 ; n° 5, février 1992 ; n° 6, juin 1992 ; n° 10, octobre 1993.
– Verga, Carla, *Maria Callas. Un mito*, Milan, Mursia, 1986.
– Winterhoff, Hans-Jürgen von, discographie critique dans *Fono Forum*, janvier, février, mars 1979. Voir aussi *Fono Forum* de septembre 1987.
En plus des discographies, on trouve des chronologies de la carrière de Callas dans les numéros de *l'Avant-Scène Opéra* (n° 44, octobre 1982) et d'*Opéra International* (supplément du n° 5 de février 1977), ainsi que dans les ouvrages de Ardoin, Wisneski, Lorcey, Remy, Scott, Chiarelli et Verga.

1.3 Sur Walter Legge

– Sanders, Alan, *Walter Legge. A Discography*, Wesport et Londres, Greenwood Press, 1984.
– Une compilation succincte de cette discographie, par le même auteur,

se trouve dans la monographie d'Elisabeth Schwarzkopf sur Legge : *la Voix de mon maître* (*cf.* 3.3).

2. INTERVIEWS/CORRESPONDANCE/ARCHIVES

2.1 Interviews

– 9 décembre 1964. Bref entretien avec Callas à l'occasion de son enregistrement de *Tosca* à la salle Wagram, Paris.

– 29 octobre 1971. Werner Schröter, Montréal.

– Mai 1973. Entretien téléphonique avec John Coveney, directeur des relations avec les artistes, Angel Records, New York.

– Mai 1974. Bruno Villa, directeur technique de Fonit-Cetra, à Milan, durant une visite de l'usine.

– Juin 1974. Peter Alward, de EMI, à l'occasion de la visite de l'usine à Hayes.

– Juin 1980. Visite au musée Carnavalet de Paris à propos du projet de musée Callas.

– 28 janvier 1984. Pierre Flinois, Paris. Aussi en mai 1984 et juin 1985.

– Janvier et mai 1984. Antoine Hennion, Paris.

– 2 mars 1984. Joseph Rouleau, Montréal.

– 20 mars 1984 et 8 mars 1985. David Hamilton, New York.

– Mars 1984 et 1985. Willie Lerner, Music Masters, New York.

– 3 mai 1984. Alain Lanceron, EMI Pathé-Marconi, Paris.

– 10 mai 1984. Ina del Campo, Melodram, Milan.

– 11 mai 1984. Eugenia Corneliamo, EMI Italiana, Caronno Pertusella.

– 11 mai 1984, Mme Castelli, Fonit-Cetra, Milan.

– 25 mai 1984. Jacques Bertrand, Rodolphe Productions, Paris.

– 3 juillet 1984 et mars 1985. Charles Johnson et Santiago Rodriguez, BJR, New York.

– Juillet 1984 et mai 1985. Bill Collins, Voce Records, Davis, Californie et Milan.

– Janvier 1985. René Allio, Montréal.

– 1er février 1985. Victoria de los Angeles, Montréal.

– 18 mars 1985. Entretien téléphonique avec Michel Glotz.

– 2 mai 1985. Dorle Jarmel Soria, New York.

– 15 et 22 mai 1985. Antony Locantro, EMI Music, Londres.

– 17 mai 1985. Robert Gooch, usine EMI, Hayes.

– 20 mai 1985. Francis Dillnutt, Abbey Road Studios, Londres.

– 31 mai 1985. Entretien téléphonique avec Giuseppe Di Stefano, Milan.
– 13 juillet 1985. Simon Frith, Montréal.
– Mai 1987. Michel Glotz, Pierre Flinois et Jacques Bertrand, Paris.
– Mai 1987. Alain Lanceron, Daniel Toscan du Plantier, Daniel Schmidt, Alain Duault, Yvon Gérault. Cannes, colloque *Cinéma et Opéra*.
– 31 mai 1987. David Hamilton, Washington.
– Septembre 1987. Dorle Soria, New York.
– 11 septembre 1993. Alain Lanceron, Paris.
– Avril 1996. Alain Lanceron et Pierre Flinois, Paris.

2.2 Correspondance

– 15 janvier 1973. Walter Legge, Genève.
– 24 mai 1973. Dario Soria, Metropolitan Opera Guild, New York.
– 12 juin 1973. John Coveney, Angel Records, New York.
– 9 janvier 1974. Mme Scott Mampe, Phonogram Inc., New York.
– 5 août 1980. Bernard Duminy, avocat de Mme Vasso Devetzi, Paris.
– 26 février 1982. Vasso Devetzi, Fondation Maria-Callas, Paris.
– 16 mars 1982. Antony Locantro, EMI Music, Londres.
– 13 mai 1982. EMI Toshiba, Tokyo.
– 12 janvier 1983. Michael W. Allen, EMI Music, Londres.
– 6 février 1984. I. Tama, EMI Toshiba, Tokyo.
– 7 février 1984. Antony Locantro.
– 26 mars 1984. Gilbert Paris, Fondation Maria-Callas, Paris.
– 31 mars et 20 août 1984. Willie Lerner, Music Masters, New York.
– 6 août 1984. Renzo Allegri, Milan.
– 3 septembre 1984. Dr Herfried Kier, EMI Electrola, Cologne.
– 19 octobre 1984. Charles Johnson, BJR Records, New York.
– 19 février 1985. Michael W. Allen.
– 26 février et 18 avril 1985. Bill Collins, Voce Records.
– 10 mars 1985. Brown Meggs, Angel Records, Los Angeles.
– 17 juillet 1985. Michael W. Allen.
– 10 janvier 1992 et 9 février 1993. Alain Lanceron, Paris.
– 14 septembre 1996. John Ardoin, Dallas.

2.3 Archives

– 2 mai 1985. Archives Dorle J. Soria, New York.
– 16-23 mai 1985. Archives EMI Music, Hayes. Entretien avec la responsable, Ruth Edge. Travaux complémentaires avec Frank Andrews.

– Mai 1985. Archives Pathé-Marconi, Paris.

3. OUVRAGES

3.1 Ouvrages généraux sur l'industrie phonographique

– *1897-1997. 100 Years of EMI*, supplément de la revue *The Gramophone*, février 1997.

– Gelatt, Roland, *The Fabulous Phonograph 1877-1977*, New York, Collier, 1977.

– Heylin, Clinton, *Bootleg. The Secret History of the Other Recording Industry*, New York, St. Martin's Griffin, 1996.

– Millard, Andre, *America on Record. A History of Recorded Sound*, Cambridge University Press, 1995.

– Mook, Edward B. *En remontant les années. L'histoire et l'héritage de l'enregistrement sonore au Canada*, Ottawa, Bibliothèque nationale du Canada, 1975.

– Perriault, Jacques, *Mémoires de l'ombre et du son. Une archéologie de l'audiovisuel*, Paris, Flammarion, 1981.

– Petts, Leonard, *The Story of Nipper's and the "His Master's Voice" Picture Painted by Francis Barraud*, with introduction by Frank Andrews, Talking Machine Review, 1984.

– « The Phonograph and Sound Recording After One-Hundred Years », *Journal of the Audio Engineering Society*, Centennial Issue, vol. 25, nos 10/11, oct./nov. 1977.

– Rachlin, Harvey, *The Encyclopedia of the Music Business*, New York, Harper & Row, 1981.

– Read, Oliver et Welch, Walter L., *From Tin Foil to Stereo. Evolution of the Phonograph*, Indianapolis, Howard W. Sams & Co., 1977.

3.2 Ouvrages généraux sur les industries culturelles

– Arendt, Hannah, « Walter Benjamin 1892-1940 », dans *Vies politiques*, Paris, Gallimard, Essais, CXC, 1974.

– Attali, Jacques, *Bruits. Essai sur l'économie politique de la musique*, Paris, Presses universitaires de France, 1977.

– Benjamin, Walter, « l'Œuvre d'art à l'ère de sa reproductibilité technique », dans *Essais 2. 1935-1940*, Paris, Denoël/Gonthier, « Médiations », 1983.

– « Walter Benjamin », dans *Revue d'Esthétique*, Privat, n° 1, 1981.

– Blaukopf, Kurt, « les Stratégies de l'industrie du disque », dans *Création musicale et industries culturelles*, Strasbourg, Conseil de l'Europe, Politiques culturelles n° 4, 1983.

– *BPI Year Book 1984*, Londres, The British Phonographic Industry Limited, 1984.

– Chapple, Steve et Garofalo, Reebee, *Rock'n'Roll is Here to Pay. The History and Politics of the Music Industry*, Chicago, Melson-Hall, 1980.

– Clément, Catherine, *l'Opéra ou la défaite des femmes*, Paris, Grasset, 1979.

– Courant, Gérard, *Werner Schröter*, Paris, Goethe Institut/La Cinémathèque française, 1982.

– « La Culture c'est aussi un enjeu économique », *Alternatives Économiques*, hiver 1983-1984.

– De Coster, Michel, *le Disque, art ou affaires ? Analyse sociologique d'une industrie culturelle*, Grenoble, Presses universitaires de Grenoble, 1976.

– De la Haye, Yves, *Dissonances. Critique de la communication*, la Pensée sauvage, 1984.

– Dizikes, John, *Opera in America. A Cultural History*, Yale University Press, 1993.

– Flichy, Patrice, *les Industries de l'Imaginaire*, Grenoble, Presses universitaires de Grenoble, 1980. Réédition 1991.

– Frith, Simon, *Sound Effects. Youth, Leisure, and the Politics of Rock'n'Roll*, New York, Pantheon Books, 1981.

– Frith, Simon, *Préface* à McGregor, Craig, *Pop Goes the Culture*, Londres, Pluto Press, 1984.

– Gobbi, Tito, *My Life*, New York, Doubleday, 1980.

– Gronow, Pekka, *Music, Communication and Mass Communication*, Milan, 1983 [ronéotypé].

– Hennion, Antoine et Vignolle, Jean-Pierre, *les Industries culturelles. L'économie du disque en France*, Paris, La Documentation française, 1978.

– Hennion, Antoine, *les Professionnels du disque. Une sociologie des variétés*, Paris, A.-M. Métailié, 1981.

– Hennion, Antoine, *la Passion musicale. Une sociologie de la médiation*, Paris, A.-M. Métailié, 1993.

– Hitchcock, H. Wiley, éditeur, *The Phonograph and our Musical Life. Proceedings of a Centennial Conference*, 7-10 décembre 1977, New York, Institute for Studies in Americain Music, 1980.

– Huet, Armel. Ion, Jacques. Lefèbvre, Alain. Miège, Bernard. Peron,

René, *Capitalisme et industries culturelles*, Presses universitaires de Grenoble, réédition 1984.

– Jefferson, Alan, *Elisabeth Schwarzkopf*, Boston, Northeastern University Press, 1996.

– Jimenez, Marc, *Adorno : art, idéologie et théorie de l'art*, Paris, 10/18, 1973.

– Kroker, Arthur, *Technology and the Canadian Mind. Innis/McLuhan/ Grant*, Montréal, New World Perspectives, 1984.

– *La Traviata de G. Verdi. Un film de Franco Zeffirelli*, Paris, Ramsay « Image », 1983.

– Lhoest, Holde, *The Interdependance of the Media*, Strasbourg, Conseil de l'Europe, « Mass Media Files », n° 4, 1983.

– Martorella, Rosanne, *The Sociology of Opera*, New York, Praeger, 1982.

– Miège, Bernard, *Problèmes posés à la création artistique et intellectuelle par le développement des industries culturelles nationales et internationales*, Paris, UNESCO [1983].

– Miège, Bernard. Pajon, Patrick. Salaün, Jean-Michel, *les Industries de programmes en France*, Université de Grenoble 3, GRESEC, mars 1985 ; *l'Industrialisation de l'audiovisuel*, Paris, Aubier, « Res », 1986.

– Miège, Bernard, *la Société conquise par la communication*, Grenoble, Presses universitaires de Grenoble, 1989.

– Mordden, Ethan, *Demented. The World of the Opera Diva*, New York, Franklin Watts, 1984.

– « Nouvel Opéra de Paris à la Bastille », *Dossier Information*, novembre 1983.

– *Opéra. La Diva et le souffleur, Autrement*, n° 71, juin 1985.

– « Pasolini », *Revue d'Esthétique*, Paris, Privat, n° 3, 1982.

– « Pasolini cinéaste », *Cahiers du Cinéma*, hors série, 1981.

– Pasolini, Pier Paolo, *les Dernières Paroles d'un impie. Entretiens avec Jean Duflot*, Paris, Belfond, 1981.

– « Les Pirates », numéro spécial de *l'Édition Sonore*, Paris, Syndicat national de l'édition phonographique et audiovisuelle, n° 7, mai 1979.

– Ross, Lillian, *Reporting*, New York, Dodd, Mead & Company, 1981.

– Schaeffer, Pierre, *Traité des objets musicaux*, Paris, Seuil, 1966.

– Schafer, R. Murray, *le Paysage sonore*, Paris, J.-C. Lattès, 1979.

– Seydoux, Hélène, *Laisse couler mes larmes. L'Opéra, les compositeurs et la féminité*, Paris, Ramsay, 1984.

– Soramäki, Martti et Haarma, Jukka, « The International Music Industry in 1982 », Conférence au colloque « Musica e sistema dell'informazione », Milan, 2 décembre 1983 [ronéotypé].

– Soramäki, Martti et Hellman, Heikki, « Video : Cultural and Commercial Structures of a New Media », conférence du Séminaire international sur le développement des nouveaux médias, Copenhague, 10 décembre 1983 [ronéotypé].

– Toscan du Plantier, Daniel, *les Enfants d'Al Capone et de Rossellini*, Paris, Mazarine, 1981.

– Toscan du Plantier, Daniel, « *Bouleversifiant* », Paris, Seuil, 1992.

– Toscan du Plantier, Daniel, *l'Émotion culturelle*, Paris, Flammarion, 1995.

– Vian, Boris, *Opéras*, Paris, Christian Bourgois, 1982.

– Wallis, Roger et Malm, Krister, *Big Sounds from Small Peoples. The Music Industry in Small Countries*, Londres, Constable, 1984.

3.3 Sur la production phonographique

– Culshaw, John, *Ring Resounding*, New York, The Viking Press, 1967.

– Culshaw, John, *Putting the Record Straight*, Londres, Secker & Warburg, 1981.

– Eisenberg, Evan, *The Recording Angel. Explorations in Phonography*, New York, McGraw-Hill, 1987 ; *Phonographies*, Paris, Aubier, 1988.

– Gaisberg, Frederick William, *The Music Goes Round*, New York, The MacMillan Company, 1942 ; Arno Press, 1977.

– Glotz, Michel, *Révéler les dieux*, Paris, Laffont, 1981.

– Grubb, Suvi Raj, *Music Makers on Record*, Londres, Hamish Hamilton, 1986.

– Harvith, John et Harvith, Susan Edwards (éd.), *Edison, Musicians, and the Phonograph. A Century in Retrospect*, New York, Westport et Londres, Greenwood Press, 1987.

– Lipman, Samuel, « Getting on the Record », dans *The House of Music. Art in an Era of Institution*, Boston, David R. Godine, 1984.

– Martin, George, *All you Need is Ears*, New York, St. Martin's Press, 1979.

– Meggs, Brown, *Aria. A Novel*, New York, Atheneum, 1978.

– Monaco, Bob et Riordan, James, *The Platinium Rainbow : how to Succeed in the Music Business without Selling your Soul*, Sherman Oaks, Swordsman Press, 1983.

– O'Connell, Charles, *The Other Side of the Record*, New York, Alfred A. Knopf, 1947.

– Phillips, Harvey E., *The Carmen Chronicle. The Making of an Opera*, New York, Stein and Day, 1973.

– Schwarzkopf, Elisabeth, *On and Off the Record*, New York, Charles Scribner's Sons, 1982 ; *la Voix de mon maître : Walter Legge*, Paris, Belfond, 1983.

– Tobler, John et Grundy, Stuart, *The Record Producers*, Londres, BBC, 1982.

3.4 Sur Callas

– Allegri, Renzo, *La Véritable Histoire de Maria Callas*, Paris, Éditions J'ai lu, 1992.

– Ardoin, John, *The Art and the Life* ; Fitzgerald, Gerald, *The Great Years*, dans *Callas*, New York/Chicago/San Francisco, Holt, Rinehart and Winston, 1974.

– Ardoin, John, *Callas at Juilliard. The Master Classes*, New York, Alfred A. Knopf, 1987 ; *Maria Callas. Leçons de chant*, Paris, Fayard/Van de Velde, 1991.

– Bünsch, Iris, *Three Female Myths of the 20th Century : Garbo, Callas, Navratilova*, New York, Vantage Press, 1991.

– Callas, Jackie, *Sisters*, London, Macmillan, 1989.

– *Maria Callas. Ses récitals 1954-1969*, *l'Avant-Scène Opéra*, n° 44, octobre 1982.

– *Spécial Maria Callas*, *Opéra International*, supplément au n° 5, février 1978.

– Guandalini, Gina, *Callas l'ultima diva*, Turin, Eda, 1987.

– Jellinek, George, *Callas. Portrait of a Prima Donna*, New York, Ziff-Davis, 1960.

– Koestenbraum, Wayne, « The Callas Cult », dans *The Queen's Throat. Opera, Homosexuality, and the Mystery of Desire*, New York, Poseidon Press, 1993.

– La Rochelle, Réal, *l'Opéra Popularisé. Callas dans l'industrie phonographique*, université Stendhal, Grenoble, 1985. Thèse de doctorat sous la direction de Bernard Miège.

– La Rochelle, Réal, *Callas. La diva et le vinyle*, Montréal et Grenoble, Triptyque/La vague à l'âme, 1988. Préface de Bernard Miège.

– Lorcey, Jacques, *Maria Callas. D'art et d'amour*, Paris, PAC, 1983.

– Lowe, David A., *Callas as They Saw Her*, New York, The Ungar Publishing Co., 1986.
– Meneghini, G. B., avec la collaboration de Renzo Allegri, *Maria Callas, ma femme*, Paris, Flammarion, 1981.
– Scott, Michael, *Maria Meneghini Callas*, Simon & Shuster, 1992.
– Wisneski, Henry, *Maria Callas. The Art Behind the Legend*, New York, Doubleday, 1975.

4. CHOIX D'ARTICLES

– Alexander, Caroline, « la Musique classique et la publicité », *Diapason-Harmonie*, avril 1985.
– Angus, Robert, « Pirates, Prima Donnas and Plain White Wrappers », *High Fidelity*, décembre 1976.
– Ardoin, John, « The Callas Legacy Updated », *Opera News*, août 1978.
– Bicknell, David, « The Creed », *The Gramophone*, avril 1962.
– « Brian Shaw on Copyright Issues », *ARSC Journal*, vol. 25, n° 1, printemps 1994. Voir aussi : *ARSC Journal*, vol. 26, n° 1, printemps 1995.
– Canby, Edward Tatnall, « Record as a Medium », *Opera News*, 8 février 1969.
– Collins, Bill, « Mining the Musical Underground », *High Fidelity*, novembre 1971.
– « Crisis in American Classical Music Recording », *Stereo Review*, février 1971.
– Crutchfield, Will, « Giving Voice to Sexual Ambiguity », *The New York Times*, 31 mars 1985.
– Crutchfield, Will, « The Story of a Voice », *The New Yorker*, 13 novembre 1995, p. 94-102.
– Culshaw, John, « Why Record Opera ? », *Opera News*, 19 novembre 1960.
– Culshaw, John, « The Record Producer Strikes Back », *High Fidelity*, octobre 1968.
– Culshaw, John, « The Outlook for Classical Music », *The Gramophone*, mars 1971.
– Culshaw, John, « How a Classical Producer Does it », *High Fidelity*, août 1976.
– Culshaw, John, « Maria Callas : A Personal Footnote », *High Fidelity*, novembre 1977.

– Culshaw, John, « Walter Legge : An Appreciation », *High Fidelity*, novembre 1979.

– Culshaw, John, « Video Software II : Opera », *High Fidelity*, juillet 1980.

– Davis, Peter G., « The Record Producers », *High Fidelity*, janvier 1958.

– Davis, Peter G., « The Classical Upsurge », *High Fidelity*, avril 1973.

– Davis, Peter G., « Classical Records : the Sound of Crisis », *The New York Times*, 13 janvier 1980.

– Duras, Marguerite, « Callas », dans *Duras Outside Paris*, P.O.L., 1984.

– Flinois, Pierre, « le Pirate et la Diva », *l'Avant-Scène Opéra*, n° 44.

– Fortier, Denis, « His Master's Road », *le Monde de la musique*, janvier 1984.

– Gelatt, Roland, « The Sun Never Sets on EMI... », *High Fidelity*, septembre-octobre 1953.

– Gelatt, Roland, « Taping in Tooting », *Opera News*, août 1978.

– Georges, Pierre et Pouchin, Dominique, « Show-Business : de l'or en barre », *le Monde*, sélection hebdomadaire, 19-25 janvier 1978.

– Gerber, Alain, « Huit faces de Coltrane », *Jazz Magazine*, n° 201, juin 1972.

– Gray, Michael H., « The Birth of Decca Stereo », *ARSC Journal*, vol. 18, n°s 1-3, 1986.

– Hamilton, David, « Who Speaks for Callas ? », *High Fidelity*, janvier 1979.

– Hamilton, David, « Chéreau's *Ring* ; Syberberg's *Parsifal* : Records as By-products », *High Fidelity*, juin 1983.

– Harewood, The Earl of, « Recorded Reputations. Maria Callas », *BBC Music Magazine*, avril 1993.

– Jacobson, Robert, « Man of Quality », *Opera News*, août 1978.

– Kolodin, Irving, « Legge – Autocrat of the Turn-Table », *The New York Times*, 22 avril 1979.

– Kozinn, Allan, « Passage for the Eighties : Predictable Crisis in the Classical Record Business », *High Fidelity*, avril 1980.

– Kozinn, Allan, « A Once Proud Industry Fends Off Extinction », *The New York Times*, 8 décembre 1996.

– Lafon, François, « Karajan au futur », *le Monde de la musique*, mai 1985.

– Lanceron, Alain, « Showbizz et Classicos », *Libération*, 27 janvier 1984.

– La Rochelle, Réal, « La POPularisation de l'opéra par les industries culturelles. Exemple de Callas dans l'industrie phonographique », dans *la Chanson dans tous ses états*, Montréal, Triptyque, 1987.

– La Rochelle, Réal, « Maria Callas and *La Traviata*. The Phantom of EMI », *ARSC Journal*, vol. 19, n⁰ˢ 2-3, février 1989. Traduction de John W. N. Francis.

– La Rochelle, Réal, « la Voix, la tragédie et la phonothèque », programme de la pièce de Terrence McNally, *les Leçons de Maria Callas*, Production Rozon, Montréal, 1996.

– Leibowitz, René, « le Secret de la Callas », dans *le Compositeur et son double. Essai sur l'interprétation musicale*, Paris, Gallimard, 1971.

– Legge, Walter, « Piracy on the High C's », *About the House*, vol. 4, n° 2, printemps 1973.

– « Walter Legge. Elisabeth Schwarzkopf Talks to Edward Greenfield », *Recorded Sound*, janvier 1981.

– Lieberson, Goddard, « The Insider », *High Fidelity*, mai 1957.

– Marek, George R., « For the Record », *Opera News*, 4 décembre 1976.

– Mayer, Martin, « The Economics of Recording », *Opera News*, 9 décembre 1972.

– Mendelsohn, Daniel, « The Drama Queens », *The New York Times Magazine*, 24 novembre 1996.

– Mermelstein, David, « Detours to Broadway, Even Disney's World, Where the Crowds Are », *The New York Times*, 5 janvier 1997.

– Miège, Bernard, « Book Review : A. Hennion, *les Professionnels du disque* », *Media, Culture and Society*, n° 6, 1984.

– « Klaus Nomi, diva lunaire du rock », *la Presse*, 27 août 1983.

– Page, Tim, « TV Honours a Grand Diva in a Grand Way », *The New York Times*, 11 décembre 1983.

– Pareles, Jon, « All That Music, and Nothing to Listen To », *The New York Times*, 5 janvier 1997.

– Price, Leontyne, « Speaking of Records », *High Fidelity*, mai 1969.

– « Processo alla Callas », *Radiocorriere TV*, 30 novembre 1969 ; « The Callas Debate », *Opera*, septembre 1970.

– Quatrepoint, Jean-Michel, « le Disque français tourne mal », *le Monde*, 9 août 1979.

– Reidy, Joseph, « Copyright Issues », *ARSC Journal*, vol. 26, n° 2, automne 1995 ; vol. 27, n° 1, printemps 1996 ; vol. 27, n° 2, automne 1996.

– Rockwell, John, « The Outlook for Classical Music », *The Gramophone*, mars 1971.

– Roederer, Charlotte, « Copyright Status of Historical Recordings – Protecting and Promoting the Public Domain », *ARSC Journal*, vol. 23, n° 1, printemps 1992.

– Soria, Dario, « The Chicken or the Egg », *The Saturday Review*, 26 mai 1951.

– Soria, Dario, « Hobby Becomes a Profession, and an Operatic Catalog Grows », *The Post-Standard*, 12 mai 1957.

– Soria, Dorle J., « The Story of Angel Records », dans le disque Angel déjà cité, SBR-3800. 1973.

– Soria, Dorle J., « Callas Remembered. Greek Sorceress », *Opera News*, novembre 1977.

– Soria, Dorle J., « Artist Life », *High Fidelity/Musical America*, janvier 1978.

– Soria, Dorle J., *Outline of Story for David Hall*, New York, manuscrit dactylographié.

– Stover, Suzanne, « Copyright and Fair Use of Sound Recordings : A Preliminary Resource Guide », *ARSC Journal*, vol. 26, n° 1, printemps 1995.

– Sutherland, Sam, « "Record" Business : the End of an Era », *High Fidelity*, mai 1980.

– Tircuit, Heuwell, « The Current International Crisis », *In Tune*, juillet 1996.

– Tommasini, Antony, « As Recordings Languish, the Opera Beat Goes On », *The New York Times*, 19 janvier 1997.

5. REVUES SPÉCIALISÉES

– *Maria Callas Magazine*, The Maria Callas International Club, Home Farm House, Menston, Ilkley, West Yorkshire LS29 6BB, Grande-Bretagne. Plus de vingt livraisons depuis novembre 1990.

– *The Callas Circle*, 64 Empire Court, North End Road, Wembley Park, Middlesex HA9 OAQ, Grande-Bretagne. Dix livraisons depuis l'été 1994.

Générique

Outre les divers collaborateurs déjà mentionnés, les personnes et les organismes suivants ont aidé aussi, à divers titres, à la recherche ou à la composition de cet essai.

Jean-Claude Baboulin, Alain Berson, Jean-Pierre Bibeau, Claude Blouin, Louise Carrière, Michèle Chavagnac, John Codner, Marc Degryse, Daniel Desmarais, Jean-Sébastien Durocher, Edgar Fruitier, Shelley Gaffe, Claude Gingras, Robert Gray, Jean-René Lassonde, Philippe Leduc, Roger Magini, Steven Mathers, Georges Nicholson, Jean-Guy Prévost, Louis-Bernard Robitaille, Nicole Tremblay, Pierre Véronneau, Claudio Zanchettin.

– Charles Rodier, EMI Classics, Londres
– Catherine Bourque, EMI Canada, Toronto
– Floriane Cotnoir Ranno, délégation du Québec à Milan
– Roger Vincent, Académie Charles-Cros, Paris
– Anne-Marie Chalbos, Marie-Laure Cirode et Sophie, EMI France, Paris
– John W. N. Francis, Association for Recorded Sound Sollections, Brooklyn
– Christian Chadenne, Papageno, Paris
– France Lauzière, Pierre Nolin, producteurs délégués de la pièce de Terrence McNally, *les Leçons de Maria Callas*, Montréal
– Le ministère des Affaires culturelles du Québec, Québec
– La Bibliothèque nationale du Québec, Montréal
– Rodgers and Hammerstein Archives of Recorded Sound, The New York Public Library
– L'Institut national de la communication audiovisuelle (INA), Paris
– Le Centre de documentation de la Cinémathèque québécoise, Montréal
– La discothèque de la Société Radio-Canada, Montréal
– Les délégations du Québec à Londres et à Paris

Index*

* Cet index ne concerne pas les annexes (*N.d.É.*).

Table

Composition : Charente-Photogravure à l'Isle-d'Espagnac
Impression : S.N. Firmin-Didot au Mesnil-sur-l'Estrée
Dépôt légal : septembre 1997
N° d'édition : 1389 - N° d'impression : 39646